Johnson · Krüger
Das große Buch vom Wein

Hugh Johnson

Arne Krüger

Das große Buch vom Wein

Erweiterte Neuausgabe

Gräfe und Unzer

Übersetzung des englischen Textes von
Susanne Felkau-Walterspiel

Inhalt

Aperitifs

Die weißen Tischweine

Roséweine

Die roten Tischweine

Weine nach dem Essen

Zum Nachschlagen

Verzeichnis der Farbgroßfotos

Verzeichnis der Karten

Vom Wein

Wie Wein entsteht

DER UNTERSCHIED zwischen süßem Traubensaft und Wein mit seiner Fähigkeit zu lagern und zu reifen kommt durch den Gärungsprozeß zustande. Bei der Gärung wird Zucker in Alkohol umgewandelt: aus Traubensaft wird Wein.

Die Gärung selbst ist ein natürlicher Vorgang. Wein ist also ein echtes Naturprodukt; er mußte vom Menschen nicht erfunden, sondern vielmehr gefunden werden. Der Most, das heißt, der saftige, süße Inhalt der Traube, kann sich ohne fremdes Zutun in Wein umwandeln. Wichtig ist nur, daß die Traube zerquetscht wird und daß Hefepilze die Gärung in Gang setzen. Alles zur Weinbereitung Notwendige ist vorhanden, wenn die Traube am Rebstock ihre höchste Reife erreicht hat und die Hefe sich, vom Wind getragen, an Blättern und Beerenschalen festgesetzt hat.

Schon beim Keltern, das heißt bei der Gewinnung des Saftes, stürzen sich die Hefepilze auf den süßen Traubensaft und wandeln seinen Zucker in Alkohol um. Nur bei *Wein*trauben ist die Zuckerkonzentration so groß, daß die alkoholische Gärung ohne weiteren Zuckerzusatz beginnen kann. Wenn man aus anderen Beerenfrüchten weinartige Getränke herstellen will, muß man Zucker zusetzen. Die Weintraube selbst enthält etwa 15—30 Prozent Zucker.

Keltern

Die Gewinnung des Saftes aus der Traube mit Hilfe einer Presse nennt man Keltern. Hierbei werden die verschiedensten Verfahren angewandt, und ebenso verschieden sind die Behälter, in denen der Saft vergoren wird.

Methoden einst...

Auf kleineren Weingütern, in Chianti beispielsweise, wird es heute noch so gemacht wie schon zu Zeiten der alten Römer. Die Trauben, dunkle wie helle, werden mitsamt den Stielen — sogar Erde klebt noch daran — in den Gärbottich geschüttet. Der Winzer stößt ein paarmal mit dem Knüppelstock hinein. Dadurch platzen so viele Beeren, daß die Gärung eingeleitet wird. Der mit der Gä-

21

rung entstehende Alkohol bringt dann auch noch die restlichen Beeren zum Platzen. Auf anderen kleinen Weingütern in Frankreich, Portugal und Spanien hingegen und in einzelnen Gegenden Italiens werden die Trauben seit Urzeiten mit bloßen Füßen zerstampft. Das braucht uns jedoch nicht zu schockieren. Bei der Gärung sinken nämlich alle Trubstoffe und alle festen Stoffe, wie Schalenreste, Schmutz und so weiter, auf den Faßboden — und der entstehende Alkohol sorgt schon für die Hygiene.

Diese alten Keltermethoden sind jedoch so gut wie ausgestorben. Auf unseren Reisen durch große und kleine Weinbaugebiete konnten wir sie nur noch auf Fotos finden, die uns die Winzer lächelnd zeigten.

. . . und jetzt Gerade die großen Weingüter in Frankreich haben in den letzten Jahrzehnten ihre Kellereien modernisiert und keltern mit hydraulischen Pressen. Auch in Deutschland und in den anderen Weinländern Europas konnte man die großen Traubenmengen mit den herkömmlichen unwirtschaftlichen Methoden nicht mehr bewältigen. Durch Selektion und neue Bewirtschaftungsmethoden wurde der Ertrag immer größer, so daß man schon deshalb die Betriebe technisieren mußte. Die Weinqualität wurde dadurch, entgegen den Ansichten einiger Skeptiker, eher besser.

Most Der frisch gepreßte Traubensaft wird in der Fachsprache Most genannt.

Normalerweise werden der Most und die gemahlenen Trauben zur Gärung in Bottiche oder Fässer gepumpt, die man früher aus Eichenholz fertigte, die aber jetzt immer häufiger aus Beton, Glas oder rostfreiem Stahl hergestellt werden. Bei der Rotweinbereitung bleibt der Most auch zur Gärung in dem Behälter, in dem die Trauben gemahlen oder zerstampft wurden.

Weißwein Je nach Kelterungsart entsteht Weißwein, Rotwein oder Roséwein. Beim
Rotwein Weißwein werden der Most und der Trester getrennt, und nur der reine Most wird vergoren. Beim Rotwein ist der Most ebenfalls weiß, weil die Farbe ausschließlich in den blauen Schalen liegt. Der Most und die Traubenschalen werden beim Rotwein aber einige Stunden oder sogar Tage zusammen vergoren. Der entstehende Alkohol laugt den Schalenfarbstoff aus. Je länger man die Schalen also mitvergären läßt, desto intensiver ist später die Farbe des Weines. Mit den Schalen und Stielen gelangt aber auch die Gerbsäure (Tannin) mit in den Wein und macht ihn herb. Es liegt nun am Geschick des Kellermeisters, hierbei die richtige zeitliche Dosierung zu finden. In späteren Kapiteln können
Roséwein Sie darüber noch einiges mehr lesen. Roséwein schließlich kann auf zweierlei Art entstehen: Entweder wird Most aus blauen Trauben nur einige Stunden mit den Schalen vergoren, dann abgepreßt und weitervergoren, oder es wird nur ein Teil der Schalen mitvergoren.

»blanc de blancs« In Frankreich unterscheidet man zwischen Weißwein aus den billigeren blauen Trauben und Weißwein aus weißen Trauben, der dann »blanc de blancs« heißt. Auch bei Champagner trifft man diesen Ausdruck.

Gärung

Der Gärungsprozeß, der einsetzt, wenn die Hefezellen in Aktion treten, verursacht eine lebhafte Reaktion im Most. Es entsteht nicht nur Alkohol, auch Kohlendioxyd wird in großen Mengen frei. Seine Blasen halten die Traubenmaische in Bewegung. Zugleich wird durch die Reaktion Hitze erzeugt, die die Maische erwärmt.

Die Umwandlung von Zucker in Alkohol

Die Gärung dauert an, bis der Zuckervorrat zu Ende geht oder bis die Hefezellen durch die wachsende Konzentration des Alkohols ersticken. Normalerweise geht zuerst der Zucker zur Neige. Die Flüssigkeit ist dann keine Lösung aus Zucker in Wasser, sondern aus Alkohol in Wasser mit geringen Mengen an Säuren und ätherischen Ölen, die ihr das charakteristische Aroma, den besonderen Duft verleihen. Rot- und Weißwein enthalten durchschnittlich 10 bis 13 Prozent Alkohol. Den Wein, der gar keinen Zucker mehr enthält, nennt man »ganz trocken«.

Wenn andererseits die Trauben so reif waren, daß bei einer Konzentration von 15 Prozent Alkohol noch Zucker übrig ist, werden die Hefezellen ausgeschaltet. In einer so starken Alkohollösung werden sie sozusagen schläfrig und hören auf zu arbeiten. Sie sind zwar nicht tot, aber aktionsunfähig. In diesem Fall wird ein Teil des Zuckers nicht in Alkohol umgewandelt, und der Wein schmeckt mehr oder weniger süß.

Ein auf diese Weise bereiteter Wein, bei dem der natürliche Vorgang nicht gestört wird, ist der Normalfall. Dieser Wein ist dann still, also nicht schäumend. Deshalb wird er im Gegensatz zum Schaumwein auch »Stillwein« genannt.

Anreichern oder Verbessern

Das Klima eines Landes oder einer Landschaft ist für den Wein nicht jedes Jahr ideal. Um den Wein der benachteiligten Jahrgänge nicht zu verlieren, haben die Kellermeister einige Möglichkeiten, die zu einer besseren Qualität verhelfen. Diese nachstehend behandelten Verbesserungen sind keine ungesetzlichen Panschereien, sondern Veredelungen, die beim großen Sonnenjahrgang nicht nötig sind. Nach dem Weingesetz von 1971 wird der alte Ausdruck »verbessern« durch »anreichern« ersetzt. Erlaubt ist das Anreichern nur bei Tafel- und Qualitätsweinen, bei Prädikatsweinen jedoch nicht (siehe Seite 39).

Bei den säurehaltigen frischen Weißweinen Deutschlands beispielsweise, die gerade wegen ihres Säure-Zucker-Verhältnisses in der ganzen Welt so überaus geschätzt werden, fehlt es in klimatisch schlechten Jahren an Zucker. Da der Alkohol sich aus dem Zucker der Traube bildet, muß Zucker zugesetzt werden, damit der Wein den gewünschten Alkoholspiegel erreicht. Zucker kann in zwei

23

Karte 1   Die Verbreitung des Weinbaus in der Welt

NORDGRIECHENLAND 2000 v. Chr.
ZENTRALITALIEN UND SIZILIEN 1000 v. Chr.
SÜDWESTSPANIEN UND SÜDFRANKREICH 500 v. Chr.

Formen zugesetzt werden: trocken oder naß. Bei der Trockenzuckerung wird Zucker in Most aufgelöst und dem Most vor der Gärung zugesetzt. Bei der Naßzuckerung löst man den Zucker in Wasser auf und fügt ihn dann dem Most zu. Diese Methode ist ab 1979 nicht mehr zugelassen und gilt als die primitivere, weil die Mostmenge, wenn auch unwesentlich, vermehrt wird. Man wendet sie nicht nur dann an, wenn die Süße im Most fehlt, sondern auch, wenn ein Wein zu sauer zu werden verspricht. Mit dem Mehr an Flüssigkeit wird der Säureüberschuß gemildert. Nun muß man nicht annehmen, daß die Säure im Wein ein Mangel sei. Säure macht den Wein erfrischend auf der Zunge, sie konserviert ihn über viele Jahre hinweg und läßt ihn typisch für bestimmte Landstriche werden. Weinkennern ist ein zu süßer Konsumwein ein Greuel, ein säurereicher Wein aber willkommen. Zum Pokulieren am Abend empfiehlt sich ohnehin ein »herber« Wein.

Wenn der Kellermeister an wiederholt entnommenen Proben erkennt, daß der Wein bei vollständiger Gärung zuviel Zucker verlieren würde, kann er das Faß kühlen und die Gärung damit unterbrechen. Der Wein wird dann durch mehrmaliges Filtern »blank« und steril gemacht, so daß er bei neuerlicher Erwärmung nicht wieder zu gären beginnt. Der in diesem Wein enthaltene Zukker ist also der natürliche Zucker der Traube. In Griechenland wachsen sehr süße Trauben. Um diese Süße nicht zu verlieren, verzichtet man bei einigen Weinarten ganz auf die Gärung, versetzt den Most mit reinem Alkohol und verhindert so das Wachsen der Hefepilze. Fachlich gesehen handelt es sich dabei um »stummen Most«. Samos zum Beispiel gehört dazu.

Durch Erhitzen des süßen Mostes erhält man »gekochten Most«.

Bei allen Methoden versuchen die Kellermeister, aus ihrem Rohprodukt Most das bestmögliche Endergebnis zu erzielen. Nur unter diesem Gesichtspunkt darf man die geschilderten Manipulationen betrachten.

Sind Gärung und Verbesserung des Weines abgeschlossen, beginnt der Reifeprozeß oder Ausbau, der unterschiedlich gehandhabt wird, je nachdem, welches Ergebnis erreicht werden soll. Lesen Sie darüber im Kapitel »Wein und Zeit« ab Seite 41.

Schaumweinbereitung

Bei der Champagnerbereitung arbeiten alle Hersteller nach dem gleichen, in der Champagne seit dreihundert Jahren bewährten Verfahren: Man füllt den Wein auf Flaschen ab, leitet eine zweite Gärung ein und erreicht dadurch, daß ein Teil des natürlichen Kohlendioxyds in der Flasche verbleibt. Dabei bilden sich jedoch Trubstoffe, die entfernt werden müssen. Hierzu wird die Flasche auf den Kopf gestellt und in eine Kältemischung getaucht, so daß der Hefetrub am

Pfropfen festfriert. Der Kellermeister öffnet dann mit einem Ruck die mit einem Patentbügel verschlossene Flasche, läßt den Pfropfen mit dem Trub herausschleudern und gleicht den Flüssigkeitsverlust durch eine entsprechende Menge Schaumwein — bei verschiedenen Sorten auch durch in Schaumwein gelösten Kandiszucker oder Süßwein — aus. Dann erhält die Flasche den endgültigen Korken mit Bügel und Drahtschlinge und wird wieder gelagert, um die sogenannte »Vermählung« der Kohlensäure mit dem Wein zu fördern. Deshalb schmeckt abgelagerter Schaumwein besser und ist bekömmlicher als billiger junger Schaumwein.

Deutscher Schaumwein darf als Sekt bezeichnet werden, wenn er zu einem Mindestanteil von inländischen Trauben stammt, eine Prüfungsnummer trägt und bestimmte Qualitätsvoraussetzungen erfüllt. Schaumwein heißt in Frankreich wörtlich übersetzt »vin mousseux«, und nur der Schaumwein der Champagne darf sich Champagner nennen. Dieses Gebiet ist sehr groß, und es gibt unzählige kleine und kleinste Champagnerkellereien. Die Qualitätsunterschiede sind beträchtlich. In Deutschland stellen etwa 100 Firmen Sekt her, von denen nur rund ein Dutzend allgemein bekannt ist. Der größte Sekthersteller der Welt ist Henkell in Wiesbaden. Das Wort Champagner ist für den Schaumwein der Champagne, deren Hauptstadt Reims ist, geschützt, doch nennen sich Schaumweine in Spanien und anderen Ländern ebenfalls Champagner. In Italien heißt der Schaumwein »Spumante«, wobei der *Asti Spumante* besonders bekannt ist.

Aufspriten

Portwein ist der typische gespritete Wein. Der Zweck dieses Verfahrens ist, ihm größtmögliche Süße zu erhalten. Die Gärung wird hier in der üblichen Weise eingeleitet, wobei die sehr reifen Trauben so lange gären, bis mindestens 15 Prozent Alkoholgehalt erreicht sind; dann schüttet man den halbvergorenen Saft aus dem Gärbottich in ein Faß, das zu einem Teil mit Branntwein gefüllt ist. Der Alkoholspiegel steigt sofort so hoch, daß die Hefezellen betäubt werden und nicht weiterarbeiten. Ein Teil des Zuckers bleibt im Wein, der infolgedessen sehr stark und sehr süß zugleich ist. Sherry ist zwar auch ein gespriteter Wein, wird aber ganz anders hergestellt. Der Most gärt zu Ende, so daß kein Zucker zurückbleibt. Das Aufspriten erfolgt später; der Weinbrand dient hier als eine Art Konservierungsmittel. Die verlangte Süße muß durch Verschnitt erreicht werden.

27

Kleine Kulturgeschichte
des Weines

ES IST NICHT BEKANNT, wer den Wein als erster entdeckte. *Vitis vinifera*, die Rebenart, an der Weintrauben wachsen, ist wahrscheinlich in Persien beheimatet. Es steht jedenfalls fest, daß im alten Persien, im alten Ägypten und im alten Griechenland Wein getrunken wurde. Er nahm seinen Weg, genau wie unsere Kultur, von Osten nach Westen. Jeder kulturellen Ausbreitung — die Phönizier drangen nach Spanien, die Griechen nach Italien und in die Provence, die Römer durch Gallien nach Deutschland vor — folgte auch der Wein. Die Weltkarte auf Seite 24 und 25 macht das anschaulich.

Der Wein ist mit unserer Kultur verbunden und ein wesentlicher Bestandteil der christlichen wie der jüdischen Religionen.

Die Römer

Es würde hier zu weit führen, wenn wir die Verbreitung des Weines im einzelnen verfolgten. Jedenfalls gelangte er mit den Römern schon in einen großen Teil der Gebiete, in denen er heute gedeiht. Die Römer legten ihre Verkehrswege in den Flußtälern an; in Deutschland und Frankreich sind diese Täler heute noch die Hauptweinbaugebiete, denn an ihrer von alters her bestehenden Bedeutung, ihrer leichten Zugänglichkeit und den dort herrschenden günstigen Transportmöglichkeiten hat sich im Grunde nichts geändert. Am Anfang spielten wohl zwei Gesichtspunkte eine wichtige Rolle: zuerst einmal mußten die Wälder an den Flußufern gerodet werden, um Feinden, die dort im Hinterhalt lauerten, das Handwerk zu legen. Die gerodeten Hänge boten sich wie von selbst zur Rebenbepflanzung an. Der zweite Grund war, daß die voluminösen Weinfässer nur auf dem Wasserweg transportiert werden konnten.

Die Flußtäler

Mit der Zeit stellte sich heraus, daß eigene Weinberge eine zivilisierende Wirkung auf die Volksstämme ausüben können. Die Menschen, die bis dahin als Jäger und Krieger gelebt hatten, wurden nun, um des Weines willen, Bauern.

28

Die Rebe ist ein ebenso anspruchsvolles wie lohnendes Gewächs. Sie braucht ständig Pflege, also mußten die Menschen seßhaft werden. Die vom Wein ausgehende Anregung ließ die friedlichen Künste aufblühen. Man darf sogar mit Recht behaupten, daß der Wein beim Werden einer festgefügten Gesellschaft in Europa mitbestimmend war.

Es ist also nicht verwunderlich, daß die Rebe als uraltes Symbol für Frieden und Wohlstand gilt. James Busby, der Initiator der australischen Weinindustrie, erklärte einmal: »Ein Mann, der im Kreis von Frau und Kindern im Schatten seines eigenen Weinstockes sitzen kann, wo die reifen Trauben in Reichweite hängen, und dabei nicht die höchste Freude empfindet, ist zum Glück nicht fähig, ja er weiß nicht einmal, was Glück bedeutet.«

Die Kirche

Nach dem Zusammenbruch des Römischen Reiches ging die Macht in Europa auf die Kirche über. Sie erhielt die Grundelemente der Kultur — Landwirtschaft, Literatur, Recht — am Leben, während aus dem Osten kommende Stämme das Reich übernahmen. Die Kenntnisse der Weinbereitung und des Rebenanbaus wurden fast zum Monopol der Kirche. Die größten und besten Weinberge waren im Besitz von Ordenshäusern und wurden von diesen bebaut.

Dabei blieb es im großen und ganzen tausend Jahre lang. Überall in den europäischen Weinbergen sind die Spuren der Geschichte bis auf den heutigen Tag erhalten. In Frankreich verlor die Kirche durch die Revolution ihre Ländereien, die dann an die Bevölkerung versteigert wurden. In Deutschland säkularisierte Napoleon viele Klöster. Die Kirche besitzt, außer in Deutschland, heute nur noch wenige bedeutende Weinberge, aber wir verdanken ihr die lange Tradition der Weinerzeugung, die seit der Römerzeit bis heute fortbesteht.

Der regionale Charakter

Bereits zur Römerzeit wurden die meisten der heute bekannten europäischen Weinberge bebaut. Die Weine waren damals jedoch anders. Der Champagner moussierte nicht, Sherry war nicht gespritet. Wir wissen nicht, wo Weißwein und wo Rotwein produziert wurde. Man kannte noch keine der uns heute wohlvertrauten Weinsorten — aber die Kugel war ins Rollen gekommen. Jede Landschaft fand nach und nach heraus, wofür die Natur sie prädestiniert hatte, für Weiß oder Rot, für diese oder jene Traubensorte, für längere oder kürzere Perioden der Reife, der Gärung, des Ausbaus.

Heute hat jeder Weinberg in Europa eine bestimmte Rebsorte, die dort am besten gedeiht. Eine bestimmte Traubensorte und eine bestimmte Herstellungsmethode des Weines haben sich in den jeweiligen Gegenden immer wieder als die beste Lösung erwiesen, und heute ist es auch in den meisten Fällen Winzerpflicht, die Weine »sortentypisch« herzustellen. So soll ein Weinkenner beim Betrachten des Flaschenetiketts mit Hilfe seiner Rückerinnerung an ähnliche, früher genossene Tropfen bereits eine ziemlich feste Vorstellung vom Geschmack des Weines bekommen, der ihn nach dem Öffnen der Flasche erwartet. Geschmacklich nivellierte Weine sind verpönt.

Die Neue Welt

Die Ausbreitung des Weinbaus der Alten Welt in die Neue ist äußerst erfolgreich gewesen. Die ersten europäischen Siedlungen, in denen Reben angebaut wurden, lagen in Südamerika und Südafrika. Nach Südamerika brachten den Wein die Eroberer. Bereits gegen Ende des siebzehnten Jahrhunderts hatte sich der Weinbau am Kap durchgesetzt. Im zweiten Viertel des neunzehnten Jahrhunderts nahm dann gleichzeitig die Entwicklung der beiden anderen Hauptweingebiete in der Neuen Welt ihren Anfang: Kalifornien und Australien. Die Siedler der Neuen Welt brachten aus Europa nicht nur die Rebe, sondern auch eine Vorstellung davon mit, welche Weinsorten sie herstellen wollten. In Kalifornien und Australien stellt eine Firma zum Beispiel »Champagner«, »Portwein«, »roten Burgunder« und »Chablis« aus den Trauben eines einzigen Weinbergs her. Der Weintyp hängt lediglich davon ab, ob die richtige Rebsorte gepflanzt und die richtige Technik bei der Weinbereitung angewandt wurde. Statt dem Land die Gelegenheit zu geben, einen Wein mit eigenständigem Charakter herauszubilden, versuchen die Hersteller immer noch, beispielsweise »Burgunder« in Australien herzustellen — eine Aufgabe, die nicht immer zum Ziel führt.

Südamerika
Südafrika

Kalifornien
Australien

Ein Weinhersteller in den genannten Ländern macht sicher ein besseres Geschäft, wenn er ein komplettes Wein- und Schaumweinsortiment und nicht nur eine Sorte, zum Beispiel nur Schaumwein oder nur Dessertwein, anbietet. Das ist von grundsätzlicher Bedeutung bei dem Vergleich der Situation in der Neuen und in der Alten Welt.

Die Reblaus

Es ist merkwürdig, daß die Weinerzeugung in Nordamerika auf die Entwicklung Kaliforniens warten mußte. Zu der Zeit waren die östlichen Staaten bereits zweihundert Jahre lang besiedelt und zivilisiert, und ihr Klima war für die Rebe ebenso geeignet. Die Bewohner schätzten einen guten Tropfen. Warum wuchs der Wein in Virginia im siebzehnten Jahrhundert nicht genauso wie am Kap der Guten Hoffnung?

Der Grund war die Reblaus, die in den östlichen Staaten von Nordamerika beheimatet ist. Bis vor etwa hundert Jahren wußte man nichts von ihr, aber seitdem hat sie überall dort, wo sie auftauchte, das Wachsen von Weintrauben verhindert. Die Winzer wußten lediglich, daß die von ihnen angebauten europäischen Reben verdorrten und abstarben. Es gab allerdings Vitis-Arten oder -Spezies, die in Nordamerika beheimatet waren und üppig gediehen, aber einen minderwertigen Wein abgaben. Diese Reben waren gegen die Angriffe der Reblaus immun. Sobald man jedoch die aus Europa importierten Reben anbaute, wurden ihre Wurzeln angefressen und starben ab.

Die große Katastrophe   Wie groß dieses Problem für Europa war, erkannte man zu spät. Die Laus fand um das Jahr 1860 den Weg nach Frankreich, wahrscheinlich mit einer amerikanischen Rebe, die für Pfropfversuche eingeführt worden war. Die Nachkommenschaft überschwemmte das Land wie eine Seuche und richtete den furchtbarsten Schaden an. Innerhalb von zwanzig Jahren war nahezu der gesamte Weinbau in Frankreich zum Erliegen gekommen: Bordeaux, Burgund, die Champagne — nichts blieb verschont. Dann erlitt das übrige Europa das gleiche Schicksal. Eine Zeitlang sah es so aus, als wäre es mit dem europäischen Wein zu Ende.

Da entdeckte man, daß die Wurzeln der amerikanischen Reben immun gegen die Reblaus waren. Es blieb also nichts anderes übrig, als Millionen von amerikanischen Rebstöcken zu importieren und die noch verbliebenen Stecklinge der alten europäischen Reben aufzupfropfen. Zur allgemeinen Erleichterung gelang das Experiment. Die Wurzeln widerstanden der Seuche; die Zweige trugen ihre Früchte wie früher. Der Wein war gerettet. Auch heute noch werden die Reben in Europa fast ausnahmslos vor dem Pflanzen auf amerikanische reblaussichere Unterlagen aufgepfropft.

31

Weine und Namen

SOWOHL die Erbmasse als auch die Umgebung formen den Charakter eines Weines. Es kommt allerdings mehr darauf an, *wo* eine Rebe angebaut wird, als auf die Reb*sorte*. Für die Bedeutung der Lage eines Weinberges ist die Klassifizierung der Bordeauxweine entsprechend ihrer Qualität ein gutes Beispiel. Diese Klassifizierung wurde vor mehr als hundert Jahren eingeführt. Seither hat sich vieles auf jenem Gebiet grundsätzlich, manchmal auch wiederholt, geändert: die Kellerbehandlung, die Menschen, sogar die Rebsorten, und doch ist diese Klassifizierung noch heute mit einigen Ausnahmen gültig. Die Weinberge, die damals die besten waren, sind es auch jetzt noch. Es hat sich gezeigt, daß der Boden der einzige gleichbleibende Faktor ist.

Der Boden

Woher der Name kommt . . .

Benennung nach dem Geburtsort

Es ist deshalb verständlich, daß man Weine nach ihrem Geburtsort benennt. Je besser der Wein, um so spezifizierter ist er in bezug auf seine Herkunft. Auf der untersten Stufe der Skala steht in Frankreich der heimatlose, anonyme »vin rouge« (noch tiefer vielleicht die Flasche mit der einfachen Aufschrift »Le Bon Vin«). Auf der obersten Sprosse steht die hochedle deutsche Kreszenz, die alle Karten offen auf den Tisch legt, die Auskunft gibt über Ort, Lage, Rebsorte, über den Zeitpunkt der Lese und sogar die Nummer des Fasses, aus dem der jeweilige Wein stammt, wo er auf Flaschen gefüllt wurde und wer für jede Phase seines Werdegangs verantwortlich ist: für das Wachstum, die Abfüllung und den Versand.

Sogar bei den Weinen, deren Charakter vom Verschnitt abhängt, wo genauere Informationen über den Geburtsort nicht verfügbar oder viel zu kompliziert für eine Etikettaufschrift sind, gilt der Grundsatz: je besser der Wein, um so mehr Details werden aufgeführt. Sherry, Champagner und Portwein sind verschnittene Weine; wir kaufen sie unter dem Namen des Herstellers und nicht

32

unter dem der entsprechenden Lage. Allerdings sind der beste Champagner und der beste Portwein mit einer genauen Jahrgangsbezeichnung auf dem Etikett versehen, und der beste Sherry trägt immer die genaue spanische Klassifizierungsbezeichnung: »Fino«, »Amontillado« oder »Oloroso«.

Auch die Qualitätsweine aus der Neuen Welt folgen diesem Muster. Zu der einfachen Bezeichnung *Australischer Burgunder* gesellen sich allmählich die Spezifikationen. Zuerst ist es die Traubensorte, dann das Weingut; bald wird wahrscheinlich auch die jeweilige Lage genannt werden, wie es in Mitteleuropa üblich ist.

... und was sich manchmal dahinter verbirgt

Mißbrauch

Es ist kein Geheimnis, daß die Namen der Weine, die sich im Lauf der Jahre als die besten und beliebtesten herausstellten, von der Konkurrenz geliehen, um nicht zu sagen gestohlen werden. In manchen Fällen wird auch der Geschmack angeglichen. Der Name *Spanischer Chablis* mag vielleicht die Bezeichnung für einen Weißwein sein, der nicht das geringste mit der berühmten französischen Stadt zu tun hat, aber man kann wohl kaum sagen, daß es sich hier um eine unwahre Behauptung handle, denn der betreffende Wein schmeckt fast genauso wie ein französischer Chablis. Durch raffinierte Kellerbehandlung, die ganz legitim ist, wird der entstehende Wein zur Chablis-Geschmacksrichtung hin verändert.

Ähnlich ist es mit den verschnittenen deutschen Weinen, die aus mehreren Einzelweinen einer Landschaft kommen. Bei der *Liebfrauenmilch* braucht der in der Flasche befindliche Wein nur aus Rheinhessen zu stammen und eine bestimmte liebliche Note zu haben. Nach dem neuen Weingesetz von 1971 wurden viele Einzellagen zu Großlagen, mehrere Großlagen zu Bereichen zusammengefaßt. Ein Qualitätswein darf den Bereichs- beziehungsweise Großlagenamen führen, wenn mindestens 75 Prozent des Weines von dort stammen (siehe auch Seite 39).

Dazu kommen die Weine mit Phantasienamen, wie sie oft von großen Winzergenossenschaften, den Keller- und Verkaufszentralen der kleinen Winzer, erfunden und verkauft werden. Schließlich gibt es die Markenweine, deren Namen keinen Hinweis mehr auf die Herkunft des Weines geben, weil sich wahrscheinlich die Mengenverhältnisse die Waage halten. Diese Weine heißen dann *Goldener Oktober, Badische Sonne* oder so ähnlich. Es hängt ganz vom Weintrinker ab, ob ihm diese Weine gefallen.

35

Gesetzliche Schutzbestimmungen

Zum Schutz der ausschließlichen Rechte bestimmter Weinbaugebiete, ihre Namen für ihre Weine zu verwenden, wurden strenge, gesetzlich festgelegte Richtlinien geschaffen. Sie ergeben ein wichtiges Kriterium für die Weinbezeichnung.

Appellation Contrôlée

Wenn wir beispielsweise die Bedeutung französischer Weinetikette verstehen wollen, müssen wir wissen, was »Appellation Contrôlée« (»Kontrollierte Ursprungsbezeichnung«) bedeutet: Die durch die Reblaus in den Jahren zwischen 1870 und 1890 verursachte Katastrophe, durch die praktisch jede Rebe in Frankreich vernichtet wurde und ersetzt werden mußte (eine Maßnahme, die Frankreich bedeutend mehr kostete als der Französisch-Preußische Krieg), verursachte eine Welle von Fälschungen in der Weinindustrie. Die Reblaus vor allem veranlaßte die Regierung, die Weinerzeugung und den Weinhandel zu reglementieren. Alte Rebanlagen wurden vielerorts brach liegen gelassen und neue an leichter zugänglichen, aber unpassenden Stellen angelegt, wo zwar viel, aber minderwertiger Wein geerntet wurde. Man baute ungeeignete Reben an. In dem allgemeinen Chaos waren die Fälscher rührig wie nie zuvor. Nach jahrelangen Diskussionen entwickelte nun die Regierung Kontrollsysteme für alle bedeutenden Weinbaugebiete in Frankreich. Dabei konnte es keine allgemeingültige Formel geben. Unterschiede in Praxis, Tradition und Landbesitz sowie alle möglichen anderen Aspekte der Weinbereitung machten für jedes einzelne Gebiet ein besonderes System notwendig. Eine Traubensorte, die für einen Weinberg nicht in Frage kam, konnte für einen anderen genau die richtige sein. In Bordeaux genügte es, die Ortsnamen zu schützen; in Burgund mußten die einzelnen Parzellen individuell geschützt werden. All diese Bestimmungen gehören zur »Appellation Contrôlée«. Wir finden diese beiden Wörter oder ihre Abkürzung »A. C.« auf fast allen guten französischen Weinen und natürlich auch auf den Weinlisten und -karten der Restaurants.

Deutsches Weinsiegel

Das »Deutsche Weinsiegel« beispielsweise, in Form einer roten Klebemarke, besagt, daß dieser Wein den gesetzlichen Vorschriften für Qualitätsweine entspricht und mindestens zwei Punkte höher bewertet wurde als bei der amtlichen Prüfung. Für Diabetikerweine gibt es ein gelbes Weinsiegel, verliehen von der Deutschen Landwirtschaftsgesellschaft, für Weine, die nicht mehr als 4 Gramm pro Liter Zucker und 12 Grad Alkohol enthalten. Die Einhaltung der gesetzlichen Bestimmungen wird durch das Siegel garantiert.

Ferner gibt es in vielen Landschaften für bestimmte Weine Ehrungen und Prämierungen, die durch eine Kommission verliehen werden. In Deutschland gibt es zum Beispiel Auszeichnungen der Landes- und DLG-Bundesweinprämierungen, die in Form von bedruckten Streifen um die Flaschenhälse geklebt sind und dem Käufer damit den Wert des betreffenden Weines verdeutlichen sollen. Es werden natürlich nur so viele Streifen ausgegeben, wie Wein dieser Sorte geerntet wurde. Hierbei ist ein Mißbrauch ausgeschlossen.

Deutsche Qualitätsbezeichnungen – und was sie bedeuten

Tafelwein, Qualitätswein bestimmter Anbaugebiete, Prädikatswein

Das deutsche Weingesetz ist streng. Es wurde durch eine Neufassung, die 1971 in Kraft trat und ab Jahrgang 1971 gilt, den europäischen Marktverhältnissen angepaßt. Die früher gebräuchlichen Bezeichnungen wie Originalabfüllung, Kreszenz, naturrein und andere fielen fort. Alle Zugaben und Qualitätsansprüche sind genau gesetzlich geregelt. Grundsätzlich gibt es drei Qualitätsstufen: Tafelwein, Qualitätswein bestimmter Anbaugebiete und Qualitätswein mit Prädikat, kurz Prädikatswein genannt. Die Prädikate sind: Kabinett, Spätlese, Auslese, Beerenauslese, Trockenbeerenauslese. Die Prädikatsverleihung hängt von einem bundeseinheitlich geltenden Punktesystem ab. Diese und andere Begriffe des neuen deutschen Weingesetzes werden an entsprechender Stelle dieses Buches näher erläutert (siehe Seite 39 f.).

Das Verfahren der Trockenbeerenauslese wird außer in Deutschland auch bei einigen süßen Weinen des Sauternes und Barsac angewandt. Hierbei macht der Pilz *Botrytis cinerea* die Haut der Beere porös, so daß ein Teil des Saftes verdunstet. Die Beeren schrumpfen, werden unansehlich, erhalten aber einen außerordentlich hohen Zuckergehalt. Auch dieser Vorgang wird vom Menschen nicht gesteuert, sondern nur abgewartet. Herrscht im Herbst sonnenloses, kaltes Wetter und setzt der Frost früh ein, ist die Chance für die Gewinnung von Trockenbeerenauslesen äußerst gering.

Eiswein

Außerdem gibt es in Deutschland und einigen anderen Weinländern den Eiswein. Für den Eiswein werden die Trauben nach dem ersten Frost geerntet. Das Wasser in den Beeren ist gefroren, und die Trauben werden sofort, also bevor sie wieder auftauen können, gekeltert und gepreßt, um nur den durch sein höheres spezifisches Gewicht langsamer gefrierenden Zuckersaft in der Beere zu gewinnen. Ganz langsam fließt dieser Zuckersaft mit den Extrakt- und Duftstoffen aus der Presse; immer wieder muß nachgepreßt werden, um nichts von diesem wertvollen Saft zu verlieren. Das noch immer gefrorene Wasser bleibt in der Beere zurück. Da dieses Verfahren erst ab Ende Oktober oder Anfang November angewendet werden kann — wenn nämlich der erste Frost eingesetzt hat —, und dann auch nur meistens in der Nacht bis zum frühen Morgen, ist es verständlicherweise kostspielig. Das Wasser in den Beeren ist zu dieser Jahreszeit ohnehin bereits zu einem Teil durch die Poren verdunstet. Die Ausbeute ist sehr gering, und der Wein aus diesem hochkonzentrierten Most kostet pro Flasche nicht selten 50 oder 100 Mark, bei großen Weinjahrgängen bis zu 250 Mark und mehr.

Strohwein

Strohwein ist eine Abart davon. Die spät im Jahr geernteten Trauben werden auf Strohmatten ausgebreitet, um den Saft teilweise verdunsten zu lassen und dann nur die eingetrockneten Rosinen zu keltern, zu pressen und zu vergären. Auch diese Weine sind selten und werden von Liebhabern geschätzt.

Qualitätsbezeichnungen in Frankreich

mise en bouteilles à la propriété, mise en bouteilles dans nos caves

Die französischen Bezeichnungen »mise en bouteilles à la propriété« oder »mise en bouteilles dans nos caves« (in unseren Kellern abgefüllt) sind keine Garantie, wenn man den Weinhändler nicht als seriös kennt. Sogar »vom Besitzer abgefüllt« ist keine wirkliche Garantie; ein und derselbe Mann ist vielleicht der Besitzer von mehreren unterschiedlichen Weinbergen. Man sollte beim Kauf von Wein auf den Namen des Händlers achten. Große Weinhandelshäuser haben im Laufe ihrer zum Teil mehrhundertjährigen Firmentradition selbst gute Weinberge gekauft, bauen eigenen Wein in eigenen Kellern aus und verkaufen ihn mit vollem Recht als eigene Marke.

In Frankreich gibt es auch sogenannte Markenweine großer Weinfirmen, wie Calvet, Eschenauer, Kressmann, Cruse und viele andere — merkwürdigerweise sind die meisten deutscher Abstammung, wie die Namen zeigen —, die Weine verschneiden und als bestimmten Geschmackstyp auf den Markt bringen. Es sind Weine, die wie Schaumweine in stets gleichbleibender Qualität angeboten werden. Hierin ist, im Vergleich zum günstigen Preis, kein Nachteil für den Weintrinker zu sehen, wenn auch diese Weine nicht zu den Spitzenprodukten gehören und gehören wollen.

»Konsumwein«

»vin ordinaire«

Das tägliche Getränk aller südeuropäischen Völker ist der »Konsumwein«. In Frankreich zum Beispiel ist »vin ordinaire« eine feststehende Bezeichnung. Es ist nicht etwa ein ungenauer Terminus für jeden mittelmäßigen Wein. Für den Preis ist lediglich die Höhe des Alkoholgehalts ausschlaggebend. Konsumwein ist fast immer rot. In Spanien wird er als »vino corriente«, in Portugal als »consumo« bezeichnet.

»vino corriente« »consumo« »vin de pays«

Der französische »vin *de* pays« — also wörtlich übersetzt: Landwein — steht eine Stufe über dem »vin ordinaire«. Wenn auch der Wein an sich nicht besser sein muß, hat er doch eine zusätzliche Würde: man weiß, woher er stammt. Konsumwein ist völlig anonym. Oft ist er ein Verschnitt von Weinen aus Frankreich, Spanien, Nordafrika, Italien oder aus einem Land, wo der Preis pro Alkoholgrad gerade niedrig ist. »Vin de pays« ist im schlimmsten Fall ein Konsumwein mit einer Geburtsurkunde. Diese Weine gehören in die Klasse der VCC (»vin de consommation courante«), also der Weine zum täglichen Genuß. Im besten Fall aber kann er eine jener hervorragenden regionalen Spezialitäten sein, die oft so gönnerhaft als »klein« bezeichnet werden.

»Vin du pays«

Fast überall in Südfrankreich wird man in einem guten Hotel einen recht guten »vin *du* pays« finden (hier heißt es »du« statt »de«, weil es sich um Wein aus einer bestimmten *Gegend* Frankreichs handelt). Der Gastronom bezieht ihn vom Erzeuger selbst. Es gibt nicht so viel davon, daß man ihn in größerem Umfang auf den Markt bringen kann, aber deshalb ist er nicht schlechter.

»Heuriger«

In Österreich, um Wien herum, hat der »Heurige« eine ähnliche Bedeutung. Auch er wird meist dort ausgeschenkt und getrunken, wo er wächst, und man weiß, woher dieser Wein, der neue Wein des Jahres, kommt.

In Deutschland gibt es für die einfachen Weine die Bezeichnung Deutscher Tafelwein. Er stammt aus einem der fünf deutschen Tafelweinbaugebiete, die gesetzliche Mindestanforderung besteht darin, daß er aus deutschen Weinbaugebieten von genehmigten Weinbergen und geeigneten und zugelassenen Rebsorten stammen muß. Er darf weder die Namen von »bestimmten Anbaugebieten« noch von Lagen tragen. Er unterliegt keinem Prüfungsverfahren.

Qualitätswein bestimmter Anbaugebiete und VDQS

Ein deutscher Wein, der diese Bezeichnung trägt, stammt aus einem der elf bestimmten Anbaugebiete in Deutschland, die auf Seite 127 bis 154 näher beschrieben sind. Er muß bestimmten gesetzlichen Mindestanforderungen genügen, wie Mindestalkoholgehalt, Fehlerfreiheit, garantierte Herkunft. Qualitätswein b. A. darf verbessert werden. Er darf einen Lagenamen auf dem Etikett in Verbindung mit dem Namen des Ortsteils oder der Gemeinde führen. Qualitätswein b. A. unterliegt einer amtlichen Prüfung und muß eine amtliche Prüfungsnummer tragen.

In Frankreich entspricht diesen Weinen der VDQS (»vin délimité de qualité supérieur«). Hierunter fallen Weine, deren Qualität nicht für die Appellation Contrôlée ausreicht, die aber dennoch bestimmten gesetzlichen Ansprüchen genügen müssen.

Qualitätswein mit Prädikat und seine Pendants in Frankreich

Die Qualitätsweine mit Prädikat, oder kurz Prädikatsweine genannt, bilden in Deutschland die höchste Qualitätsstufe. Sie müssen bei einer amtlichen Prüfung eine Mindestpunktzahl erreichen und werden nach diesem Punktesystem, das Farbe, Klarheit, Geruch und Geschmack zum Inhalt hat, eingestuft. Prädikatsweine dürfen nicht angereichert werden. Die Mindestanforderungen gelten für einen Wein mit dem Prädikat Kabinett. Eine Spätlese muß darüber hinaus aus Trauben stammen, die in einer späten Lese in vollreifem Zustand geerntet wurden. Bei der Auslese dürfen nur vollreife Trauben unter Aussonderung kranker und unreifer Beeren verwendet werden. Für eine Beerenauslese dürfen nur edelfaule oder wenigstens überreife Beeren verwendet werden. Für die Trockenbeerenauslese dürfen nur weitgehend eingeschrumpfte, edelfaule Beeren verwendet werden. Ein weiteres Prädikat ist »Eiswein«, es wird zusätzlich zu den obengenannten Prädikaten verliehen, wenn die Trauben bei der Kelterung gefroren waren (siehe Seite 37).

In Frankreich bilden die höchste Güteklasse die Weine der Appellation Contrôlée, außerdem gelten für Bordeaux und Burgund noch zusätzliche Klassifizierungen der besten Lagen, auf die in den entsprechenden Kapiteln näher eingegangen wird.

Es ist schwierig, genau zu sagen, welche Eigenschaften einen Spitzenwein ausmachen. Er hat immer eine delikate Süße — süß hier im Sinne eines edlen Naturells und nicht einer zuckrigen Süße. Er ist vollmundig, würzig und weist vollendete Harmonie auf, wie es sogar wirklich »feiner« Weinbrand tut, obwohl er destilliert wurde. Aber eines ist ihnen allen gemeinsam — dem Bordeaux, den köstlichen Fino-Sherrys, dem Champagner, Rheinwein oder Burgunder: sie fordern zur Diskussion heraus. Es tut fast weh, einen »großen« Wein allein zu trinken. Es muß jemand da sein, mit dem man das Erlebnis teilen kann, denn es ist ein Erlebnis, und man muß diskutieren, analysieren und sich daran weiden.

Wein und Zeit

DIE ANNAHME, EIN WEIN sei um so besser, je älter er ist, stimmt nur bedingt — Geschichten von wundervollen, spinnwebüberzogenen alten Flaschen haben den Glauben verbreitet, das Alter an sich sei ein Pluspunkt für den Wein. Es gibt Weine, die eine lange Reifezeit brauchen, aber auch andere, die schon durch eine Lagerzeit von nur ein bis zwei Jahren ruiniert werden.

Die Zeit der Reife

Um eine allgemeingültige — eigentlich zu allgemeine — Regel aufzustellen: Rotwein braucht eine längere Zeit, um zu reifen und seinen Höhepunkt zu erreichen; Weißwein braucht nicht so lange. Bei der Herstellung von Rotwein, wobei Schalen und Kerne mit dem Saft der Trauben vergoren werden, lösen sich Nebensubstanzen, vor allem Tannin (Gerbstoff). Sie geben dem Wein die hier gewünschte Herbe, das »Rückgrat«. Die Nebensubstanzen brauchen Zeit, um sich aufzulösen, um langsame und verborgene chemische Umwandlungen durchzumachen, die so außerordentlich wichtig für das spätere Glas Wein sind.

Der Reifeprozeß (Ausbau)

Die Eichendauben eines Fasses sind porös. Dadurch wirkt eine bestimmte Sauerstoffmenge auf den Wein ein und veranlaßt ihn auf geheimnisvolle Weise, sich zu entwickeln. Beim Abfüllen in die Flasche hat der Wein auf seinem Weg vom Faß in die Flasche sozusagen Zeit, sich einen tiefen Zug Sauerstoff aus der Luft zu holen. In der Flasche ist der Vorrat an Luft gering, aber offenbar noch vorhanden. Der Sauerstoff findet seinen Weg entweder durch den Korken oder durch den winzigen Zwischenraum zwischen Korken und Glas.

Der Wein lebt und wächst in der Flasche von dem aufgelösten Sauerstoff und von der Luft, die durch den Korken eindringt, genauso wie er im Faß gelebt hat, nur langsamer. Der Unterschied in der Entwicklungsdauer ist jedoch entscheidend. Wenn man den Wein im Faß ließe, würde er durch den Oxydationsprozeß an Kraft einbüßen und vorzeitig altern. Auf der Flasche reift er

41

langsamer. Aus diesem Grund ist die Erfindung des Korkens eines der wichtigsten Ereignisse in der Geschichte des edlen Weines. Vor der Zeit des Korkens war die Flasche nichts anderes als eine Karaffe. Der Wein wurde in Fässern gelagert. Wollte man ihn trinken, wurde er in eine Flasche aus Leder, Ton oder Glas geschüttet und so auf den Tisch gebracht. Verschiedene Weine verschickte man in Flaschen, die mit geflochtenem Stroh verschlossen waren oder in denen der Wein sogar mit einer Schicht Olivenöl bedeckt war, um den Inhalt vor Lufteinwirkung zu schützen. Aber keine Flasche wurde in der Absicht verschlossen, den Wein dadurch zu verbessern.

So bewandert unsere Vorfahren zu jener Zeit auch in der Herstellung von Wein waren — er konnte niemals eine derart geschmeidige, samtene Vollkommenheit erreichen wie heutzutage ein Bordeaux, ein Burgunder es vermögen. Eine Ernte hielt sich bis zur nächsten, und sogar in dieser kurzen Zeitspanne wurde der Wein in einzelnen Fässern zu Essig. Normalerweise hatten die haltbarsten, beständigsten Weine den höchsten Gehalt an Alkohol und Zucker, die als Konservierungsmittel dienten. Deshalb gehörten der süße Sherry, der Malvasia und die Familie der Muskateller zu den Luxusartikeln des ausgehenden Mittelalters und der Renaissance; sie »stachen« nicht, wie man damals sagte, und brauchten kein Mäntelchen aus Honig und Gewürzen.

Als zu Beginn des achtzehnten Jahrhunderts der Korken aufkam, war damit endlich der perfekte, nicht absolut luftdichte Verschluß gefunden. Von da an konnte man den Wein — wahrscheinlich zuerst den Portwein, dann den Tischwein — zu höchster Reife bringen. Im Verlauf des achtzehnten Jahrhunderts wurde das Verfahren verbessert: nach dem Korken gab es den Korkenzieher, und dann wurde die Karaffe, die nur aufrecht stehen konnte, durch die zylindrische Flasche ersetzt, die liegend aufbewahrt wird. Das ist sehr wesentlich, denn bei der aufrechtstehenden Flasche trocknet der Korken aus und schrumpft. Zuviel Luft dringt ein, und aus dem Wein wird Essig. Das läßt sich verhindern, wenn der Wein in der liegenden Flasche den Korken umspült.

Einige alte Weinschränke in Landhäusern zeigen eine Übergangslösung; man hatte erkannt, daß der Wein den Korken berühren muß, aber die Flaschenform war noch nicht genügend weit entwickelt. Diese Weinschränke sind Gestelle mit derart eingeschnittenen Löchern, daß die Hälse der kolbenförmigen Flaschen darin nach unten zeigen.

Mitte des achtzehnten Jahrhunderts hatte man erkannt, daß dem Wein diese neue Art der Lagerung gut bekam. Es begann das Zeitalter der Jahrgangsweine, wie wir sie heute, nach zweihundert Jahren, noch kennen.

Junge Weine

Viele Weine werden auch heute noch so bereitet wie damals, als sie noch nicht auf der Flasche ausgebaut wurden. Zu dieser Familie gehören die Roséweine und viele Weißweine mit geringem Alkoholgehalt — erfrischend, spritzig, wie leichter Mosel, Muscadet oder der portugiesische »vinho verde«.

Die Gärung geht bei diesen Weinen rasch vor sich. Sie haben wenig Zucker, der sich in Alkohol umwandeln muß, und kaum andere Substanzen, die dem Wein Blume und Körper geben.

Rosé wird absichtlich so rasch bereitet: den Schalen wird nur ein Hauch Rot im Gärbottich entzogen. Unter den Rotweinen ist der bekannteste der Beaujolais, zumindest in der Art, wie er in den Restaurants von Lyon und Paris serviert wird. Er ist fruchtig, aber kurzlebig, durchscheinend purpurn und vor allem so leicht, daß man ihn in großen Zügen trinken kann.

»vin de l'année«

All diese Weine sollten möglichst jung getrunken werden. In Frankreich nennt man sie »vins de l'année« — Weine des Jahres. Der leichteste unter ihnen, der manchmal in Cafés ausgeschenkt wird, heißt »vin d'une nuit« — Wein, der in einer einzigen Nacht bereitet wurde.

Die leichten deutschen Weine haben ihren Höhepunkt nach dem zweiten Herbst. Sie schmecken früher, sie schmecken auch noch einige Zeit danach, aber — wie bereits gesagt — jeder Wein hat sein optimales Alter, der bei leichten Weinen etwa nach dem zweiten Herbst liegt.

Besonders langsam hingegen bauen einige große Rotweine aus, vor allem im Weingebiet Bordeaux. Das hat Tradition und — seinen Sinn. Die Güter der großen Bordeauxweine lassen den gekelterten Most mit den sogenannten »Rappen«, Stielen und Schalen, einige Zeit vergären. Durch die Gerbstoffe wird der Wein herber im Geschmack, aber zugleich konserviert. Die Gerbsäure verleiht dem Wein von Natur aus eine längere Lebensdauer. Erst nach mehreren Jahren ist der Gerbstoff so weit abgebaut, daß er geschmacklich nicht stört.

Die meisten Weine der Welt gehören zur mittleren Kategorie. Sie haben nichts Besonderes, keine fruchtige Frische, die sie durch die Lagerung verlieren könnten, aber sie haben auch nichts zu gewinnen. Man trinkt sie am besten nach ein bis zwei Jahren, denn besser werden sie durch längere Lagerung nicht.

Alte Weine

Die besten Weine der Welt und ganz sicher alle großen Weine gehören jedoch in die letzte Klasse; sie sind fast nicht trinkbar, solange sie jung sind. Einige von ihnen sind zwar trinkbar, aber als junge Weine noch streng und sauer; sie erreichen Harmonie, Eleganz und das ihrem Charakter gemäße volle

Bukett nur durch sorgfältige und entsprechend lange Lagerung. Sie kann sechs, aber auch sechzehn Jahre dauern, ja sogar zwanzig oder vierzig. Es gibt einen wundervollen alten südafrikanischen Wein, den *Constantia,* der nach hundertdreißig Jahren noch kein Zeichen von Abbau zeigt, sondern immer besser geworden ist. Dieser Wein ist sehr süß und wird daher nach dem Essen serviert. Es gibt aber einen 1870er Bordeaux, der ohne Konservierung durch Zuckerzusatz dennoch elegant, mild, voll und kaum flach ist.

Steinwein 1540

Höchst bemerkenswert — wahrscheinlich sogar einmalig in ihrer Art — war eine Flasche 1540er Steinwein (jeder denkt, die Fünf sei ein Druckfehler) aus Würzburg, die die Firma Ehrmann's, das Weinhandelshaus in der Grafton Street in London, aus dem Keller König Ludwigs von Bayern erworben hatte. Als man die Flasche öffnete, erwartete keiner der Anwesenden, darin noch Wein vorzufinden. Bereits zu Shakespeares Zeiten hätte er untrinkbar sein müssen. Vorher hatte man 1820er Johannisberger und 1857er Rüdesheimer getrunken, und die waren viel zu alt gewesen; nicht die kleinste Spur von Weingeschmack war übriggeblieben. Doch der 1540er Steinwein war immer noch Wein: dunkel wie Madeira, schwach, aber zweifelsohne lebendig. Das Jahr 1540 war außergewöhnlich. Es heißt, der Rhein sei damals ausgetrocknet gewesen. Wasser kostete mehr als Wein. Es hat in Deutschland niemals reifere Trauben oder süßeren Wein gegeben. Eine große Tonne oder ein Faß war in Würzburg gebaut worden, um die besten Tropfen dieses Jahrgangs aufzunehmen. Darin blieb der Wein, bis zweihundert Jahre später die Flasche erfunden wurde und man ihn abfüllte.

Wäre der Wein tatsächlich so lange im Faß geblieben, so wäre er verdunstet — falls man ihn nicht getrunken hätte. Wahrscheinlich aber hat man ihn mit den besten und süßesten Weinen der darauffolgenden Jahrgänge ständig aufgefüllt. Vielleicht wurde er auch im Lauf der Zeit in immer kleineren Fässern aufbewahrt. Man versucht in Deutschland auch, den durch die Verdunstung entstehenden Hohlraum im Faß dadurch auszugleichen, daß man Kieselsteine durch das Spundloch hineinwirft, denn bei einem bis oben gefüllten Faß ist die Gefahr des Essigstiches beseitigt.

Auf jeden Fall enthielt der Wein, der im achtzehnten Jahrhundert endlich auf Flaschen gezogen wurde, bestimmt noch einen Teil jenes wundervollen Jahrgangs, doch mehr in der Art eines Solerasherrys, der zum Teil aus achtzig oder hundert Jahre altem Wein besteht. Sein Charakter wird sozusagen an seine Nachfolger in demselben Faß weitergegeben. Wieviel von der Flüssigkeit tatsächlich der ursprüngliche kostbare Traubensaft aus jenem weit zurückliegenden heißen Sommer war, kann jeder mutmaßen, wie er will. Jedenfalls steht fest, daß dieser Wein nach so langer Lagerung im Faß noch zweihundert oder mehr Jahre in der Flasche überlebte. Das dürfte sich kaum je wiederholen.

Das optimale Alter von Rotwein . . .

Jede Rotweinsorte hat ein bestimmtes optimales Alter. Dann sollte der Wein getrunken werden. Das ideale Alter differiert in ein und derselben Lage von Jahrgang zu Jahrgang und von Lage zu Lage im selben Jahrgang. In den Jahrgangstabellen dieses Buches auf den Seiten 266 und 282 wird auf besonders gute Jahrgänge bei Bordeaux- und Burgunderweinen hingewiesen.

Die leichtesten und schwächsten roten Bordeauxweine und die roten Burgunder — also die Sorten aus regenreichen Jahren — brauchen achtzehn Monate im Faß, bevor sie abgefüllt werden können; Weine mit mehr Alkoholgehalt und längerer Lebensdauer bleiben zweieinhalb Jahre oder länger im Holz.

Junger Bordeaux   Der jüngste heute im Handel angebotene hochwertige Bordeauxwein dürfte also etwa zwei Jahre alt sein. Bessere Weine sind derart gekeltert und ausgebaut, daß sie erst in späteren Jahren getrunken werden sollten. Die Weinfreunde wollen aber im allgemeinen ihre Weine nicht mehr über Jahre hinweg lagern, um sie erst nach fünf oder zehn Jahren zu genießen. Das ist keine Oberflächlichkeit, denn die jüngeren roten Bordeauxweine sind besonders bekömmlich und haben wegen ihres nicht sehr hohen Alkoholgehaltes eine weniger berauschende Wirkung.

Nach wie vor aber legen die großen Weingutsbesitzer auf den richtigen, das heißt den mehrjährigen Ausbau ihrer Weine im eigenen Keller Wert, ferner auf die eigene Flaschenabfüllung im Keller und den Verkauf ihrer Weine ausschließlich in Flaschen, so daß auch tatsächlich alle Weine ihrer Herstellung unveränderte Qualität aufweisen.

Es ist jedoch nicht richtig, daß nur die flaschengefüllten Bordeaux- und Burgunderweine die Spitze darstellen. Aus mittelmäßigen Weinen allerdings werden durch langjährige Flaschenlagerung und Kellerabfüllung noch keine Spitzen, auch wenn man diese Flaschen fünfzig Jahre lagert. Die Mittelmäßigkeit kann sich nicht nur in wenig qualifizierter Lage auswirken, sondern insbesondere durch die klimatischen Einflüsse eines bestimmten Jahres entstehen. Aus dem Wein eines sonnenlosen Jahrgangs wird selbst nach fünfzig Jahren keine Spitze, wenn es ihm an der hierfür nötigen Substanz fehlt.

Kurz gesagt: Ein Wein mit einem guten Namen kann dann getrunken werden, wenn er angeboten wird. Er kann auch noch mehrere Jahre lagern und schmeckt dann sicherlich noch besser. Seriöse Weinhändler bieten rote Bordeauxweine, die von allen Weinen der Welt am längsten konserviert werden können, frühestens drei bis vier Jahre nach der Ernte an. Fachleute sind sich allerdings einig, daß Bordeauxweine mit den Appellations *Bordeaux, Bordeaux Supérieur, Côtes de Bourg* und *Blaye* bei guten Jahrgängen ab zweitem Jahr nach der Ernte getrunken werden können.

... und Weißwein

Die Zeit übt auf den Weißwein nicht die gleiche Wirkung aus wie auf den Rotwein. Im Rotwein steckt zu Anfang ein herber Aromakern, der sich allmählich auflöst; er wird geschmeidiger und harmonischer, weicher und angenehmer. Gute Weißweine hingegen neigen dazu, Duft- und Geschmacksstoffe zu intensivieren. Während Rotweine allmählich ins Braun verblassen, dunkeln Weißweine zur gleichen Farbe hin nach. Bei einem sehr alten Wein ist es mitunter schwierig festzustellen, ob er ursprünglich rot oder weiß war; die Farbe ist undefinierbar.

Die Farbe alter Weine

So sind ein *Château d'Yquem*, der größte Sauternes, oder ein *Montrachet*, der beste weiße Burgunder, im Alter von vier oder fünf Jahren nicht direkt unfertig, aber es vergeht eine lange Zeit, bevor sie abfallen, und viele Menschen glauben, sie würden immer besser. Das gleiche gilt für Champagner und für die besten Rhein- und Moselweine. Mit zunehmendem Alter wachsen die Fülle und die Tiefe des Aromas, die Frische weicht der Milde, der Duft nach Frühling macht dem Duft nach Herbst Platz.

Nur selten hat man Gelegenheit, die Köstlichkeit alter Weißweine zu entdecken. Eingelagert werden Weißweine am besten genauso wie Rotweine, allerdings in kleineren Mengen und nicht so lange. Leider werden jedoch die meisten Weine eher zu früh als zu spät getrunken — weiße wie rote.

Deutsche Weißweine der Spitzenklasse kann man grundsätzlich vom dritten Lagerjahr nach der Lese an trinken; sie halten sich dann bis zu zwanzig Jahren. Alle anderen deutschen Weine werden etwa sechs bis zehn Monate nach der Lese abgefüllt und sofort getrunken, halten sich aber bis zu fünf Jahren. Diese etwas pauschalen Angaben können je nach der Qualität des Weinjahres variieren.

Der Jahrgang

FÜR DIE MEISTEN MENSCHEN sind die Wolken vergessen, wenn sie nicht mehr am Himmel sind. Nur der Winzer hat Grund, sich zwei oder vielleicht auch erst zehn Jahre später darüber zu freuen oder zu ärgern.

Der Einfluß von Wetter und Klima

Das Wetter in Mitteleuropa ist immer ungewiß. Zu jeder Jahreszeit kann es sich auf die Rebe und ihre Trauben vorteilhaft oder nachteilig auswirken. Während die Rebe im Winter ruht, ist sie nicht durch Frost gefährdet, aber Frost kann es auch im Frühling geben. Wenn Frost nach dem Austrieb einfällt, vermag er die Ernte vollständig zu vernichten.

Die hundert Tage

In den hundert Tagen, die eine Rebe nach der Blütezeit braucht, um reife Trauben zu tragen, ist das Wetter von allergrößter Bedeutung. Die Sonne muß scheinen, wenn auch nicht immer. Ein bißchen Regen ist notwendig, aber zur rechten Zeit. Morgennebel, doch nicht zuviel, ist von Nutzen. Starker Regen kann sich verheerend auswirken. Hagel kann alles zerstören, sogar die Reben. Der Winzer vermag nichts gegen die Natur zu unternehmen. Entweder sieht er nach wolkenlosen Tagen alles zur Vollkommenheit reifen und bleibt nur an Regentagen im Haus, um seine Buchführung zu erledigen, oder aber er muß hilflos zusehen, wie der Hagel seine geliebten Reben in Stücke reißt. Der Winzer ist ein Bauer, und ein Bauer lernt Geduld durch bittere Erfahrung. Man sollte die Sache jedoch nicht zu schwarz sehen. Kann man sich ein schöneres, natürlicheres Leben vorstellen, als Reben zu pflegen und Wein zu bereiten?

Die Wetterlage während dieser hundert Tage zwischen Blüte und Reife entscheidet — wenn bis dahin alles nach Wunsch gegangen ist — über Wesen und Qualität des Jahrgangs. Es ist also nicht verwunderlich, daß Jahrgänge niemals zwei Jahre hintereinander oder alle zwei Jahre gleich sind. In Australien oder Kalifornien allerdings läßt sich das Wetter ziemlich genau vorhersagen.

Die Jahrgänge sind dort alle ähnlich, wenn nicht gar identisch. Wenn ein Weintrinker sich für den Jahrgang eines Weines dieser Landschaft interessiert, dann will er nur dessen Alter wissen. In Frankreich und Deutschland wechselt der Charakter des Weines von Jahr zu Jahr. Ein Fachmann wird niemals die Jahrgänge 1952 und 1953, 1955, 1957 und 1959 oder 1960, 1961 und 1962, 1964, 1969 und 1971 verwechseln.

Wer sich aus Wein nicht viel macht, wird es nicht verstehen können, daß Jahrgänge überhaupt eine Rolle spielen sollen. Genau das aber ist der Fall — sie spielen eine außerordentlich wichtige Rolle. Der gesamte leichtere rote Bordeaux von 1956 zum Beispiel war praktisch wertlos. 1955 war ein herrliches Jahr, doch darauf folgte ein böser Winter. Durch den anhaltenden starken Frost erfroren die Reben, deren natürliche Widerstandskraft gegen Kälte an sich groß ist. Viele mußten ausgehauen werden. Nicht einmal die normale Wärme des Sommers 1956 ließ die Reben gesunden. Der Wein war miserabel, dünn und hart. Manche Leute sagen, daß sogar das folgende Jahr davon betroffen war.

In Deutschland ist es ähnlich. Wenn man sich erinnert, wie verregnet Sommer und Herbst des Jahres 1968 waren, wundert man sich nicht, daß man keine Spitzenqualitäten von 1968er Wein auf dem Markt und auf den Weinkarten findet.

Ausnahmen   Und doch gibt es immer wieder Ausnahmen. Irgend jemandem gelingt es, durch einen glücklichen Zufall oder einen Geniestreich, einen Spitzenwein herauszubringen, wenn alle anderen Winzer über eine Katastrophe klagen. So war es auch 1956 in Bordeaux.

Monsieur Cazes, der Bürgermeister von Pauillac und Besitzer des bekannten Château Lynch-Bages, stellte in jenem Jahr einen erstklassigen, verläßlichen Wein her, der noch nach sieben Jahren gut war. Das gleiche gelang der Domaine de Chevalier in Graves, die es sich, wie auch das Château Latour, zur Gewohnheit zu machen scheint, in einem schlechten Jahr den besten Wein der Gegend zu liefern. Es wird erzählt, daß der Eigentümer der Domäne in Les Landes, südlich von Bordeaux, großen Waldbesitz habe. Er allein unter allen Weingutsbesitzern in Graves soll genau zum Zeitpunkt der Traubenreife eine Mannschaft herbeizaubern können, die die Trauben pflückt, bevor eine neue Katastrophe hereinbricht. Auf einem großen Weingut dauert die Lese mit den wenigen zur Verfügung stehenden Arbeitskräften oft bis zu drei Wochen. Hat ein Winzer genügend Leute, um diese Arbeit in drei Tagen zu bewältigen, bedeutet das natürlich einen großen Vorsprung, denn er kann die Trauben entsprechend länger an den Reben hängen lassen, damit sie noch die letzte Sonne einfangen, oder sie dem drohenden schlechten Wetter rechtzeitig wegschnappen. Das gesamte Weinbaugebiet von Graves hat andererseits den Vorteil, unmittelbar am Rand von Bordeaux zu liegen, wo Arbeitskräfte leichter zu bekommen sind als in ländlicheren Gegenden.

All diese Aspekte beeinflussen Körper und Seele des Weines. Sie sind die

Quelle seiner nicht endenden Faszination und der Grund, warum es mehr Ausnahmen als Regeln gibt.

Auf die Frage, ob Jahrgangstabellen eine Hilfe oder eine Falle sind, hier die Antwort: Natürlich gibt es bessere und schlechtere Jahre, und es ist auch möglich, aus den Erfahrungen der Weinbauern einer bestimmten Gegend allgemeine Schlüsse zu ziehen. Es gibt jedoch für jeden Ort ein Mikroklima, so wie es für das ganze Gebiet ein Gesamtklima gibt. Die Neigung eines Abhangs, die Tiefe des Unterbodens im Hinblick auf Be- und Entwässerung, ein Fluß mit seinen Morgennebeln, eine Bodensenke, die den Frost auffängt — dies alles sind Faktoren, die einem Weinberg in einem bestimmten Jahr den Vorrang vor seinen Nachbarn geben, ihm im nächsten Jahr aber schaden können. Jahrgangstabellen sollten deshalb zwar mit Vorbehalt betrachtet werden, sie haben aber dennoch ihr Gutes.

Mikroklima

Das wichtigste ist der Zeitpunkt, zu dem der Wein seine Höhe erreicht hat. Weine aus schlechten Jahren reifen rasch, die aus guten Jahren langsam. An billigen Weinen kann das Altern weniger verbessern als an guten.

Besonderheiten eines Jahrgangs

Eine tabellarische Übersicht über besonders gute Jahrgänge bei Bordeaux- und Burgunderweinen finden Sie auf den Seiten 266 und 282.

Wein vom selben Wein*berg* ist sogar dann im Charakter nicht gleich, wenn man zwei bestimmte Jahrgänge betrachtet, die generell als »gut« oder, für ein bestimmtes Gebiet, sogar als »groß« bezeichnet werden. Die Jahre 1949 und 1953 waren für Château Lafite »große« Jahre, und doch sind die Weine aus diesen beiden Jahren verschieden. Selbst wenn man vom verschiedenen Alter absieht, bleibt die Tatsache bestehen, daß der 1949er geschmeidig und elegant, glatt und großartig, während der 1953er köstlicher und zarter, femininer, blumiger und vielleicht eine Nuance weniger befriedigend war. Und doch trugen sie beide den Namen *Lafite*.

Nationale Geschmacksunterschiede

Es gibt nicht nur gute und weniger gute Jahrgänge (ganz zu schweigen von den ausgesprochen schlechten) — die verschiedenen weintrinkenden Nationen haben in dieser Hinsicht auch ihren eigenen Geschmack. Die Engländer zum Beispiel fanden die Jahre 1959 und 1971 überragend für die deutschen Weine — sie waren füllig, wuchtig und in ihrer Individualität sehr ausgeprägt. An diesen Jahrgängen konnte man die deutschen Weinbaugebiete und ihre Verschiedenartigkeit wirklich studieren. Der Ruhm des Rheinweins liegt — für den Engländer — in dem klaren und konzentrierten Aroma, das er nur in einem ganz großen Jahr erreicht. Der deutsche Konsument ist mit den weißen Weinen vertraut. Er betrachtete den 1959er Jahrgang zuerst einmal als »Jahrhundertwein«, denn

Jahrhundertwein oder nicht

selbst in sehr sonnigen deutschen Weinregionen hatte man selten zuvor so zuckerreiche Moste erzielen können wie nach dem langen heißen Sommer 1959. Leider übersah man dabei in der ersten Freude, daß dieser Wein nicht genügend Säure hatte, um sich lange halten zu können. Der Zucker konservierte den Wein einige Jahre, jedoch mußte er dann schnell getrunken werden. Heute findet man nur noch ganz wenige Spitzensorten dieses großartigen Jahrgangs. Die meisten 1959er sind inzwischen firn (alt) und nicht mehr trinkbar.

Dagegen erschien der 1961er Weinjahrgang zu Anfang wenig erfolgversprechend. Erst nach 1964 und 1965 erhielt man einen Begriff von der Qualität dieses Weines, der sich viele Jahre über dem Durchschnitts-Lageralter hielt und zu den rassigsten der letzten Jahrzehnte gehört. Der Jahrgang 1970 galt als ausgewogen, als reichhaltig in der Menge und befriedigend in der Qualität. Seine Spitzen werden uns noch lange erfreuen. Das Jahr 1971 war besonders für die Rieslingtraube ideal, weil es ihr feines Bukett gut zur Geltung brachte.

Individueller Geschmack

Abgesehen vom regionalen Geschmack weichen auch die individuellen Geschmacksrichtungen ein und desselben Jahrgangs, selbst in der Beurteilung durch Experten, voneinander ab. Ein bekannter Weinhändler stand einmal fast allein mit seiner Prognose, die 1957er Burgunder hätten eine große Zukunft. Die meisten anderen Gutachter, die über ihren Vorrat an 1952er, 1953er und 1955er Weinen froh waren, gaben ihm keine Chance. Sie fanden ihn unentwickelt, plump und hart. Auf den ersten Blick hatten sie zwar recht, auf den zweiten jedoch nicht. Die 1957er waren nämlich Spätentwickler und erreichten schließlich eine Finesse, die heutzutage bei Burgunder äußerst selten ist. Die noch vorhandenen Weine aus diesem Jahrgang sind ausgezeichnet und werden sogar immer noch besser.

Man kann also nur unter ganz speziellen Gesichtspunkten vernünftig über Jahrgänge diskutieren. Man hört gern von einer reichen Lese, weil sie sich auf die Stabilität der Preise günstig auswirkt — zumindest sollte es so sein. Über die Qualität des Jahrgangs muß man sich erst ein endgültiges Urteil bilden, wenn es ans Verkosten geht.

Der »Jahrgang« bei Champagner und Portwein

Hier hat das Wort eine besondere Bedeutung. Keiner dieser Weine trägt eine Jahrgangsbezeichnung im üblichen Sinn, denn der zum Verkauf kommende

Vollreife Trauben der Sorte »Isabelle« in einem Weingarten bei Rust in Österreich ▷

Wein ist ein Verschnitt aus den Weinen mehrerer Jahre und ist in dieser Mischung besser als die einzelnen Jahrgänge. In einem außergewöhnlichen Jahr erklären die Firmen einen Champagner oder Portwein zum »Jahrgangswein«.

Die großen Champagner-, Sekt- und Portweinproduzenten stellen in solchen Jahren Schaumweine beziehungsweise Portwein nur aus den Trauben dieses einen Jahres her, weil sie deren Frucht und Eigenart einfangen und konservieren wollen. Sonst nivelliert die Cuvée mit Absicht alle Jahrgangsmerkmale. Es liegt auf der Hand, daß Sekte und Champagner sowie auch Portweine mit dem Prädikat eines Jahrgangs der geringen Mengen wegen wesentlich teurer sind als gewöhnliche Marken. Einige Sekthersteller haben darüber hinaus noch Marken geschaffen, die aus nur einer Lage stammen: zum Beispiel der *Fürst Metternich* aus Weinen von Schloß Johannisberg und so fort. Auch diese Sekte sind besonders hoch zu bewerten.

53

◁ Das Glas muß zum Wein passen — Glas für frische deutsche Weißweine

Wie man Wein wählt

Die Weinkarte

Es GIBT NUR WENIGE MENSCHEN, die sich bei der Wahl des Weines nicht in erster Linie vom Preis leiten lassen. Und auch Sie wissen, daß auf der Weinkarte am Ende der Reihe die großen Spitzengewächse und am Anfang die billigsten Weine stehen, und daß irgendwo in der Mitte Ihr Bereich liegt. Gastwirte und Weinhändler haben wiederholt bestätigt, daß Wein mit der Nummer drei auf der Karte am besten verkauft wird. Die Unentschlossenen sind sich anscheinend alle darüber einig, daß die Wahl der Nummer eins ausgesprochen geizig, der Nummer zwei vielleicht ein bißchen knauserig aussieht, daß einem aber bei Nummer drei nicht viel passieren kann. Hätten sie doch nur gewußt, daß der billigste Wein vielleicht wertvoller und der dritte von oben nur ein Ladenhüter war, den das Restaurant loswerden wollte! Aber so werden Käufer offensichtlich beeinflußt und leider oft enttäuscht.

Der Preis

Sie jedoch wissen, wieviel Sie zahlen wollen. Sie sollten unbedingt an diesem Preis festhalten. Wenn Sie beschlossen haben, die billigste Flasche Wein zu wählen, die Sie bekommen können, sollten Sie auch nur die billigste auf der Karte nehmen. Sie ist oft wirklich gut. Restaurants wollen gewöhnlich nicht am billigen Flaschenwein oder am Ausschankwein verdienen.

Spielt andererseits der Preis keine Rolle, ist es doch übereilt, gleich bis zum Ende der Karte vorzustoßen und das Teuerste zu nehmen. Auf vielen Karten ist der teuerste Weißwein eine honigsüße Trockenbeerenauslese, die man zu keinem Essen trinken kann. Sie wird nur in kleinsten Südweingläsern ausgeschenkt und ist ein delikater Tropfen am Ende einer großen Mahlzeit. Allenfalls paßt ein solcher Wein zu einem Eisdessert, einem Soufflé glacé oder ähnlichem.

Kein kulinarisch einigermaßen gebildeter Mensch käme darauf, diesen Wein zum Steak zu trinken, was, gelinde gesagt, ungefähr das gleiche ist wie Schokoladensauce zum Bückling.

Mit einem Wort: es gibt für jedes Gericht, jeden Geldbeutel und jedes Temperament einen passenden Wein.

In der Weinhandlung

Die Preisliste

Falls Sie nicht so gern eine Weinhandlung betreten wollen — verständlich, wenn Sie noch nicht so bewandert sind —, verlangen Sie trotzdem eine Preisliste! Der Händler gibt sie Ihnen gerne. Sie können zu Hause in Ruhe verschiedene Preislisten studieren und sich anhand von Büchern dazu informieren. Nichts ist unangenehmer, als wenn man einen Laden betritt, von dessen Auswahl man geradezu überwältigt ist, und sich dann doch nicht so recht entscheiden kann . . . Man möchte ja gern einen günstigen Einkauf tätigen oder gar mit etwas ganz Besonderem nach Hause kommen.

Sollten Sie jedoch einen Weinhändler gut kennen — und er Sie —, können Sie diesem die Vorwahl ohne weiteres überlassen.

Viele Kenner kaufen ihre Weine auch im Stammlokal. Dort kann man vorher gut probieren, und nicht selten geben Hotels und Restaurants Wein auch in Flaschen ab.

Wenn vorhin vom Weinhändler gesprochen wurde, dann meinen wir in diesem Zusammenhang natürlich nicht den Verkäufer im Lebensmittelgeschäft an der Ecke, sondern den Fachmann im Fachgeschäft. Dieser kann Ihnen sein oftmals vielfältiges Angebot erläutern — und Sie bekommen genau das, was Sie wünschen.

Viele Leute glauben noch immer, den Wein dort, wo er wächst, billiger einkaufen zu können als anderswo. Dies ist jedoch ein Irrtum. Wem ein bestimmtes Weingut bekannt ist — und der Besitzer dazu, der kann sich ruhig auf dessen Vorwahl verlassen und wird auch hin und wieder dort kaufen. Sonst aber kann man getrost sagen, daß der Winzer den Wein auch nicht billiger abgibt als der Händler, mit dem er nicht selten diesbezügliche Abmachungen getroffen hat.

Probeflaschen

Der Händler in Ihrer Stadt hat dagegen eine komplette Skala aller gängigen Weine im Keller. Manche Händler verkaufen davon sogenannte Probeflaschen. So können Sie den Wein Ihrer Wahl in Ruhe probieren, wenn Sie dazu in Stimmung sind — zu Hause.

Es ist eigenartig, aber das spezielle Klima Ihres Wohnortes spielt eine nicht unwichtige Rolle! Wein probiert sich in der Atmosphäre eines Weinkellers oder einer südlichen Landschaft anders als zu Hause. So unglaubhaft es klingen mag: das Wetter übt einen entscheidenden Einfluß auf den Geschmack des Weines aus.

Diese Erfahrung haben auch französische Rotweinfirmen gemacht. So kann es passieren, daß Weingutsbesitzer von Bordeaux und Burgund ihre eigenen Weine nach dem Ausbau im Faß in Bremen, in Lübeck oder Hamburg kaum wiedererkennen — und zwar im positiven Sinne. Das Seeklima tut den Rotweinen so gut, daß man von dort auch heute noch die besten deutschen Abfüllungen bekommt. Nicht zufällig also haben die größten deutschen Importfirmen sich in den drei genannten Städten niedergelassen.

Überlegungen vor dem Weinkauf

Der Weinvorrat

Wollen Sie einen Wein für ein bestimmtes Essen oder einen Wein für jede Gelegenheit auswählen? Betrachten Sie die Sache als eine Investition für die Zukunft oder haben Sie einen nahen Termin im Auge? Wollen Sie ein Dutzend Flaschen auf einmal kaufen oder nur eine einzige Flasche? Diese Fragen sind ausschlaggebend. Um die letzte vorwegzunehmen: es ist auf keinen Fall ratsam, Wein für den unmittelbaren Bedarf in kleinen Mengen zu kaufen. Der Aufwand an Zeit und Mühe ist groß, und man hat auch nie etwas im Haus, wenn unvorhergesehen Besuch kommt. Außerdem schmeckt der Wein bestimmt dann nicht am besten, wenn die Flasche gleich nach einer kleinen Hetzjagd zum Kaufmann an der Ecke geöffnet wird. Auch das Essen, zu dem der Wein serviert wird, braucht die entsprechende Vorbereitungszeit. (Von der Vorbereitung des Weines, die denkbar einfach, aber trotzdem notwendig ist, später mehr.) Schließlich — und das ist eine Überlegung wert — werden Bestellungen im Dutzend oft mit Rabatt belohnt. Zu alledem ist es ein angenehmes Gefühl, ein Regal wohlassortierter Weine im Haus zu haben.

Kauf auf lange Sicht und Einlagerung junger Weine, die unter Ihrem Dach die wichtigen Entwicklungsstadien durchmachen, sind nicht nur reizvoll, sondern auch vorteilhaft. Wein kostet verständlicherweise weniger, wenn er jung auf den Markt kommt und noch nicht trinkfertig ist, als nach jahrelanger Lagerung beim Händler. Zwar ist bekannt, daß heutzutage nur wenige Menschen Wein so einlagern, aber das ist kein Gegenbeweis; denn diese Tatsache läßt sich vor allem auf Platzmangel zurückführen.

Andererseits darf man aber auch nicht übersehen, daß die Weine im eigenen Keller sich nicht immer nur in einer steilen Qualitätskurve nach oben entwickeln. Sie können auch schlechter werden. »Vergessen« Sie eine Reihe Flaschen nur ein halbes Jahr, so kann sich der Wein ungünstig verändert haben und Sie tragen den Schaden, wenn Sie den Wein dann zu Dessert oder im Sauerkraut verkochen müssen.

Die Lagerung zu Hause

Der Keller

Wollen Sie sich jedoch, trotz des Risikos, das Vergnügen nicht entgehen lassen, Weine im eigenen Keller zu lagern, erhebt sich die Frage nach dem geeigneten Raum: kaum ein Haus, nicht einmal in Frankreich, erhält beim Bau einen Weinkeller. Immer weniger Menschen kommen in den Genuß, ein paar Stufen in ihr kleines Weingewölbe hinunterzusteigen. Die meisten von uns müssen also einen Ersatz für den Keller finden. Es gibt in fast allen Häusern irgendeinen leicht zugänglichen und anderweitig verschwendeten Raum. Ein Wein-

Der Weinschrank regal kann ohne weiteres in einen Schrank eingepaßt werden. Von einem Weinschrank wird lediglich verlangt, daß er weder zu großer Kälte noch zu großer Hitze ausgesetzt, also gleichmäßig temperiert ist (sogar Zentralheizung kann im Grunde wenig schaden, wenn ihre Wärme nicht zu große Schwankungen mit sich bringt). Gleichmäßigkeit spielt überhaupt die entscheidende Rolle. Deshalb ist die Kellerlagerung seit jeher üblich und auch am besten für Wein, doch die Verbindung von Zentralheizung und Klimaanlage in modernen Wohnungen erfüllt auch ihren Zweck.

Licht und Erschütterung können dem Wein schaden; beides ist jedoch verhältnismäßig leicht zu vermeiden.

Noch eines: Wein muß liegend aufbewahrt werden. Alle Flaschen, die länger als ein bis zwei Tage aufgehoben werden, sollten liegen. Wenn Sie das Etikett nach oben legen, können Sie die Weinsorten leicht auffinden. Der Grund für die liegende Aufbewahrung: der Korken bleibt feucht und kann nicht schrumpfen, das Eindringen von Luft wird also verhindert.

Einlagerung Vor allem Rotweine profitieren von der Einlagerung. Jahrgangs-Portwein verlangt sie sogar, wie wir im Kapitel über Portwein sehen werden. Bei Jahrgangs-Portwein bildet sich so viel Rückstand, daß er unbedingt in seinem Lagerraum getrunken oder zumindest dekantiert (umgefüllt) werden muß, sonst wird er durch das Schütteln beim Transport für längere Zeit unansehnlich.

Eine gewisse Lagerzeit im Haus bekommt fast allen Weinen. Selbst beim billigsten Rotwein ist eine erstaunliche Verbesserung festzustellen, wenn man ihn einige Zeit aufhebt. Weinhändler sparen Kosten, wenn sie ihre billigeren Posten erst bei Anforderung auf Flaschen füllen, und so kann es passieren, daß der von Ihnen gekaufte Wein nicht länger als ein paar Tage in der Flasche ist. Bekanntlich übt das Umfüllen vom Faß auf die Flasche eine Art Schockwirkung auf den Wein aus. Noch nach einem Monat schmeckt er so, als sei irgend etwas mit ihm nicht in Ordnung. Im Handel nennt man das »Flaschenkrankheit«. Wenn jemand erwartet, daß der Wein gleich nach dem Einkauf trinkfertig ist, sieht er sich enttäuscht. Ein guter Weinhändler vermeidet das, indem er seinen Wein liegen läßt, bevor er ihn verkauft; aber es macht sich trotzdem bezahlt, jeden Rotwein mindestens drei Monate bevor er getrunken werden soll, zu kaufen und einzulagern.

Weine zum sofortigen Verbrauch

Wenn Sie einen Wein kaufen, den Sie gleich oder bald trinken wollen, dann wählen Sie eine Flasche, die bereits längere Zeit beim Händler gelagert hat oder eine Sorte, die am besten ganz jung getrunken wird oder zumindest durch Altern nicht gewinnt. Zur zweiten Kategorie gehören die billigeren Sorten:

Roséweine, Weißweine, leichte Rotweine und Markenweine. Billige, süße Weißweine gehören immer in diese Klasse, denn sie sind so behandelt, daß sie durch Altern nicht besser werden. Aperitifs und Dessertweine, wie Sherry und Portwein, werden immer trinkfertig verkauft und verändern sich durch Lagerung wenig oder gar nicht.

Früher unterhielt ein Weinhändler normalerweise ein Sortiment von guten Tischweinen, bis sie wirklich trinkfertig waren, und auf seiner Liste stand selbstverständlich ein zehn oder fünfzehn Jahre alter roter Bordeaux. Mit der Zeit wird immer weniger Kapital auf so lange Sicht festgelegt. Man strebt raschen Umsatz an und versichert deshalb dem Käufer, daß der Wein auf seiner Höhe sei, bevor er es tatsächlich ist. Vier Jahre alte gute rote Bordeauxweine werden zum sofortigen Konsum angeboten. Sie erfüllen notgedrungen ihren Zweck, aber es lohnt sich für den anspruchsvollen Weinfreund, einen Weinhändler ausfindig zu machen, der eine Auswahl von mindestens sieben oder acht Jahre alten roten Bordeauxweinen anbieten kann. In den meisten Weinhandlungen gibt es leider von den wenigsten Weinen eine Auswahl nach Jahrgängen. Ein einfacher Jahrgang kommt auf den Markt, sobald der vorhergehende aufgebraucht ist. Hier gibt es nur eine Lösung: entweder Sie gehen zu einem guten Fachhändler, oder Sie kaufen die Weine, wenn sie angeboten werden, und lagern sie selbst ein. Auf keinen Fall sollte man viel Geld für eine sehr gute Flasche ausgeben und sie gleich trinken, wenn der Wein noch nicht ausgebaut ist. Allerdings sollte man bezüglich der Lagerung immer beachten, daß die gängigen roten Bordeauxweine, die preiswert angeboten werden, drei oder vier Jahre nach der Ernte getrunken werden können. Wie bereits vorher erwähnt, liegt vieles an der tatsächlichen Weinqualität, und durch noch so langes Lagern wird aus keinem kleinen Wein ein Spitzenwein. Wer auf hohe Qualität Wert legt, muß schon etwas tiefer in die Tasche greifen.

Der Wein soll zum Essen passen

Wählen Sie Wein zu einem bestimmten Essen, sollten Sie sich dabei vor allem nach den vorgesehenen Speisen richten. Wir werden in dem Kapitel über Weine und Speisen auf Seite 66 näher darauf eingehen. Der Charme des Weines liegt auch darin, daß er vielerlei Überlegungen hervorruft.

Besondere Überlegungen   Wein hat einen ausgesprochen persönlichen und intimen Charakter. Es ist schon entsprechenden Aufwand wert, auf einer Geburtstagsparty oder bei einem Hochzeitsjubiläum für den Festgast eine Flasche aus dem Jahr der Geburt oder der Hochzeit zu öffnen. Einen Freund können Sie wohl kaum liebevoller an vergangene schöne Stunden erinnern, als wenn Sie ihm den gleichen Wein wie ehedem kredenzen, oder eine Gedankenverbindung schaffen — zum

Beispiel durch den Wein aus einer von Ihrem Freund bevorzugten Gegend. All diese Dinge haben eine besondere persönliche Note und tragen wesentlich zum Gelingen eines Festes bei. Sie können zeigen, wie vorsorglich, aufmerksam und phantasievoll Sie sind. Und wenn Sie auch nur den Lieblingswein eines Freundes zur Hand haben, wenn dieser Freund zu Besuch kommt, machen Sie ihm damit ein Kompliment, das Sie nur mit Wein machen können. Es ist auch *Zwei Weine* ein sehr einfacher Kunstgriff (den manche Menschen für eine gastronomische *zugleich* Exaltiertheit halten), zwei ähnliche oder vergleichbare Weine — oder auch gänzlich verschiedene — zugleich zu kredenzen, damit Ihre Gäste den Unterschied feststellen und selbst sagen können, welchen sie bevorzugen.

Es gilt in allen gastronomisch kultivierten Ländern als Sitte, die Weine mit den verschiedenen Gängen eines Menüs zu steigern, auf jeden Fall aber den Speisen der einzelnen Gänge anzupassen. Selten trinkt man einen herben Weißwein, der zur blauen Forelle ganz hervorragend paßt, auch zur anschließenden Hammelkeule auf provenzalische Art. Dazu schmeckt eben ein Bordeauxwein oder ein samtiger Ahrburgunder besser.

Zum Dessert gehört zum Beispiel eine Beerenauslese. Darüber lesen Sie mehr auf Seite 73.

Im Restaurant

So sehr man Restaurants und nicht alltägliche Genüsse schätzt, die sich ohne jedes eigene Zutun anbieten, so ungern wählen manche Leute den Wein aus. In einem bekannten Restaurant ist es kein Problem; auch dort nicht, wo bestimmte anerkannte Spezialitäten angeboten werden — was würde man, zum Beispiel, in der Provence anderes bestellen als die Hausmarke? In einem mittleren Restaurant oder Hotel, das eine lange Liste von — so glaubt der Optimist — himmlischen Gaumenfreuden verspricht, ist mitunter ein Pferdefuß dabei. Man weiß zwar, was »coq au vin« sein sollte, aber was wird es hier sein? Oder, um auf die Weinkarte zurückzukommen: man weiß, was ein Beaune sein sollte, aber woher wird er hier bezogen?

Die Weinwahl Die Weinwahl wird gewöhnlich auch durch die verschiedenen Geschmacksrichtungen der Eingeladenen erschwert. Da ist der alte, langweilige Herr X. mit seinen Tournedos, und Herr Y. bestellt natürlich seine Seezungen gebraten. Zu Hause kann es schlimmstenfalls passieren, daß der Vegetarier unter den Gästen ein Nußkotelett verspeist. Die übrigen essen das, was man ihnen vorsetzt; Sie wählen den Wein, der Ihnen für dieses eine Gericht als der beste erscheint (*Sie* haben ihn ja schon vorher probiert). In einem Restaurant jedoch suchen Sie einen Wein aus, der zu einem gastronomischen Turm zu Babel passen soll. Hummer einerseits, Pfannkuchen mit Hühnerfüllung andererseits und als drittes Bœuf Stroganoff. Es wäre von jedem Wein zuviel verlangt, wenn er eine vollendete Ergänzung zu all diesen Gerichten darstellen sollte. Ist man sich nicht über das Essen einig, kann man sich auch nicht über den Wein einig sein. Selbst Rosé ist dann nur ein Kompromiß: obwohl er zu einem Gericht wirklich selten unangenehm schmeckt, wird er nicht allen eine ästhetische Offenbarung sein. Sekt, auf den manche Menschen im Zweifelsfall zurückgreifen, hat den gleichen Fehler. Der einzige Ausweg ist wohl, zwei verschiedene Weinsorten zu bestellen.

Kompromisse

Für zwei Personen bestellt man zwei halbe Flaschen, für drei oder mehrere zwei ganze Flaschen oder auch Karaffen.

Zu Hause kann man das genauso machen. Bei jeder Art von inoffiziellen Essen können die Meinungen über den Wein auseinandergehen; warum sollen die Gäste nicht selbst wählen? Also läßt man je eine Karaffe Weiß- und Rotwein miteinander die Runde machen. Der Gast kann den einen oder den anderen oder auch beide nehmen. Sind genügend Personen anwesend, kredenzt man außerdem einen Rosé.

Vorbestellung

Findet die Einladung im Restaurant statt, wird der perfekte Gastgeber am Morgen des betreffenden Tages dort ein Essen zusammenstellen, das jedem zusagt, und den dazu passenden Wein aussuchen. So entstehen bei Ankunft der Gäste keine Schwierigkeiten mit der Speisenfolge. Der Küchenchef kann das Essen entsprechend vorbereiten. Aber das ist ein Idealfall, und zu selten wird es so gemacht.

Was nun den Wein anbelangt, wäre es unklug, einen Spitzenwein zu bestellen, wenn der Gastgeber nicht schon längere Zeit vorher dafür Sorge getragen hat. Die Bedingungen, unter denen Wein in Restaurants aufbewahrt wird, sind nicht immer ideal. Der beste Wein, der Stolz eines jeden Restaurants, verlangt eine sorgfältige Behandlung, bevor er kredenzt wird. Er kann nicht auf seiner Höhe sein, wenn er nach der Bestellung erst aus dem Keller geholt wird oder schon monatelang im warmen Speiseraum gelegen hat.

Es ist absolut nicht übertrieben, wenn man Wert darauf legt, den Wein in seiner besten Verfassung zu trinken (und wäre es nicht schade, wenn man ihn anders trinken würde?). Man muß sich nur vorstellen, daß der Wein fünf oder vielleicht zehn Jahre lang in der Flasche eingesperrt war, und plötzlich verlangt man von ihm, sich sozusagen ohne Vorwarnung von seiner besten Seite zu zeigen. Da ist es doch ganz verständlich, wenn er ein wenig »schüchtern« reagiert. Das geschieht wirklich sehr oft, auch wenn dieses Wort in Verbindung mit Wein gewöhnlich Spott erntet. Man öffnet die Flasche, trinkt den teuren Wein und gerade, wenn man den letzten Tropfen der offen gestanden enttäuschenden Flasche hinter sich hat, weht einen wie von ungefähr ein zauberischer Hauch an: die Blume beginnt aufzublühen, der Wein ist im Begriff, sich zu entfalten und sich zu zeigen wie ein Pfau, der sein Rad schlägt. Aber es ist zu spät — die Flasche ist leer. Daß diese Situation nicht selten entsteht, ist nicht verwunderlich, wenn man sich einmal vor Augen hält, was in den meisten Restaurants geschieht, wenn Sie Wein bestellen. Der »sommelier« (Weinkellner, manchmal mit einer grünen Schürze, einem Schlüsselbund und einem silbernen Probierbecher geziert) büßt all seine Würde ein, wenn er durch die Tür vom Restaurant zu den Diensträumen verschwindet. Er eilt zum Weinschrank, greift nach einer alten Flasche Pommard (oder beauftragt einen Lehrling damit), schwenkt sie herum, während er sich durch die umhereilenden »commis« schlängelt, zwängt die Flasche in ein Körbchen, wirft sich in Positur und tritt triumphierend, gemessen und mit der steinernen Miene eines perfekten Butlers an Ihren Tisch. Herablassend gestattet er Ihnen einen Blick auf die noch immer bebende Flasche, bevor er sich an seine Routinearbeit mit dem Korkenzieher macht. Einem einfachen Wein schadet es offenbar nichts, wenn er geschüttelt wird. Das Schlimmste, was der Weinkellner ihm antun kann, ist die Anmaßung, ihn in einem Körbchen zu servieren, als handle es sich um flüssiges Gold. Bei einer Weinsorte jedoch, für die man extra in ein Restaurant geht, weil man nirgendwo sonst solch alte Jahrgänge und edle Kreszenzen bekommen kann, ist das eine bedauernswerte Verschwendung.

Die Pantomime des Weinkellners mit ihren Folgen läßt sich bis zu einem gewissen Grad vermeiden, wenn man den Gastwirt vorher bittet, den Wein zu dekantieren, das heißt, in eine Karaffe umzufüllen. Das bedeutet aber, daß man ihn auch vorher aussucht. Kurz gesagt gilt die allgemeine Regel: es ist klüger, einen Wein zu bestellen, der nicht viel Schaden leiden kann und keine frische Luft zu schöpfen braucht, um seine Höhe zu erreichen.

Der Weinkellner gießt einen Schluck Wein in Ihr Glas, bevor er die Tischrunde bedient. Dadurch läßt sich feststellen, ob mit dieser speziellen Flasche etwas nicht in Ordnung ist und außerdem, ob Ihnen der Wein grundsätzlich zusagt. Zum ersten: es geschieht sehr selten, daß eine Flasche nach Kork, also infolge eines kranken Korkens schimmelig riecht. Korkgeruch ist unangenehm und läßt sich sofort feststellen. Jedes Restaurant nimmt eine davon betroffene Flasche zurück. Gelegentlich bemerkt man jedoch bei völlig einwandfreien Flaschen gleich nach dem Öffnen einen seltsamen Geruch — schwefelig bei Weißwein, dumpf bei Rotwein. Er verflüchtigt sich sehr rasch. Wenn Sie sich über den Geruch des vorgesetzten Probeschlucks nicht im klaren sind, gibt es einen einfachen Trick: schwenken sie ihn eine Minute lang im Glas und riechen Sie noch einmal daran. Ist der unangenehme Geruch noch vorhanden, lassen Sie die Flasche zurückgehen; ist er verflogen, brauchen Sie die Geschäftsleitung nicht zu bemühen.

Ob Sie eine Flasche zurückgehen lassen können, die keinen spürbaren Fehler hat, hängt davon ab, wie sicher Sie sind, daß der Wein den Erwartungen tatsächlich nicht entspricht und außerdem davon, wie weit er vom Ziel entfernt ist. Manche Menschen erledigen das mit viel Raffinesse; andere werden schon bei dem Gedanken daran blaß. Es ist im Grunde eine Frage der Persönlichkeit.

Wie man Wein serviert

MAN KANN STEREOPLATTEN auch auf einem gewöhnlichen Plattenspieler abspielen. Ähnlich ist es mit Wein: man kann den Korken herausziehen, etwas Wein ausschenken und die Flasche wieder zukorken. Beide Male vermindern Sie die Qualität, für die Sie bezahlt haben. Es lohnt sich also ein wenig Aufwand, um alle guten Eigenschaften — weder gewöhnliche Schallplatten noch gewöhnlicher Wein können durch erstklassiges Zubehör erstklassig werden — zur Geltung zu bringen.

Schöne Gläser und ein guter Korkenzieher

Weingläser Ihre Weingläser sollten zwei Eigenschaften haben — sie sollten groß und klarsichtig sein. Kleine Gläser wirken nicht nur armselig, man muß sie auch bis zum Rand füllen. Die Blume hat keinen Raum, sich oben im Glas zu sammeln, und beim Trinken nimmt man den Duft und die Geschmackstoffe zugleich wahr. Ein Weinglas sollte nie mehr als bis zur Hälfte gefüllt sein. Wenn diese Hälfte ein vernünftiges Maß darstellen soll, muß das Glas groß sein. Nun zur Durchsichtigkeit: eine der Freuden am Wein — zwar eine kleine, aber doch eine Freude — ist seine Farbe. Es gibt hier unendlich viele Nuancen, von Blütenweiß bis Gold, von Purpur bis Braungelb. Farbige oder auch leicht getönte Gläser verfälschen die Farbe des Weines.

Kurz, ein gutes Weinglas sieht so aus: groß, durchsichtig und farblos, am besten mit einem Stiel und einem runden oder rundlichen Kelch, der sich nach oben zu verjüngt, um das Bukett des Weines zu umfangen. Ein solches Glas ist für jeden Wein geeignet, ob französisch oder deutsch, kalifornisch oder chilenisch, rot oder weiß, still oder schäumend.

Korkenzieher Es gibt gute und weniger gute Korkenzieher. Der beste ist fraglos aus Buchsbaumholz mit zwei entgegengesetzt arbeitenden Gewinden. Mit Hilfe des oberen Griffes wird die Schraube in der üblichen Weise in den Korken getrieben. Sobald das hölzerne Gehäuse des Korkenziehers auf dem Flaschenrand ruht, dreht man den unteren Griff. Der Korken läßt sich gleichmäßig und ohne Schwierigkeit in das Innere des Gerätes ziehen. Es gibt keinen auch noch so zähen Korken, der da widerstehen könnte. Einfache Korkenzieher sind bei einem wirklich soliden Korken machtlos. Korkenzieher mit Luftdruck lehren einen das Fürchten: wenn der Korken nicht sofort herauskommt, hat man das Gefühl, eine Bombe in der Hand zu haben. Außerdem ist der erhöhte Luftdruck in der Flasche dem Wein abträglich. Ferner gibt es Hebelkorkenzieher, die den Korken mittels Hebelkraft hochheben. Korkenzieher schließlich, die aus zwei dünnen Stahlblättern bestehen, schiebt man, so daß sie sich gegenüberstehen, zwischen Korken und Glas und entfernt auf diese Weise den Korken.

Vorbereitung des Weines

Es gibt drei Gründe, warum man Wein vorbereiten und die Flasche nicht unmittelbar vor der Verwendung öffnen sollte. Alter Rotwein kann »Satz« (Depot) gebildet haben, der sich auf dem Flaschenboden sammeln muß, um nicht in die Gläser zu gelangen. Der Wein muß richtig temperiert werden, und er wird höchstwahrscheinlich durch den Kontakt mit der Luft noch gewinnen.

Satz   Es ist auffallend schwierig, jemanden davon zu überzeugen, daß Satz im Rotwein und Weinstein-Kristalle im Weißwein harmlos und natürlich sind. Mehr noch, sie sind ein gutes Zeichen. Satz bedeutet, daß der Wein unverfälscht ist. Es gibt einen Aberglauben über den winzigen Rückstand oder den einzigen Kristall in einer Flasche Wein, der mitunter in wohlmeinender, doch absurder Weise ausgeschlachtet wird. Einer der bekanntesten Weinhändler, der deutsche Weine nach England und in die USA exportiert, erzählte einmal, daß ihm tausend Kisten Wein in Chicago festgehalten worden waren, weil es hieß, in den Flaschen seien Glassplitter. In Wirklichkeit waren es Kristalle von Weinsäure, die sich oft bei kaltem Wetter im Weißwein bilden. So etwas ist harmlos und ganz natürlich, absolut nichts Unvorhergesehenes, und doch entstanden erhebliche Schwierigkeiten.

Satz kann für kurze oder längere Zeit vermieden werden, wenn man den Wein pasteurisiert, schönt oder auf sonst irgendeine Weise behandelt.

Dann ist er kein natürlicher Wein mehr; er kann nicht entsprechend ausbauen und also seine Höchstform nicht erreichen. Der Preis dafür, daß die Flasche vielleicht keinen Rückstand hat, ist entschieden zu hoch.

Rotwein   Rotwein, der älter als sechs Jahre ist, sollte ein wenig schwarzes Depot haben. Während er im Gestell liegt, befindet sich der Satz an der unteren Flaschenseite. Das in Restaurants verwendete Flaschenkörbchen hat den Zweck, den Satz in der Flasche, die eben aus dem Gestell genommen wurde, nicht aufzuwirbeln. Ist die Flasche erst einmal aufgestellt worden und der Satz in Bewegung geraten, hat es keinen Sinn mehr, sie in ein Körbchen zu legen. Es geschieht immer wieder, daß Weinkellner die Flasche zum Öffnen aus dem Körbchen nehmen und sie dann wieder hineinlegen. Da darf der Gast sich über ein trübes Glas Wein nicht wundern.

Dekantieren

Die beste Lösung ist hier das Umfüllen in die Karaffe, das sogenannte »Dekantieren«. Ideal wäre es, sich vierundzwanzig, zwölf oder auch sechs Stunden vorher zu überlegen, welche Flasche man öffnen will, und diese in einen warmen Raum, also ins Eßzimmer, zu stellen. Nun kann sich der Satz auf dem Boden sammeln. Eine Stunde vor dem Genuß zieht man den Korken heraus und füllt den Wein vorsichtig und gleichmäßig in die Karaffe um. Wenn nur noch der Boden bedeckt ist, hält man die Flasche gegen Kerzenlicht oder eine weiße Fläche. Dabei kann man beobachten, wie die ersten Teilchen des Rückstandes in pfeilspitzenförmiger Anordnung auf den Flaschenhals zustreben. Sind sie oben angekommen, hört man auf zu gießen. So erhält man einen absolut klaren Wein.

Wenn Sie nun den Wein vor dem Essen eine Stunde lang im Eßzimmer stehen lassen — nicht gerade neben der Heizung —, ist er zur rechten Zeit in bester Verfassung. Er ist klar, hat Zimmertemperatur und kann sein volles Aroma entfalten. Der Kontakt mit der Luft hat ihn belebt und ihm mehr Ausdruck gegeben, als er im Augenblick des Öffnens hatte. Mit anderen Worten: Sie haben etwas Gutes für Ihr Geld. Je jünger ein Wein ist, um so mehr wird er durch den Kontakt mit der Luft gewinnen.

Drei oder vier Stunden bekommen starken jungen Rotweinen noch besser. Andererseits können dreißig bis vierzig Jahre alte Weine vollkommen abbauen, wenn sie nicht bald nach dem Öffnen der Flasche getrunken werden.

Das Weinkörbchen

Wenn zur Vorbereitung keine Zeit blieb und Sie die Flasche gleich öffnen müssen, wenn Sie sie aus dem Regal genommen haben, ist ein Körbchen sehr nützlich. Sie können die Flasche in fast horizontaler Lage entkorken, ohne Wein zu verschütten. Nehmen Sie das Körbchen mit zum Weinschrank und legen Sie die Flasche so hinein, daß sie nicht mehr als unbedingt nötig bewegt wird. Ziehen Sie den Korken heraus, wenn die Flasche im Körbchen liegt. Dafür ist der oben beschriebene Korkenzieher mit zwei Griffen unerläßlich, denn Sie können nicht zugleich das Körbchen halten und am anderen Ende ziehen.

Dekantieren Sie den Wein vom Körbchen aus (was in Restaurants so selten geschieht). Das Körbchen ist kein Ersatz für die Karaffe. Wenn Sie beim Einschenken absetzen, was beim Füllen mehrerer Gläser immer der Fall ist, fließt der Wein, sobald Sie mit dem Eingießen aufhören, jedesmal wieder über den Satz. Zwangsläufig mischt der Wein sich wieder damit. Das läßt sich nur durch Abfüllen in eine Karaffe vermeiden.

Weißweine

Auch sehr alte Weißweine haben keinen Rückstand, die meisten Flaschen sind klar bis zum letzten Tropfen. Bei Weißwein ist das einzige Problem die

Temperatur — und daß man den Wein ein wenig Luft schöpfen läßt. Öffnen Sie alle Weine, rote wie weiße, so rechtzeitig, daß sie Zeit zum Atmen haben.

Temperatur   Eine ideale Temperatur für Weißweine kann man nicht angeben. Sicherlich munden sie kühl besser, aber manche Leute trinken sie lieber eiskalt, andere nur leicht gekühlt. In den USA werden sie meistens viel zu kalt serviert, aber mit Wasser, Bier und auch Salat verfährt man dort ebenso. Man kann natürlich warten, bis sich das Glas etwas erwärmt, während alles Warten nichts hilft, wenn der Wein zu warm kredenzt wird. Am ehesten läßt sich Weißwein mit Quellwasser vergleichen: er soll frisch, aber nicht eiskalt sein.

Für spezielle Weinkenner gibt es Weinthermometer zu kaufen. Sie werden in das gefüllte Probeglas eingetaucht, so daß man die genaue Temperatur ablesen kann. In Deutschland trinkt man Sekt bei 6—7° C, Weine von Mosel, Saar und Ruwer bei 10° C, schwere Weißweine, wie Rheingauer und Pfälzer, bei 12° C, deutsche Rotweine sowie im allgemeinen auch Burgunderweine bei 16°, Beaujolais bei 8° C, wie die Franzosen meinen, doch widerspricht das dem deutschen Rotweingeschmack, und Bordeaux in der Jugend bei 16° C und ältere Sorten bei 18° C. Allerdings sollte man diese Regeln nicht überbewerten. Die Geschmäcker der Weinfreunde sind verschieden. Dennoch hat sich weltweit die Ansicht durchgesetzt, Rotweine nicht über 18° C zu servieren. Man muß bedenken, daß sich der Wein beim Einschenken durch die Luft und die Wärme des Glases schnell erwärmt. Das ist gut so, denn dabei entfalten sich die Aromastoffe, die man in der Fachsprache Parfüm nennt.

Weine und Speisen

IM ALLGEMEINEN IST ES RICHTIG, daß Tischweine am besten zu einem passenden Gericht schmecken. Das ist schon fast eine Binsenweisheit. Hier allerdings scheiden sich die Geister. Der eine ist der Meinung, daß jeder Wein zu jeder Speise paßt, der andere behauptet, für jeden Wein sei durch göttlichen Ratschluß ein spezielles Gericht vorgesehen. Ein *Volnay Caillerets* solle zum Beispiel zu gut durchgebratenem Lamm getrunken werden und *Volnay Clos des Chênes* zu nicht ganz durchgebratenem Lamm; ein wenig Petersilie auf den Kartoffeln ließe die Eigenart des *Caillerets*, besonders des 1957er, ideal zur Geltung kommen; der 1959er solle niemals zu grünen Erbsen gereicht werden ...

Bei derlei Fachsimpeleien kann man sich mitunter herrlich amüsieren, wenn sie auch für die meisten Leute böhmische Dörfer sind, genau wie eine Diskussion über Briefmarken nur dem Eingeweihten Vergnügen bereitet.

Es gibt Diners, bei denen die ganze Weinskala durchgekostet wird. Man beginnt sozusagen am Anfang dieses Buches und trinkt sich bis zum Ende durch; man wählt dies und das, läßt kein Kapitel aus, verweilt bei manchen Weinen länger als bei anderen.

Offizielle Essen

Die Weinfolge So manches hochoffizielle Essen beginnt man mit einem Glas Sekt als Aperitif, dann gibt es Sherry zur Suppe, Rheinwein zum Fisch, einen roten Bordeaux zum Zwischengericht. Zum gebratenen Fasan wird Burgunder gereicht, ein anderer Rotwein zum Käse. Es folgt ein Glas Sauternes zu einer prachtvollen Eisbombe; hierauf Portwein, danach Kognak. Dies ist zumindest ein Diner, das man essen könnte, wenn man genug Platz hätte. Aber Sie werden staunen: folgendes Essen wurde wirklich *gegeben*, und zwar von George Saintsbury, dem Mann, der als einer der größten Feinschmecker seiner Tage, der Zeit um die Jahrhundertwende, galt:

66

Weine	Speisenfolge
Montilla	Consommé aux pointes d'asperges
Johannisberger Klaus Auslese 1874	John Dory, Sauce Livournaise
Château Grillet 1865	Filets de saumon à la gelée
Champagner, Dragonet 1874 (eine Doppelmagnum)	Kiebitzeier Côtelettes à la Joncourt
Romanée-Conti 1858	Aspic de volaille à la reine, Hammelkeule
Château Margaux 1868	Hummermayonnaise
Portwein 1853	Soufflé glacé au marasquin
Pedro Ximénez	Canapés de crevettes

Der Geschmack ändert sich jedoch. Wenn man vor siebzig Jahren so gegessen und getrunken hat, muß zweifellos auch die so unantastbare Kunst der Tafelfreuden einen Wandel durchgemacht haben. Wenn Sie heutzutage eine Hummermayonnaise nach einer Hammelkeule und einem Hühnchen in Aspik, ganz zu schweigen von Suppe, zweierlei Fisch, Koteletts und Kiebitzeiern servierten, würde Sie jeder für verrückt halten. Damals waren die kredenzten Weine vermutlich Burgunder *(Romanée-Conti)* und roter Bordeaux. Der Portwein scheint zum Maraschino-Soufflé, gefolgt von einem sehr süßen Sherry zu Krabben-Canapés — zum vierten Mal Fisch in der Speisenfolge — ausgeschenkt worden zu sein.

Wir könnten wahrscheinlich unsere Menüs von hinten nach vorn essen und uns sehr bald davon überzeugen lassen, daß es unnatürlich wäre, ein Essen mit etwas anderem als einem Braten zu beginnen und mit etwas anderem als Suppe zu beschließen. Wir sind im Grunde nur an die gewohnten drei oder vier Gänge gebunden, weil es die Gastwirte zu Anfang dieses Jahrhunderts so eingeführt haben.

Feinde des Weins unter den Speisen

Wein hat aber doch auch Feinde, bei Tisch genauso wie im Faß oder in der Flasche. Sein erster Feind ist Essig. Ein mit Essig angemachter Salat macht den Wein zu Essig; dies ist eine Frage der Erfahrung, nicht des Geschmacks. Sein zweiter Feind ist die Säure von Grapefruit, Orange und Zitrone. Es gibt noch einen dritten Feind, aber er läßt sich schwer definieren. Er kommt in bestimmten öligen Fischarten vor und verleiht dem Wein, besonders dem Rotwein, einen stahligen Geschmack, ähnlich dem Geschmack nach Blech.

All diese Substanzen mindern den Wein herab, deshalb wäre es schade, ihn dazu zu trinken. Abgesehen davon ist der Geschmack keinem Gesetz unterworfen; es bleibt also nichts anderes übrig, als Kombinationen vorzuschlagen, die einem selbst zusagen. Das ist der Zweck der nun folgenden Seiten.

67

Horsd'œuvre

Das typische gemischte Horsd'œuvre basiert vor allem auf Essig und wird so zum Feind des Weines. Die meisten Anfangsgerichte — Artischocken, Avocados, Tomatensalat, Radieschen, Karotten und Gurken, geräucherter Fisch oder Wurst, Eier, Pasteten, Melone — werden am besten mit dem Sherry abgerundet, der vorher als Aperitif gereicht wurde. Andernfalls paßt ein Glas von dem Wein, der später zum Essen getrunken wird, gut zum Horsd'œuvre. Eine Ausnahme bilden *Austern* Schaltiere, die mit einem sehr trockenen Weißwein am besten schmecken. Die Verbindung von Austern und Chablis ist kein Zufall; die Herbheit des Weines wirkt auf die Auster wie ein Spritzer Zitrone. Sekt und auch der viel preiswertere Muscadet erfüllen den gleichen Zweck.

Manche Leute finden, daß sich stark ölhaltiger Räucherlachs oder Räucheraal nicht mit einem leichten Weißwein vertragen. In diesem Fall ist ein fruchtiger Rheingauer besser am Platz. Alle pikanten Horsd'œuvres und alle Fleischvorspeisen schmecken gut mit einem einfachen Rotwein oder Rosé. Sind so viele Gäste anwesend, daß mehr als eine Flasche Wein zum Essen getrunken wird, können verschiedene Weine zum Horsd'œuvre und zum Hauptgang das Mahl beleben.

Suppe

Zur Suppe braucht man eigentlich keinen besonderen Wein zu reichen. Viele Suppen werden ohnehin mit Wein verbessert — klare Suppen vor allem mit Madeira, Marsala oder Sherry. Ein Schluck der gleichen Weine verträgt sich dann meistens gut damit. Nur wenn die Suppe den Hauptgang bildet, wie zum Beispiel bei einem Imbiß, der aus Suppe, Brot und Käse besteht, kann man einen speziellen Wein wählen, am besten einen billigen leichten Rotwein.

Pasta, Paella, Pizza

Pasta Asciutta Falls ein Nudelgericht — wie die italienische Pasta Asciutta — einmal als Hauptgericht und nicht als südländisches Zwischengericht gegessen werden sollte, paßt am besten italienischer Rotwein dazu. Zum gemischten Reisgericht (Paella) schmecken die etwas herberen spanischen Rotweine. Das gleiche gilt für *Paella* *Pizza* die Pizza in ihren verschiedenen Formen und für salzige Reisgerichte — nicht für süße —, für belegte Brote und für Käse. Die badische Zwiebeltorte wird man mit einem badischen Traminer oder Ruländer und das französische

Pendant, die Lothringer Quiche, mit einem elsässischen Gewürztraminer, Muscadet oder Elsaß-Tokajer trinken. Für Spätzlegerichte empfehlen sich württembergische Rotweine wie der herrliche Trollinger; für die deftigeren Schinkenspätzle vielleicht ein noch gehaltvollerer badischer Rotwein.

Eier

Eiergerichte sind zwar angenehm und wohltuend für den Magen, aber sie passen nur in den seltensten Fällen zu edlen Weinen. Ein kleines Eiergericht zu Beginn des Essens — gebackene Eier in Förmchen, Rührei mit Räucherlachs oder Ei in Aspik — hat keinen Einfluß auf den Wein, der danach gereicht wird. Bei der Wahl des Weines sollten also nur die Hauptgerichte berücksichtigt werden. Zu einem einfachen Omelett mit Salat schmeckt ein einfacher Rotwein, zum Beispiel ein Côtes du Rhône, ausgezeichnet.

Picknick

Der Reiz eines Picknicks liegt darin, daß die Menschen Freude und Erholung in der freien Natur finden. Dazu braucht man keinen sorgfältig ausgewählten oder teuren Wein, sondern etwas Durstlöschendes. An einem Bach oder Fluß — mit Naturkühlung — wären ein weißer Loirewein, ein einfacher Mosel, ein Elsässer und auch jeder Rosé zu empfehlen.

Gestatten die Umstände derlei Raffinessen nicht, trinkt man einen einfachen roten Bordeaux, der durch seine Jugend noch keinen Satz hat, damit sich während der Fahrt durch die Erschütterung keine Trübung bilden kann. Befindet man sich in einem Weinland, bedarf es keiner Überlegung — man trinkt den »vin du pays«.

Gerade die deutschen Weine bieten für diesen Zweck zahlreiche Sorten, und zwar aus allen Weinbaugebieten. Man kann bestimmt in Rheinhessen mit Nierstein und Oppenheim oder in der Rheinpfalz mit Wachenheim und Forst gute Weine finden, die sich zur kleinen Freiluftmahlzeit eignen.

Fisch

Weißwein schmeckt zu den meisten Fischen besser als Rotwein, weil seine Frische den Fischgeschmack weitgehend dämpft, während Rotwein ihn eher hervorhebt. Fisch bekommt durch Rotwein einen eigenartig metallischen Geschmack, der jeden anderen Eindruck verwischt. Fische, die einen starken Eigengeschmack haben oder von einer dominierenden Soße begleitet sind, werden am besten durch Weine mit hervortretendem Aroma ergänzt: zum Beispiel teure weiße Burgunder, Rheingauer, Rheinhessen, wie *Niersteiner Auflangen*, Franken-Bocksbeutel, ein *Mateus Rosé* als Portugal-Bocksbeutel oder Weißweine aus südlichen Gegenden. Sehr weiße und zarte Fische ohne Soße werden leicht durch Wein erdrückt. Ein junger Mosel- oder Loirewein sind das beste für zartblättrigen Flußfisch und feine Meerestiere.

Seezunge

Forelle

Die Wahl des Weines richtet sich im Grunde mehr nach der *Zubereitung* des Fisches als nach dem Fisch selbst. Eine gegrillte Seezunge ist im Geschmack viel feiner als eine »Seezunge Deauvillaise«, die unter Zwiebeln und Sahne verschwindet. Eine Forelle blau ist delikater als eine mit brauner Butter übergossene Forelle aus einer heißen Pfanne. Im Hinblick darauf würde man also einen jüngeren, frischeren, nördlicheren Wein für die gegrillte Seezunge oder die Forelle blau wählen, einen ausgeprägteren Wein mit wärmerem Charakter für den »à la Deauvillaise« oder »meunière« zubereiteten Fisch. Die mit Knoblauch gekochten Mittelmeerfische gehören zu einer anderen Kategorie; sie schmecken besser mit den ziemlich herben, schweren und gut ausgebauten Weinen des jeweiligen Landes.

Fassen wir kurz zusammen: Fisch innerhalb eines größeren Menüs ist meistens gekocht und wird mit Holländischer Buttersauce, Zitronenbutter oder Sahnemeerrettich versetzt. Diese Gerichte schmecken mit Mosel-, Saar-, Ruwer-, leichten Rheingauer oder Mittelrheinweinen am besten. Zu gebratenen Fischen jedoch, wie nach Müllerin-Art, oder Fischragout (Matelote), die man als Hauptgericht ißt — man denke an eine gebratene Seezunge oder Heilbuttscheiben aus der Pfanne nach Grenobler Art mit Kapernbutter —, passen besser robustere und schwerere Weine, wie Rheinpfälzer, Franken, Rheingauer, Rheinhessen-Silvaner-Spitzenweine, badische Traminer und Ortenauer.

Lachs

Lachs ist ein Kapitel für sich. Manche Leute trinken gern Rotwein zu warmem Lachs. Zu bevorzugen ist jedoch dazu der beste Weißwein, den man sich leisten kann, etwa ein *Meursault* oder ein *Pouilly Fumé* oder auch ein Rheinpfälzer Riesling.

Wird der Fisch vor einem Fleischgang gegeben, sollte man ein oder vielleicht zwei Gläser Weißwein dazu reichen. Eine halbe Flasche für zwei Personen oder eine ganze für drei oder vier sind absolut ausreichend, wenn danach Rotwein getrunken wird.

Fleisch

Schwein, Kalb

Es gibt eine alte Faustregel: Weißwein zu weißem Fleisch, Rotwein zu dunklem Fleisch. Schwein, Kalb und Huhn sind die häufigsten weißen Fleischarten. Vom Huhn wird später die Rede sein; Schwein und Kalb vertragen sich normalerweise — es kommt auch auf die Soße an — ausgezeichnet mit einem nicht zu trockenen Weißwein. Ein badischer Weißwein vom Kaiserstuhl, eine Pfälzer Spätlese, ein Frankenwein der gehobenen Klasse aus Kreuzwertheim oder Iphofen, ein Pfälzer Morio-Muskat aus Herxheim zum Beispiel, ein nicht zu breiter Silvaner aus Rheinhessen, ein mittlerer Rheingauer wie das *Oestricher Lenchen* oder der *Winkeler Hasensprung* in normalen Jahren sind die deutschen Weine zu Gerichten aus Schweinefleisch und Kalbfleisch, wenn diese mit nicht zu stark gewürzten Soßen versehen sind. Zum beliebten Paprikaschnitzel oder »Burgunderkotelett« aus Kassler Rippe passen dann auch nur »gröbere Keile«, wie Kalterer Rotwein, einfache Côtes-du-Rhône-Weine oder junger Beaujolais.

Rind, Lamm

Zu Rind und Lamm ist Rotwein bei weitem vorzuziehen. Zarte, teure Stücke dieser Fleischarten sind eine ideale Begleitung zu den besten Rotweinen der Welt: Bordeaux und Burgunder.

Die billigeren Stücke, die eine längere Garzeit benötigen, schmecken am besten mit Weinen des entsprechenden Ranges aus der jeweiligen Gegend. Wird eine besondere Flasche kredenzt, sollte man scharfe Fleischgewürze vermeiden, ob das nun Knoblauch, Paprika, Rosmarin, Kräuter oder Zwiebeln sind. Wenn das Weinaroma überdeckt wird, lohnt es sich nicht, Geld für einen edlen Tropfen auszugeben.

Zu Schmorbraten, Sauerbraten, gebratener Rindslende, Rindsragout und dergleichen sollte man einen deutschen Rotwein von der Ahr, aus dem Rheingau oder aus Württemberg probieren. Diese Weine passen sich allen Speisen sehr gut an. Ausgenommen sind natürlich etwa ein Lamm-Curry-Gericht, ungarischer Gulyás oder Szekely-Gulasch, zu denen man am besten Bier trinkt, weil ihre Gewürzdichte jeden Wein erschlagen würde.

Schinken

Auch zu Schinken sollte man nicht den allerbesten Wein trinken. Zwischen einfachem und großem rotem Bordeaux oder Burgunder gibt es eine ganze Reihe guter Sorten, die dem Schinken alle Ehre antun. Zu westfälischem Rohschinken oder Schwarzwälder Geräuchertem auf oder zu Brot trinkt man robuste Weißweine. Ist das gleiche Fleisch aber Beilage zum ersten Stangenspargel der Saison, dann sind ein zarter Riesling aus den besten Lagen Rheinhessens von der Rheinfront bei Oppenheim oder Nierstein, oder ein Schloß Neuweierer, also ein badischer Bocksbeutel, zu bevorzugen. Zu gekochtem Schinken als Beilage passen die gleichen Weine sowie auch portugiesische Weißweine, »vinho verde« oder der sehr populäre portugiesische Mateus.

Wildbret

Fleisch mit Wildgeschmack, auch wenn es ganz dunkel ist, kann merkwürdigerweise mit einem ziemlich süßen Weißwein genauso gut schmecken wie

71

mit einem dunklen, schweren Rotwein. Vor allem zu Wildbret, für das die deutsche Küche berühmt ist, passen die weißen Rheinpfälzer mit ihrem üppigen Bukett ausgezeichnet.

Innereien Innereien wie Nieren, Kalbsmilch, Leber, Kaldaunen, Hirn und Zunge, sowie auch alle Arten von Würsten verlangen gesunde, also keine edlen Weine.

Geflügel

Huhn Mit Hühnerfleisch lassen sich die mannigfaltigsten Gerichte herstellen. Es ist wirklich ein Wunder, wie das Huhn vom Luxusnahrungsmittel zur billigsten aller Fleischsorten werden konnte und trotzdem immer noch ein Luxus ist. Nicht einmal das Brathühnchen »zum Mitnehmen« konnte daran etwas ändern. Für den Küchenchef ist und bleibt es die Grundlage für die elegantesten Arabesken. Bei der Wahl des Weines kommt natürlich alles auf die Zubereitung dieses Geflügels an. Ein »coq au vin jaune« aus dem Jura, der in dem eigenartigen, leicht süßlichen Weißwein dieser Gegend zubereitet wird, schreibt seinen eigenen Begleitwein vor. Man kann Huhn aber so bereiten, daß es zu fast jedem nur erdenklichen Wein paßt. Zu einem wirklich guten Wein ist nichts so angebracht wie ein junger, einfach in Butter gebratener Vogel. Ob dieser Wein dann ein roter Bordeaux oder ein weißer Burgunder, ein Rotwein aus Baden oder Tirol, ein Weißwein aus dem Rheingau oder der Pfalz ist, hängt von der Laune ab.

Das Perlhuhn, der Truthahn und der Kapaun sind ebenso vielseitig wie das Huhn und schmecken im allgemeinen sogar besser. Wildgeflügel, auch das nicht abgehangene, wie Rebhuhn, junges Birkhuhn, Schnepfe und Wachtel, sind andererseits alle ausgesprochene Rotweingerichte. Als einfache Regel gilt: guter roter Bordeaux zu nicht abgehangenem Wildgeflügel; Burgunder zu Wildgeflügel, Pastete oder Galantine; entweder ein *Châteauneuf-du-Pape* oder eher noch süße Rheinweine zu Ente oder Gans — Geflügel, dessen Fettgehalt ein Gegengewicht braucht.

Käse

Weinliebhaber sind oft fest in dem Glauben verwurzelt, daß Käse ein vollendeter Begleiter eines jeden Weines sei. Wir teilen diese Meinung nicht, müssen sie aber dennoch hier erwähnen.

Käse wird in Frankreich immer *nach* dem Fleisch gereicht, damit man Gelegenheit hat, seinen Rotwein zu Ende zu trinken und in die Versuchung gerät, eine zweite Flasche zu öffnen.

Fast alle Käsesorten, mit Ausnahme der milden, vertragen sich höchstens mit robusteren Rotweinen, weil sie zu streng im Geschmack sind. Roquefort zum Beispiel ist in der Reife ziemlich scharf und oft salzig. Viele der weichen französischen Käse riechen nach Ziege oder, wenn sie überreif sind, nach Ammoniak. Seltsamerweise ist deutscher und italienischer Käse milder und paßt gut zu italienischem Rotwein. Für die meisten Käse ist auch Portwein die richtige Begleitung, weil er durch seine Süße dominieren kann.

Süßspeisen und Desserts

Süßweine und Süßspeisen passen nicht so gut zusammen wie pikante Speisen und herbe Weine. Zweierlei Süßigkeit auf einmal ist für den Gaumen wohl zuviel des Guten. Einen Sauternes zum Beispiel kann man nicht wirklich würdigen, wenn man ihn zu Eis oder Fruchtsalat trinkt. Nachspeisen auf Kuchenbasis und die köstlichen Abwandlungen, die ein Pâtissier mit Erdbeeren, Himbeeren, Pfirsichen oder Aprikosen, Pasteten und Sahne zaubern kann, schmecken ausgezeichnet mit einem schweren Südwein: Madeira, rotem Portwein, Muskateller, Tokajer; mit einer Beerenauslese oder Trockenbeerenauslese, einem Eis- oder Strohwein aus deutschen Weinlandschaften; einem Barsac oder Sauternes aus dem Bordelais, oder auch mit einem Vino Santo aus Mittel- und Süditalien. Pfirsiche und Trauben, Birnen und Äpfel verlangen keinen bestimmten Wein, aber man sollte nicht vergessen, daß jeder zu Obst gereichte Wein gut sein muß; Obst offenbart die Mängel eines dünnen oder verfälschten Weines deutlicher als jede andere Speise.

Tischwein als Aperitif

ALLES, WAS MAN vor dem Essen trinkt, um Appetit und Laune auf die bevorstehenden Genüsse »einzustimmen«, nennt man Aperitif, gleich, ob es sich um Cocktails oder Sekt, Fruchtsäfte oder Wermut handelt. Wir wollen uns hier mit den Aperitifs aus der Familie der Weine näher beschäftigen. Um es gleich vorwegzunehmen: ein Glas von dem Wein, der später zum Essen getrunken wird, ist ein ebenso guter Aperitif wie jeder andere, besonders, wenn es sich um Weißwein handelt.

Wermut ist zwar stärker, Sekt anregender, Sherry wohltuender, aber die gewünschten appetitanregenden Eigenschaften sind alle auch in einem Glas trockenem Weißwein enthalten. Aus diesem Grund wird an einem warmen Sommertag vor dem Essen eine Flasche davon begeisterte Abnehmer finden.

Weißwein   In jedem Weinland gibt es trockene Weißweine, die man als Aperitif trinken kann. In Deutschland wählt man für diesen Zweck gern einen Pfälzer, einen Franken-, Ruwer- oder Nahewein, in Spanien einen nordspanischen Rioja, in Portugal einen »vinho verde«, in Frankreich einen trockenen Graves, einen Elsässer Muscadet oder Tokaj — wobei letzterer nichts mit dem gleichnamigen Wein in Ungarn zu tun hat.

In Weingebieten sollte man eigentlich immer den einfachen offenen Weißwein vor dem Essen trinken, der vom Faß weg in einer Karaffe auf den Tisch kommt.

Rotwein   Trinken Sie lieber Rotwein oder wollen Sie zum Essen Rotwein reichen, kann ohne weiteres ein Glas davon vorher als Aperitif angeboten werden. Am besten eignet sich eine leichte Sorte — ein Beaujolais also eher als ein Burgunder. Roter Bordeaux dagegen ist wohl zu streng und trocken ohne ein Gericht.

Unangefochtener Favorit unter den Weinen, die sich für ein vergnügliches Gläschen vor der Mahlzeit eignen, ist allerdings der Sherry.

Sherry

SHERRY KANN SO HERB wie eine Zitrone und so süß wie ein Rendezvous sein. Er kann fast weiß oder fast schwarz sein. Er ist für unseren Appetit der anregendste Wein unter der Sonne. Sherry hat seinen idealen Platz vor der Mahlzeit; sein Alkoholgehalt ist zu hoch, sein Aroma zu durchdringend für einen Tischwein. Diesen Wein muß man sozusagen mit dem Duft, der aus der Küche kommt, genießen.

Der Name Sherry

»Sherry« ist der englische Name für die spanische Stadt Jerez de la Frontera, deren maurischer Name Scheris war. Der Wein aus Jerez gehört zu einer Klasse, die in England früher unter dem Namen »Sack« (vom spanischen »seco«, trokken) bekannt war; er war stark und süß, ein großer Luxus in den kalten, zuckerlosen Tagen des sechzehnten Jahrhunderts, als er zum ersten Mal nach England kam. Falstaff trank ihn in unerhörten Mengen und sang ein herrliches Loblied auf dieses Getränk.

Der Sack kam aus allen Mittelmeerländern. Malvasierwein aus Zypern und Griechenland waren Sack. Auch Sizilien und die Kanarischen Inseln stellten Sack her. Der Sack aus Jerez jedoch wurde bald als der beste angesehen, was zum Teil auf die Plünderung von Cádiz zurückgeht, als Sir Francis Drake ganze Schiffsladungen voll aus der brennenden Stadt holte.

Eine Zeitlang hieß der Wein Sherris-Sack. Dann ließ man das Wort Sack weg, und seit Anfang des siebzehnten Jahrhunderts gibt es den »Sherry«.

Sherry ist also einfach der Wein aus der Gegend von Jerez, der größten der drei Städte, die Sherry herstellen, und der Hauptstadt des umliegenden Weinbaugebietes. Die anderen beiden Sherrystädte, Sanlúcar de Barrameda und Puerto de Santa Maria, haben ihren mittelalterlichen Charakter unverändert erhalten. Die drei Orte liegen in Andalusien in einem Dreieck, etwa dreißig

Kilometer nördlich von Cádiz, hundertzwanzig Kilometer südlich von Sevilla und rund hundertachtzig Kilometer von Gibraltar entfernt. Sanlúcar und Puerto liegen am Meer, Jerez ungefähr dreiundzwanzig Kilometer weiter im Inneren des Landes.

Hier nahm die Eroberung Spaniens durch die Mauren ihren Anfang. Der Schauplatz der angeblich viertägigen Schlacht liegt unmittelbar außerhalb von Jerez am Guadaletefluß. Obwohl die Mauern in diesem Teil Spaniens der Rückeroberung nicht so lange widerstanden haben wie in anderen Teilen, ist der maurische Einfluß noch heute zu spüren.

Die Feria Man sollte Jerez einmal zur Zeit seiner Feria, seines Volksfestes, erleben, die jedes Jahr am 8. September beginnt. Großartiger, romantischer und prächtiger feiert man wohl kaum irgendwo auf der Welt.

Die Feria beginnt mit einer Segenszeremonie für die Weinlese. Auf den Stufen der großen Barockkirchen steht jeweils eine »lagar«, eine Tretkelter. Die hübschesten Mädchen von Jerez in ihren andalusischen Trachten bringen Körbe mit Trauben, und wenn die Männer die Trauben treten und der Saft zu fließen beginnt, läßt man weiße Tauben los, die sich über dem Glockenturm in den flirrenden Himmel aufschwingen, um die Kunde von der neuen Lese in die benachbarten Gegenden zu tragen.

Nachmittags finden Stierkämpfe statt — die Feria dauert vier oder fünf Tage — und abends vergnügt man sich auf Bällen und Gesellschaften. Bei Einbruch der Nacht begibt sich die ganze Stadt in die öffentlichen Parks, die für alle Fahrzeuge außer für Pferde und Fuhrwerke gesperrt sind. Überall sieht man wehende Gewänder und Mantillas, und die Luft ist erfüllt von Gitarrenklängen. Hier und da fängt plötzlich ein Mädchen aus der Menge an zu tanzen.

Zwischen den Bäumen und Jahrmarktsbuden im Park sind Pavillons aus Schmiedeeisen und Glaswänden errichtet. Hier geben die reichen Familien ihre Einladungen, sie dinieren, tanzen und genießen den Abend. Viele unter ihnen sind »Sherryfamilien« und ebenso stolz auf ihre Olorosos und Amontillados wie auf ihre Pferde und Kampfstiere.

Die Weingärten

Die ausschließlich weißen Sherrytrauben werden in dem kleinen Gebiet zwischen den drei Sherrystädten gezogen, einer sanften Hügellandschaft, deren *Der Boden* grellweißer Kalkboden ideal ist für weiße Spitzenweine. Blendend hell breitet sich diese Landschaft unter der sengenden Sonne aus.

Es ist erstaunlich, wie grün die Reben auf den Hügeln trotz der Hitze bleiben. Selbst zur Zeit der Lese, wenn in den nördlicheren Weingärten die Blätter sich zu verfärben beginnen, sehen sie so frisch aus wie im Frühling.

79

Die Boden-
bearbeitung

Das erste Geheimnis einer guten Sherrybereitung ist eine gründliche und ständige Bodenbearbeitung. Bevor ein Sherryweinberg überhaupt bebaut werden kann, muß das unbebaute, hartgebackene Erdreich in einer Tiefe von einem Meter umgepflügt werden. Früher besorgten das zwölf Maulesel, die vor eine Winde gespannt waren. Heute werden Traktoren eingesetzt.

Die Reben beziehen im Sommer, während sie den riesigen Bündeln saftiger Trauben ihre Nahrung zuführen, alle Feuchtigkeit nur aus dem Unterboden. Regen gibt es nicht. Das Erdreich muß deshalb ständig bearbeitet und umgebrochen werden, damit die Feuchtigkeit nicht verdunsten kann, sonst würden die Reben absterben, die Blätter erschlaffen und die Trauben austrocknen.

Sherryreben werden nicht an Drähten oder Pfählen hochgezogen, sondern niedrig gehalten. Ihre einzige Stütze ist ein kurzer Stock unter den traubentragenden Zweigen. Dadurch sind sie gegen den heftigen Levantewind gefeit, der von Osten her durch die Weinberge pfeift.

Die Lese

Zur Zeit der Lese sind die Trauben golden, ähnlich wie der spätere Wein. Der Saft ist köstlich süß. Da der weiße Kalkboden die Sonnenglut reflektiert, sind sie so warm wie frischgebackene Pasteten. Berühmt ist die Sherrytraube Palomino, die auch — als gäbe es nicht schon genügend Namen — Listan genannt wird. Man verwendet sie für alle Weine außer den ganz süßen und dunklen.

Gruppen von Pflückern nehmen die Trauben ab. In den meisten Weinbergen legt man sie so behutsam in flache Kisten, als würden sie zum sofortigen Verkauf und Verzehr auf den Markt gebracht.

Die Behandlung
der Trauben

Zur Sherrybereitung ist ein hoher Zuckergehalt der Trauben notwendig, der kräftigen Wein garantiert. Die Trauben sind nach dem Pflücken zwar reif, aber noch nicht süß genug. Also stellt man sie in ihren Kisten auf Espartograsmatten in die Sonne. Sind sie für leichten Wein bestimmt, läßt man sie manchmal nur einige Stunden so stehen, bis sie leicht gewelkt und zusammengeschrumpft sind. Zur Gewinnung von schwerem, süßem Wein bleiben sie mitunter eine Woche oder länger draußen, tagsüber unter sengender Sonne, nachts durch Matten vor Tau geschützt.

Keltern

Bis vor kurzem wurden die Trauben grundsätzlich in den Weinbergen gekeltert, wo sie gewachsen waren. Oftmals ist das auch heute noch üblich, während fast alle große Firmen moderne Hochdruckkeltern in ihren Zentralen aufstellen, die unter idealen Bedingungen das Maximum aus den Trauben herausholen.

Lagares

Jerez gehört zu den wenigen Weinorten, wo ein großer Teil des Lesegutes noch heute in den Keltern (»lagares«) getreten wird. Allerdings nicht, wie es beim Portwein der Fall ist oder zumindest war, mit bloßen Füßen, sondern mit schweren Stiefeln aus Naturleder, aus deren Sohlen Nagelköpfe herausragen, die die Kerne aufspießen. Dadurch verhindert man, daß diese zerdrückt werden und Tannin in den Most gelangt. Sobald die Männer mit dem Treten beginnen, wird der gewonnene Saft — der von jetzt an »mosto« heißt, bis man ihn Monate später zum »vino« erklärt — in bereitgestellte Bütten geleitet.

Ein großer Teil des restlichen Saftes muß dann aber noch ausgepreßt werden. Dazu benutzt man eine große eiserne Schraube, die sich in der Mitte jeder Kelter befindet. Die Männer schichten die Hülsen um sie herum in Form eines lockeren Kuchens auf, der durch eine lange Espartograsmatte zusammengehalten wird. Diese Matte befestigt man am oberen Ende der Schraube, dann wird der Hülsenberg mit Hilfe von Stöcken gedreht, so wie Matrosen eine Ankerwinde drehen. So erhält man den Saft, ohne daß die Kerne zerdrückt werden.

Der Transport des Mostes

Sobald der Most in den Bottichen ist, beginnt er zu gären. Das Wetter ist warm und der Zuckergehalt hoch. Die Hefezellen machen sich rasch an die Arbeit. So schnell man auch die Bottiche mit dem Most auf Lastwagen und Ochsenkarren lädt und zur Stadt in die kühlen Bodegas bringt — die Gärung beginnt manchmal schon unterwegs.

Die Lastwagen rattern durch die engen Straßen, und der Schaum quillt aus den Spundlöchern der aufgeladenen Bottiche. Im ersten Stadium des so anschaulich als »stürmische Gärung« bezeichneten Vorgangs springen Schaumfontänen bis an die Decke der Bodega.

Solchen Schauspielen wird man in Zukunft immer seltener beiwohnen können, seit die modernen horizontalen Zylinderpressen makellosen Most in saubere Behälter leiten. Überquellende Fässer und Schaumfontänen sind ein Teil jener wunderbar vielfältigen Romantik vom Wein, die man bald nur noch vom Hörensagen kennen wird. Doch sie gehören zur Seele des Weines. Man wird durch moderne Kellertechnik natürlich beweisen, daß das nicht richtig ist und daß diese Tradition bestenfalls noch Stoff für nette Anekdoten abgibt.

Gärung in der Bodega

Vom Augenblick seiner Ankunft an bis zum Tag seiner Versendung lebt und wächst der Wein in einer »bodega«. Bodegas nennt man die oberirdischen Weinkeller und Fabriken von Jerez: kolossale weißwandige Hallen, die wegen

81

ihrer langen hohen Gewölbe eine unverkennbare Ähnlichkeit mit Kathedralen haben. Bis vor kurzem gab es nur eine Bauweise: ein Stockwerk zu ebener Erde.

In einer Bodega herrscht ein eigenartiges Dämmerlicht, das sich nicht verändert, so wie das Licht in einem Maleratelier. Durch ein paar Fenster unmittelbar unter dem Dach dringen breite Lichtbündel in den oberen Teil des Raumes ein, aber die in drei Reihen übereinander aufgeschichteten Fässer, die eine faszinierende Perspektive bieten, bleiben in unveränderlichem Halbdunkel.

Solange die stürmische und später die langsamere Gärung vor sich geht, wird das neue Sherryfaß nicht angetastet. Während der Zeit nach der Lese ist ganz Jerez von dem säuerlichen Gärungsgeruch erfüllt.

Zu Beginn des neuen Jahres ist der Wein so weit, daß er verkostet werden kann. Nun wird über das Schicksal jedes Fasses entschieden. Nach dieser ersten Probe erhalten die Fässer ihre Klassifizierung.

Klassifizierung

Sherry hat eine Eigenart: Erst wenn man von einem bestimmten Faß verkostet hat, weiß man, was später daraus wird. Vielleicht klingt das im ersten Moment gar nicht so überraschend. Weiß ein Weinhersteller in Frankreich, von welchem Weingut ein Faß kommt und kennt er den Jahrgang, kann er sich ein ziemlich genaues Bild von dem Wein machen, bevor er ihn probiert. Außerdem ist zu erwarten, daß alle Fässer von ein und demselben Weingut den gleichen Wein enthalten. In Jerez ist das anders. Zwei Fässer wurden zur gleichen Zeit mit dem gleichen Most von derselben Lage gefüllt, und doch hat das eine Faß Feinheit und Stil, es verspricht erstklassigen Wein für die Zukunft; das andere hat einen flachen, plumpen, schwachen Geschmack und wird nie einen trinkbaren Wein abgeben, es sei denn, er erhält eine Auffrischung.

Der für den jungen Wein verantwortliche Direktor der Firma und der »capataz«, der Kellermeister der Bodega, probieren und klassifizieren die erstaunliche Anzahl von zweihundert Fässern pro Tag. Die neue Ernte umfaßt etwa vier- bis fünftausend Fässer. Das Resultat der Probe wird in Hieroglyphen, von denen die Besucher immer wieder fasziniert sind, vorn auf dem Faß vermerkt. Wein mit den Anzeichen für einen Fino – die höchste Klasse – erhält eine winzige Palme, die »palma«. Wein mit dem typischen Oloroso-Charakter, der von Anfang an mehr Körper, aber kein so frisches und feines Aroma hat, wird mit einem »O« bezeichnet. Rayaweine, die nicht das Format für einen großen Wein besitzen und manchmal wegen ihrer Mängel aus dem Lager genommen und zu Essig verarbeitet werden müssen, erhalten einen Kreidestrich. Andererseits jedoch können Rayaweine eine gute Basis für einen Ver-

Palma

O

schnitt der süßeren Mittelklasse abgeben. Es ist erstaunlich, wie wirksam ein kleiner Zusatz von erstklassigem alten Wein sein kann.

Die folgenden Seiten machen Sie nun der Reihe nach mit allen Sorten und Typen des Sherrys bekannt.

Flor und Fino   Die Besonderheit eines Fino besteht in seiner Tendenz, »flor« zu entwikkeln. Flor ist eine besondere Hefeart, die in Jerez und seiner Umgebung zu Hause ist. Sie untersteht nicht den Gesetzen, die sonst bei der Weinbehandlung Anwendung finden. Vor allem muß normalerweise die Luft von jungem Wein ferngehalten werden, denn sie bringt allerlei Arten von wilden Hefen und Bakterien mit sich, die den Wein unvorteilhaft beeinflussen würden. Flor ist eine der wilden Hefen, die durch die Luft übertragen werden, aber hat sie sich erst einmal angesiedelt, braucht man von den anderen Hefen nichts mehr zu befürchten. Sie wächst und überzieht den Wein im Faß mit einer dicken, weißlichgelben Kahmhaut. Das Faß wird absichtlich nicht bis obenhin gefüllt, damit sie sich frei entfalten kann.

Flor schmeckt nach frischer Hefe und erinnert entfernt an frischgebackenes Brot. Diesen Geschmack gibt sie an den Wein weiter. Ein echter Fino hat eine zarte Frische, die bei einem so alkoholreichen Wein außergewöhnlich ist.

Unter den Fässern, die Flor entwickeln, gibt es immer einige, die besser als andere sind, denn Sherry läßt sich nicht so ohne weiteres standardisieren. Weine mit allen Anzeichen von Zartheit und Finesse werden in die »criadera«, die Kinder- oder Backstube für Finos, gebracht.

Nachdem nun die einzelnen Sorten klassifiziert, in saubere Fässer abgefüllt und in die verschiedenen Criaderas gebracht worden sind, erhalten sie einen leichten Zusatz von reinem Alkohol. Bei einem Fino ist die Spritung sehr leicht; sie erhöht den Alkoholgehalt von etwa $14^{1}/_{2}$ auf etwa $15^{1}/_{2}$ Prozent. Manchmal bekommt man Finos so hellfarbig und trocken zu kaufen, wie sie von Natur aus sind. Häufiger jedoch werden sie ein wenig mit Zucker gesüßt oder verschnitten.

Oloroso   Der Oloroso-Typ ist die Basis aller süßen Sherryweine. Er eignet sich hervorragend zum Verschnitt für die Herstellung des süßen Sherrys, der als Süßwein oder Cream-Sherry bekannt ist. Olorosos werden selten — noch seltener als Amontillados (siehe Seite 89) — ungesüßt getrunken. Ein ungesüßter alter Oloroso kann überragend sein. Das spanische Wort »oloroso« bedeutet wohlriechend, obwohl der so klassifizierte Wein seltsamerweise weniger Bukett hat als der Wein, der als fein eingestuft wird.

Zur Zeit der Klassifizierung lassen sich Fino und Oloroso schon ohne weiteres auseinanderhalten. Der Fino entwickelt reichlich Flor, Oloroso und Amontillado dagegen wenig oder gar keine. Im Probierglas hat der Fino bereits die Frische, die ihn auszeichnet, wenn er trinkfertig ist; der Oloroso dagegen hat einen verhaltenen, flacheren, weniger ansprechenden Duft. Die Sherryblume ist noch nicht vorhanden, fast hat man den Eindruck, sie wäre irgendwie gedämpft.

Mit dem Alter gewinnt der Oloroso an Charakter und Prägung. Er reift ähnlich wie Käse: der Duft wird stärker und schärfer. Aber dies ist nur bei sehr altem und unverschnittenem Oloroso der Fall. Solche Weine findet man wohl kaum außerhalb der Bodega, doch bilden sie die Basis für viele der beliebtesten und feinsten Sherrys auf dem Markt.

Palo Cortado Ein Palo Cortado — deutsch: abgeschnittener Stock — ist eine Rarität und der Beweis dafür, daß beim Wein nichts einfach und vorherbestimmbar ist. Manchmal ist ein Wein hervorragend bei der Klassifizierung, und doch ist es weder ein ganz leichter Fino noch die Art von Fino, die sich zu einem Amontillado entwickeln wird; es ist aber auch kein Oloroso. Dieser Wein kann ein Palo Cortado sein. Er liegt sozusagen zwischen einem Fino und einem Oloroso, doch auch durch langes Altern wird er weder das eine noch das andere. Er hält einen mittleren Kurs, entwickelt sich in einer ziemlich genau vorhersehbaren Linie zu einem Wein voll lieblicher Harmonie und Vornehmheit: trocken und trotzdem weich, reich an Aroma und Körper. Wenn dieser Typ überhaupt einmal auftaucht, dann ist er gut. Es gibt nur eine oder zwei Sorten davon auf dem Markt. Sie sind unverschnitten, möglicherweise ganz leicht gesüßt. Das Wort »Cortados« wird wahrscheinlich auf der Flasche erscheinen. Auf jeden Fall gehören sie zu den feinsten Sherrys, die es überhaupt zu kaufen gibt.

Das Solerasystem

Der Sherryhändler ist bestrebt, seine ganz speziellen Sorten in gleichbleibender Güte ständig auf Lager zu haben. Also muß logischerweise der ganze Wein aus ein und demselben Faß stammen. Das ist der Grundgedanke eines Verschnittsystems, das unter dem Namen Solerasystem bekannt ist.

Solera Eine Solera ist eine Gruppe von Fässern mit Weinen verschiedenen Alters. Zur Flaschenabfüllung wird der Wein nur dem ältesten Faß entnommen. Um die fehlende Menge wieder auszugleichen, füllt man aus dem nächstjüngeren Faß nach und so fort. Auf diese Weise gelangt ständig junger Wein in das eine Ende der Solerareihe, während alter Wein aus dem anderen abgefüllt wird.

Criadera Der neue Wein zum Nachfüllen des ersten Fasses stammt aus der Criadera, die dem Charakter der übrigen Solera am nächsten kommt. Er ist ungefähr achtzehn Monate bis zwei Jahre alt, wenn er in das System eingereiht wird. Nach drei oder vier, vielleicht auch zehn oder zwölf Jahren ist er bis an das Ende der Reihe vorgedrungen. Das hängt von der Zahl der Schichten einer Solera ab.

Auf seinem Weg durch die Solera wird der junge Wein nicht nur mit älterem gemischt, er nimmt auch dessen Charakter an. Eine ganz geringe Menge von älterem Wein kann eine erstaunlich große Menge von jüngerem Wein beeinflussen. Nach wiederholten Abstichen und Auffüllungen, die Jahre dauern,

84

ist der Anteil des Originalweines natürlich sehr gering, und doch hat er seinen Charakter den Nachfolgern im gleichen Faß aufgeprägt.

Jede Firma unterhält mehrere Solerasysteme nebeneinander. Eines enthält einen höchst delikaten und blaßgelben Fino, ein anderes einen stärkeren Fino aus Chipiona oder einem der abgelegeneren Bezirke, das nächste einen herrlich mundigen Oloroso, wieder ein anderes einen lieblichen alten Fino, der zum Amontillado wird. Es gibt auch Soleras von Rayaweinen — guten Verschnittweinen — und Soleras von weniger großen und großen Olorosos und Amontillados verschiedenen Alters. Die Firma besitzt vielleicht fünfzig dieser einmaligen Konzentrate, die ihren Vorstellungen von gutem Wein entsprechen und auf deren Grundlage durch Verschnitt jeder nur denkbare Geschmack erreicht werden kann.

Verschnitt

Das Endprodukt der Solera ist selten der Sherry, den man zu kaufen bekommt. Er wird zwar vereinzelt in dieser Form angeboten, ist aber fast durchweg außergewöhnlich teuer und nur einem kleinen Käuferkreis vorbehalten. Der Grund dafür ist, daß Sherry von Natur aus vollkommen trocken ist. Sogar die dunklen Olorosos gären bis zu ihrem natürlichen Ausbau, das heißt, bis der gesamte Zucker sich in Alkohol umgewandelt hat. Spritung erhält den Wein nicht süß, wie das bei Portwein der Fall ist; dafür erfolgt sie zu spät.

Die meisten Menschen mögen keinen ganz trockenen Sherry. Er hat einen eigenartig strengen Geschmack, an den man sich erst gewöhnen muß. Außerdem ist er ein teurer Spaß, denn nur ein erstklassiger Wein ist gut genug, um ihn in seinem natürlichen Zustand zu genießen. Deshalb kommt Sherry hauptsächlich in seinen verschiedenen Verschnittarten in den Handel; durch den Verschnitt wird er nicht nur lieblicher, sondern auch preiswerter.

Pedro Ximénez

Drei Weinarten eignen sich speziell für den Verschnitt. Eine davon gibt die notwendige Süße und wird aus den Pedro-Ximénez-Trauben (P. X.) hergestellt. Diese Traubensorte legt man vor der Kelterung in die Sonne, damit die Beeren schrumpfen und zu Rosinen werden. Der daraus entstehende Wein ist fast schwarz, dickflüssig und in dieser Form untrinkbar süß. Sein Einfluß auf einen Verschnitt ist außerordentlich groß.

Sehr alter Sherry

Die zweite wertvolle Beimengung in einem Verschnitt, der ein volles Aroma und den Charakter eines Spitzenweines haben soll, ist sehr alter Sherry. In jedem großen Weinhaus sind eine oder zwei Soleras ausschließlich zum Ausbau eines möglichst alten Sherry bestimmt. Bei diesem Wein ist größte Sorgfalt am Platze, denn sein Einfluß ist enorm. Ein Oloroso, der vierzig Jahre in einer Solera gelagert hat, ist so stark, daß es fast weh tut, einen Schluck davon im Mund zu behalten. Auch das ist eine Eigenart des Sherry, daß das Altern sein Aroma konzentriert, bis er zur Quintessenz des ursprünglichen Weines geworden ist. Daraus erklärt sich sein unverhältnismäßig starker Einfluß auf die Mischung.

Vino de color

Schließlich gibt es noch den »vino de color«, den Färbewein. Dafür wird

87

◁ Sherry, so weit das Auge reicht — Rebanlagen der weltberühmten Firma Sandeman der Most so lange eingekocht, bis er fast schwarz ist. Er schmeckt dann leicht nach Karamel, ist aber sonst im Geschmack fast neutral. Mit diesem Wein kann die Farbe des Verschnitts den jeweiligen Anforderungen des Marktes angeglichen werden. Paraxete, eine Mischung aus diesem Färbewein und Sherry, wird von Whiskyherstellern gekauft und nach Schottland versandt, wo man die Färbung der Whiskyverschnitte nach dem gleichen System vornimmt.

Paraxete

Der endgültige Wein

Bei dem versandfertigen Wein muß die Bezeichnung nicht unbedingt mit der ursprünglichen Klassifizierung übereinstimmen. Der Weinhandel hat in jedem Land seine eigenen Bezeichnungen, die den Käufern geläufiger sind als die spanischen Namen. Die hauptsächlichen Etikettbezeichnungen sind *Fino, Amontillado* (die ihre spanischen Namen behalten), *Cream, Old Full Pale, Dry, Golden, Brown* und andere.

Neben diesen überall verständlichen Typennamen gibt es viele Verschnitte, die nur unter dem Sortennamen ohne nähere Bezeichnung verkauft werden. Dies erschwert die Wahl eines Sherrys beträchtlich. Im folgenden werden die gebräuchlichsten Bezeichnungen auf Sherry-Etiketten erläutert:

Dry

Das Wort »dry« (trocken) hat viel von seiner ursprünglichen Bedeutung verloren. Früher hieß das soviel wie: ohne Zucker oder mit wenig Zucker. Jeder Sherry ist demnach »dry«, bis er gesüßt wird. Heute bezeichnet man mit »dry« einen verhältnismäßig trockenen Sherry, oder das Wort ist nur noch ein Teil eines Namens wie in *Dry Sack*, wo es nichts mehr mit »trocken« zu tun hat.

Fino

Finos sind die trockensten, hellfarbigsten und am wenigsten verschnittenen Sherrys. Sie sind verhältnismäßig jung und — für einen Sherry — hart. Ein *Brown Sherry* kann monatelang in einer offenen Flasche stehen, ohne daß es ihm schadet, während ein *Fino* nach einigen Tagen seine Frische verliert, die seinen besonderen Charme ausmacht. Ein guter *Fino* wirkt außerordentlich appetitanregend. Er schmeckt nie so gut wie vor einer Mahlzeit. Zu Oliven und Mandeln oder trockenen Käsestückchen ist er vorzüglich. In Spanien trinkt man ihn nie ohne »tapas« (kleine Leckerbissen).

Das beste Glas für einen *Fino* ist die »copita«, das spanische Probierglas. Es ist klein, elegant, hoch und hat die Form einer Rosenknospe. Man kann den Wein mit viel Grandezza darin herumschwenken, ohne daß ein Tropfen verloren geht. Die Öffnung bietet gerade genug Platz für die Nase.

Zu den besten *Finos* gehören: *Pando* der Firma Williams & Humbert, *Tío Pepe* von Gonzales Byass, *Inocente* von Valdespino, *La Ina* von Pedro Domecq, *San Patricio* von Garvey, *Elizabeta* von Avery, *Tres Palmas* von La Riva, *Apitif* von Sandeman und *Bristol Fino* von Harvey.

88

Manzanilla	Die Manzanilla-Eigenart kann ein *Fino* erwerben oder verlieren. Man findet sie bei den sehr herben, hellgelben *Finos* aus der Gegend von Sanlúcar de Barrameda, etwa zwanzig Kilometer von Jerez entfernt an der breiten Guadalquivirmündung. Den dortigen Fino kann man als salzig bezeichnen, so als wäre er gleichsam von der Meeresluft geschwängert. Sobald man ihn jedoch nach Jerez bringt und dort lagert, geht der eigenartige Geschmack verloren; er wird zum normalen, sehr eleganten Fino. Umgekehrt nimmt ein normaler Fino, der von Jerez nach Sanlúcar zur Lagerung gebracht wird, unerklärlicherweise nach einer Weile den Manzanilla-Charakter an.

Will man also einen echten *Manzanilla* probieren, bleibt einem nichts anderes übrig, als nach Sanlúcar zu fahren. Die Mühe lohnt sich, denn es gibt dort eines der besten Fischrestaurants der Welt: Casa Juan, wo man überm Wasser auf einer Holzterrasse inmitten von Fischerbooten speist. Bei schlechtem Wetter ist das Strandrestaurant geschlossen. Man kann aber genausogut in der Bar, einer einfachen Fischerkneipe, essen; die Fischer lassen sich von den wenigen Touristen nicht stören. Dort, und wahrscheinlich nur dort können Sie eine seltene Köstlichkeit probieren: einen dunkelfarbigen *Manzanilla Amontillado* — einen Wein, der zehn oder auch fünfzehn Jahre im Faß in dieser Meeresluft ausgebaut wurde und eine ausgeprägte, volle, salzige Würze hat. Eine halbe Flasche davon zu Langostinos und gegrillten roten Meerbarben mit Kräutern ist das Feinste, was Spaniens Küche und Keller zu bieten haben.

Amontillado	Genaugenommen ist ein *Amontillado* ein Fino, der durch Ausbau schwerer, kräftiger, dunkler geworden ist, mehr Tiefe und Intensität in Duft und Geschmack hat — so wie die Weine aus Montilla, einer Gegend nordöstlich von Jerez, nicht weit von Córdoba, die berühmt für diesen Weintyp ist. Ein feiner *Amontillado* ist im Grunde viel besser als der Wein, nach dem er benannt ist, aber der Name wurde als Typenbezeichnung zu Beginn des letzten Jahrhunderts eingeführt und beibehalten.

Im Handel bezeichnet man heute mit *Amontillado* einfach einen Sherry, der in Farbe und Aroma in der Mitte zwischen einem *Fino* und einem *Oloroso* liegt. In der Qualität ist er alles andere als mittelmäßig; er hat außergewöhnliche Individualität, die ihn zum besten Wein von Jerez macht. Es gibt allerdings *Amontillados*, die keine bestimmte Richtung haben. Sie werden durch den Verschnitt mittelsüß, mittelbraun. Sie sollten jedem schmecken und schmecken im Grunde niemandem.

Full	Das Wort »full«, voll, erscheint in Bezeichnungen wie *Old Full Pale* und bedeutet hier körperreich und süß. Die Blässe ist eine Ausnahme von der Regel: je dunkler, desto süßer.

Sherry ausschließlich für Bristol heißt *Bristol Cream* oder *Bristol Milk*, wobei Cream-Sherry älter, geschmeidiger und besser als Milk-Sherry ist.

Amoroso	*Amoroso* ist heute lediglich eine andere Bezeichnung für *Oloroso*.
Brown	*Brown Sherry* oder *East India Sherry* hat mehr mit einem *Malvasier*

Madeira als mit einem Fino gemeinsam. Er ist stark gesüßt, dunkel gefärbt und körperreich, und sein Alkoholgehalt ist oft höher als bei den meisten anderen Sherrys.

Wie Sherry serviert wird

Da man zum Essen im allgemeinen weniger starke Getränke vorzieht, wird Sherry nicht zum Menü selbst serviert. Von Natur aus trockene Sherrys wirken außerordentlich appetitanregend *vor* dem Essen, gesüßte Sherrys finden zum Käse, zum Dessert oder *nach* dem Essen Anklang.

Wird zu irgendeiner Zeit ein Getränk gewünscht, ohne daß eine Mahlzeit bevorsteht, ist Sherry — trocken, süß, oder halbsüß — das Ideale. In England war es einmal Sitte, als zweites Frühstück zu einem Stück Kuchen ein Glas Sherry zu trinken, während man heutzutage Kaffee oder Tee vorzieht. Ein trockener Sherry paßt hervorragend zu Räucherlachs oder anderen stark gewürzten Horsd'œuvres. Wollen Sie zu Beginn eines Essens, zu dem dann Rotwein serviert wird, gern ein Gläschen trinken, aber nicht extra eine ganze Flasche Weißwein bestellen, ist ein trockener Sherry sehr zu empfehlen. Er ist wahrscheinlich auch die beste Begleitung zu fast allen Suppen.

Die Karaffe
In Antiquitätengeschäften gibt es für wenig Geld hübsche alte Karaffen, die sich vorzüglich für Sherry eignen. Sherry läßt sich sehr einfach dekantieren. Man öffnet die Flasche und gießt ihn um. Wird er nicht am selben Tag ausgetrunken, verschließt man die Karaffe gut; so kann er getrost zwei Wochen bleiben. Sehr trockener Sherry verliert durch das Stehen mehr als süßer Sherry, aber zumindest in der ersten Woche wird keiner von beiden eine merkliche Veränderung zeigen. Eine Karaffe erfüllt beim Sherry allerdings nur den Zweck, daß sie hübsch aussieht. Sie verhilft ihm nicht zur Entwicklung seines Buketts, wie das bei roten Tischweinen der Fall ist, und es gibt auch keinen Bodensatz — wie beim Portwein —, den man loswerden muß. Die Karaffe ist lediglich ein elegantes Zubehör, das den Genuß erhöht.

Das Glas
Jedes kleinere kelch- oder tulpenförmige Glas eignet sich für Sherry. Es sollte nie mehr als zur Hälfte gefüllt werden, sonst kommt das Bukett nicht zur Geltung. Im Sommer trinken manche Leute den Sherry gern aus einem größeren Glas mit einem Eiswürfel oder einem Schuß Soda. Trockenem Sherry tut zu jeder Jahreszeit eine halbe Stunde Kühlung im Eisschrank gut. Am besten schmeckt er kalt, aber nicht eiskalt.

Schaumweine

SCHAUMWEINE sind natürlich sehr viel mehr als nur Aperitifs. Ihre beschwingende Wirkung wird bei vielen Gelegenheiten geschätzt, und doch sind sie aus der Familie der Aperitifs nicht wegzudenken.

Champagner – ein Begriff

Dem Champagner, dem Schaumwein aus der Champagne, gebührt nicht nur der Platz des Erstgeborenen, sondern der des Königs unter den Schaumweinen. Um die Jahrhundertwende trat er seinen Siegeszug um die Welt an. Was, so fragen wir uns heute, wurde eigentlich bei Hochzeiten, Gesellschaften, Taufen, Stapelläufen, Debütantinnenbällen getrunken, bevor man den Champagner kannte? Guter Champagner hat einen unvergleichlich frischen und delikaten Traubengeschmack. Er enthält gerade nur die Menge Zucker, die eine leichte Säure ausgleicht — wie in der vollendeten Harmonie eines saftigen, vollreifen Apfels. Sein Duft ist außerordentlich prägnant — man riecht es, wenn im Garten nebenan eine Flasche geöffnet wird —, und doch ist die Blume im Glas so zart und frisch wie der Wein selbst. Winzige Bläschen schwirren im Champagner durcheinander, die sich im Glas allmählich fadenartig gruppieren und gleichmäßig nach oben steigen. Der Champagner ist so erfolgreich, daß er fortwährend in die Gefahr gerät, zu einem bloßen Begriff zu werden. Sein Name muß immer dort herhalten, wo der Anschein von Fröhlichkeit, Luxus und Großzügigkeit erweckt werden soll. Seine Aura verblichener Eleganz wurde schon dazu benützt, alles mögliche an den Käufer zu bringen, selbst ganz anderen Schaumwein. Die Champagne ist jedoch ein feststehender geographischer Begriff wie Bordeaux, das Elsaß und die Loire.

91

*Reims — die
Hauptstadt*

Die Weinberge der Champagne liegen kaum eine halbe Tagereise vom Ärmelkanal entfernt. Die Hauptstadt Reims ist nicht besonders sehenswert, denn im Ersten Weltkrieg wurde ein Großteil der schönen alten Gebäude zerstört, aber ihre berühmte gotische Kathedrale, nach völliger Zerstörung wundervoll restauriert, wird manchmal zu Recht als der Parthenon Frankreichs bezeichnet. Reims ist von Kellern wabenartig durchlöchert. Einige davon sollen einst römische Steinbrüche gewesen sein. Manche Galerien in den Kreidefelsen unter der Stadt sind drei, vier Stockwerke tief und alle werden zur Lagerung von Champagner benutzt.

Die Weinberge liegen südlich der Stadt, über und um das Marnetal gruppiert. Die Landschaft ist weder majestätisch noch besonders reizvoll, aber sie ist friedlich, und im Herbst, wenn die Blätter der Reben rotgolden leuchten und der Rauch der Feuer ruhig in die kühle Luft aufsteigt, ist es wunderschön dort.

Kein Weinland ist so gastfreundlich wie dieses. Die Händler sind immer auf Besucher eingerichtet und zeigen ihnen gern ihre reichen Lager. Nicht selten

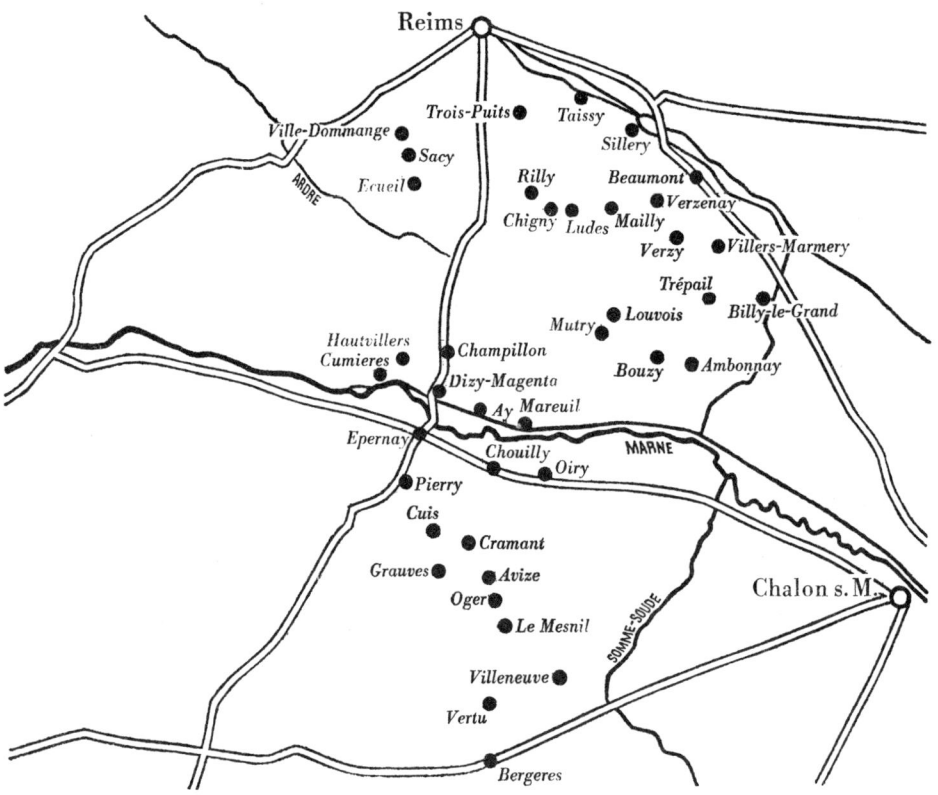

Karte 2   Die Champagne

können Interessenten fünfzehn oder zwanzig Kilometer lang durch die Keller-
räume wandern.

Epernay Die Avenue du Champagne in Epernay, der zweitgrößten Stadt der Champagne, ist sehenswert. Auf der fast einen Kilometer langen Straße wechseln
kopflastige Handelshäuser mit den weiten Höfen ihrer »maisons« (so heißen
die kombinierten Büro-Kellerei-Gebäude, wo der Wein hergestellt wird).
Hier wohnen die Unternehmer unmittelbar neben ihrem Betrieb. Ein Haus in
dieser Straße, im Besitz der Familie Pol Roger, wurde von Sir Winston Chur-
chill einst »die beste Adresse in ganz Europa« genannt.

Es gibt keinen Augenblick am Tag, in dem nicht irgendwo in Epernay
Champagner getrunken wird, und der Besucher kann sicher sein, daß er nicht
leer ausgeht.

Der Wein

Der Champagner entstammt einer idealen Lage für den Rebenanbau, und da
das Land so weit nördlich liegt, nutzt man sogar den Einbruch kalter Witterung
positiv für die Weinbereitung. Der Kalkboden ist für einen sauberen, trockenen
Weißwein sehr gut geeignet. Auf den sanften Hügeln, die, nach Norden hin
geschützt, der Sonne zugewandt sind, reifen die Trauben, die hier alle verfügba-
ren Sonnenstrahlen dringend benötigen, vorzüglich.

Perlender Champagner ist das beste Beispiel dafür, wie die Erfahrung den
Weinbauern gelehrt hat, selbst bei hohem Risiko und großen Kosten das Beste
aus seinem Wein zu machen. Am Anfang stand nämlich der »stille«, also nicht
schäumende Champagner, den es auch heute noch gibt und der ebenfalls sehr
gut sein kann. Aber seine zarte Art ist sein Nachteil. In der Champagne
schmeckt er einwandfrei, wird jedoch wenig exportiert. Es gab und gibt offenbar nur einen kleinen Markt für solchen Wein. Die Lösung dieses Problems
fand der Überlieferung nach ein Mönch, der legendäre Dom Pérignon.

Dom Pérignon Pérignon war der Kellermeister der Abtei Hautvillers, die nach Süden hin
das weite Marnetal überblickt. Die Legende erzählt, er sei blind gewesen. Er
kam auf die Idee, den Wein nach der ersten Gärung auf Flaschen zu füllen, nachdem er entdeckt hatte, daß der halbvergorene Wein im Frühling nach der Lese
dazu tendierte, weiterzugären und wieder zu perlen. Außerdem war er der erste,
der Korken verwendete. Bis dahin waren unzureichende Hanfstöpsel im Gebrauch gewesen. Man benötigte dickwandige Flaschen und feste Schnur, um die
Korken zu halten, und viele Flaschen platzten unter dem Druck der aufsteigenden Bläschen. Die restlichen enthielten jedoch ein herrliches Getränk. Die Mönche hatten anstelle des empfindlichen und herben Stillweins einen feinen, blumi-
geren, robusteren, lebendigeren Wein gefunden, besser als sie ihn bis dahin her-

stellen konnten. Das schönste daran waren die glänzenden Perlenbänder, die im Glase aufstiegen. Es war nicht nur ein momentanes Schäumen; die Bläschen schienen aus dem Boden des Glases zu kommen und nach oben steigende Säulen zu bilden. Es waren Bläschen von Kohlendioxyd, einem Nebenprodukt der Gärung, das nicht entweichen konnte und sich an den Wein gebunden hatte.

Der Champagner hat allerdings nicht eines schönen Frühlingstages schon in seiner letzten Vollendung im Keller des blinden Kellermeisters gestanden. Jahr um Jahr hatte Pérignon experimentiert. Natürlich wußte er wie jeder Weinbauer, daß ein bestimmtes Jahr einen edlen, bukettreichen Wein hervorbringt, ein anderes Jahr dagegen einen fast ungenießbaren Wein. Außerdem hatte er entdeckt, daß die Weine der Gegend Eigenschaften besaßen, die im einzelnen zu wünschen übrig ließen, die jedoch durch Mischung zu schöner Entfaltung kamen.

So ist der Wein von den Hängen des Marnetals, die so wohlwollend als Montagne de Reims (Bergland von Reims) bezeichnet werden, abgerundet und körperreich wie jeder Wein aus dieser Gegend. Die Sorten von den sanften Südhängen dagegen, von Avize und Cramant, hatten mehr Finesse und waren leichter. Der Kellermeister sah vor seinem geistigen Auge den idealen Champagner — ein absolut harmonisches Zusammenspiel dieser positiven Eigenschaften. Das könnte, so hat er wohl gedacht, der beste Wein der Welt werden.

Es stand jedoch ein großes Problem im Weg. Die Gärung, die die Bläschen erzeugte, hatte auch Nebenwirkungen. Wenn Hefezellen sich im Tumult der Gärung vervielfachen, sterben die alten ab. Die Gärung läßt eine Hefeablagerung zurück, die in der Flasche eingeschlossen bleibt. Statt eines klaren goldenen Weines hat man einen trüben, häßlich aussehenden Wein voller Rückstände. Er schmeckt ganz gut, sieht aber unappetitlich aus. Das ist die große Schwierigkeit bei der Champagnerbereitung.

Wenn Sie einmal ein Champagnerglas aus dem achtzehnten Jahrhundert sehen — man sieht sie nicht oft, weil sie noch nicht wieder in Mode gekommen sind —, werden Sie feststellen, daß es matt wie Milchglas ist. Es hat die Form einer Flöte, ein langes schmales V, die klassische und immer noch beste Form für Schaumweingläser, aber man kann den Wein darin nicht sehen. Der Grund dafür ist, daß man das Problem der Klärung damals noch nicht gelöst hatte.

Das Verdienst, eine Methode zur Entfernung der Rückstände gefunden zu haben, die noch heute von der ganzen Champagnerindustrie angewandt wird, kommt einer weiteren legendären Figur aus der Champagne zu: der Witwe Clicquot. Ihr Mann war unter anderem der Chef einer kleinen Weinfirma in Reims gewesen. In einem Büchlein, das von der Firma der Witwe herausgegeben wurde, berichtet die Prinzessin de Caraman Chimay, die Frau eines derzeitigen Direktors, wie das junge Paar Clicquot in einem leichten zweirädrigen Wagen durch die Weinberge fuhr, um sich über jede Einzelheit der Weinherstellung zu informieren, vom Winterschnitt bis zum Zertreten der Trauben in

Die Witwe
Clicquot

94

der Lesezeit. Madame Clicquot war fasziniert von der Geschicklichkeit und der Geduld der Winzer, von dem natürlichen Ablauf der Dinge auf den Weingütern und in den Kellern. Doch die Idylle nahm ein plötzliches Ende. Ein Fieber raffte ihren jungen Gemahl dahin, und die Frau blieb als Witwe zurück.

Doch sie gab nicht auf. Unter dem Namen ihres Mannes baute sie ein großes Unternehmen mit weltweitem Ruf auf. Sie suchte sich Partner und wagte viel, charterte Schiffe und nützte Beziehungen aus. Rußland war ihr Hauptabsatzgebiet, denn die russische Armee war in den Endkämpfen vor Waterloo in Reims stationiert gewesen und hatte ihre Vorliebe für Champagner entdeckt, die sie mit nach Rußland nahm. Dem Prinzen Sergej Alexandrowitsch Wolkonski, ihrem humanen und lebensfrohen Kommandanten, hat Reims viel zu verdanken. Es heißt, die Witwe Clicquot habe so lange über den problematischen Rückstand in den Flaschen nachgedacht, bis sie zu einer logischen Folgerung gekommen sei. Der Rückstand mußte sich am Korken sammeln, wo man ihn entfernen konnte, ohne daß es dem Wein schadete. Zu diesem Zweck ließ sie große Tische mit Löchern versehen, in die man die Flaschen mit dem Kopf nach unten stecken konnte. In einigen Flaschen glitt der Rückstand, der wie eine feine weiße Sandschicht an der untersten Flaschenseite aussieht, gehorsam zum Korken hin, in anderen wiederum rührte er sich nicht von der Stelle.

Da kam man auf die Idee, die Flasche leicht zu schütteln, wobei man sie ein wenig aus ihrem Loch hob, sie etwas im Uhrzeigersinn drehte und sie beim Zurückstecken in das Loch gegen das Holz schlug. Das hatte mit größter Vorsicht zu geschehen, sonst wäre der angesammelte Satz wieder in den Wein zurückgeflossen und die Prozedur hätte wiederholt werden müssen. Den Vorgang nannte man »remuage« — Rütteln.

Das Verfahren wurde weiterentwickelt. Man kippte die Tische schräg, so daß sie weniger Raum einnahmen, und schnitt die Löcher leicht oval, damit die Flaschen fast auf dem Kopf stehen konnten. Die Tische nannte man wegen ihrer Form »pupitres« — Pulte. Das Rütteln wurde zu einer Kunst, und ein erfahrener Rüttler konnte, wenn er beide Hände zu Hilfe nahm, 3000 Flaschen pro Stunde rütteln. Sie wurden nicht von Anfang an einfach auf den Kopf gestellt, sondern täglich etwas mehr gekippt, damit der Satz sich langsam auf den Korken zu bewegen konnte. Auch bei diesem Verfahren mußte die Flasche drei Monate im Rüttelpult zubringen, bis sie für das nächste Stadium bereit war.

Dégorgement   Dieses Stadium hieß »dégorgement« — Degorgieren. Der Heferückstand lag nun auf dem Korken, die Flasche stand auf dem Kopf. Der Korken mußte herausgenommen, der Rückstand entfernt und ein neuer Korken so rasch wie möglich eingerammt werden. Zu diesem Zweck nahm ein Mann der Reihe nach jede einzelne Flasche umgekehrt heraus, schnitt die Schnur durch, entkorkte die Flasche, ließ ein wenig Wein mit dem Satz ausfließen, goß Wein nach und reichte die Flasche seinem Nachbarn, der sie zukorkte. Zum Schluß wurde der Korken mit einer Schnur gegen den Druck gesichert.

95

Dazu kam eine weitere Neuerung: der Wein ist nach der zweiten Gärung ohne Zucker und ganz trocken. Die Russen vor allem tranken ihn aber lieber süß. Also mischte man den Nachfüllwein mit Zucker und — damit der Champagner für seine lange Reise gerüstet war — mit einem Schuß Weinbrand. So ist es auch heute noch.

Dosage

Der Süßegrad des Champagners ist leicht zu regulieren. Er hängt lediglich von der Zuckermenge in der »dosage«, dem Zusatz, ab. Theoretisch bekommt der »brut«, der trockenste Champagner, keinen Zucker-, sondern nur reinen Weinzusatz; »sec« bekommt wenig, »demi-sec« etwas mehr und süßer Champagner noch mehr Zuckerzusatz. In der Praxis jedoch erhält sogar der »brut« einen süßen Zusatz.

Dieses Verfahren, auf der ganzen Welt als das Champagnerverfahren bekannt, wurde zu Beginn des neunzehnten Jahrhunderts entwickelt und ist im Prinzip bis heute gültig. Moderne Methoden haben zwar manches vereinfacht, sie sind zeitsparender geworden, aber das Rütteln zum Beispiel ist für den Hersteller immer noch eine umständliche Angelegenheit. Es wird immer wieder versucht, diese Arbeit auf maschinellem Weg zu erledigen, aber die geschickten, geduldigen Hände der Männer sind durch nichts zu ersetzen.

Eine Erfindung allerdings hat ein gutes Stück weitergeholfen. Der Flaschenhals, der den Rückstand enthält, wird jetzt vor dem Degorgieren in eine Gefrierflüssigkeit getaucht, so daß der am Korken befindliche Trub zu Eis wird. Entfernt man jetzt den Korken, wird der gefrorene Weinpfropfen herausgepreßt und man ersetzt ihn durch die »dose«, die Zusatzmischung. Dadurch geht kaum Wein verloren.

An der Vervollkommnung der Methode wird ständig gearbeitet. Die meisten großen Firmen verwenden heutzutage Beton- oder Glas-Emaille-Tanks anstelle der bisher üblichen Fässer zur Gärung des jungen Weines. Allerdings benutzen zwei Firmen, Krug und Bollinger, die von allen Champagnerexperten übereinstimmend als die weitaus besten bezeichnet werden, immer noch Eichenfässer.

Großproduzenten gehen bei der zweiten oder Flaschengärung allmählich von den teuren und unhandlichen echten Korken auf Kronkorken über. Andere wiederum lehnen sie ab. Sie behaupten, diese Kleinigkeiten machten den Unterschied zwischen dem allerbesten und dem passablen Champagner aus.

Viel wichtiger jedoch als die Methoden der Champagnerbereitung ist der Wein, der als Basis verwendet wird. Ein Hersteller baut entweder seinen eigenen Wein an oder er kauft ihn vom Winzer. Ganz gleich, woher er ihn bekommt: ist der Wein nicht gut, kann kein guter Champagner daraus werden.

Die Lagen der Champagne

Die Weinberge der Champagne haben ihre eigene Klassifizierung. Vom Champagner gibt es kein Lagengewächs zu kaufen, denn er ist ja immer verschnitten. Die Klassifizierung soll also nicht dem Verbraucher dienen; sie ist eine Preisskala für den Winzer. Jedem Ort in der Champagne ist eine bestimmte Prozentzahl zugeteilt worden. Ay, der berühmteste Ort, an dem der blaue Burgunder, der Pinot noir, angebaut wird, und Avize, der bekannteste Ort der Côte des Blancs zum Beispiel, sind unter den mit 100 Prozent klassifizierten. Manche Orte haben 95, andere 90 Prozent und so weiter. Jedes Jahr zur Zeit der Lese tritt ein Komitee von Weingutsbesitzern, Champagnerherstellern und anderen Interessenten zusammen und entscheidet über die Preise für das jeweilige Jahr. Sie berücksichtigen dabei Qualität, Quantität, Vorräte, Nachfrage und sonstige Details. Dann wird ein bestimmter Preis pro Kilo Trauben festgelegt. Ay und Avize bekommen 100 Prozent (den vollen Preis), Hautvillers 80 Prozent und so fort. Diese Methode ist unparteiisch und gilt als Wertmesser für die ganze Gegend.

So kann jeder Champagnerhersteller beim Kauf der Trauben entscheiden, wie viele er von der Sorte zu 100 Prozent in seiner Mischung haben will. Er kann sie mit billigerem Wein versetzen oder sich auf das beschränken, was er sich von den teureren Sorten leisten kann. In diesem Augenblick fällt die wichtigste Entscheidung über die Qualität des Champagners.

Teilt man das Rebgelände der Champagne ganz grob ein, kann man von zwei Gebieten sprechen: in dem einen werden blaue Trauben, in dem anderen weiße Trauben angebaut. Selbstverständlich wird aus beiden Sorten Weißwein bereitet. Das Land der blauen Traube ist das Marnetal und der Reimser Berg, der große, abgeflachte Hügel südlich von Reims, zwischen der Stadt und der Marne. Die nach Norden, Osten, Süden und Südwesten abfallenden Hügel sind von Reben übersät. Das obere Plateau ist Waldland.

Über dem Marnetal, hinter der Stadt Epernay, befindet sich die Côte des Blancs, das Land der weißen Traube. Es zieht sich fünfzehn Kilometer in südlicher Richtung an einer Hügelkette hin.

Blancs de Blancs Klassischer Champagner ist ein Verschnitt aus den Weinen dieser beiden Regionen. Jede hat der anderen etwas voraus. Es kommt jedoch auch Champagner auf den Markt, der ausschließlich aus weißen Trauben hergestellt und als »blanc de blancs« angeboten wird.

Zur Zeit der Lese, die in der Champagne in einem guten Jahr Mitte September, in einem sonnenlosen Jahr Mitte Oktober stattfindet, kommen die Pflücker, darunter viele Bergleute mit ihren Familien, aus dem Industriegürtel an der belgischen Grenze in das Weinbaugebiet. Lastwagen laden Körbe zwischen den Rebzeilen ab, und jeder Korb trägt den Namen des Mannes, der die Ernte gekauft hat oder dem der betreffende Weinberg gehört. Sie sehen aus wie Waschkörbe. Rasch sind sie gefüllt, denn eine ununterbrochene Kette von Trägern bringt das Lesegut in kleineren Behältern von den Pflückern bis zu den großen Körben. Bevor die Lastwagen die vollen Körbe aufnehmen, haben einige Frauen die Trauben an Tischen, die zwischen den Rebzeilen aufgestellt sind, durchgesehen und die von Mehltau befallenen, schimmeligen oder sonst unbrauchbaren Beeren aussortiert.

Die Lastwagen oder Traktoren befördern nun die Ernte direkt zum Kelter-

97

haus, das entweder auf einem nahen Gutshof in den Feldern oder im nächsten Dorf liegt; manchmal werden die Trauben auch gleich in die Hauptniederlassung der Firma nach Ay oder Epernay gefahren.

Das Keltern und die Gärung

Die Trauben werden dreimal gepreßt

Nun werden die Trauben gekeltert. Die Pressen gehören zu den größten, die überhaupt verwendet werden: 4000 kg Trauben finden auf einmal darin Platz. Es sind runde oder viereckige Holzbehälter mit Lattenwänden. Von oben senkt sich ein Deckel aus schweren Eichenbohlen langsam auf die Trauben und preßt den Saft in abfallende Rinnen, durch die er in einen bereitgestellten Bottich oder in ein Faß fließt. Man preßt fraktioniert, das heißt der Most wird gesondert nach Qualität aufgefangen: zuerst die »tête de cuvée« (der beste Saft); dann mit verstärktem Druck die »taille«, ein Most, der sich zum Verschnitt eignet oder an Zwischenhändler verkauft wird, die solchen Wein für den Bedarfsfall auf Lager haben; schließlich preßt man ein drittes Mal, nachdem der »marc« (die festen Rückstände, auch Trester genannt) aufgebrochen und mit Spaten neu eingeschichtet wurde, zur Bereitung eines einfachen Weines für die Arbeiter. In der Champagne wird der Trester auch zu Branntwein destilliert, der als Marc verkauft wird. So gibt es Marc von den großen Champagner- und Kognakfirmen, aber auch in anderen Weinregionen kennt man diesen Tresterschnaps, manchmal als Spezialität aus bestimmten Rebsorten, wie *Marc de Gewürztraminer* aus dem Elsaß.

Die Gärung beginnt

Der Wein in den Fässern beginnt rasch zu gären, wenn das Wetter gut war und der Most viel Zucker enthält; er gärt langsam, wenn auf einen nassen Sommer ein kühler Herbst gefolgt ist. Der Most gärt so lange, bis der Zucker in Alkohol umgewandelt ist und die Nachtfröste einsetzen. Jetzt öffnet der Weinhändler die Fenster, damit die kalte Luft zwischen den Fässern und Bottichen zirkulieren kann. Die Gärung klingt ab.

Die weitere Behandlung

Unterbrechung der Gärung im Winter

Das kalte Wetter dient in der Champagne manch gutem Zweck. Es hat den Menschen durch die Unterbrechung der Gärung nicht nur auf die Idee des Schaumweines gebracht, sondern es klärt auch den jungen Wein und mindert seine Säure.

Ein großer Teil der Säure, die ein notwendiges Element in der Zusammensetzung aller Weine bildet, ist Weinsäure. Champagner-Grundwein tendiert

leicht zu einem höheren Säuregehalt, als es dem Erzeuger lieb ist. Glücklicherweise bildet die Weinsäure bei sehr kaltem Wetter Kristalle. Diese Kristalle
— man nennt sie doppelweinsaures Kali — sind schwer genug, um sich auf den
Faßboden zu senken, so daß beim Abstich des Weines ein Teil der Säure im Faß
zurückbleibt. Ein warmer Winter ist daher in der Champagne alles andere als
willkommen, denn im Frühling ist der junge Wein immer noch sauer.

Im Frühling wird der Wein gemischt — in der Fachsprache heißt diese
außerordentlich wichtige Prozedur Verschnitt. Die Direktoren der Firmen
treffen sich in den Probierstuben, manchmal wochenlang Tag für Tag, um alle
Weine aus der Lese des vorangegangenen Herbstes zu prüfen. Nun können sie
feststellen, ob sie gut eingekauft und das Gewünschte bekommen haben. Sie beginnen mit der Bereitung der »cuvée«, der Mischung, die schließlich den Namen des jeweiligen Herstellers tragen wird. Die meisten der alteingeführten
Firmen folgen Jahr für Jahr einem ziemlich gleichbleibenden Einkaufsplan. Sie
wissen, daß die spezielle Sorte des leichten oder weniger leichten Weines, für
den sie bekannt sind, eine bestimmte Traubenmenge aus Ay, eine bestimmte
Menge aus Verzenay und so weiter braucht.

Natürlich gibt es immer Opportunisten, die alles nur mögliche zu Schleu-
derpreisen kaufen, doch renommierte Firmen lassen sich durch nichts davon ab-
halten, nur den besten Wein für den Jahrgang zu kaufen und zu mischen, und
sie wählen ihn mit Sachkenntnis und Spürsinn. »Für den Jahrgang« bedeutet
hier: ist es ein gutes Jahr mit allen Voraussetzungen für einen großen Champagner — Körper, Harmonie, Bukett —, dann haben die Hersteller Gelegenheit, ihr
edelstes und ganz individuelles Produkt als Jahrgangs-Champagner herauszubringen. Jahrgangs-Champagner, der auch auf seinem Etikett die Jahrgangsbezeichnung trägt, wird nur in besonders guten Jahren bereitet. In der Champagne sind das fast immer Jahre mit überdurchschnittlicher Sonneneinwirkung.
Mehr Sonne bringt reifere Trauben hervor, und reifere Trauben geben einen
kräftigeren Wein. Ein Jahrgangs-Champagner ist deshalb zwar nicht süßer,
doch immer schwerer, voller und runder als die Sorte ohne Jahrgang. Er hat eine
durchaus eigene Note und soll dem üblichen Wein der Firma nicht ähnlich sein.
Im Gegenteil, er muß unverwechselbar der Wein des Jahres werden — des ganz
bestimmten Jahres, eines Jahres zum Beispiel, in dem die Trauben am 10. September schon reif waren oder in dem die Blüte früh einsetzte, eines Jahres, in
dem niemand daran glaubte, daß die Gewitter ausbleiben würden, oder in dem
ein Jubiläum gefeiert wurde.

In Wirklichkeit stimmt das nicht ganz. Bis zu einem gewissen Grad wird
ein guter Weinhändler mit einem Jahrgangswein auch variieren, wenn er
glaubt, er könne ihn durch einen Zusatz aus seiner Reserve noch verbessern.
Dies traf auf einige 1959er Champagner zu, die zu körperreich und in ihrem
Säuregehalt zu arm waren. Einige Kellereibesitzer setzten das Fehlende zu und
erzeugten so einen besseren Wein mit Hilfe der geringeren Qualitäten des vor-

hergehenden Jahres. Der Hersteller will damit keineswegs einen Jahrgang strekken, denn er darf aus einem bestimmten Jahr nicht mehr Wein verkaufen, als er produziert hat. In gewissem Sinn läßt sich also sagen, daß ein Jahrgangs-Champagner die erste Qualität einer Weinfirma darstellt.

Champagner
ohne Jahrgang
Die meisten Champagner tragen keine Jahresbezeichnung auf dem Etikett. Die Herstellung der »cuvée« geht in einem Frühling, der auf ein normales oder mittelmäßiges Jahr folgt, nach einem anderen Prinzip vor sich. Der gleichbleibende Standard der Sorte soll aufrechterhalten werden, indem man den jungen Wein mit Beständen aus dem vorhergehenden Jahr oder aus mehreren Jahren kombiniert, um dadurch ein Resultat zu erhalten, das dem üblichen Nicht-Jahrgangs-Champagner möglichst ähnlich ist. Es läßt sich denken, daß dieser Prozeß zu den schwierigsten auf dem heiklen Gebiet der Weinherstellung gehört. Die Weinschmecker müssen in der Lage sein, die Zukunft nicht nur eines einzelnen Weines, sondern einer Mischung von vielleicht einem Dutzend Weinen nach weiterer Gärung und drei Jahren auf der Flasche vorauszusehen. Das setzt natürlich Erfahrung voraus. Ist die Entscheidung getroffen, die »cuvée« bereitet und gut durchgemischt, muß der Verschnitt auf Flaschen gefüllt werden.

Die zweite Gärung

Heutzutage ist es möglich, dem Wein bei der Abfüllung genau die richtige Menge von Zuckersirup zuzusetzen, so daß er nur bis zu einem bestimmten Grad gärt und auch der Druck in der Flasche voraussehbar und gefahrlos steigt. Es kommt kaum noch vor, daß Flaschen platzen; allerdings müssen Schaumweinflaschen viel dicker und schwerer sein als andere Weinflaschen.

Der Wein bleibt längere Zeit auf der Flasche, bevor die langwierigen und komplizierten Vorbereitungen für sein letztes Stadium beginnen. Während dieser Zeit liegt er in Stapeln im kalten, feuchten Keller, und die Gärung des Zukkerzusatzes geht unmerklich vor sich. Die Hefe ist nicht so aktiv wie in einem Eichenfaß, denn der Druck mindert ihre Aktivität. Sie braucht zwei Jahre, um den gesamten Zucker in Alkohol umzuwandeln. Ab und zu schüttelt der Kellermeister jede Flasche kräftig durch, damit Hefe und Wein sich erneut mischen und die Gärung in Gang gehalten wird.

Dafür und damit der Rückstand sich am Korken sammelt, kommt die Flasche in das Rüttelpult. Die Champagnerhersteller müssen tatsächlich über Millionenbestände von Flaschen verfügen, wenn dieser Prozeß nicht unterbrochen werden soll — auch das erhöht den Preis des Champagners. In diesem Stadium — vor dem Degorgieren — ist Champagner nahezu unbegrenzt haltbar. Wir hatten einmal einen Wein aus dem letzten Jahrhundert, der »sur point«, also auf dem

100

Kopf, sechzig Jahre lang gelagert worden war und erst zehn Minuten, bevor wir ihn tranken, degorgiert wurde. Dieser hübsche Brauch kann allerdings nur von den Kellereibesitzern und ihren Freunden geübt werden, und auch von ihnen nur in ihren eigenen Häusern über den Kellern, wo der Champagner lagert.

Die Lagerung von Champagner

Nach dem Degorgieren ist der Champagner theoretisch trinkfertig. In Wirklichkeit gewinnt er durch längere Lagerung beträchtlich, weil sich die Dosage dann mit dem Wein vermählen kann. Über eine an sich ganz simple Frage sind sich die Experten erstaunlich uneinig: ob Champagner danach noch besser wird und ob er tatsächlich von der Lagerung profitiert oder nicht.

Die Lagerzeit   Unserer Meinung nach lohnt es sich jedoch immer, eine Flasche Champagner vor dem Verbrauch ein bis zwei Jahre aufzuheben. Bei Jahrgangs-Champagner können es sogar zehn Jahre sein. Im Lauf der Zeit scheint selbst Nicht-Jahrgangs-Champagner seine Härte zu verlieren und seine Duft- und Geschmackstoffe zu intensivieren. Nach einigen Jahren perlt er nicht mehr ganz so stark, doch Aroma und Farbe werden merklich voller. Später wird er in manchen Fällen flach und nimmt sogenannten Schokoladengeschmack an. In diesem Stadium findet er weniger Liebhaber, deshalb ist alter Champagner gewöhnlich billiger als jüngerer. Er kann jedoch auch wundervoll schmecken, und Sie sollten keine Gelegenheit versäumen, ihn zu probieren.

So viel über die Herstellung des Champagners, des Schaumweins aus der französischen Landschaft Champagne. Alles bisher Gesagte gilt sinngemäß auch für andere Schaumweine, also auch für deutschen Sekt. Lesen Sie darüber auch Seite 102.

Güteklassen und Hersteller von Champagner und Sekt

Einfache Schaumweine   Bei Champagner gibt es ebenso wie bei anderen Schaumweinen verschiedene Rangstufen beziehungsweise Preisklassen. Ganz allgemein gesprochen sind vier Klassen von Schaumwein auf dem Markt. Den billigsten verkauft der Kleinhändler unter seinem eigenen Markennamen. Dieser Schaumwein empfiehlt sich im allgemeinen für Parties. Es ist kaum etwas an ihm auszusetzen, aber er schmeckt eben nie so, wie eine erstklassige Marke schmecken kann. Schaumwein ist ohnehin so teuer, daß man lieber ein paar Mark mehr für wirklich gute Qualität ausgeben sollte.

Billige Schaumweine können der Industrie viel Schaden zufügen, denn

101

manch einer ist von ihnen enttäuscht und versteht nicht, warum man so viel Aufhebens davon macht. Zugegebenermaßen gibt es aber auch in dieser Klasse Schaumweine, die so gut sind wie manche Marke einer renommierten Firma oder sogar besser.

Die großen Champagnerhersteller

Zur zweiten Klasse gehören die Nicht-Jahrgangs-Schaumweine mit dem Namen der entsprechenden Firma. Die Namen der großen Champagnerhersteller sind in der ganzen Welt bekannt. Die größte Champagnerkellerei, Moët & Chandon, erzielt erstaunlich hohe Umsätze. Die dreizehn Firmen mit dem besten Renommee sind: Bollinger, Charles Heidsieck, Heidsieck Dry Monopole, Krug, Moët & Chandon, Mumm, Perrier Jouet, Piper Heidsieck, Pol Roger, Pommery & Greno, Louis Roederer, Taittinger, Veuve Clicquot. Hinzufügen sollte man: Ayala, Besserat de Bellefon, Bricout, De Castellane, Delbeck, Deutz & Geldermann, Henriot, Irroy, Lanson, Mercier, Ruinart.

Manche dieser Häuser heben ihren Standard im Lauf der Zeit, manche senken ihn. Es gibt keine feststehende Wertskala. Trotzdem läßt sich folgendes sagen: Wenn heute überhaupt eine konkurrenzlose Klasse hergestellt würde, wären die Namen Bollinger, Krug, Pol Roger, Louis Roederer, Veuve Clicquot sicher dabei.

Sekt

Beim deutschen Schaumwein unterscheidet man außer dem einfachen Schaumwein drei Qualitätsstufen: Qualitätsschaumwein, Sekt und Prädikatssekt. Sie unterscheiden sich vom einfachen Schaumwein durch ihren Mindestalkoholgehalt (10 Grad), durch ihre Lagerzeit unter Kohlensäureüberdruck und ihre Prüfungsnummer. Die Prüfung erfolgt nach einem Punktesystem, das Farbe, Geruch, Geschmack, Mousseux, Klarheit und die Abstimmung von Säure, Süße und Alkohol bewertet. Prädikatssekt ist der Sekt mit der höchsten Punktezahl; er muß zu 60 Prozent aus deutschem Wein hergestellt sein.

Die bekanntesten Sekthersteller

In Deutschland gibt es etwa 120 Sekthersteller, von denen die folgenden Marken zu den bekanntesten zählen: Henkell, Deinhard, Matheus Müller, Kessler, Söhnlein, Mumm (das deutsche Stammhaus der französischen Firma), Schloß Vaux, Hoehl, Burgeff, Kupferberg, Schloß Wachenheim.

Auch in Frankreich werden Schaumweine hergestellt, die kein Champagner sind, und zwar im Elsaß (Vin Mousseux), im Gebiet von Bordeaux, in Burgund und an der Loire.

Da Schaumwein aus jedem Wein gewonnen werden kann, gibt es ihn auch in vielen anderen weinerzeugenden Ländern.

Am bekanntesten ist neben den bereits genannten Sorten aus Frankreich und Deutschland der spanische Schaumwein, der auf dem internationalen Markt Bedeutung gewonnen hat.

Nicht-Jahrgangs-Schaumweine eignen sich für jede Gelegenheit. Sie sind leichter als Jahrgangsweine und deshalb als Aperitif fast vorzuziehen. Für eine Party sind sie das ideale Getränk.

Jahrgangs-Schaumweine

Für Jahrgangs-Schaumweine gelten die gleichen Namen. Normalerweise

Zell an der Mosel mit seinen steil ansteigenden Rebhängen ▷

kommt ein Jahrgang nicht auf den Markt, bevor die Bestände des vorangegangenen verkauft sind. Das ist schade, denn dadurch entgeht einem das Vergnügen, zwei Jahrgänge miteinander vergleichen zu können, es sei denn, man war so vorsorglich, selbst ein paar Flaschen einzulagern. Wenn überhaupt, sollte man Jahrgangs-Schaumweine zum Essen trinken. Andernfalls sollten sie nur ganz besonderen Gelegenheiten vorbehalten bleiben.

Tête de Cuvée

Französische Firmen haben Sorten herausgebracht, die angeblich noch besser sein sollen als ihre Jahrgangsweine. Manchmal handelt es sich dann um einen »blanc de blancs«, dessen Qualität nicht unbedingt besser ist, doch weil er leichter, zarter und nicht so körperreich ist, entspricht er manchem Geschmack mehr. Andere sind unter der Bezeichnung »tête de cuvée« bekannt; dieser Champagner wird nur aus der ersten und sorgfältigsten Kelterung feinster Trauben gewonnen, wie üblich verschnitten, aber in der Absicht, einen überragenden Wein daraus zu machen, der noch über dem Jahrgangswein derselben Firma steht. *Dom Pérignon*, der nach dem Mönch benannte Champagner von Moët, ist der Originalchampagner dieser Klasse. Der Verdacht liegt nahe, daß solche Schaumweine für Leute bestimmt sind, die unbedingt möglichst viel Geld für eine Flasche ausgeben wollen und für die das Beste gerade gut genug ist. Manche Champagner der Klasse »tête de cuvée« sind so überragend, wie man es ihnen nachsagt, andere sind einfach gute Champagner in hübscher Verpackung. Wenn man diese Marke kauft, nur weil sie teurer ist, kann es einem passieren, daß man übervorteilt wird.

Rosé

Roséschaumwein, der einen Zusatz von Rotwein enthält, sieht hübsch aus. Er beschwört die Vorstellung von attraktiven Mädchen und schattigen Rasenflächen herauf. Mit zunehmendem Alter nimmt er eine goldbraune Farbe an, die zusammen mit den hellen Bläschen überaus reizvoll wirkt.

Crémant

»Crémant« ist die französische Bezeichnung für Schaumweine bester Qualität mit schöner Feinperligkeit. Vollperlender Champagner hingegen ist »mousseux«. Crémant gibt es aus irgendeinem Grund selten, aber er kann herrlich sein. Der Ort Cramant (im Gebiet der weißen Trauben) ist berühmt für diesen Schaumwein, was mitunter zu einer Namensverwechslung führt. Crémant sollten diejenigen trinken, die den Sekt normalerweise quirlen — eine Unsitte übrigens, wenn man bedenkt, wie langwierig und kostspielig das Verfahren ist, die Bläschen in den Wein hineinzubekommen. Der Crémant neigt zu Leichtigkeit und Zartheit, er ist sanft im Perlen und im Geschmack.

Als Appetitanreger oder belebende Partygetränke haben Champagner und Sekt keine Konkurrenz. Sie versetzen uns rasch in einen lang anhaltenden angenehmen Zustand und lassen uns sanfter in die Wirklichkeit zurückfinden als anderer Wein. Schaumwein ist einfach zu servieren. Sein langer Ausbau macht ihn äußerst widerstandsfähig. Man braucht sich nicht, wie bei anderen Weinen, zu überlegen, ob die Reise ihn durchgerüttelt, ob ein heißer Sommer oder ein kalter Winter ihm geschadet haben könnten. Er übersteht alles.

◁ Spätherbst in Aßmannshausen im Rheingau

Wie man Schaumwein serviert

Temperatur

Es ist lediglich zu beachten, daß Schaumwein etwa eine Stunde vor dem Öffnen der Flasche nicht zu sehr geschüttelt wird und daß er kühl genug ist. Vor allem in den USA wird er oftmals direkt aus dem Kühlschrank serviert. Das kann man vielleicht mit einem billigen Schaumwein machen, aber um einen echten Champagner wäre es schade. Wenn er eiskalt ist, können sich weder Blume noch Geschmack voll entfalten. Am besten bekommt ihm Kellertemperatur. Er sollte kühl, angenehm erfrischend, aber nicht beißend kalt sein. Etwa 6° C gelten als angemessen.

Gläser

Jedes große Glas ist für Schaumwein geeignet. Man braucht keine besonderen Gläser, obwohl die Flöten- und Tulpenformen sehr hübsch aussehen. Auch ein Kelch eignet sich gut; ein Silberbecher noch besser. André Simon hat einen besonders guten Vorschlag gemacht: Er empfiehlt einen Viertel-Liter-Becher aus Kristall mit fünf in den Boden eingeschliffenen Sternen, von denen fünf Perlensäulen in stetigem Strom nach oben steigen. Wer Wert auf ein gleichmäßig perlendes Glas Sekt legt, sollte auf die Perlpunkte auf dem Boden des Glases achten. Leider gibt es bis jetzt nur wenige Gläser mit diesen Punkten.

Mengen

Jeder von uns weiß über die Trinkfreudigkeit seiner Freunde Bescheid. Andernfalls läßt es sich schwer voraussagen, wieviel Champagner oder Sekt jemand trinken wird. Eine halbe Flasche pro Kopf ist das Minimum bei einer Gesellschaft, in der nur Schaumwein kredenzt wird. Ein Mann kann normalerweise eine ganze Flasche in zwei Stunden ohne nachteilige Wirkung austrinken. Eine Flasche enthält nur fünf bis sechs Gläser, wobei es auf die Größe der Gläser ankommt. Deshalb lohnt es sich immer, für mehrere Personen Magnumflaschen zu besorgen, die je zwei normalen Flaschen entsprechen. Man braucht nur halb so viele Korken zu ziehen, und außerdem sieht eine Magnumflasche großzügig aus. Sie reicht für vier Personen einen ganzen Abend, oder für acht, wenn Sekt oder Champagner als Aperitif gegeben werden.

Champagner und Sekt sind auch in Viertelflaschen, die ein gutes Glas voll ergeben, und in halben Flaschen erhältlich. Fachleute sind sich jedoch darüber einig, daß sich Schaumwein in Magnumflaschen am besten entwickelt.

Andere französische Schaumweine

Das Champagnerverfahren findet in ganz Frankreich Anwendung. Es gibt kaum ein Weinbaugebiet, das nicht irgendeinen Schaumwein produziert. Gute französische Schaumweine stammen von der Loire. Wenn es eine Gegend gibt,

Vouvray

die die Champagne nicht imitiert, sondern aus eigener Intitiative einen vorzüglichen Schaumwein herstellt, dann ist es Vouvray in der ehemaligen Provinz Touraine. Schäumender *Vouvray* ist etwas fruchtiger und runder als Champagner; deshalb wird er von manchen sogar vorgezogen. Er ist nie so trocken wie **der trockenste Champagner**, aber nach der landläufigen Meinung deshalb nicht schlechter.

Die Weingärten von Vouvray liegen, genau wie die der Champagne, auf einem Kalkhügel, und die Keller wurden auch aus dem darunter liegenden Kalkboden ausgehauen. In Vouvray sind sogar die Häuser der Winzer oft unmittelbar in den Felsen gebaut. Dort werden Schaumwein und Stillwein bereitet. Der ziemlich süße Weißwein aus Vouvray kann sehr gut sein.

Das Weinbaugebiet von Saumur erstreckt sich entlang der Loire flußabwärts und nach Westen; hier werden ebenfalls große Mengen Schaumwein produziert, ähnlich dem *Vouvray*, vielleicht nicht ganz so gut. Der Preisunterschied zwischen diesen Weinen und Champagner ist so gering, daß sich die Extraausgabe für Champagner doch lohnt. Aber, wie gesagt: sicher gibt es viele Menschen, die mit einem *Vouvray* ebenso glücklich sind.

Drei weitere Gegenden haben eine eigenständige Tradition in der Schaumweinbereitung. Ihre Weine heißen *Saint-Péray* und *Clairette de Die*, beide tief aus dem südlichen Rhonetal, und *Seyssel* aus dem nördlichen Teil desselben Tales, oberhalb von Lyon.

Saint-Péray
Saint-Péray und *Clairette* haben mit Champagner nur das Perlen gemeinsam. *Saint-Péray* ist stark, goldfarben und trocken, viel schwerer als Champagner und schmeckt deshalb besser zu einer Mahlzeit, wenn man überhaupt Schaumwein zum Essen mag.

Clairette de Die
Clairette de Die (Die liegt in den Hügeln östlich des Rhonetals, fast schon in der Provence) hat ein leichtes Muskataroma und ist ein etwas süßlicher, im allgemeinen sorgfältig nach dem Champagnerverfahren hergestellter Wein

Seyssel
ohne viel Eleganz. *Seyssel* dagegen könnte mit Champagner verwechselt werden. Man trifft ihn nicht oft, aber wenn es möglich ist, sollte man ihn probieren. Er ist trocken, pikant und hell und eignet sich daher vorzüglich als Aperitif.

Burgunder Schaumweine
Burgunder Schaumwein kann rot oder weiß sein. Manchmal wird er im Champagnerverfahren hergestellt. Natürlich verwendet man keinen guten Burgunder Stillwein für die Schaumweinbereitung. Wir finden, daß ein schäumender Rotwein unnatürlich und dicklich schmeckt. Der beste Burgunder Schaumwein ist vielleicht der Rosé, der den Namen *Œil de Perdrix* (Rebhuhnauge) führt. Die Bezeichnung ist recht eindrucksvoll und der Wein ist gut. Es gibt außerdem einen ausgezeichneten weißen Burgunder Schaumwein, aber die Eigenschaften, die für ihn sprechen, sind eher negativ; er schmeckt überhaupt nicht wie weißer Burgunder. Es ist schade, wenn ein Wein seinen individuellen Charakter aufgeben muß, denn er verliert immer, wenn er einen fremden annimmt. Es gibt jedoch gute, allerdings ziemlich neutrale weiße Burgunder, die im Champagnerverfahren hergestellt werden.

107

Blanquette de Limoux

Hier sollte noch *Blanquette de Limoux* erwähnt werden, ein weißer, manchmal fast reinweißer Schaumwein, angenehm pikant im Geschmack, gewöhnlich halbsüß. Limoux liegt bei Carcassonne.

Zwei Vereinfachungen in der Schaumweinherstellung sind allgemein üblich: die billigsten Sorten werden mit Gas imprägniert. Die Bläschen verschwinden allerdings schnell im Glas. Die andere Methode, die vollkommen reell, aber längst nicht so wirksam wie die langwierige und mühevolle Prozedur der zweiten Gärung auf der Flasche ist, nennt man »cuve close« oder Tankgärung. Dabei macht der Wein auch eine zweite Gärung durch und zwar in einem Hochdrucktank. Das Kohlendioxyd kann nicht entweichen und bleibt im Wein. Der Heferückstand wird durch Filterung des Weines beim Abfüllen auf Flaschen beseitigt. Dieser Wein schäumt zwar voll und perlt auch eine gewisse Zeit, jedoch nicht so fein wie ein Wein, der im Champagnerverfahren hergestellt wurde. Dies ist die am weitesten verbreitete Herstellungsweise von billigem Schaumwein, auch deutsche Sekte werden zum Teil nach diesem Verfahren hergestellt.

Cuve close

Bordeaux-Schaumwein

Das Cuve-Close-Verfahren wird in Bordeaux zur Herstellung von angenehmem weißem Schaumwein angewandt. Wenn auf dem Flaschenetikett eines Schaumweines nicht auf das Champagnerverfahren hingewiesen wird, darf man annehmen, daß diese einfachere Methode angewandt wurde.

Italienische Schaumweine

Der beliebteste Schaumwein Italiens ist der *Asti Spumante* (spumante, schäumend). Der charakteristische Geschmack von Asti ist Muskat. Die dort angebaute Traube verleiht jedem Wein, selbst in kleinen Mengen, einen unverwechselbaren, einzigartigen Duft.

Asti Spumante

Asti Spumante ist immer mehr oder weniger süß, manchmal sogar ausgesprochen honigsüß. Dank der Kohlensäure wirkt die Süße nicht so aufdringlich. Seine Frische macht ihn geeignet für Picknicks.

Die Stadt Asti liegt in den Hügeln südlich von Turin, nicht weit von Frankreich und dem Mittelmeer. Hier werden einige der besten italienischen Weine angebaut. Asti ist ein kleiner Marktflecken, bescheiden im Hinblick auf den Fremdenverkehr, aber das Zentrum einer großen weinverarbeitenden Industrie. Aus dem Muskatwein der Gegend wird an Ort und Stelle entweder Spumante oder Wermut bereitet. Die Firmen Martini, Gancia und Cinzano stellen beides her.

Am besten wird *Asti Spumante* sehr kalt serviert, kälter jedenfalls als Champagner. Wenn er zu warm ist, wirkt er zu aufdringlich, eiskalt ist er harmonisch und süffig. Er hat einen erstaunlich niedrigen Alkoholgehalt, weniger als gewöhnlicher Tischwein.

Es gibt kaum einen Winkel in Italien, in dem nicht irgendein Schaumwein hergestellt wird, aber er wird nur in der jeweiligen Gegend getrunken und ist an sich uninteressant. Einer oder zwei davon haben ein gewisses Renommee, andere würden es verdienen.

Signor Ferrari in Trient, wo ebenso deutsch wie italienisch gesprochen wird, ist typisch für den kleinen Unternehmer, der Qualitätsschaumweine herstellt. Sein Geschäft ist nicht größer als die Keller eines alten Bischofspalastes. Die Flaschen werden von zwei kleinen Jungen etikettiert; der jüngere klebt die Etikette auf, der ältere rückt sie zurecht. Der unter solch bescheidenen Umständen abgefüllte Wein ist bei weitem der beste italienische Schaumwein, sauber im Geschmack und so trocken wie der trockenste Champagner. Aber er ist eben leider nicht typisch.

Madeira, Port und Aperitifweine

Madeira

Die Insel

Die Insel Madeira wurde in der zweiten Hälfte des letzten Jahrhunderts von zwei verheerenden Rebfeinden heimgesucht: zuerst vom Mehltau, dann von der Reblaus. Die Insel hat sich von diesem Schlag nie ganz erholt. Trotzdem ist der heute dort erzeugte Wein von hohem Wert und läßt — wenn man einmal die Erinnerung an den einstigen Madeira beiseite läßt — nichts zu wünschen übrig. Der Hauptreiz dieses Weines liegt in seinem eigentümlichen Brandgeschmack.

Madeira war die erste Entdeckung der portugiesischen Seefahrer im fünfzehnten Jahrhundert. Die Insel liegt achthundert Kilometer westlich von Casablanca im Atlantik. Heinrich der Seefahrer, der Förderer und Inspirator dieser Fahrten, auf denen das Kap der Guten Hoffnung und Kap Horn entdeckt wurden, nahm Madeira gleichsam unter seine Fittiche. Zur Zeit ihrer Entdeckung war die Insel unbewohnt und von Wald überwuchert, den Heinrich niederbrennen ließ. Das Feuer wütete jahrelang und bedeckte die ganze Insel mit Asche. Auf diesem Aschenboden ließ der Portugiese Reben anpflanzen.

So entstand ein berühmtes Weinbaugebiet. Die Asche erhöhte noch die Fruchtbarkeit der Vulkanerde, und so konnte man Süßweinreben aus den Mittelmeerländern anbauen. Reben, Asche und Lava legten den Grundstein für den einmalig süßen, rauchigen Charakter des Madeiraweines.

Alterungs-pflege

Die Weinbauern erkannten bald, daß der gewonnene Wein durch lange Lagerung im Faß unter Sonnen- und Lufteinwirkung um vieles besser wurde. Madeira hat einen höheren Alkoholgehalt als andere Weine. Eine Behandlung, die einen leichteren Wein vollkommen abbauen würde, bringt seine großen Qualitäten erst zum Vorschein. Am besten war er für die langen Seereisen geeignet, die notwendig waren, um die portugiesischen Kolonisten in den östlichen Handelsniederlassungen um das Kap herum zu beliefern. Wenn er ein bis zwei Jahre in der Sonne schmorte, vier oder fünf Monate lang in den Laderäumen der Galeeren und Frachtschiffe hin und her gerollt und gestoßen wurde, entstand ein glatter, runder Wein. Die Rückreise über Indien, die fast ein Jahr tropischer Hit-

110

ze und ständiges Schwanken mit sich brachte, gab ihm die letzte Vollkommenheit. Danach war der Wein absolut stabil. Keine Reise war zu lang, kein Alter zu hoch für ihn. Soviel man weiß, ist er unsterblich.

Man kann auch heute noch hundertjährigen Madeira kaufen. Verschiedene Weinfachhändler führen in ihren Verzeichnissen größere Mengen von Jahrgängen zwischen 1845 und 1900 bis zum heutigen Tag. Für Weine dieses Alters sind sie lächerlich billig. Außerdem ist der Kauf, anders als bei anderen so alten Weinen, kein Risiko. Sie bauen nie ab, werden nicht einmal flach, lassen höchstens in der Farbe nach.

Malvasier   Mit den Madeiras, die man als Aperitif trinkt, ist es allerdings ein wenig anders. Heute wird der Madeira in vier Gruppen eingeteilt, die den vier verschiedenen Rebsorten der Insel entsprechen. Zwei Arten sind trocken; man trinkt sie also vor dem Essen. Die beiden anderen schmecken nach dem Essen besser.

Nur die allerbesten Dessertweine, die *Malvasier*, werden heute in Fässern unter Sonneneinwirkung ausgebaut. Die übrigen werden in heizbaren Hallen, den sogenannten »estufas«, künstlich erwärmt. Die beiden auf diese Weise *Sercial, Verdelho* hergestellten trockenen Sorten heißen *Sercial* und *Verdelho*. Wie groß der Anteil dieser klassischen Rebsorten im Wein tatsächlich ist, hängt von der Qualität des Weines ab, den Sie kaufen; auf jeden Fall ist man bemüht, den Traubencharakter möglichst zu bewahren.

Sercial ist der trockenere Madeira, ein voller, brauner Wein mit köstlichem Aroma, doch ausgesprochen herb und deshalb appetitanregend. *Verdelho* ist fast ebenso trocken, zeigt dabei aber eine leichte Schmalzigkeit, den seltsam buttrigen Duft und den weichen Geschmack, der die Dessert-Madeiraweine — und das sind die besten — auszeichnet.

Das Spriten   Madeira ist, wie Portwein, ein gespriteter Wein. Durch dieses Herstellungsprinzip wird ein Teil des Zuckers — mehr für Dessertwein, weniger für Aperitifs — an der Gärung gehindert, indem man Alkohol in Form von Rohrzucker-Weinbrand, einem direkten Verwandten des Rums, zusetzt. Danach wird der Wein mindestens ein Jahr lang bei hoher Temperatur in einer »estufa« gelagert. Durch dieses Verfahren erhält er den leicht verbrannten Karamelgeschmack. In Kalifornien wird seltsamerweise mit einer ähnlichen Technik sogenannter Sherry bereitet.

Es gab früher eine beachtliche Anzahl von Madeirahändlern, so wie es heutzutage Portweinhändler gibt. Aber das schwindende Interesse an Madeira und der Mangel an erstklassigem Wein haben zu umfassenden Fusionen geführt, so daß der heutige Madeira praktisch aus einem einzigen Großunternehmen stammt, das jedoch immer noch die alten Firmennamen verwendet, wie *Firmen* zum Beispiel Blandy, Cossart, Gordon, Leacock, Henriques & Henriques und Rutherford, Miles.

Meistens erscheinen diese Namen bei je zwei Qualitätsstufen zusammen mit den Traubennamen Sercial, Verdelho, Bual und Malvasier. Das ergibt also acht Möglichkeiten — ein vollständiges Sortiment vom trockenen bis zum süßen Madeira in zwei Preisklassen.

Wie Madeira serviert wird

Sercial, Verdelho und *Rainwater*, ein Verschnitt aus den beiden Sorten, eignen sich genauso wie Sherry als Aperitif. Wie trockener Sherry schmecken sie viel besser, wenn man sie eine halbe Stunde vor dem Servieren gut kühlt. Man sollte große Gläser verwenden, damit das reiche und volle Bukett, das den halben Genuß ausmacht, sich ganz entfalten kann.

Portwein

Der Portwein wird in dem Kapitel über »Weine nach dem Essen« ausführlich besprochen. An dieser Stelle soll nur erwähnt werden, daß sich Portwein ohne weiteres auch aus weißen statt aus roten Trauben bereiten läßt. Man kann

Portwein weiß

ihm einen trockenen oder süßen Charakter geben. Weißer trockener Port wird mehr und mehr als Aperitif serviert.

Portwein rot (Tawny)

Der braunrote (tawny) Portwein (siehe Seite 331) eignet sich ebenfalls ausgezeichnet als Aperitif. Er muß, genau wie der weiße, gekühlt werden, wenn man ihn vor dem Essen trinken will; entweder eine halbe Stunde im Kühlschrank oder mit einem Eiswürfel im Glas.

Aperitifweine

Aperitifs und Tischweine lassen sich nicht streng auseinanderhalten. Die meisten Menschen bevorzugen stark alkoholhaltige Getränke und Schaumweine vor dem Essen, aber es gibt viele Weine, die keine dieser beiden Eigenschaften besitzen und sich doch gut als Aperitifs eignen. Es sind sogar einer oder zwei darunter, die ausgesprochenen Apertifcharakter haben.

Château-Chalon

Unter diesen Weinen ist der *Château-Chalon* der interessanteste. Am meisten ähnelt er sehr leichtem Sherry. Er wird nie gespritet und doch kann er sehr alt werden. Er gehört zu der Familie der »vins jaunes«, der gelben Weine aus dem Jura im östlichen Frankreich. Die Stadt Arbois ist für eine Reihe von Weinen bekannt: weiße, »graue« (der dort übliche Name für Rosé), rote und gelbe. Der Arbois jaune ist ein ungewöhnlicher Wein und schmeckt gut zu Hühnchen, das im gleichen Wein zubereitet wurde, *Château-Chalon* dagegen ist ganz anders. Er verdankt seinen ausgefallenen Charakter der Tatsache, daß er durch irgendeine Laune der Natur als einziger französischer Wein eine Hefeschicht bildet, wie sie sich sonst nur auf dem besten Sherry ansiedelt. Diese Hefeschicht, bekanntlich Flor genannt, gibt es in Südspanien, Südafrika und außerdem nur in dem einen französischen Ort.

Durch den Flor kann der *Château-Chalon* sieben oder acht Jahre im Faß ausgebaut werden, viel länger, als es ein gewöhnlicher Weißwein vertragen könnte. Das verleiht ihm auch die seltsam hefige, weiche Frische, die man sonst nur bei einem guten Fino findet. Der *Château-Chalon* hat weniger Alkoholgehalt als Sherry, ist nicht so trocken und etwas sauer. Erwähnenswert ist er wohl weniger wegen seiner hohen Qualität als wegen seiner Einmaligkeit. Trotzdem lohnt es sich, ihn zu probieren, auch wenn er außerordentlich teuer ist. Dieser Fall beweist wieder einmal, daß in der Welt des Weines auch außerhalb des üblichen Kreises von Sherry, Rheinwein, Bordeaux und Portwein Interessantes existiert. Die Château-Chalon-Flasche ist unverwechselbar; sie ist niedrig und bauchig und wird in ihrer Heimat »clavelin« genannt. Man sollte diesen Wein aus großen Gläsern trinken, damit seine besondere Blume voll zur Geltung kommt. Allzu starke Kühlung verträgt er nicht.

Gestoppter Wein   Die Franzosen haben in ihrem unermüdlichen Drang nach der Erforschung neuer, vor allem süßer Getränke zahllose Kuriositäten zustande gebracht. Gespriteter Wein ist nicht Frankreichs Stärke. Es wird dort jedoch ein sogenannter gestoppter Wein hergestellt, der nie zur Gärung kommt. Man setzt dem frischen Most schon vor der Gärung Weinbrand zu. Die Hefe wird durch den Alkohol betäubt und kann nicht arbeiten. Das Ergebnis schmeckt süß wie Traubensaft und stark wie Weinbrand, ohne den charakteristischen Weingeschmack eines gegorenen Getränks zu besitzen. Die beiden berühmtesten Mischungen sind Spezialitäten der Cognac- und Champagne-Gegend: *Pineau des Charentes* (die beiden Charentes sind die Departements von Frankreich, in denen Kognak bereitet wird) und *Ratafia*. Von einem gewissen Alter an können sie gut sein, obwohl man sich an den Geschmack erst gewöhnen muß. *Ratafia* wird manchmal mit Mandeln parfümiert.

Pineau des Charentes, Ratafia

Deutsche Aperitifweine   Deutsche Weine werden nur ganz selten als Aperitif gereicht. In Deutschland trinkt man zum Essen deutsche Weine und vor dem Essen trockene Südweine oder Markenaperitifs. Sollte jemand aber doch einen deutschen Wein als Aperitif versuchen wollen, käme ein herber badischer Traminer, ein Pfälzer Morio-Muskat oder ein trockener Frankenwein in Frage.

113

Wermut und Markenaperitifs

QUOIQUE CE SOIT — »Was es auch sei« — hieß ein französischer Markenaperitif im letzten Jahrhundert. Das könnte auch heute noch als Motto für alle Markenaperitifs gelten.

Ein Wermut oder ein Markenaperitif — in diese Klasse gehören zum Beispiel Byrrh, Dubonnet, St. Raphaël, Lillet, Picon — ist wie eine geheime Verschwörung. Diese Getränke haben einen ganz speziellen, gleichbleibenden Geschmack. Man mag sie oder mag sie nicht — auf jeden Fall weiß man nie, was darin ist.

Wermut

Wermutweine sind gewürzt und gespritet. Ihr Grundwein bestimmt ihren Charakter. Der Alkoholgehalt liegt ebenso hoch wie bei Sherry oder sogar noch etwas höher; man erreicht ihn durch den Zusatz von reinem Alkohol. Wermut wird mit Zucker gesüßt und mit verschiedenen Kräutern gewürzt. Die klassischen Geschmackstoffe liefern Wermutkräuter.

Wermut wurde bereits im Mittelalter oder früher hergestellt, als man versuchte, sauren oder an sich wertlosen Wein zu verbessern. Damals setzte man Honig und Kräuter zu. Im Lauf der Zeit entwickelte sich, vor allem in Italien, eine ganze Industrie daraus. Die Heimat des Wermuts liegt in den Voralpen zu beiden Seiten der französisch-italienischen Grenze. Zentrum der Wermutindustrie ist Turin. Man unterscheidet beim Wermut grob gesagt zwei Sorten, die noch immer »französischer« und »italienischer« Wermut genannt werden, obwohl heutzutage beide hauptsächlich aus Italien stammen. Französischer Wermut ist trockener. Der italienische kommt »bianco« und »rosso« auf den Markt. Jede große italienische Firma stellt also mindestens drei Hauptprodukte her: trockenen weißen, süßen weißen und süßen roten Wermut.

Turin

Trockener weißer Wermut gibt dem Gin in einem Dry Martini, dem be-

114

rühmtesten aller Cocktails, sein Aroma. Er ist stark parfümiert, hat einen schwer zu beschreibenden würzigen Kräuterduft und schmeckt deshalb auch ungemixt, mit Eiswürfeln oder Soda gut. Noilly Prat ist der wahrscheinlich bekanntteste französische Hersteller dieser Wermutsorte. Der Wermut aus Chambéry, einer Kleinstadt an der italienischen Grenze, ist vielleicht nicht so bekannt, wird jedoch allgemein als der beste französische Wermut bezeichnet. Er ist besonders trocken, leichter in Duft und Geschmack als die meisten anderen und eignet sich gut zum Mixen. Die Firma Dolin in Chambéry setzt als köstliche Spezialität ihrem Wermut den Saft wilder Erdbeeren zu. Dieser roséfarbene Wermut, der etwas süßer ist als der übliche Wermut dieser Gegend, heißt *Chambéryzette* und ist ein wundervoller Frühlings- und Sommeraperitif. Man kann ihn mit Roséwein mischen, was ein ansprechendes Getränk ergibt, wenn man Sinn für hübsche Farben hat.

Noilly Prat
Chambéry

Chambéryzette

Typisch für die süßere Art von weißem Wermut ist der *Cinzano* bianco. In den meisten Fällen hat diese Sorte ein bunteres Etikett als der trockene Wermut. Alle Wermutetikette zeichnen sich durch merkwürdig verschnörkelte Barockmuster aus, die so gut zu dem Getränk passen, daß man niemals davon abgehen konnte. Bianco eignet sich weniger gut zum Mixen als trockener Wermut, und man sollte ihn lieber allein trinken. Eis gehört dazu; ohne Eis ist er ziemlich dickflüssig. Rosso, roter Wermut, ist zusammen mit einem Zitronenschnitz und einem Schuß Soda ein ausgezeichnetes Getränk. Er ist die unerläßliche Ingredienz in vielen der beliebtesten Cocktails. Alle Americanos und Manhattans basieren auf diesem Wermut.

Cinzano bianco

Rosso

Zwischen Wermut und Markenaperitif

An der Grenze zwischen Wermut und Markenaperitif gibt es einen oder zwei dunkle, süße italienische Wermutsorten mit Chininzusatz. Chinin liefert ein appetitanregendes Bitterelement. Der beste dieser Art ist der bekannte *Punt e Mes* der Firma Carpano. Der Name bedeutet »Eineinhalb Punkte« und stammt von den Mailänder Börsenmaklern, die bei der Bestellung des Getränkes diesen sonderbaren Ausdruck gebrauchten. Es ist extrem bitter und süß zugleich. Am besten trinkt man ihn mit Eiswürfeln.

Chininhaltige
Aperitifs,
Punt e Mes

In manchen Gegenden wird die Vorliebe für Chinin übertrieben. In Spanien gibt es den *Sherry Kina*, Sherry mit Chininzusatz, der sein Publikum in bestimmten Bars findet. In Italien wird aus *Barolo*, dem besten roten Piemonteser Tischwein, ein sogenannter *Chinato* bereitet. *Cynar*, ein bekannter Aperitif mit Chininaroma, wird aus Artischocken hergestellt, deren Aroma sich angenehm bemerkbar macht. In England ist natürlich das chininhaltige Tonic Water am weitesten verbreitet.

Sherry Kina

Chinato, Cynar

115

Markenaperitifs

Markenaperitifs sind teils so eng mit Wermut verwandt, daß sie sich kaum von diesem unterscheiden, teils jedoch tendieren sie mehr zum Gin. Sie basieren entweder auf Wein oder auf Weinbrand, was sich auf jeden Fall am Preis feststellen läßt: die Sorten mit Weinbrandgrundlage sind doppelt so teuer. Der Ordnung halber seien sie an dieser Stelle aufgeführt, obwohl sie wenig mit Wein zu tun haben.

Die große Familie der Getränke, die der Franzose vor dem Essen oder auch zu anderen Gelegenheiten zu sich nimmt, beweist seine Vorliebe für Süßes. Alle französischen Aperitifs sind süß. Man trinkt Portwein als Aperitif; für Sherry hat man weniger übrig.

Dubonnet
Saint Raphaël
Lillet, Byrrh
Cap Corse

Hier können unmöglich die Namen aller Getränke aufgezählt werden, die in französischen Bars zu haben sind. Sie begrüßen einen, oft in verstümmelter Form auf Plakatfetzen, an der Einfahrt zu jedem französischen Ort: *Dubonnet* rot und weiß (der in Lizenz sogar in Kalifornien hergestellt wird); *Saint Raphaël* rot und weiß; *Lillet* weiß (trockener als die meisten anderen); *Byrrh* rot; *Cap Corse* aus Korsika. In französischen Bars werden sie oft ungekühlt serviert. Mit Eiswürfeln schmecken sie auf jeden Fall besser.

Die übrigen Namen, denen wir in Frankreich, Italien und Deutschland begegnen, gehören den Aperitifs auf Branntweinbasis an, die einen noch größeren Raum einnehmen. Es ist sicherlich sinnvoll, sie in bittere und süße Aperitifs zu unterteilen.

Campari
Amer Picon
Fernet Branca
Underberg

Suze

Bittergetränke werden entweder bis zu einem gewissen Grad verdünnt, damit man sie ungemixt trinken kann, oder man setzt sie anderen Getränken zur Aromaverbesserung zu. In diese Gruppe gehören vor allem der *Campari* (der leuchtend rote, äußerst bittere italienische Favorit, der, bereits mit Soda gemischt, auch in kleinen Flaschen erhältlich ist), *Amer Picon*, *Fernet Branca* und *Underberg*. Die beiden letzteren sind Magenbitter und helfen gegen Magenverstimmung. *Amer Picon* ist schwarz und bitter; er muß mit Orangensaft oder Grenadine gemildert werden. In Frankreich gibt es noch den sogenannten *Suze*, ein leuchtend gelbes Getränk mit Enziangeschmack. Es ist gut auf Eiswürfeln, aber zu scharf zum Mixen.

Angostura

Angostura, die Worcestersauce in der Getränkewelt, ist das bekannteste Bittergetränk und wird nur tropfenweise verwendet. Am besten gibt man es als Zusatz zum Wasser ins Eiswürfelfach, wodurch rosafarbenes Eis entsteht. *Angostura* ist sparsam zu verwenden.

Ricard, Pernod
Ouzo

Süße Aperitifs sind fast alle Anisgetränke: *Ricard*, *Pernod* aus Frankreich und *Ouzo* aus Griechenland. Unverdünnt sind sie klar und leicht gelblich. Sie werden jedoch im Verhältnis 1:5 mit geeistem Wasser verdünnt getrunken und sehen dann milchig-trüb aus. Diese Getränke enthalten heute keinen Absinth mehr, wie das früher der Fall war.

116

Die weißen Tischweine

WEISS IST EIGENTLICH nicht die richtige Farbbezeichnung für Weißweine. Man nennt jeden Wein, der nicht ausgesprochen rot oder rosé ist, weiß — ganz gleich, ob er blaßgolden oder fast braun aussieht. In Wirklichkeit gibt es eine Anzahl von Farbschattierungen bei Weißweinen. Rotweine können nie so verschieden sein wie zum Beispiel ein herber, prickelnder Saarwein und ein tiefgoldener, dickflüssiger Sauternes. Als Begleiter zum Essen bietet der Weißwein viel größere Möglichkeiten. Es gibt Gerichte, die ihren Reiz verlieren, wenn Rotwein dazu getrunken wird, während man in der endlosen Liste der Weißweine praktisch zu jedem Essen den entsprechenden Partner findet.

Mit wenigen Ausnahmen, zu denen jedoch die allerbesten Weine gehören, liegt der Grundcharakter des Weißweines in seiner Frische. Er sollte immer einen Hauch Säure spüren lassen, wie sie selbst ein vollreifer Pfirsich besitzt. Man trinkt Weißweine kalt, denn die Kühle trägt wesentlich zu dem Gefühl der Frische im Mund bei. Die meisten Weißweine haben daneben auch eine gewisse Süße — gerade genug, um die Schärfe der Säure auszugleichen. Sorten mit hohem Zuckergehalt — der Wein ist dann oft dickflüssig wie Öl — reicht man nur nach dem Essen als Dessertweine.

Der Hauptunterschied zwischen weißen und roten Weinen liegt nicht in der Farbe, sondern in der Herstellungsweise. Kurz gesagt: für Weißwein werden die Trauben sofort ausgepreßt, für Rotwein werden sie erst vergoren und dann ausgepreßt.

Diese Verfahren finden Sie innerhalb des Kapitels »Wie Wein entsteht« auf Seite 21 ff. eingehend dargestellt.

119

Die Weißweine Deutschlands

FRANKREICH, ITALIEN, SPANIEN, PORTUGAL und die südosteuropäischen Länder sind ausgesprochene Weinländer. Der Wein ist dort Nationalgetränk und gehört zum Leben wie das tägliche Brot.

In Deutschland hingegen, wie auch in Österreich und in der Schweiz, hat man eine andere Einstellung zum Wein. Er ist hier — ausgenommen in den Weinbaugebieten selbst — keine Selbstverständlichkeit in oder neben den Mahlzeiten. Man trinkt Wein nicht jeden Tag, sondern nur zu besonderer Gelegenheit: vom abendlichen Beisammensein mit Freunden bis zum offiziellen Festessen.

Die deutsche Weinproduktion beträgt nur etwa den zehnten Teil der französischen. Der deutsche Winzer versucht dafür ein qualitativ besonders gutes Ergebnis zu erzielen und seinem Wein den individuellen Charakter der betreffenden Landschaft oder der Gemarkung mitzugeben. So kann man bei guten Weinen schon nach dem ersten Schluck Rebsorte, Anbaujahr und Landschaft feststellen. Der Winzer beurteilt die Güte seiner Weine nach der geschmacklichen Prägung, er bereitet viele verschiedene Weine und hält den Inhalt eines jeden Fasses gesondert, um sicherzugehen, daß er das Bestmögliche bietet.

Das ist allerdings kein deutsches Vorrecht. Auch in Frankreich wählen die berühmten Weingüter wie Lafite ihre besten Weine aus, die nur in den guten Jahrgängen den Namen des Château auf dem Etikett erhalten. Nur so ist es zu erklären, daß in den meisten qualitativ schwachen, aber quantitativ reichen Jahren von großen Gewächsen nur eine geringe Menge unter dem guten Schloßnamen in den Handel gelangt. Alle großen Weingüter haben eine Zweitmarke parat, wie zum Beispiel *Carruades de Château Lafite*, unter der die zweiten Cuvées verkauft werden. Der Rest wird Jahr für Jahr unter einer Appellation générique oder gar als »vin ordinaire« zu billigen Preisen angeboten.

Der Hektarertrag in Deutschland beträgt fast 100 Hektoliter. In Frankreich versucht man, durch freiwillige Anbaubeschränkung, eine Bedingung der Appellation Contrôlé, bei einem Hektarertrag von 40—45 Hektolitern Wein eine höhere Qualität zu erzielen.

120

Normalerweise jedoch wird das Lesegut eines Jahrgangs auf einem Weingut zusammen gelesen, gekeltert und ausgebaut. Man mischt die Weine und läßt die wertloseren Teile der Lese vom Verschnitt mit den reifsten und besten Trauben profitieren.

In Deutschland gibt es das nicht. Auf jeden Fall nicht bei den Qualitätsweinen mit Prädikat, wie die Spitzengruppe der deutschen Weine nach dem neuen deutschen Weingesetz heißt. Die zweitbeste Stufe heißt danach »Qualitätswein« und die untere Stufe »Tafelwein«.

Der Geschmack der deutschen Weißweine

Der Geschmack der deutschen Weine unterscheidet sich außerordentlich von dem anderer Weißweine. Das liegt an den natürlichen Faktoren Klima, Boden, Rebsorte und an der Art der Kelterung und Gärung. Die deutsche Kellerwirtschaft hat eine Technik entwickelt, durch die der Wein eine besonders fruchtige Geschmacksnote erhält. Wer also durch vieles Vergleichen eine etwas feinere Weinzunge erworben hat, wird sofort deutschen von ausländischem Wein unterscheiden können.

Dem deutschen Wein am ähnlichsten sind noch elsässische und schweizerische Weißweine, weil in diesen Ländern meist — vereinfacht gesagt — nach altdeutschen Methoden gekeltert wird. Auch die Reben sind vielfach die gleichen, wie etwa der Riesling, die Königin aller Weißweinreben, der Silvaner, der Traminer und andere. Immerhin treffen wir doch aber auch manche Unterschiede an. Im Elsaß beispielsweise liebt man den herben Fruchtgeschmack der Rebe. Woanders läßt man die weißen Trauben zerquetscht einige Zeit mitgären. Je länger die Gärung »auf den Schalen« anhält, desto herber und fruchtiger schmeckt der Wein.

In Deutschland und anderen Ländern werden die Trauben »entrappt«, und es wird dann nur der reine Most vergoren. Die deutschen Weine schmecken daher reiner, feiner, milder für ausländische Zungen, aber auch hin und wieder alkoholärmer und weniger körperreich. Dies trifft besonders für französische Gaumen zu.

Ein wesentlicher Verbündeter des deutschen Weines ist das Klima. Das langsamere Reifen im Herbst, wenn die Nächte kühl werden, verbessert die Qualität des Weines. So entsteht ein harmonisches Zucker-Säure-Verhältnis, das den internationalen Wert des deutschen Weines bestimmt. Deutsche Weißweine schmecken auch in größeren Mengen noch, was bei einigen schweren und zuckerhaltigen Weinen Südeuropas nicht der Fall ist.

Die Harmonie von Zucker und Säure, die gute deutsche Weine erreichen können, ist wie eine Ruhepause in dem stetigen Kampf der beiden Elemente.

123

Die Säure ist in schlechten, kalten und feuchten Jahren zu stark betont, was dann natürlich einen sauren Wein zur Folge hat. Andererseits schmeckt der Wein kaum besser, wenn die Süße dominiert; er ist flach, ausdruckslos, nicht erfrischend. Also ist die Ausgewogenheit ein wesentlicher Faktor.

Im Idealfall, der nur von Spitzenweinen in großen Jahrgängen erreicht wird, ist beides in größerem Maße vorhanden: genügend Zucker, um den Wein körperreich zu machen, und genügend Säure, so daß er frisch und anprechend bleibt.

Bestimmung des Zuckergehalts

Der Zuckergehalt des Mostes wird in der Fachsprache durch die Öchslegrade ausgedrückt, die man von einer Mostwaage abliest, die vor fast 200 Jahren von dem Pforzheimer Physiker und Optiker Ferdinand Öchsle erfunden wurde. Öchsles Entdeckung beruht darauf, daß Zucker schwerer als Wasser ist. Bei der Einteilung seiner Spindel in Grade ging er vom spezifischen Gewicht für reines Wasser aus. Wenn das spezifische Gewicht des Mostes 1,075 beträgt, spricht man von 75 Grad Öchsle. Aus den ermittelten Öchslegraden kann man dann den Zuckergehalt errechnen, indem man die Zahl der Öchslegrade mit der Zahl 2,5 multipliziert und vom Produkt die Zahl 25 (Wert für g/l zuckerfreies Extrakt) abzieht; Beispiel: 75 x 2,5 = 187,5; 187,5 − 25 = 162,5. Das besagt, daß der Most 162,5 g/l Zucker enthält.

Öchslegrade

Der Winzer ist in normalen Jahren mit einem Mostgewicht von etwa 75 Grad Öchsle zufrieden, da Wein aus solchem Most bei einem günstigen Säureanteil als harmonisch gelten kann. Erreicht der Most 100 und mehr Grad Öchsle, so ergibt er schon einen besonders gehaltvollen und großen Wein. Das höchste Mostgewicht des Weinherbstes 1967 wurde bei einer Ruländer-Trockenbeerenauslese der Winzergenossenschaft Bischoffingen am Kaiserstuhl erzielt, der mit 298,4 Grad (bei 12,5 Grad Säure) als ein wahres Weinwunder zu bezeichnen ist. Der Durchschnitt aller deutschen Weine lag 1967 zwischen 70 und 90 Grad.

Die Blume

Neben ihrem delikaten Geschmack haben deutsche Weine eine vornehme Blume. Kein Wein der Welt kann, was das Bukett anbetrifft, mit einem edlen jungen Mosel konkurrieren. Sobald die Flasche entkorkt ist, verbreitet sich der Duft des Weines im ganzen Raum: ein Duft nach Frühlingsblumen, der sich manchmal mit einem sehr deutlichen Hauch von Birnenaroma mischt. Deutsche Weißweine übertreffen an köstlicher Blumigkeit jeden französischen Wein.

Reben und Lagen

Rebsorten

Um diese edle Blumigkeit zu erreichen, legt der deutsche Winzer außerordentlichen Wert auf die Auswahl und die Kultur seiner Rebsorten. Die edelste Rebe ist zweifellos der Riesling, gefolgt von Silvaner und Müller-Thurgau. In der Pfalz trifft man daneben noch auf die Morio-Muskat-Traube, in Baden baut man Ruländer, Traminer, Grauburgunder und Kleinberger an, in Württemberg den Trollinger. Besonders die badischen und württembergischen Winzer erhöhen den Reiz und die Vielfalt ihrer Weine gern durch den Anbau unterschiedlicher Reben, während man sich in den übrigen Weinbaugebieten Deutschlands lieber auf die Kultur weniger edler Sorten beschränkt.

Einzellagen

Durch die ungeheure Vielzahl deutscher Weinorte und deren einzelne Lagen ist in der Vergangenheit eine gewisse Verwirrung beim Weintrinker entstanden. Heute hat man im neuen deutschen Weingesetz besonders kleine Lagen zusammengefaßt. Dabei wurden auch berühmtere Lagen mit weniger bekannten zusammengeführt, so daß man jetzt mehr Wein unter dem wohlklingenden Namen erzeugt.

Großlagen

Außerdem gibt es die Großlagen. Unter dieser Bezeichnung faßt man Weine einer bestimmten Geschmacksrichtung aus einer oder mehreren Weingemeinden zusammen. Ein Wein also, der im Umkreis von einigen Kilometern um die Weinstadt Nierstein gewachsen ist, darf unter dem Etikett *Niersteiner Gutes Domtal* verkauft werden; ein anderes Beispiel ist der im Umkreis um Oppenheim gewachsene *Oppenheimer Krötenbrunnen*. Diese Weine sind außerordentlich verbreitet. An der Mosel gibt es die *Zeller Schwarze Katz* oder den wegen seines humorigen Namens beliebten *Kröver Nacktarsch*.

Bereiche

Die Weine der dritten Kategorie, der sogenannten »Bereiche«, in denen mehrere Großlagen zusammengefaßt sind, bleiben meist auf einer unteren Qualitätsstufe. Sie sind im Vergleich zum französischen Wein meistens als »vin du pays« einzustufen. Auch sie werden aber in reguläre Flaschen abgefüllt und mit phantasievollen Etiketten ausgestattet, jedoch im Lebensmittelgeschäft und zu kleinen Preisen gehandelt.

Markenweine

Daneben gibt es die Markenweine, Mischungen aus den Weinen verschiedener Gebiete, mit dem Ziel, eine bestimmte Geschmacksnote zu erreichen. Ihre Qualität bleibt über Jahre hinweg gleich, so daß der Konsument beim Kauf immer den gleichen Wein garantiert bekommt. Markenweine gibt es in allen Ländern. Sie sind eine Erscheinung unserer Zeit.

Deutsche Weinetikette

Bei der Etikettierung deutscher Spitzenweine befolgt man das im Grunde einfache und richtige Prinzip, den Konsumenten vor Schaden zu bewahren. Zur Unterstützung dieses Prinzips schreibt das Weingesetz eine Liste von Bezeichnungen vor.

Was die Art der Etikettierung anbelangt, fühlen sich die deutschen Weingutsbesitzer von ihren französischen Partnern in der EWG übervorteilt. In Burgund ist es absolut üblich, die Gärung durch Zuckerzusatz zu unterstützen.

Es gibt zwar darüber auch hier eine gesetzliche Regelung, aber die Bestimmungen beziehen sich nicht auf die Etikettierung. Ein *Chambertin* ist ein *Chambertin*, ob er gezuckert ist oder nicht. Warum also, fragt sich der deutsche Winzer, bin ich gezwungen, die Zuckerung zur Verbesserung des Weines auf dem Etikett sichtbar zu machen, wenn der Franzose sie verheimlichen darf? Es bleibt nur zu hoffen, daß der französische Weinhandel sich den deutschen Gepflogenheiten anpaßt und nicht umgekehrt.

Die Bezeichnung »Originalabfüllung« auf dem Etikett fällt ab 1971 nach dem neuen Weingesetz fort und wird durch »Erzeugerabfüllung« oder »aus eigenem Lesegut« ersetzt.

Begriffe wie »Edelgewächs«, »Kreszenz«, »Naturgewächs« und ähnliche sind auf den neuen deutschen Weinetiketten nicht mehr zu finden. Erlaubt ist die Geschmacksangabe »trocken«, wenn der Wein höchstens 4 g unvergorenen Zucker auf einen Liter enthält, ebenso der Zusatz »Für Diabetiker geeignet« und die Angabe von Weinprämierungen der Deutschen Landwirtschaftsgesellschaft und anderer anerkannter Gremien.

Ortsnamen
Lagennamen
Traubennamen

Auf den Etiketten der Qualitätsweine steht der Ortsname, außer bei so berühmten Lagen wie *Schloß Vollrads*, *Steinberger* oder *Schloß Johannisberg*. Als zweites erscheint der Lagename. Der *Oestricher Doosberg* stammt also aus der Doosberg-Lage in Oestrich. An dritter Stelle folgt der Name der Traubensorte, bei besseren Weinen gewöhnlich Riesling, Silvaner oder Traminer. An der Mosel und in den bekannteren Rheingaulagen wird hauptsächlich Riesling angebaut, deshalb wird er dort nicht immer eigens erwähnt. Am Schluß steht die Auskunft über die Qualität des Weines.

Qualitäts-
bezeichnungen

Die Qualitätsbezeichnungen beziehen sich auf den Reifezustand, in dem die Trauben gepflückt wurden. Hier spielt wieder das Wetter eine entscheidende Rolle. Für den deutschen Winzer ist die Traube um so besser für die Weinbereitung, je reifer sie ist. Den besten Wein kann er aus jenen überreifen Trauben gewinnen, die schon an der Rebe zu schrumpfen beginnen, also die sogenannte Edelfäule haben. Bevor dieses Stadium erreicht wird, teilt ein guter Winzer, der eine reichhaltige Lese erwartet, seinen Wein nach dem Süßegrad ein. Daraus ergeben sich die Qualitätsstufen nach dem neuen Weingesetz, die auf den Seiten 39 und 40 näher beschrieben sind.

Der Besitzer einer Lage könnte theoretisch in einem Jahr sechs verschiedene Weine produzieren. Die Besitzer anderer Parzellen in der gleichen Lage könnten natürlich die gleiche Anzahl herstellen. Die berühmte Bernkasteler-Doctor-Lage hat beispielsweise drei Besitzer. In einem guten Jahr kann jeder von ihnen einen *Bernkasteler Doctor* Q. b. A., einen *Bernkasteler Doctor* Kabinett, eine Spätlese, eine *Bernkasteler Doctor* Auslese, eine *Bernkasteler Doctor* Beerenauslese und eine *Bernkasteler Doctor* Trockenbeerenauslese herausbringen. Das ergäbe also achtzehn verschiedene Bernkasteler-Doctor-Weine aus einem Jahr. Sie reichen von einem feinen, trockenen, leichten und fast steinigen, wenn auch bukettreich, bis zu einem goldenen, sirupähnlichen Wein, von denen jeder einmalig in seiner Art ist, dank unterschiedlicher Vorstellungen und Techniken der drei Besitzer bei der Weinbereitung.

Der Abschluß eines deutschen Weinetiketts ist in gewissem Sinn das Wichtigste von allem. Hier erscheint der Name des Weingutsbesitzers und der Ort der Abfüllung. Bei den hier besprochenen Spitzenweinen ist es eine Selbstverständlichkeit, daß sie auf dem Weingut selbst abgezogen werden und deshalb die Bezeichnungen »Erzeugerabfüllung« oder »aus eigenem Lesegut« tragen. Es ist außerordentlich wichtig, von welchem Besitzer einer Lage — die Mehrzahl der bekannten deutschen Weinberge hat mehrere Besitzer — der Wein stammt. Der Name des Weingutsbesitzers hat in Deutschland großes Gewicht. Einige davon haben ein solches Renommee, daß alle von dort stammenden Weine über jeden Zweifel erhaben sind. An der Mosel befinden sich mehrere Lagen im Besitz von kirchlichen Institutionen, im Rheingau die meisten im Besitz alteingesessener Adelsfamilien, und einer der einflußreichsten Eigentümer in ganz Deutschland ist die Staatliche Weinbaudomäne.

Die Weinbaugebiete Deutschlands

Die deutschen Weinlande umfassen, verallgemeinert gesagt, die Rheinebene und ihre Nebentäler sowie einige kleinere Gebiete in Thüringen, Sachsen und Schlesien. Nach dem Weingesetz von 1971 unterscheidet man elf bestimmte Anbaugebiete und fünf Tafelweinbaugebiete. Die einfachen, leichteren Tafelweine tragen die Bezeichnungen ihrer Herkunftsgebiete: das Tafelweinbaugebiet Main umfaßt die Rebflächen von Bayern, Neckar die Rebflächen von Württemberg, Oberrhein die Rebflächen von Baden und die Gebiete Rhein und Mosel die Rebflächen von Rheinland-Pfalz und Hessen.

Die Qualitätsweine sind nach den sogenannten bestimmten Anbaugebieten benannt, die mit den traditionellen Bezeichnungen der deutschen Weinlande übereinstimmen: Kernstück des Rheinweingebietes ist der Rheingau, die berühmte Rheinschleife, wo der große Strom die Süd-Nord-Richtung verläßt und etwa vierzig Kilometer lang in ost-westlicher Richtung fließt. Im Norden schließt sich das mittelrheinische Gebiet an. Im Süden, südlich von Mainz, liegt Rheinhessen mit den berühmten Weinstädten Nierstein und Oppenheim. Zusammen mit der Rheinpfalz, die südlich an Rheinhessen angrenzt, erzeugen all diese Gebiete im weitesten Sinne Rheinwein. Eine Besonderheit unter den rheinischen Weinbaugebieten ist das Ahrtal — die Ahr mündet im nördlichen Mittelrheingebiet bei Sinzig in den Rhein —, da hier hauptsächlich Rotwein erzeugt wird.

Das Moselgebiet bringt dem Rheinwein absolut ebenbürtige Weine hervor, die im Preis oft noch höher liegen. Je zwei Nebenflüsse der Mosel und des

Rheins sind von Weinbergen begleitet. Der Mosel gesellen sich hoch im Norden Saar und Ruwer zu. Die Weine aus diesen Gebieten genießen Weltruf. An der Nahe, die zwischen der Mosel und der großen Rheinschleife fließt, wächst Wein, der den Rheinweinen verwandt ist. Die Weine vom Main, die Frankenweine, deren Herkunftsgebiet weiter östlich um Würzburg liegt, haben einen anderen Charakter und ein eigenständiges Renommee. Zwischen Franken und Rheinhessen liegt Deutschlands kleinstes Anbaugebiet, Hessische Bergstraße, wo ausschließlich Weißwein angebaut wird.

Weiter im Süden gedeihen an den Ufern des Neckar und seiner zahlreichen Nebenflüsse die Weine Württembergs; westlich und südlich davon, entlang der Rheinebene von Heidelberg bis an die Schweizer Grenze und an den Bodensee, die badischen Weine.

Mosel – Saar – Ruwer

Luxemburg

Die Mosel ist, bevor sie Deutschland erreicht, schon auf ihrem Weg durch Frankreich und Luxemburg mit Reben bestückt. Der Luxemburger Moselwein ist allerdings nur ein schwacher Abglanz von dem Wein, den das Tal in seinem weiteren Verlauf hervorbringt. Er ist leicht, häufig herb, hat oft Kohlensäurebläschen, ist hellfarben und sehr erfrischend. Er erinnert an den wunderbar leichten und duftenden Apfelwein oder den portugiesischen »vinho verde«. Luxemburgischer Wein wird wenig exportiert.

Die Mosel

Schräg abfallende Rebzeilen auf kleinen Terrassen und schroffen Hängen hoch über der Talsohle säumen in fast ununterbrochener Folge den Weg der Mosel durch Deutschland. Mitunter reichen die Rebenhügel dort, wo an einer Flußkrümmung das Ufer direkt nach Süden zeigt, vom Wasserrand bis auf die Hügelkuppen in einer Höhe von hundertachtzig bis zweihundert Metern. Die Weinberge der Mosel sind die schönsten und sicher auch die steilsten der Welt. An manchen Stellen kann man die Terrassen nur über Leitern erreichen. Von dort oben sieht der Fluß fast aus wie ein Bach. Ein Fremder wird sich hier kaum gefahrlos bewegen können, doch die Einheimischen, die das ganze Jahr über in den Reben arbeiten, sind an die schroffen Hänge gewöhnt. In der Lesezeit klettern sie den ganzen Tag mit an die hundert Pfund schweren Butten voller Trauben auf dem Rücken bergauf und bergab.

Der Boden an der Mosel besteht aus grauem Schiefer. Er hat einen guten Nährstoffhaushalt, und die kräftige Rieslingrebe, die hier zu 74 Prozent gezogen wird, gedeiht gut darauf. Der leichte Schieferboden hat einen großen Vorteil: das Regenwasser kann schnell durchsickern. Während Lößböden das Wasser nicht auffangen können, so daß die Erde schließlich abgeschwemmt wird, bleibt der Schiefer an der Mosel fest an seinem Platz.

128

Die Gesamtrebfläche des Anbaugebietes Mosel—Saar—Ruwer beträgt über 10 700 Hektar, allerdings bringt nur ein kleiner Teil des Gebietes Spitzenweine hervor. Die besten Lagen befinden sich an den Flußschleifen der Mittelmosel. Die Weine, die hier und an den Nebenflüssen Saar und Ruwer wachsen, machen nur ein Viertel der gesamten Moselweinproduktion aus; sie werden in alle Welt exportiert. Die Bereiche des Weinbaugebietes Mosel—Saar—Ruwer heißen: Bernkastel, Obermosel, Saar—Ruwer und Zell/Mosel.

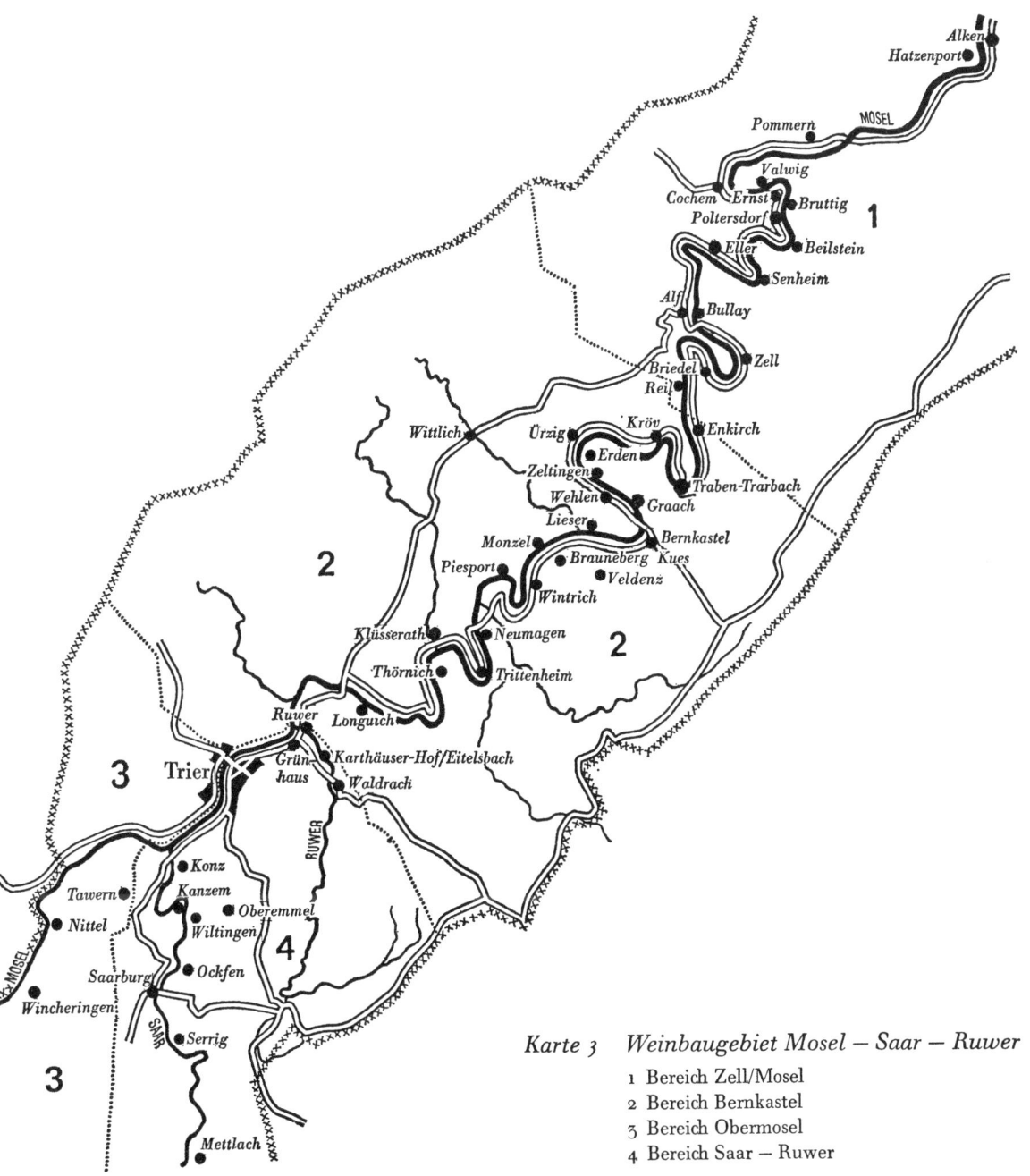

Karte 3   Weinbaugebiet Mosel — Saar — Ruwer

1 Bereich Zell/Mosel
2 Bereich Bernkastel
3 Bereich Obermosel
4 Bereich Saar — Ruwer

129

Sobald der Fluß in das Bergland der Mittelmosel eintritt, häufen sich schon die bekannten Namen wie Mehring, Trittenheim, Neumagen und Dhron, die zwar keine hochqualifizierten Weine hervorbringen, doch auf allen Karten mit guten Getränken anzutreffen sind.

Piesport

Piesport ist der erste Ort an der Mittelmosel, der Spitzenweine anzubieten hat. Er liegt an einer weiten Flußschleife am Fuß eines drei Kilometer langen und hundertfünfzig Meter hohen Amphitheaters aus stämmigen Reben. »Alles Goldtröpfchen«, sagte ein Weinhändler einmal scherzhaft, als wir unten standen und den Hügel hinaufsahen. Er wollte damit sagen, daß der Name einer kleinen Lage, *Goldtröpfchen*, so erfolgreich war, daß jeder Winzer in der Umgebung seinen Wein *Piesporter Goldtröpfchen* nannte, manchmal sogar den Namen seines eigenen Weinbergs hinzufügte; daraus ergaben sich Bezeichnungen wie etwa *Piesporter Goldtröpfchen Treppchen*. Die Weine von Piesport bis hinunter nach Brauneberg gehören zu den vollmundigen Moselweinen. Bekannte Lagen in Piesport sind außerdem *Domherr, Falkenberg, Gärtchen, Günterslay, Schubertslay* und *Treppchen*.

Über den Orten Wintrich und Kesten am Nordufer und dem gegenüberliegenden Städtchen Brauneberg bilden die Weinberge eine durchgehende
Wintrich
Kesten
Brauneberg
Mauer. Die beste Lage von Wintrich ist der *Große Herrgott*, Kesten dagegen ist für seinen hervorragenden *Paulinushofberger* bekannt, der den Brauneberger Weinen ähnlich ist. Letztere haben mehr Würze und Gehalt als die übrigen Moselweine und gehören fast in die Klasse der Rheingauer; wahrscheinlich wurden sie aus diesem Grunde im letzten Jahrhundert als die besten Moselweine bezeichnet. *Brauneberger Juffer* ist die bekannteste Lage. Bekannte Lagen sind ferner *Hasenläufer, Juffer-Sonnenuhr, Kammer, Klostergarten* und *Mandelgraben*. Brauneberg ist einer jener Orte an der Mosel, die ihren Weinbergen gegenüberliegen; dadurch konnte man die Südhänge ausschließlich dem Weinbau vorbehalten. Das bedeutet allerdings, daß die Winzer mit dem Schiff zur Arbeit fahren und zur Lesezeit die Trauben per Schiff ins Kelterhaus bringen müssen, aber das nehmen sie gern in Kauf.

Bernkastel-Kues liegt zu beiden Seiten der nächsten Flußschleife. Hier macht die Mosel eine so scharfe Biegung, daß die Weinberge auf dem rechten Ufer direkt nach Süden zeigen. Von der Brücke zwischen Bernkastel und Kues aus hat man den schönsten Blick flußabwärts nach Nordwesten auf die zehn Kilometer langen, ununterbrochenen Felsenklippen mit ihren Rebstöcken, auf die Bernkasteler Weinberge, die in die Lagen von Graach und später in die Wehlener Rebenberge übergehen. Dieses Gebiet wird übereinstimmend als das bedeutendste Weingebiet an der Mosel bezeichnet.

Bernkastel

Bernkastel ist eines der reizvollsten Weinstädtchen überhaupt. Zu seinen Füßen liegt der Fluß, hoch über den Dächern ragen die Weinberge mit der Burgruine Landshut empor. Mittelpunkt des Städtchens ist der Marktplatz mit dem Renaissance-Rathaus. Fachwerkhäuser säumen die schmalen Gassen. Unmittelbar über der Stadt befindet sich einer der berühmtesten Weinberge Deutschlands, der *Bernkasteler Doctor*. Mit der angrenzenden Lage *Graben* bringt er nach der Ansicht von Weinkennern den besten Mosel hervor. Die kleine Doctor-Lage hat, wie schon erwähnt, drei Besitzer: die Witwe von Dr. Thanisch, Deinhard & Co. und Gut Lauerburg. Dr. Thanisch mischte seine Doctor-Trauben mit den Trauben seiner Graben-Lage und bereitete so den *Doctor und Graben*, der auch in größeren Mengen hergestellt, nicht an Qualität einbüßt. *Lay, Matheisbildchen, Schloßberg* und *Bratenhöfchen* und vor allem auch die Weine von den verstreuten Besitzungen des Pfarrguts Sankt Michael, sind ebenfalls hervorragend.

Der typische Bernkasteler gehört zu den trockeneren Moselweinen, deren leicht steiniger, mineraliger Geschmack das Aroma der Rieslingtraube trotzdem voll bewahrt. Heute jedoch hat die Mode, die einst den *Doctor* zum berühmtesten Wein der Mosel machte, ihre Favoriten weiter flußabwärts gefunden; die Wehlener Weine erzielen höhere Preise.

Graach

Die Bernkasteler Reben grenzen an die Graacher Reben. *Graacher Himmelreich* und *Domprobst* sowie der *Josephshöfer* aus dem Weingut Josephshof derer von Kesselstatt sind bekannte Kreszenzen. Auch hier handelt es sich um Spitzenweine, die allerdings vom Ruhm ihrer Nachbarn überstrahlt werden. Wo auf dem mächtigen Hügel Graach endet und Wehlen beginnt, weiß man auf den ersten Blick nicht genau, denn es gibt keine sichtbare Grenze. Wie dem auch sei, in Wehlen wächst die höchstbezahlte Lage der Mosel, die *Wehlener Sonnenuhr*. Auf halber Höhe eines Weinbergs ist in die hervorspringenden Felsen eine Sonnenuhr eingemeißelt. Die besten Wehlener Weine sind im Vergleich zu anderen Moselweinen füllig in Körper und Bukett, arten jedoch nie in Schwere aus. Immer bewahren sie eine gewisse hintergründige Lieblichkeit, die sie deutlich von einem großen Rheingauer unterscheidet. Sie weiten sich im Mund, verweilen in reizvoller Frische am Gaumen und erwecken die Vorstellung von Honiggeschmack. Weitere Lagen sind *Klosterberg* und *Nonnenberg*.

Wehlen

In Wehlen residiert die Familie Prüm, die höchst edle Wehlener Weine herstellt. Die Familienmitglieder wohnen in ehrwürdigen Häusern am Flußufer. Auch die Weinberge von Wehlen liegen dem Städtchen gegenüber auf der anderen Seite der Mosel.

Zeltingen

Jedoch ist hier der riesige Weinberg noch nicht zu Ende. Die Rebanbaufläche von Zeltingen, der größten aller Moselgemarkungen, schließen sich unmittelbar an. Einfacher Zeltinger wird oft unter den billigeren, aber vollwertigen Moselweinen auf Getränkekarten geführt. Zu Zeltingen gehört auch ein Teil der Sonnenuhr-Lage, die hier *Zeltinger Sonnenuhr* heißt, oder, da J. J. Prüm hier ebenfalls Besitz hat, *Wehlener-Zeltinger Sonnenuhr*.

Zeltingen gehört übrigens zu jenen Gemarkungen, wo man in letzter Zeit Flurbereinigungen vorgenommen hat.

Nach Zeltingen macht der Fluß wieder eine Schleife, und die Weinberge

131

wechseln auf das linke, also das nördliche Ufer über. Hier liegt Ürzig, dessen Rebengelände flußabwärts unmittelbar an die Erdener Weinberge anschließen; die Hänge sind hier noch schroffer und felsiger und die Bedingungen für den Rebenbau noch schwieriger als bei den bisher beschriebenen Orten.

Der Ertrag ist gering, doch gute Jahre bringen einen ausgezeichneten Wein mit vollwürzigem, blumigem Charakter. Hervorragend in Ürzig ist die Lage *Würzgarten*, Erden bringt mit *Treppchen*, *Bußlay*, *Herrenberg* und *Prälat* Spitzenweine hervor, die häufig auf Getränkekarten zu finden sind.

Hier endet der mittlere Moselabschnitt. Auch weiter flußabwärts gibt es noch viele Weinberge, darunter zwei oder drei berühmte Lagen, doch keine erreicht die Qualität der vorhergehenden. Die bekanntesten Einzellagen der unteren Mosel sind *Trarbacher Schloßberg*, *Enkircher Herrenberg* und die Großlagen *Kröver Nacktarsch* und *Zeller Schwarze Katz*. Die beiden letzteren verdanken ihren Ruf nicht nur ihrer Qualität, sondern auch den originellen Etiketten mit den Abbildungen eines nackten Hinterteils beziehungsweise einer schwarzen Katze.

Das Moselgebiet wird nie allein genannt, auf den Etiketten dieser Gegend werden Sie immer auch die Namen Saar und Ruwer finden. Der Bereich Saar—Ruwer an den beiden Nebenflüssen der Mosel gehört zu dem Weinbaugebiet Mosel—Saar—Ruwer. Saarweine sind in den letzten Jahren hervorragend bewertet worden, weil man bei ihnen die Eigenart findet, die man als Weinfreund beim Moselwein sucht. Das Moselweingebiet ist durch »fremde« Einflüsse in der Qualität in den Hintergrund gedrängt worden, von den edlen Kreszenzen der großen Moselaner Güter natürlich abgesehen. Man hat an der Mosel zuviel Wein einfacher Art produziert, der nicht mehr die gewünschte Moselart alter Tradition hatte, so daß viele echte Moseltrinker zu Saar und Ruwer übergegangen sind. Das

Saartal bildet den südlichsten Teil dieses Weinbaugebiets. Die acht bedeutendsten Orte in dem 1030 Hektar großen Areal sind: Wiltingen, Ayl, Oberemmel, Ockfen, Filzen, Kanzem, Serrig und Wawern. In sehr guten Jahrgängen bringen sie nach der Meinung mancher Weinkenner den besten Wein von Mosel, Saar und Ruwer. Andererseits mußten 1968 zum Beispiel sogar die besten Weingüter an der Saar einen Teil ihres Ertrages an Sektkellereien verkaufen, so sauer und stahlig war der Wein. 1964 dagegen gehörten die Saarweine zu den deutschen Spitzenreitern. Saarweine erkennt man sofort an der prickelnden Art, an der feinen Säure auf der Zungenspitze, der vollen Frucht und der angenehmen Fülle. Guten Saarwein schmeckt man noch minutenlang nach dem letzten Schluck, er hat einen langen »Abgang«, wie man in der Wein-Fachsprache sagt.

Die bekannteste Lage an der Saar führt keinen Ortsnamen auf dem Etikett; ihr Wein heißt einfach *Scharzhofberger*. Die angrenzende Großlage trägt verwirrenderweise den Namen *Scharzberg*, gehört teils zu Wiltingen, teils zu Oberemmel und wird deshalb oft nur mit dem Lagenamen bezeichnet. Große

Weine kommen in guten Jahren von den Lagen *Kupp* und *Herrenberger* in

Ockfen *Serrig* *Wawern* *Filzen*	Ayl, von der Lage *Bockstein* in Ockfen, von einem halben Dutzend Parzellen in Wiltingen und aus Serrig und Wawern. Ein berühmtes Weingut an der Saar gehört der Familie Egon Müller, die auf dem schönen alten Landsitz lebt, der dem *Scharzhofberger* seinen Namen gibt. Andere bedeutende Weinberge sind im Besitz kirchlicher Institutionen in Trier. Ein weiteres Saarweingut in Filzen gehört Edmond Reverchon, das heißt, heute ist sein Sohn der Besitzer. Diese Weine finden Sie auf allen großen Weinkarten der Welt, und sie werden zu großen Essen bei Staatsempfängen gereicht. Die Auslesen des *Filzener Herrenbergs* gehören zu den Spitzenweinen Deutschlands.

In Trier befinden sich Gutsverwaltungen von kirchlichen Stiftungen. Sie finanzieren sich durch den Verkauf ihrer Weine. Das Bischöfliche Konvikt, das Bischöfliche Priesterseminar und die Hohe Domkirche wurden 1966 zu einer Verwaltung zusammengeschlossen, das Friedrich-Wilhelm-Gymnasium (sein berühmtester Schüler war Karl Marx) und die Vereinigten Hospitien sind im Besitz ausgezeichneter Lagen. Sie haben sich zum Großen Ring zusammengeschlossen, der einen Teil der Weine auf jährlichen Auktionen versteigert, wobei ein hoher Maßstab angelegt wird und nur naturreine Weine zum Verkauf kommen. Diese Anstalten erzeugen die bekanntesten und zuverlässigsten Kreszenzen des Gebiets; ihre Weingüter sind über die besten Lagen am Fluß verteilt. Es handelt sich hier um deutsche Spitzenweine, die einen hohen Preis durchaus rechtfertigen.

Trier steht links als Randbegriff.

Trier bildet den Mittelpunkt des Weinbaugebiets an der Mosel. Die berühmte Porta Nigra ist, anders als die meisten historischen Gebäude, von der Zerstörung im Zweiten Weltkrieg verschont geblieben. In den Hügeln bei Trier liegt Avelsbach mit hervorragenden Rebanlagen, die dem Domkapitel und der Staatlichen Weinbaudomäne gehören. Der Avelsbacher besitzt eher die Eigenschaften eines Ruwerweines, obwohl er an der Mosel gedeiht.

Avelsbach steht links als Randbegriff.

RUWER

Die Weine des Ruwertals sind weicher, leichter und delikater als die Saarweine. Wie die Saarweine brauchen sie einen heißen Sommer, um voll auszureifen; in schlechten Jahren werden sie als Sektgrundweine verwendet. Es wird allerdings behauptet, sie seien in guten Jahren (1964 war so ein Jahr) nicht nur die besten Moselweine, sondern die besten Weißweine der ganzen Welt. Eitelsbach, Kasel und Waldrach bringen als einzige gleichbleibende Qualitätsweine hervor; ihre Gemarkungen umfassen nicht mehr als zweihundert Hektar. Die berühmtesten Ruwerlagen sind im Besitz der Familien von Schubert und Tyrell-Rautenstrauch.

Eitelsbach · *Kasel* · *Waldrach* stehen links als Randbegriffe.

DIE OBERMOSEL

Die Weine der Obermosel stehen im Bekanntheitsgrad denen der Mittelmosel nach. Wir möchten aber doch Wehr, Perl und Nittel erwähnen.

Die Ahr

Versierte Küchenmeister bevorzugen für ihre Spezialitäten oft den Ahrwein.
Sein Feuer, seine Rasse und sein feines Aroma vertragen sich ganz besonders
gut mit den Gerichten der warmen Küche. Gemeint sind aber fast immer, wenn
man von Ahrwein spricht, die Rotweine dieses Gebiets, die Spätburgunder,

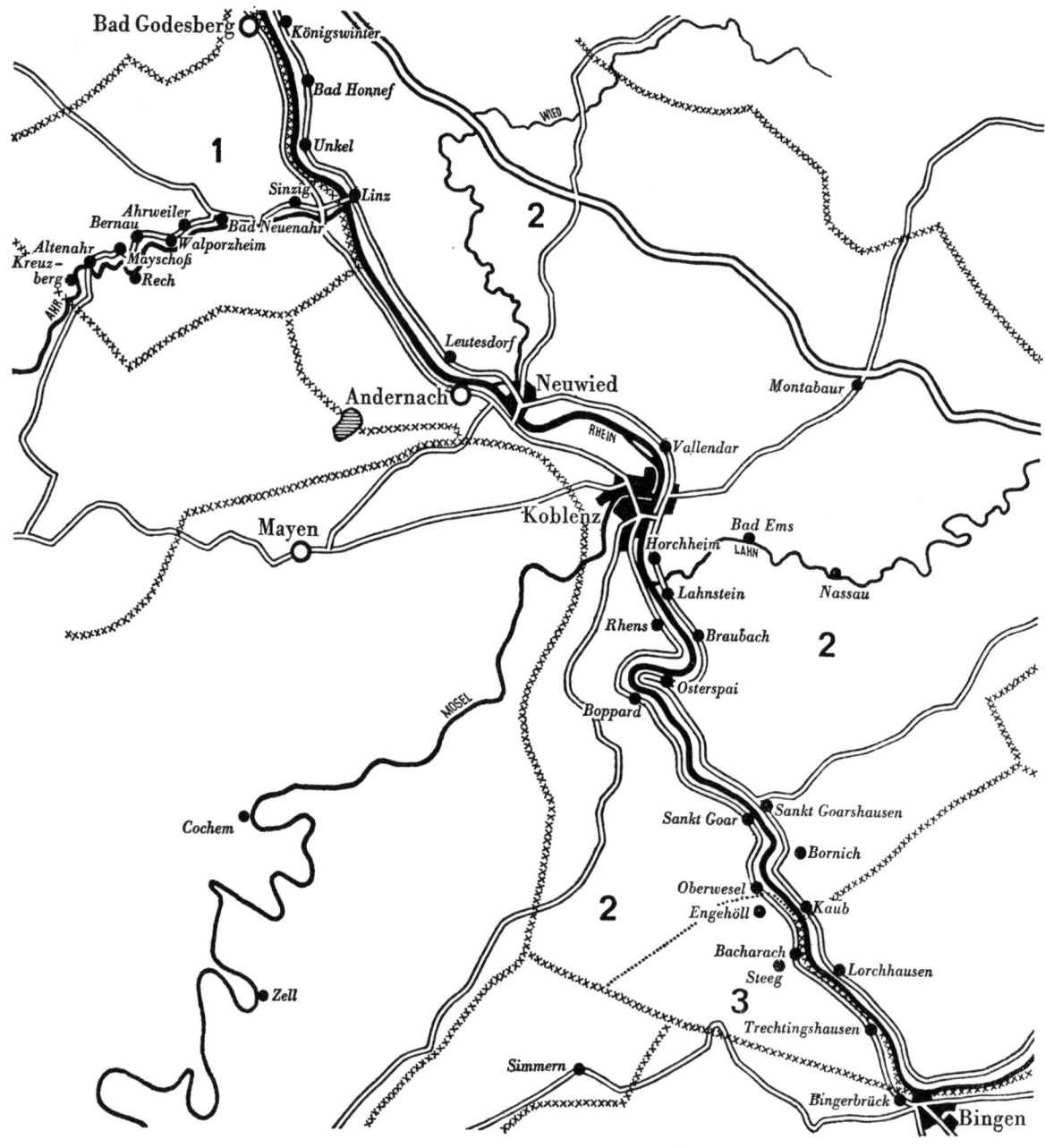

Karte 4 Weinbaugebiet Ahr   Weinbaugebiet Mittelrhein

1 Bereich   2 Bereich Rheinburgengau
  Walporzheim   3 Bereich Bacharach

Frühburgunder und Portugieser, die auf Seite 301 ausführlicher beschrieben werden. Weniger bekannt sind die weißen Weine dieses vulkanischen Teils der deutschen Weinlande. Ihr Anteil beträgt rund 43 Prozent an der Gesamtproduktion dieses zweitkleinsten deutschen Weinbaugebiets, des nördlichsten Nebentals des Rheins, das noch Wein erzeugt, mit 800 Hektar Rebfläche und 30 000 Hektoliter Ertrag. Der einzige Bereichsname nach dem neuen Weingesetz ist Walporzheim/Ahrtal. Die Weinreben bestehen zu 23 Prozent aus Riesling und zu 16 Prozent aus Müller-Thurgau.

Wie am Mittelrhein wird auch an der Ahr der Wein vornehmlich in Terrassenkultur angebaut. Die steilen Hänge müssen bis zum letzten Zipfel, bis zum letzten Felsvorsprung ausgenutzt werden, denn gerade an den nach Süden gerichteten vulkanischen Hängen gedeihen die köstlichsten Tropfen. Der Weinbau an der Ahr geht nachweislich auf römische Ursprünge zurück; erst vor wenigen Jahren hat man römische Weinbergreste freilegen können und auch römische Gedenkmünzen mit Weinmotiven gefunden.

Der bekannteste Ahrweißwein ist der *Recher Herrenberg* Riesling, aber auch Altenahr und Mayschoß gelten als gute Weinorte. Zentrum des Weinbaues ist Ahrweiler, sehr bekannt ferner der vornehme Kurort Bad Neuenahr, in dessen Kurhotel man vorzüglich speist und alle Ahrweine von Rang probieren kann.

Mit den weißen Ahrweinen muß auch der Ahrbleichert oder Ahrbleichart genannt werden. Es ist ein Weißherbst, also eine rote Traube nach Art der Weißweine gekeltert, ein Wein mit zartrosa Farbton, der kühl getrunken wird.

Der Mittelrhein

Eines der am wenigsten bekannten Weinbaugebiete Deutschlands ist der Mittelrhein. Es ist das Land, das den Rhein nach dem Knick am Ende des Rheingaus nach Norden begleitet. Als ob sich der Rhein mit dem Glanzstück Rheingau erschöpft hätte, scheinen die Weinberge gen Norden allmählich in Vergessenheit zu geraten. Grund dafür ist in der veränderten Lage der Rheintalberge zu suchen, die nicht von der bevorzugten Süd-Nord-Lage des Rheingaues profitieren, sondern deren Hänge dem Osten beziehungsweise Westen zugekehrt sind.

Zwar bezeichnen die Elsässer Winzer ihr Land als »eines der nördlichsten Weinbaugebiete Europas«, tatsächlich aber wachsen am unteren Mittelrhein, dem Siebengebirge, wirklich die nördlichsten Reben Westeuropas. Der deutschen Weinwerbung zufolge soll der nördlichste Rebstock dem Bundeshaus in Bonn gegenüberstehen. Weiter südlich kommen wir zum oberen Mittelrhein, der von Koblenz an der Moseleinmündung bis nach Bingerbrück reicht, wo das Nahetal abzweigt. Die Bereichsnamen nach dem neuen Weingesetz lauten: Bacharach und Rheinburgengau.

Empfehlenswerte Weißweine mit einem gewissen Standard wachsen in der Umgebung von Sankt Goar. Hier baut man zu 83 Prozent Rieslingreben an, aus denen Weine mit Finesse gewonnen werden. Die 4 Prozent Silvaner- und 9 Prozent Müller-Thurgau-Trauben fallen dagegen kaum ins Gewicht und ergeben keine Weine eigener Prägung.

Die Gesamtrebfläche im Mittelrheingebiet ist nur 940 Hektar groß und bringt einen durchschnittlichen Ertrag von 70 000 Hektolitern Wein ein. Der Winzer hat hier mit außerordentlichen Schwierigkeiten zu kämpfen, die landschaftlich bedingt sind. Das Rheintal liegt in diesem Gebiet ziemlich tief in die Berge eingeschnitten, so daß die Sonne nur die mittleren und oberen Hanglagen bescheint. Der Weinbau auf den steilen Terrassen kostet viel Mühe und Aufwand. Die Weine des Mittelrheins werden größtenteils an Ort und Stelle getrunken oder zu Markenweinen verarbeitet, zum Teil erscheinen sie als Flaschenweine im Handel. Das Schicksal der Anonymität teilen sie mit den Weinen der hinteren Höhenlagen der Nahe und des rheinhessischen Geländes, die auch nur zum kleineren Teil unter ihren Namen und auf Flaschen abgefüllt in den Qualitätsweinfachhandel gelangen.

Der Rheingau

Der Taunus besteht eigentlich nur aus Hügeln, die bis zu den Kuppen hinauf mit Fichten und Buchen bewachsen sind. Sie weisen jedoch den Rhein in eine andere Richtung: statt weiter nordwärts zu fließen, begleitet er sie nach Westen und zieht auf einer Länge von etwa vierzig Kilometern zwischen Mainz und Rüdesheim an ihren Südhängen vorbei. Das Geheimnis der besten Rheinweine, die hier bis zum Wasser hinunter an den Ausläufern des Taunus, dem sogenannten Rheingau, wachsen, liegt wohl in der durch die Hügelkette gegen Norden geschützten Lage und der Feuchtigkeit und Wärme des breiten Flusses. Die Bereichsnamen des Rheingaus nach dem neuen deutschen Weingesetz lauten: Johannisberg und Hochheim.

Der Rheingau ist für den Rhein, was der große Steilhang zwischen Bernkastel und Zeltingen für die Mosel ist: der Beste unter vielen Guten. Die bekanntesten der Kleinstädte am Flußufer heißen, von Westen nach Osten: Lorch, Aßmannshausen, Rüdesheim, Geisenheim, Winkel, Mittelheim, Oestrich, Hattenheim, Erbach, Eltville, Walluf. Im Hügelland dahinter liegen Johannisberg, Hallgarten, Kiedrich und Rauenthal. All diese Ortsnamen sind zugleich die Namen großer Weine oder können es zumindest sein.

Die Rheingauer Weine sind sehr verschiedenartig. Sie sind unter den Rheinweinen besonders harmonisch, vollmundig und weisen ein reiches Bukett und einen reinen würzigen Riesling-Geschmackston auf; sie sind elegant, mit fruchtiger Säure und »stoffig«, und enthalten viel Bukett. Alles positive Eigenschaften. Einige davon sind der Tatsache zuzuschreiben, daß auf den meisten Lagen des Rheingaus, auf den besten Lagen sogar ausschließlich, der Riesling angebaut wird (insgesamt 78 Prozent), während am übrigen Rhein der reicher tragende Silvaner und in letzter Zeit der Müller-Thurgau dominiert.

An der westlichen Grenze des Rheingaus, der insgesamt etwa 3000 Hektar Rebfläche umfaßt, wendet sich der Fluß nach Norden und hinterläßt einen scharfen Einschnitt in der Hügelkette. Die beiden Steilufer drängen sich über einer kleinen burgbewehrten Insel zusammen, und das Wasser bildet Stromschnellen, als erkämpfe es sich soeben erst den Durchbruch. Das ist das Binger Loch. Bis hierher gelangten die Schiffe vom Meer her vor der Zeit der Schleppdampfer.

Vom Rüdesheimer Berg aus überblickt das Schloß Ehrenfels diese Land-

Rüdesheim

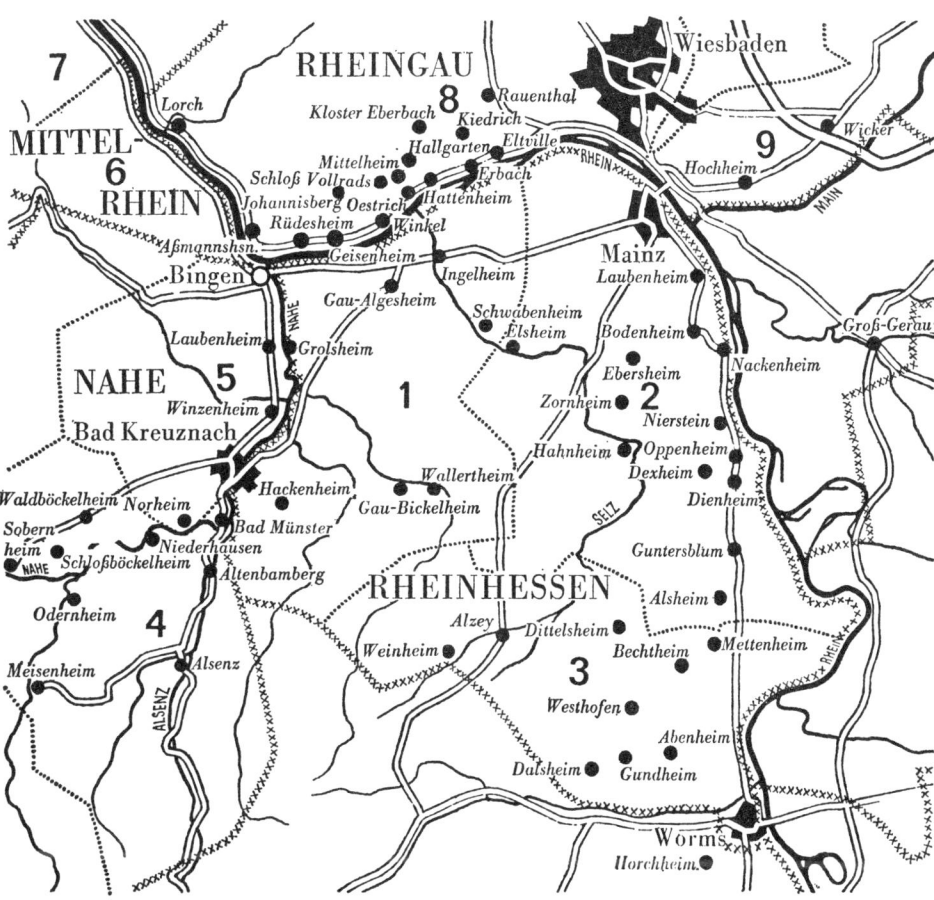

Karte 5 *Weinbaugebiet Rheinhessen* *Weinbaugebiet Mittelrhein*

1 Bereich Bingen   6 Bereich Bacharach
2 Bereich Nierstein   7 Bereich Rheinburgengau
3 Bereich Wonnegau

Weinbaugebiet Nahe   *Weinbaugebiet Rheingau*

4 Bereich Schloßböckelheim   8 Bereich Johannisberg
5 Bereich Kreuznach   9 Bereich Hochheim

137

schaft aus Felsen und Wasser. Der Berg liegt hinter Rüdesheim, ein Stück flußabwärts. Hier sind die besten Rüdesheimer Kreszenzen zu finden. Der vom
Schloß Ehrenfels stammende Wein ist als *Rüdesheimer Berg Schloßberg* bekannt. Die Rüdesheimer Weine werden von den Menschen, die sie nicht schätzen, als ausdruckslos und von ihren Liebhabern als die delikatesten Weine des
Rheingaus bezeichnet. Man ist sich allerdings darüber einig, daß sie in verhältnismäßig feuchten Jahren merkwürdigerweise besser werden als in sehr heißen
Sommern. Der Steilhang entwässert so nachhaltig, daß die Reben ohne Regen
nicht entsprechend wachsen und reifen können. Man sollte also beim Einkauf
von Rüdesheimer Weinen, wenn man keine Spitzenklasse bekommen kann, wenigstens einen ganz großen Jahrgang wählen. Das macht sich bezahlt. In den
vergangenen Jahren hat man auf dem Berg Rationalisierungsmaßnahmen zur
Zusammenlegung einzelner Parzellen ergriffen, um der ständig zunehmenden
Unterteilung der Weinberge Einhalt zu gebieten. Die ursprünglichen Terrassen
wurden eingeebnet, so daß große Parzellen entstanden, auf denen nun, trotz der
Steilheit, maschinelle Hilfsmittel eingesetzt werden können. Rüdesheim ist ein
Sammelpunkt, wo sich das Leben der Rheinfront mit seinen Menschenmassen,
seinen Fähren, den tuckernden Lastkähnen und den Zügen konzentriert.

Geisenheim   Die Stadt Geisenheim ist berühmt für die Hessische Forschungsanstalt für
Wein-, Obst- und Gartenbau, die sich um den deutschen Weinbau sehr verdient
gemacht hat. Die Weine aus Geisenheim gehören zu den weniger bekannten
Rheingauern, sind jedoch ebenso vorzüglich wie die übrigen. Etwas abgelegen
von Geisenheim erhebt sich der schönste und vielleicht berühmteste Weinberg
Deutschlands — der Johannisberg mit seinem Schloß.

Johannisberg   Hier fallen die Rebhänge wie Kaskaden ab. *Schloß Johannisberger* gehört
zu den Weinen der Rheinfront und nicht zu den Lagen des Hinterlandes, obwohl
sich der Ort Johannisberg und die meisten Lagen dieser Gemeinde nicht unmittelbar am Fluß befinden. Eigentümer des Schlosses ist Fürst Metternich. Die verschiedenen Qualitäten der *Schloß Johannisberger* werden durch farbige Ver-
schlußkapseln auf den Flaschen gekennzeichnet. Die Weine von Schloß Johannisberg gehören zu den Krönungen der Rheingauer Kreszenzen. Sie sind blumig
und voll, ihre Säureverteilung ist harmonisch und die Frucht groß.

Noch sechs weitere Lagen gehören zu Johannisberg, so zum Beispiel die
Johannisberger Hölle.

Winkel   Am Fuß des Johannisberges erstreckt sich in östlicher Richtung das Rebengelände von Winkel bis zum Fluß hinunter und die dahinterliegenden Hänge
hinauf. Die bedeutendste Lage ist nicht unter dem Namen des Ortes, sondern
einfach als *Schloß Vollrads* bekannt; zwischen den beiden Schloßbergen ist jedoch die Reihe hervorragender Lagen eingebettet, deren berühmteste der *Winkeler Hasensprung* ist. In einiger Entfernung vom Fluß liegt in einer Hügel-
Schloß Vollrads   falte das altehrwürdige Schloß Vollrads mit seinem wuchtigen rechteckigen
Turm. Es ist der Sitz des Grafen Matuschka-Greiffenclau. Das Geschlecht der

138

Ritter und späteren Reichsfreiherrn von Greiffenclau ist seit dem zwölften Jahrhundert dort ansässig. Auch hier wird die Qualität durch farbige Kapseln angezeigt. Kenner des Rheingauer Weines vertreten die Meinung, der beste Vollrads mit seiner außerordentlich fruchtigen Säure sei der beste Rheingauer. Tatsächlich handelt es sich dabei um rassige Weine, so daß man von dem »Mosel des Rheingaus« spricht. Es ist schon etwas Wahres dran.

Oestrich   Als nächste Gemarkungen schließen sich Mittelheim und Oestrich an. *Oestricher Doosberg* und *Lenchen* stehen an erster Stelle unter einem halben Dutzend guter Lagen. Sie bringen Weine mit einer gewissen Erdigkeit und Schwere hervor, was eigentlich recht reizvoll ist; dadurch aber können diese Weine nicht zu den klassischen großen Rheinweinen gezählt werden. Der folgende Ort, Hattenheim, hat einerseits drei sehr feine Uferlagen und andererseits eine hervorragende Lage im Hügelland, etwa einen Kilometer entfernt. Die Uferlagen heißen *Nußbrunnen*, *Wisselbrunnen* und *Mannberg*. Die Hügellage ist so berühmt, daß sie sich, unabhängig vom Namen Hattenheim, nur *Steinberger* nennt.

Hallgarten   Steinberg befindet sich auf einem nach Südwesten abfallenden Steilhang, näher bei Hallgarten als bei Hattenheim. Hallgarten, das höchstgelegene Winzerdörfchen des Rheingaus, bietet als Ort wenig Interessantes. Jedoch besitzt es zwei feine Lagen: *Jungfer* und *Schönhell*, die einen guten kräftigen und haltbaren Wein bringen. Der Steinberg hat jedoch den Vorzug nicht nur einer besonders geschützten Lage — er ist von einer hohen Mauer umgeben —, sondern er hat auch nur einen einzigen Besitzer: die Verwaltung der Staatsweingüter. Nicht alle zweiunddreißig Hektar liefern natürlich die gleiche Qualität. Aber immerhin ist der Steinberg der größte zusammenhängende Weinberg Deutschlands.

Kloster Eberbach   Das Kloster Eberbach, dessen Insassen aus dem Steinberg einst einen Weinberg machten, steht noch tadellos erhalten in einem kleinen grünen Tal. Es wurde von Napoleon säkularisiert und gehört jetzt dem Staat; man hält dort offizielle Empfänge und Weinversteigerungen ab, außerdem lagert der *Steinberger* in seinen Kellern. Es läßt sich schwer sagen, was an diesem reizvollen Ort den stärksten Eindruck hinterläßt — die große leere Kirche mit ihrem geheimnisvollen Echo, der Kreuzgang, die weiträumigen Schlafsäle oder das Laienrefektorium, wo heute noch die riesigen hölzernen Keltern aus dem Mittelalter zu sehen sind.

Neben der Verwaltung der Staatsweingüter ist Graf von Schönborn der größte Grundbesitzer in Hattenheim.

Kiedrich   Kiedrich, das nächste Bergstädtchen, ist nicht so bekannt, obwohl es drei ausgezeichnete Lagen besitzt, die fast an die Spitzenklasse heranreichen:

Erbach   *Wasserros*, *Gräfenberg* und *Sandgrub*. Das am Rheinufer gelegene Erbach dagegen ist weithin berühmt, was auf die eine überragende Lage *Marcobrunn* zurückgeht. Das Ufer wird vom Schloß Reinhartshausen beherrscht, dem Sitz des verstorbenen Prinzen Friedrich von Preußen, der das Schloß zu einem Hotel umbauen ließ.

141

Man kann Eltville, das sich östlich an Erbach anschließt, auch als das Zeltingen des Rheingaus bezeichnen. Im allgemeinen werden dort jedoch große Mengen von gutem und zuverlässigem Wein in mittlerer Preislage produziert. In Eltville leben zwei der bekanntesten Weingutsbesitzer des Rheingaus, Freiherr Langwerth von Simmern und Graf Eltz. Außerdem hat hier die Verwaltung der Staatsweingüter, des größten Rheingauer Grundbesitzers, ihren Sitz.

Hinter Eltville liegt zwischen Hügeln das letzte Juwel, die höchstbewertete Gemarkung Deutschlands: die Weinberge von Rauenthal. Der Name *Rauenthaler Baiken* ist zwar nicht so berühmt wie etwa *Schloß Johannisberger*, aber der Rauenthaler Wein erzielt in der Regel höhere Preise. Die Rauenthaler sind groß und rassig, würzig und vornehm, sie besitzen eine großartige Finesse und sind erstaunlich delikat im Zusammenspiel von Duft- und Geschmacksstoffen.

Der Rheingau-Kreis endet im Osten vor Wiesbaden. Die Hochheimer Weine gehören, obwohl sie sich nicht in Rheingauer Besitz befinden und weitab von Wiesbaden und näher am Main als am Rhein liegen, ihrer Art nach für den Weinfreund in die Klasse der Rheingauer und halten einem Vergleich mit den Rheingau-Kreszenzen absolut stand. Nach dem Weingesetz von 1971 gehört der Bereich Hochheim zum Anbaugebiet Rheingau.

Zwei Hochheimer Lagen lassen sich als klassisch und wirklich edel bezeichnen: *Domdechaney* und *Kirchenstück*. Der *Königin Viktoriaberg*, der von seinen Besitzern nach der englischen Königin Victoria benannt wurde, als man von der Vorliebe der Königin für den »hock« (englische Abkürzung für Hochheimer) erfuhr, wird weniger gut eingestuft.

Etwa 98 Prozent der Rheingauer Weine sind weiß, rund 2 Prozent rot.

Die Nahe

Die Nahe fließt die letzten zwanzig Kilometer, bevor sie in den Rhein mündet, ziemlich geradlinig durch flaches Land, doch in ihrem oberen Bereich, wo sie sich durch die Ausläufer des Hunsrücks windet — jenes Gebirges, das der Mosel ihre zahlreichen Krümmungen aufzwingt —, zeigt sie die reizvolle Szenerie, die sich auf edlen Wein so positiv auszuwirken scheint. Nach dem neuen Weingesetz gibt es an der Nahe folgende Bereiche: Kreuznach und Schloß Böckelheim.

Naheweine liegen nicht nur geographisch gesehen zwischen Rhein- und Moselweinen, sondern auch im Geschmack. Vor allem sind sie den feinen und eher zarten Rheingauern verwandt. Manche Rheingauer lassen einen leichten Anflug von Erdigkeit in ihrer Blume erkennen — so als trinke man einen ganzen Garten. Dies ist für viele Menschen auch der typische Geschmack des Naheweins; andere Weinkenner wiederum finden, er habe Johannisbeer- oder Geißblattgeschmack, aber bei einem so subtilen Thema gerät man leicht ins Phantasieren. Der Sache am nächsten kommt man wohl mit der Feststellung, daß Naheweine verhältnismäßig und frisch sind, dabei aber eine köstliche Blume und Fülle haben, so daß sie zu Deutschlands Spitzengewächsen gehören.

Bad Kreuznach
Niederhausen
Schloßböckel-
heim

Drei Namen sollte man sich bei den Naheweinen besonders merken: Bad Kreuznach, Niederhausen und Schloßböckelheim. Auch Roxheim, Norheim, Bad Münster und Monzingen liefern erstklassige Weine.

Die bekanntesten Lagen des Tals sind *Schloßböckelheimer Kupfergrube* und *Niederhäuser Hermannshöhle*, in denen die Staatsdomäne Besitz hat. Ebenso sind die Namen der Familien Anheuser und Graf von Plettenberg eng mit den edelsten Naheweinen verbunden und erscheinen oft auf ihren Etiketten. Aus dem Gebiet der Nahe kommen außerdem die preisgünstigsten und zuverlässigsten Konsumweine.

Im ganzen befassen sich etwa achtzig Gemeinden mit dem Weinbau. Hierzu gehören auch Langenlonsheim, Windesheim, Meisenheim, Bad Münster am Stein und Münster-Sarmsheim. Diese Orte werden Sie auf Weinkarten kaum je verzeichnet finden, denn die hier erzeugten Sorten werden oft als Schankweine verkauft oder als preiswerte Weine über den Lebensmittelhandel vertrieben. Die Nahe ist eines der kleinsten Anbaugebiete Deutschlands; sein Gesamtertrag beträgt auf einer Anbaufläche von rund 4300 Hektar etwa 240 000 Hektoliter. Die wichtigste Rebsorte ist hier mit 32 Prozent der Silvaner, gefolgt vom Müller-Thurgau mit 30 Prozent und Riesling mit 25 Prozent.

Rheinhessen

Das rheinhessische Weinbaugebiet ist nach der Rheinpfalz das zweitgrößte in Deutschland. Es erstreckt sich auf der westlichen Rheinseite von Mainz in südlicher Richtung bis Worms und grenzt im Westen an das Nahegebiet. Seine Bereichsnamen nach dem neuen Weingesetz lauten: Bingen, Nierstein und Wonnegau. 16 800 Hektar Rebfläche bringen dort über 1,5 Millionen Hektoliter Wein hervor, von denen 92 Prozent Weißweine sind. 39 Prozent der Reben sind Silvaner und leider nur 6 Prozent Riesling. Der Rest verteilt sich auf Müller-Thurgau (36 Prozent) und Portugieser (7 Prozent), eine Rotweinrebe. Rheinhessen hat durch einfache Weine vom Typ »Liebfraumilch« bei den Weinkennern einen Großteil seines Ansehens verloren. Man schätzt zwar die großen Weine des Rheinhessengebietes, aber man weiß, daß es sich nur um einige wenige Spitzenweine handelt.

Nur die ganz großen Weingüter können sich den Luxus der Rieslingrebe leisten, während die 20 000 Kleinbetriebe einfache Tischweine erzeugen.

Der Boden

Der Boden Rheinhessens ist sehr unterschiedlich, und so ergeben sich zusammen mit den vielen Traubensorten recht verschiedene Weine. Kalk, Ton-

143

mergel, Quarzitschiefer und das berühmte, für den Weinbau so günstige Rot-
liegende sind die hauptsächlichen Bodenarten.

Will man die Weine Rheinhessens beschreiben, fällt einem zuerst das viel-
gebrauchte Wort »lieblich« ein. In fast allen Weindrucksachen wird der Wein
lieblich genannt, obgleich man den guten Weinen dieser Region damit keineswegs gerecht wird. Im Gegenteil, man tut den Spitzenweinen mit diesem Prädikat unrecht. Die Rieslinge von Nierstein beispielsweise sind frisch, von zarter
Säure, langanhaltend und elegant, keinesfalls aber lieblich.

Liebfraumilch

Im Ausland ist der bekannteste Rheinhessenwein der *Liebfraumilch* von
Worms. Wie bereits erwähnt, handelt es sich hierbei um einen Typenwein lieblicher Art, der aus Weinen der Anbaugebiete Rheinhessen, Rheinpfalz und Nahe
hergestellt werden darf.

Rheinhessen wird qualitativ unterteilt in die Rheinfront, die das Aushänge-
schild für seine Weine darstellt, und das Hinterland, das anonyme Weine, die
man unter Phantasienamen wie *Liebfraumilch* verkauft, und natürlich die vielen Markenweine erzeugt.

Nierstein

Berühmt ist Nierstein, unmittelbar am Rhein, etwa fünfzehn Kilometer
oberhalb von Mainz gelegen; dahinter erhebt sich der große Rebenhang aus
rotem Sandstein. Auf diesem Hang gruppieren sich die Lagen, deren bekannte
Namen auch weiterhin unantastbar sind: *Orbel, Hipping, Glöck, Ölberg; Rehbach* und *Auflangen* sind nach dem neuen Weingesetz Großlagenamen. *Rehbach*

Nackenheim

reicht im Norden in die Gemarkung Nackenheim hinein, wo sie *Rothenberg* und
Engelsberg heißt. Die Niersteiner und Nackenheimer sind die kostbarsten Rhein-
hessenweine, bukettreich wie die Rheingauer, ebenso wuchtig, voll im Körper
und individuell.

Niersteiner Domtal dagegen stammt nicht aus einer speziellen Lage, sondern ist die Bezeichnung für alle Niersteiner oder ähnlichen Konsumweine.

Oppenheim

Der nächstfolgende Ort stromabwärts ist Oppenheim, das kaum weniger
berühmt ist als Nierstein und fast ebenso edle Kreszenzen hervorbringt. Die anerkannt beste Lage ist *Sackträger*, daneben ist *Kreuz* zu nennen, *Gutes Domtal*
ist nach dem neuen Weingesetz Großlagename.

Diese Städtchen repräsentieren die großen rheinhessischen Weine. Ihre
Nachbarn, im Norden Laubenheim und Bodenheim und im Süden Gunters-
blum und Worms, bringen ähnliche, doch nicht so erlesene Weine hervor.

Worms

Worms ist der Geburtsort der *Liebfraumilch*, denn es existiert tatsächlich ein
kleiner Weingarten um die Liebfraukirche in Worms. Die Bezeichnung Lieb-
frau»milch« hat verschiedene Deutungen erfahren. Die eine besagt, daß es früher an der Liebfraukirche eine kleine Meierei gegeben habe, was die Wortzu-
sammensetzung mit »milch« erklären würde. Einer anderen Deutung zufolge
soll die Bezeichnung zuerst »Mönch«, später »Minch« geheißen haben und dann
erst in »Milch« verändert worden sein. Sicherlich gibt es noch viele andere Er-
klärungen, die ebenso plausibel erscheinen mögen.

144

Die Rheinpfalz

Die Rheinpfalz schließt sich im Süden an Rheinhessen an — Worms liegt also an der Grenze —, aber sie erfreut sich eines ganz anderen Klimas. Es hat eher etwas mit dem des Elsaß gemeinsam. Obstgärten ziehen sich am linken Rheinufer bis an die Haardt, einem Nordausläufer der Vogesen, hin; hier gedeihen Feigen, Mandeln und Pfirsiche. Zu Füßen des kleinen Gebirges der Haardt

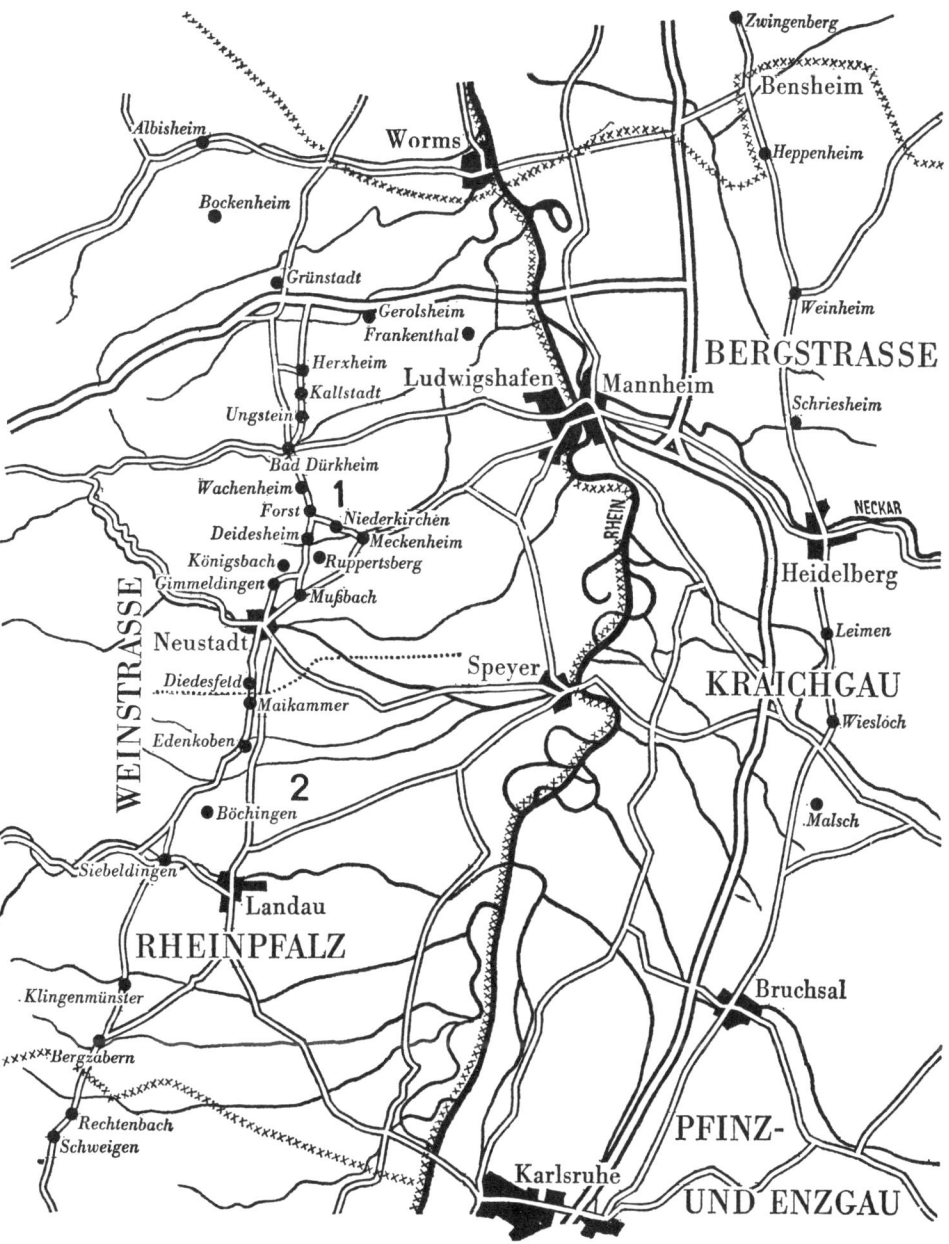

Karte 6 *Weinbaugebiet Rheinpfalz*
  1 Bereich Mittelhaardt – Deutsche Weinstraße
  2 Bereich Südliche Weinstraße

breitet sich das größte zusammenhängende Weinbergsgelände ganz Deutschlands aus, und es wird Wein unter günstigsten Bedingungen auf einer Rebfläche von etwa 18 600 Hektar gewonnen, wobei der Weißwein mit 84 Prozent Anteil an der Gesamtproduktion dominiert. Die wichtigsten Weißweinreben sind hier der Silvaner, der Riesling und der Müller-Thurgau.

Wie auch in Rheinhessen befaßt sich allerdings nur ein kleiner Teil der Winzer dieses riesigen Gebiets mit der Bereitung von Spitzenweinen. Die meisten Pfälzer Weine sind Konsumweine, und in den gemütlichen Weinstuben mit ihren Fachwerkfronten werden ausgezeichnete Schoppenweine kredenzt, die voller und kräftiger als Moselweine sind und sehr frisch am besten schmecken. Der trockene Pfälzer ist schwer und rauh. Alle Sorten dieser Region sind kräftiger und körperreicher als andere deutsche Weine.

Nach der Lage des pfälzischen Mittelgebirges Haardt unterscheidet man die Ober-, Mittel- und Unterhaardt. Die Oberhaardt reicht vom Elsaß bis Neustadt an der Weinstraße, dem Zentrum der Pfalz. Es folgt die Mittelhaardt, wo, wie an der Mittelmosel, die reichsten und bekanntesten Weinlagen liegen, und dahinter die Unterhaardt. Nach dem neuen Weingesetz unterscheidet man zwei Bereiche: Südliche Weinstraße und Mittelhaardt — Deutsche Weinstraße.

Der Boden Wie in Rheinhessen ist auch der pfälzische Boden mannigfach, so daß hier sehr unterschiedliche Weine wachsen. Aus diesem Grund ist der Pfälzer Wein für Kenner so interessant. Das Klima ist so sonnig, daß alkoholreiche Weine erzeugt werden können. In der Oberhaardt wachsen die Reben auf schweren Böden, in der Mittel- und Unterhaardt besteht der Boden aus Sand und Kies. Dazwischen liegen Schichten von Lehm, Schiefer, Keuper, Kalk, Mergel und Eruptivgesteinen. Die Spitzenlagen konzentrieren sich allerdings auf das kleine Gebiet der Mittelhaardt. Die wenigen Gemarkungen umfassen alle berühmten Namen der Pfalz; dazu gehören von Norden her: Kallstadt, Ungstein, Bad Dürkheim, Wachenheim, Forst, Deidesheim und Ruppertsberg. Die größten unter ihnen sind Wachenheim, Forst und Deidesheim. Zu den besten Lagen

Wachenheim zählen *Wachenheimer Goldbächel* und *Gerümpel, Forster Kirchenstück, Je-*
Forst *suitengarten* und *Ungeheuer, Deidesheimer Grainhübel, Hohenmorgen, Lein-*
Deidesheim *höhle, Kieselberg,* zusammen mit etwa einem halben Dutzend ebenfalls bekannter Weinberge. Die Deidesheimer gelten als die edelsten Pfälzer Weine.

Deidesheim und Forst bauen vor allem Riesling an. Um dem Wein Würze zu verleihen, zieht man allerdings auch Traminer und Muskat, die im Elsaß mehr als in den deutschen Weingebieten zu Hause sind. Oft werden hier Auslesen und Beerenauslesen angestrebt, die hocharomatisch sind und oft eine tiefgoldene Farbe und ein fast tropisch anmutendes Bukett haben. In kleinen Mengen wird auch der aromatische Morio-Muskat angebaut, den man zum Teil anderen leichteren Traubensorten zusetzt, um sie fülliger und duftiger zu machen, zum Teil aber auch pur abfüllt. In Form von Spätlesen und Beerenauslesen ist er ein hocharomatischer Dessertwein.

146

Rheinpfälzer eignet sich hervorragend als Begleiter zum Essen — besonders zu robusten Speisen, wie Charcuterie und Pasteten, ferner zu Schinken, Spargel, gebratenen Süßwasserfischen und Braten aller Art.

Drei Herstellernamen, alle mit »B« beginnend, bürgen in der Pfalz für höchste Qualität; von Bassermann-Jordan, von Buhl und Bürklin-Wolf. Jedoch auch die Kreszenzen des Winzervereins und der Winzergenossenschaft sind nicht zu verachten.

Baden

In Baden werden nicht nur große Mengen Wein, sondern auch hervorragende Qualitäten hergestellt. Dieses liebliche Weinland gehört mit zu den größten Deutschlands, und in den letzten Jahren wurden badische Weine in steigendem Maße auch außerhalb der badischen Landesgrenze bekannt. Es gibt wohl kaum eine namhafte Weinkarte, auf der sie nicht gebührend vertreten sind.

Das Land Badische Weine können im Geschmack sehr unterschiedlich sein, denn das Land beginnt im Norden an der Bergstraße, oberhalb von Heidelberg, und zieht sich bis zum Bodensee, seinem südlichsten Zipfel, hinunter. Es reicht von Lörrach und Tiengen bis zum Odenwald, und von Karlsruhe ab gehört das Land entlang des Rheines dazu, der hier auf eine lange Strecke die Grenze nach Frankreich bildet. Außerdem sorgen die Vielfalt der angebauten Rebsorten, die unterschiedlichen Bodenformationen und die Klimaunterschiede in einem so langgestreckten Land bereits ihrerseits für differenzierte Weine.

Örtliche Winzergenossenschaften bauen hier jeweils kleine Mengen Wein aus, die dann von der Zentralkellerei Breisach zum Teil als Markenweine überregional vermarktet werden. Baden ist sehr sonnig und durch Vogesen und Schwarzwald besonders windgeschützt. Die Moste weisen daher auch entsprechend hohe Öchslegrade auf.

Die Ursprünge Der oberrheinische Weinbau bestand bereits zu Zeiten der Römer, und Kaiser Hadrian fand schon Weingärten vor, als er die Quellen der Gegend zu den heutigen Bädern Badenweiler und Baden-Baden ausbauen ließ. Erst der Dreißigjährige Krieg setzte der Rebenkultur Badens ein vorläufiges Ende. Das Land jedoch hatte seine Fruchtbarkeit bewahrt, und so konnte man in den darauffolgenden Jahrzehnten wieder mit dem Weinbau beginnen. Allerdings mußte man ständig die Rebenkrankheiten bekämpfen, und auch der letzte Krieg in diesem Jahrhundert ist nicht spurlos an den badischen Winzern vorbeigegangen. Nach dem Krieg jedoch rückte Baden durch umfassende Flurbereinigungen und den Anbau neuer Rebenzüchtungen wieder an die Spitze des deutschen Weinbaues. Heute produziert dieses Land über 700 000 Hektoliter Wein, davon 78 Prozent Weißwein, auf einer Ertragsfläche von etwa 9500 Hektar.

147

Die Bergstraße	Die badische Bergstraße hat ihre Bedeutung auf dem deutschen Weinmarkt verloren. Früher waren Städte wie Lützelsachsen und Schrießheim berühmt. Heute dürften sie eher als verträumte Kleinstädte gelten. Die Weine werden mehr oder weniger an Ort und Stelle getrunken, und man findet sie eigentlich nur noch auf den Weinkarten der badischen Spezialitätenrestaurants.
Die großen Weinbaugebiete Badens	Der badischen Bergstraße schließt sich der Kraichgau an und bildet zusammen mit dem Enzgau, dem Pfinzgau und dem badischen Frankenland das größere Weinbaugebiet Unterbaden. Der südlichste Punkt Unterbadens ist Ettlingen, das durch das Hotel Erbprinz der Familie Gietz bekannt wurde.
	Südlich davon schließt sich in der Höhe von Offenburg, genauer gesagt, gegenüber Straßburg, die Ortenau an, die von dem Weinort Waldulm bis nach Lahr reicht. Darauf folgt Südbaden mit dem Breisgau, südlich davon der Kaiserstuhl mit Tuniberg, von Oberrotweil bis Tiengen, dann das Markgräflerland, von Pfaffenweiler bis Auggen. Das Land Baden endet schließlich mit dem Bodensee- und Hochrheingebiet, dem südlichsten deutschen Weinland. Nach dem neuen Weingesetz unterscheidet man die Bereiche Badische Bergstraße/Kraichgau, Badisches Frankenland, Bodensee, Markgräflerland, Kaiserstuhl–Tuniberg, Breisgau und Ortenau.
DIE ORTENAU *Neuweier*	Die Ortenau beginnt bei Baden-Baden. Nicht weit entfernt davon liegt der Ort Neuweier, dessen Mauerwein auf Bocksbeutel abgefüllt wird, mit dem herrlichen Schloß Neuweier, das durch seine Gaststätte, die Zugbrücke und private Sammlungen sehenswert ist. Darauf folgen Sinzheim und Fremersberg,
Sinzheim	
Fremersberg	die in einer Winzergenossenschaft und einer Gemarkung zusammengeschlossen sind. Beide liegen auf einer Anhöhe mit weitem Blick ins Tal. Aus Fremersberg stammt zum Beispiel die gute Lage *Feigenwäldchen*. Benachbarte Orte sind Nägelsförst, Affental (der Name leitet sich nicht etwa von Affen her, sondern von dem Ave Maria, das hier besonders oft im Tal erklungen sein soll, also eigentlich Ave-Tal), Eisental und Altschweier. Aus der Gemarkung Steinbach stammt der auf Bocksbeutel abgefüllte Wein *Stich den Buben*, der in den letzten Jahren aus der Anonymität heraus auf den Weinkarten der großen Hotels seinen Platz fand.
BREISGAU	Die bekanntesten Breisgauer Weinorte sind Ringsheim, Herbolzheim, Kenzingen, Malterdingen, Endingen, Köndringen und Hecklingen mit dem Staatsweingut Hecklinger Schloßberg.
KAISERSTUHL	Vom Kaiserstuhl ist die Südseite am interessantesten. Hier liegt Ihringen, mit 260 Hektar Rebfläche der größte Weinbauort Badens. Aus diesem Ort stammen die *Ihringer Winklerberg*-Weine, die man in Freiburgs schönster Weinstube, »Zum Falken«, verkosten kann. Der Wirt, Fred Haas, ist der Ihringer Weinbauer par excellence. Er kommt höchstpersönlich an jeden Tisch und empfiehlt weinunkundigen Gästen für die bereits ausgewählten Speisen die passenden Weine.
Ihringen	
	Im Breisgau befindet sich auch die badische Zentralkellerei, die Trauben,

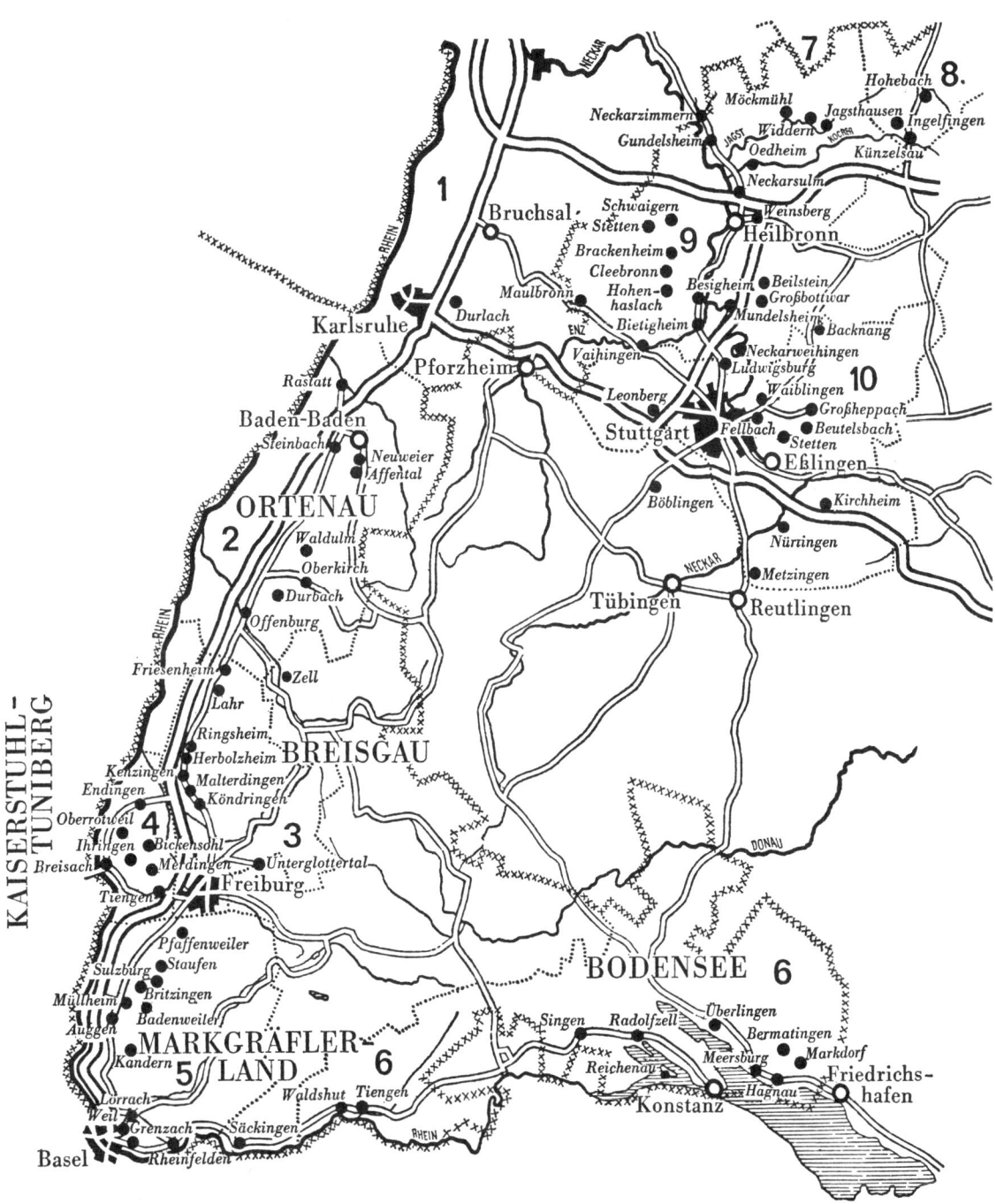

NECKAR

7

Hohebach 8.

Neckarzimmern ·Möckmühl
Widdern ·Jagsthausen
Gundelsheim· ·Oedheim Ingelfingen
Künzelsau
·Neckarsulm
1 Weinsberg
Bruchsal Schwaigern· ·Heilbronn
Stetten 9
Brackenheim
Cleebronn Beilstein·
Maulbronn Hohen- Besigheim· ·Großbottwar
Durlach haslach Mundelsheim· ·Backnang
Bietigheim·
Karlsruhe Vaihingen Neckarweihingen·
ENZ ·Ludwigsburg 10
Pforzheim Leonberg· ·Waiblingen
Rastatt ·Großheppach
Baden-Baden Stuttgart ·Fellbach ·Beutelsbach
Steinbach· Stetten·
·Neuweier Böblingen· Eßlingen
·Affental ·Kirchheim
ORTENAU NECKAR Nürtingen·
2 Waldulm· ·Metzingen
Oberkirch·
·Durbach Tübingen· ·Reutlingen
·Offenburg
Friesenheim· Zell·
·Lahr
Ringsheim· DONAU
Herbolzheim· BREISGAU
Kenzingen·
Endingen· Malterdingen·
Oberrotweil· Köndringen· BODENSEE 6
Ihringen· Bickensohl· 3
Breisach· 4 Merdingen· ·Unterglottertal Überlingen·
Tiengen· Freiburg Singen· Radolfzell· ·Bermatingen
·Pfaffenweiler Reichenau· Meersburg· ·Markdorf
Sulzburg· ·Staufen Konstanz ·Hagnau Friedrichs-
Müllheim· MARKGRÄFLER Waldshut Tiengen hafen
·Badenweiler LAND 6
Auggen· 5
Kandern·
Lörrach·
Weil· Grenzach· Säckingen·
Basel Rheinfelden RHEIN

KAISERSTUHL-TUNIBERG

Karte 7   *Weinbaugebiet Baden*   *Weinbaugebiet Württemberg*

1 Bereich Badische Bergstraße/Kraichgau   8 Bereich Kocher — Jagst — Tauber
2 Bereich Ortenau   9 Bereich Württembergisch Unterland
3 Bereich Breisgau   10 Bereich Remstal — Stuttgart
4 Bereich Kaiserstuhl — Tuniberg
5 Bereich Markgräflerland
6 Bereich Bodensee
7 Bereich Badisches Frankenland

149

Moste und Weine aus den umliegenden Rebgärten und von Genossenschaften aufkauft und daraus Weine vom einfachen Tischwein (Markenwein) bis zur teuersten Sorte (Trockenbeerenauslese) herstellt. Die Tatsache, daß die Zentralkellerei auch Beerenauslesen und Trockenbeerenauslesen herausbringt, hat sehr zur Hebung des Rufes der badischen Weine beigetragen. In Freiburg gibt es außerdem noch ein staatliches Weinbauinstitut.

MARKGRÄF-LERLAND

BODENSEE

Südlich von Freiburg schließen sich das Markgräflerland, die ehemalige Markgrafschaft Baden, und das Bodenseegebiet an. Hier gibt es etwa siebzig Weinbaugemeinden, darunter so berühmte Namen wie Auggen, Müllheim mit dem Müllheimer Weinmarkt, Hagnau, Meersburg, Überlingen (Seeweine) und Erzingen (Rotwein). Im ganzen gesehen gehört das badische Weingebiet wegen seiner Vielfalt zu den reizvollsten Reiseländern für Weinfreunde.

Württemberg

Die Weißweine Württembergs gelten in der allgemeinen Kennzeichnung als »kräftig und herzhaft«. Diese Typisierung wird den württembergischen Weinen allerdings keinesfalls gerecht — wie das so oft bei Verallgemeinerungen ist.

Württemberg hat vielmehr eine Skala von Weinen anzubieten, die vom lieblichen weichen Schoppenwein bis zum hochedlen Spitzenwein reicht. Aus der beachtlichen Jahresernte von 460 000 Hektolitern entfallen 47 Prozent auf weiße Weine, 53 Prozent sind Rosé- und Rotweine. Die Weißweine werden zu 22 Prozent aus der edlen Rieslingrebe und zu 14 Prozent aus Silvaner, ferner Ruländer (Grauburgunder), Müller-Thurgau, Gutedel und Muskateller gewonnen, wobei die letztgenannten Reben nur einen geringen Anteil bilden.

Der Boden

Keuper, Muschelkalk, Letten, Mergel und Sandstein bilden den württembergischen Rebboden. Erdgeschichtlich ist er dem Jura zuzurechnen, und ein Teil der Bodenbestandteile macht sich deutlich im Geschmack des Weines

Die Landschaft

bemerkbar. Der Fluß Neckar ist das Weinbauherz von Württemberg: entlang seiner verschlungenen Pfade, ähnlich der Mosel, stehen die besten Reben, was nicht heißen will, daß nicht auch abseits des Flußtales hervorragende Weine wachsen. In gleichem Maße jedoch wie der Rhein der Wasser- und Wärmespender für seine Uferregionen ist, begünstigt der Neckar die an seinen Ufern wachsenden Weine. Wer Württembergs Weine erkunden will, sollte sich also auf die Schwäbische Weinstraße begeben, die sich durch das Traubenhügelland entlang des Flusses schlängelt. Vom Standpunkt des Weinbaus unterscheidet man zwischen oberem Neckartal, unterem Neckartal, mittlerem Neckartal, Enztal, Bottwartal, Kochertal und Jagsttal, wobei Enz, Bottwar, Kocher und Jagst Nebenflüsse des Neckars sind. Die Bereiche nach dem neuen Weingesetz heißen: Kocher—Jagst—Tauber, Württembergisch Unterland und Remstal—Stuttgart. Die

Weingeographie reicht im Norden von Neckarzimmern und Gundelsheim bis nach Böblingen und Nürtingen an den Flüßchen Aich und Fils im Süden. Es ist schwierig, die weißen Württemberger, die in der Minderheit sind, geographisch einzeln herauszulösen. Sie sind ein integrierter Bestandteil der schwäbischen Weinlandschaft.

Das obere Neckartal bringt bei Rottenburg ganz passable weiße Weine hervor, die in der Weinbruderschaft von Baden-Württemberg auf dem Neckarschloß Weitenburg getrunken werden. Das mittlere Neckartal umfaßt bei und um Stuttgart ein Gebiet von 500 Hektar Rebgebiet. Bekannte Orte sind *Eßlingen* mit *Schenkenberg, Lerchenberg* und *Kirchberg*, *Wangen*, *Untertürkheim* und *Obertürkheim* mit *Kirchberg, Altenberg, Schloßberg* und *Gips*. Ferner ist Bad Cannstatt zu erwähnen mit dem bei Staatsanlässen häufig präsentierten großen Wein *Cannstatter Zuckerle* und auch *Halde*, die nicht zu verachten sind. Stuttgart ist wohl die einzige Stadt, die noch im Inneren der Großgemeinde Rebengelände besitzt. So gibt es Degerlocher in Stuttgart-Degerloch, *Rohrakkerer Lenzenberg* in dem Stadtteil Rohracker; es gibt den Feuerbacher in Stuttgart-Feuerbach (mit der Lage *Berg*), außerdem *Mönchberg* und die Großlage *Stuttgarter Weinsteige*. Die Weine reifen hier neben den Straßenbahnschienen. All diese Orte liegen an den Stuttgarter Sonnenhängen, die mit Villen bestanden sind und einen großen Teil des Reizes dieser Stadt ausmachen. In Stetten gibt es die Spitzenlagen *Brotwasser* und *Pulvermächer*.

Für hervorragende Weißweine ist auch das Rebgebiet entlang des Neckarflüßchens Jagst bekannt. Im Enztal bei Besigheim gedeihen leichte, frische Weißweine. Für den Weinliebhaber lohnt sich auch ein Abstecher von der Schwäbischen Weinstraße entlang der Flüßchen Kocher, Brettach und Ohrn. Man wird sicherlich nicht enttäuscht.

Der württembergische Weinbau erstreckt sich auf viele kleine Gemeinden mit meist nebenberuflichen Weingärtnern. Die Zusammenschlüsse, anfangs zu Zünften, später zu Genossenschaften, waren für die württembergischen Winzer eine Notwendigkeit. Bestrebt, den Ansprüchen der EWG zu genügen, versuchen sie heute ihre Angebote vielseitiger zu gestalten. So kommt es, daß in Weinbaugebieten, wo früher aus Gründen der Bodenbeschaffenheit oder der Tradition ausschließlich rote Trauben geerntet wurden, heute die Weißweinproduktion immer mehr steigt. Württemberg hat bisher meist seine typische Art bewahren können, nicht zuletzt durch das kritische Verhalten der »Viertelesschlotzer«, der Schoppentrinker in den zahlreichen Gasthäusern der Weinbaugebiete. Hier darf sich kein Gastwirt irgendeine »Entgleisung« erlauben, wenn er nicht den Zorn seiner Viertelesgäste auf sich ziehen will.

Eßlingen
Wangen
Unter- und
Obertürkheim
Bad Cannstatt
Stuttgart

Stetten

Besigheim
Hohentwiel

Franken

Der Frankenwein wird nicht wie andere deutsche Weine in schmale, hohe Fla-
schen, sondern in sogenannte Bocksbeutel abgefüllt, die in der Form an jene
Weinschläuche aus Ziegenfell erinnern, die die Mönche früherer Zeiten am
Gürtel trugen. Das Recht, ihren Wein in diese Art von Flaschen abzufüllen,
wird von den fränkischen Winzern eifersüchtig gehütet, denn dadurch wird der
Frankenwein, neben seiner Qualität, zu einer Besonderheit.

Die Weinlandschaft Franken gehört zum Land Bayern und umfaßt etwa
3000 Hektar Rebfläche im Ertrag. Entlang und zwischen den großen Schleifen,
die der Main hier zieht, wächst hervorragender Wein. Die bekanntesten fränkischen Weinorte befinden sich vor allem in der Gegend um Würzburg.

Die Reben   In Franken beträgt der Anteil der Silvanerrebe 46 Prozent. Die besten

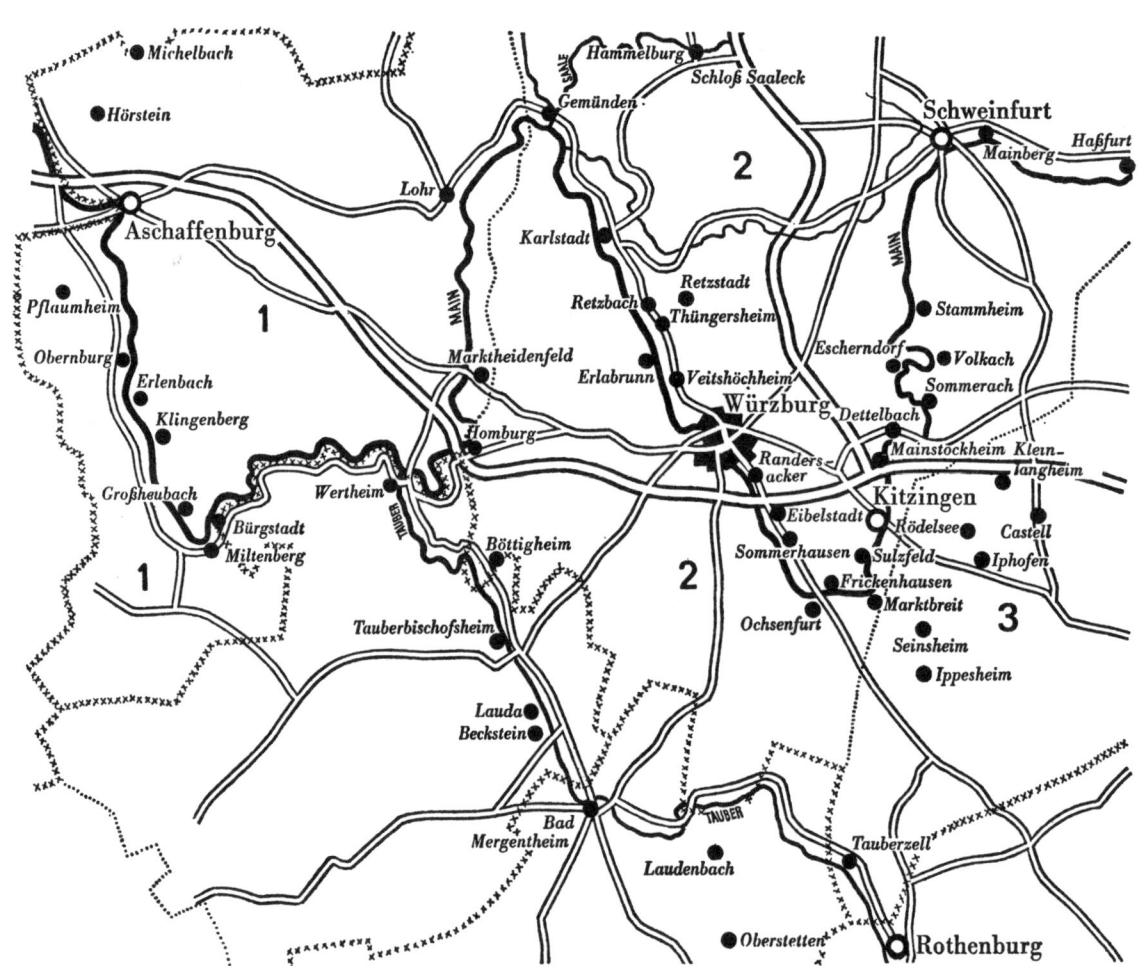

Karte 8   *Weinbaugebiet Franken*

1 Bereich Mainviereck
2 Bereich Maindreieck
3 Bereich Steigerwald

Lagen — etwa 4 Prozent — werden, wie überall in Deutschland, mit Riesling-reben bebaut, während 41 Prozent mit der fruchtbaren Müller-Thurgau-Rebe bestanden sind. Der Rest verteilt sich auf kleinste Bestände an Traminer, Morio-Muskat und anderen, die aber in so geringen Mengen vorhanden sind, daß man sie kaum auf Weinkarten findet. In diesem Rest sind auch 2 Prozent Rotwein-reben enthalten, ein äußerst geringer Anteil, woraus man sich erklärt, daß frän-kischer Rotwein nur den Kellern einiger Spezialisten vorbehalten ist.

Der Geschmack Die hervorstechendste Eigenschaft des Frankenweines ist sein erdiger Ge-schmack, der ausschließlich dem Boden zu verdanken ist. Die Berghänge am Rande des Maintals bestehen zum großen Teil aus Muschelkalk (Kitzingen, Escherndorf, Karlstadt, Würzburg). Ferner gibt es Keuper (Castell, Iphofen), außerdem etwas Buntsandstein (Hammelburg, Kahl), auch Löß und andere Steinböden. Alle diese mineralreichen Böden verleihen dem Frankenwein sein zartes Bukett, das ihn von anderen Weinen unterscheidet. Darum bezeichnen ihn ausländische Weinfreunde auch als »trocken«.

Tatsächlich werden Frankenweine fast immer völlig durchgegoren, so daß man unter ihnen sogenannte Herrenweine zum abendlichen Pokulieren findet, die für Normalverbraucher nur schwer genießbar erscheinen. Andererseits gibt es jedoch auf den großen Weinversteigerungen auch immer wieder Beeren-auslesen und Trockenbeerenauslesen von Franken-Riesling und -Müller-Thur-gau, die so betörend harmonisch süß sind wie Spitzen-Rheingauer.

Zwischen diesen beiden Extremen findet man hervorragende Prädikatswei-ne von ausgesuchter Qualität, die besonders von den großen fränkischen Wein-gütern stammen, der Bayerischen Landesanstalt für Wein-, Obst- und Garten-bau, dem Juliusspital und dem Bürgerspital, die alle ihren Sitz in Würzburg ha-ben. Die Probierstube des Juliusspitals ist außerdem ein beliebter Weintrinkort.

Das eigentliche Weinfranken ist klein. Seine Ausläufer reichen allerdings bis in den Odenwald hinein, doch haben die Weine dieser Gegend meist nur örtliche Bedeutung und werden selten über das fränkische Weingebiet hinaus verkauft, wie es auch bei den Bergsträsser und vielen Württemberger Weinen der Fall ist. Man hört öfter die Behauptung, daß diese Weine keinen längeren Transport vertragen. Das ist jedoch nicht der Fall. Es ist wohl eher richtig, daß man in diesen Weingegenden selbst so viel Wein trinkt und es sich nicht lohnt, den verbleibenden Rest auf den Markt zu bringen. Nach dem neuen Weingesetz unterscheidet man die Bereiche Mainviereck, Maindreieck, Steigerwald und Bayerischer Bodensee.

Veitshöchheim Im wesentlichen besteht Weinfranken aus den Orten Veitshöchheim mit
Randersacker der bekannten Lage *Veitshöchheimer Wölflein* und Randersacker mit den Wei-
Kitzingen nen *Randersackerer Pfülben, Dabug, Marsberg, Teufelskeller*. Kitzingen mit sei-ner Lage *Wilhelmsberg*, Buchbrunn und Repperndorf liefern ebenfalls hervor-ragende Weine.

Iphofen Nicht weit davon liegt Iphofen, wo man im gemütlichen Zehntkeller die

153

örtlichen Weine probieren kann. Die Lagen *Iphöfer Kalb* und *Iphöfer Julius-Echter-Berg* finden Sie heute in jedem assortierten privaten Weinkeller und auch sehr häufig auf den Weinkarten des Hotels und Restaurants.

Escherndorf

Zu den bekannten Winzerdörfern gehören außerdem Sommerach und schließlich Escherndorf, das mit Iphofen um den Ruhm des bekanntesten fränkischen Weinortes konkurriert. Hier sollte man einen *Escherndorfer Lump* oder einen *Fürstenberg* probieren. Weitere Weinorte sind noch Volkach, Ober- und Untereisenheim, Hammelburg und Burg Saaleck. Das Weingut

Burg Saaleck

Burg Saaleck soll die ältesten Reben Frankens besitzen. Es wird urkundlich erstmals im Jahre 770 erwähnt, als Karl der Große den Weinort Hammelburg an das Kloster Fulda verschenkte.

Endlich kommen wir nach Würzburg, einer der Perlen deutscher Städtebaukunst. Hier heißen die Frankenweine »Steinweine«, nach Würzburgs bester Weinlage *Stein*. Es ist jedoch nicht richtig, alle Frankenweine einfach als Steinweine zu bezeichnen, wie das leider oft geschieht. Andere Weinlagen in Würzburg sind die *Innere Leiste* und *Würzburger Abtsleite*. Diese Weine gedeihen nicht auf Kalkboden, sind daher leichter und weder so erdig noch so wuchtig wie die Steinweine.

Würzburg

In Würzburg bekommt man vielerorts auch Weine der Umgebung in kleinen Pokalen kredenzt, so daß man sich bei einem verlängerten Dämmerschoppen leicht durch die verschiedenen fränkischen Weine hindurchtrinken kann. Das Restaurant Schiffbäuerin beispielsweise bietet neben einer großen Weinauswahl auch die dazu passenden Gerichte. Fettgebackene Minifischchen werden als »Meefischle« verkauft. Auch kleine Portionswaller, in Norddeutschland Welse genannt, sind gebraten, gebacken oder gekocht zum fränkischen Wein sehr zu empfehlen.

Hessische Bergstraße

Zwischen Franken und Rheinhessen, an den Hängen des Odenwaldes, befindet sich Deutschlands kleinstes der elf Weinbaugebiete, die Hessische Bergstraße. Hier werden bei einer Ertragsfläche von etwa 350 Hektar jährlich durchschnittlich 28 000 Hektoliter ausschließlich Weißweine erzeugt. Die verbreitetste Traubensorte ist mit 50 Prozent der Riesling, gefolgt vom Silvaner mit 26 Prozent und dem Müller-Thurgau mit 20 Prozent.

Die Spezialität der Hessischen Bergstraße, die sich in die beiden Bereiche Starkenburg und Umstadt untergliedert, sind elegante, fruchtige Rieslingweine.

Bensheim
Heppenheim

Die Hauptorte sind Bensheim und Heppenheim mit seinem mittelalterlichen Stadtbild und seinen Fachwerkhäusern.

Die Weißweine
Frankreichs

Burgund

Der weiße Burgunder gilt als einer der größten trockenen Stillweine der Welt. Er besticht vor allem durch seine Würze in Bukett und Körper. Der geringste unter den weißen Burgundern ist frisch und sauber, belebend und ansprechend; der größte ist rassig, kräftig und trocken. Sein Aroma kann so fruchtig sein, daß man an Pfirsiche oder Aprikosen erinnert wird, ohne daß der Wein dabei süß ist. Er kann mild und saftig oder herb und schwer sein.

Das Weinland Burgund
Burgund ist kein klar aufgeteiltes, zusammenhängendes Weinbaugebiet, in dem an der einen Stelle Weißwein, an einer anderen Rotwein angebaut wird, sondern ein altes, weit ausgedehntes Herzogtum, in dem verschiedene in sich abgeschlossene Weingebiete wie zufällig nebeneinanderliegen. Auf französisch heißt dieses Land Bourgogne. Die Côte d'Or durchzieht Burgund wie ein Rückgrat von Norden nach Süden. An ihrer östlichen Flanke wachsen die Weine, die viele der berühmten Weinnamen der Welt für sich in Anspruch nehmen: *Chambertin, Clos de Vougeot, Romanée, Nuits-Saint-Georges, Corton, Beaune, Pommard* und *Volnay* für Rotwein; *Montrachet, Meursault* und *Corton-Charlemagne* für Weißwein.

Burgund hat aber noch mehr zu bieten. Im Norden, auf dem Weg nach Paris, liegt Chablis; im Süden, in Richtung Lyon, liegen Mâcon mit den Weißweinen von Pouilly-Fuissé und Beaujolais, das liebliche Hochland um Beaujeu, das eine Fülle leichter, süßer, saftiger Weine bietet. In westlicher Richtung gelangt man über die Monts de Morvan oder Charollais — berühmt für die besten Rinder Frankreichs — nach etwa 130 Kilometern ins obere Loiretal, wo die würzigen Weißweine *Sancerre* und *Pouilly-Fumé* gedeihen. Nach Osten zu liegt hinter der breiten Sâone-Ebene der Jura, wo Wein in den Farben rot, weiß, rosa und gelb hergestellt wird.

Charakteristisch für Burgund ist, daß man kaum jemals einen Landsitz sieht, der die Côte beherrscht. Es gibt überhaupt wenig Großgrundbesitz. Das meiste Land in Burgund gehört den Kleinbauern. Sie leben in den Dörfern, bereiten ihren Wein an Ort und Stelle und arbeiten mit eigener Hand, zusammen mit ihren Familien, in ihren eigenen Weinbergen. Während viele Weingutsbesitzer in Bordeaux nach der Lese zwei- oder dreihundert Fässer mit jungem Wein füllen können, schätzen sich die meisten burgundischen Winzer glücklich, wenn es bei ihnen dreißig oder vierzig werden. Die Gesamtproduktion von Spitzenwein beträgt in Bordeaux oft zehnmal soviel wie in Burgund.

Namen

Wie jede europäische Weinlandschaft setzt sich auch Burgund aus Gemeinden zusammen und innerhalb der Gemeinden aus Rebgärten. Sie heißen zum Beispiel: Cailleret-Dessus, En Champans, Carelle-sous-la-Chapelle, En l'Ormeau, Les Mitans, Brouillards. Die mit Reben bebauten Flächen sind die sogenannten »climats«, was den deutschen Lagen entspricht.

»climats«
(Lagen)

Es fällt auf, daß einige dieser Lagen, auch wenn sie den Besitzer wechselten, immer besseren Wein hervorbrachten als ihre Nachbarn. Sobald ein Name

Karte 9   Frankreich

156

bekannt wurde, erhielt der Wein aus den erfolgreichen Parzellen seinen eigenen Namen, während alle übrigen den Namen der jeweiligen Ortschaft trugen. Lag der Weinort nicht an einer Straße und fand der Markt in einem leichter zugänglichen Ort statt, erhielt der Wein nicht einmal den Namen seines Stammortes, sondern wurde unter dem Namen des Marktfleckens verkauft, in dem man ihn anbot.

So brachte man zum Beispiel die Rotweine aus Chassagne und Santenay nach Pommard zum Verkauf. Also kannte man sie als Weine, die es in Pommard zu kaufen gibt (was man sich auf jeden Fall leicht merken konnte). Tatsächlich waren sie oft um vieles besser als der Wein, der in Pommard selbst hergestellt wurde.

Dieses lockere, zwanglose Handelssystem war in früheren Zeiten gang und gäbe. Zu Beginn dieses Jahrhunderts aber wurde es so stark mißbraucht, daß man etwas dagegen unternehmen mußte. Also kam ein Gesetz heraus, mit dem der wohlgemeinte Versuch unternommen wurde, die Namengebung festzulegen. Leider jedoch beruhte dieses Gesetz auf falschen Grundlagen. *Pommard*, hieß es, muß in Pommard gewachsen sein; Santenay muß als *Santenay* verkauft werden.

Die Situation war sowohl für Pommard als auch für Santenay äußerst ungünstig, am meisten aber für den Konsumenten. Jeder noch so kleine in Pommard gezogene Wein beispielsweise durfte nun den alleinigen und ausschließlichen Ruhm auf sich vereinen, den dieser Ort zusammen mit seinen Nachbarn im Lauf der Zeit erworben hatte. Einige Städte und Dörfer — wie Beaune, Meursault, Volnay —, die seit jeher Handelszentren gewesen waren und den Wein aus der ganzen Umgegend vertrieben hatten, profitierten von dem Gesetz. Andere Gemeinden verbanden, um ihre Weine zu legitimieren, ihre Ortsnamen mit den Namen ihrer bekanntesten Weine, eine Maßnahme, die sich in den darauffolgenden Jahren in weiten Gebieten durchsetzte. So legte sich Chassagne den Namen der berühmten Montrachet-Lage zu, die zur Hälfte in der Gemeinde liegt, und hieß seitdem Chassagne-Montrachet. Gevrey verband sich mit Chambertin. Aus Puligny, zu dem die andere Hälfte von Montrachet gehört, wurde Puligny-Montrachet. Nuits hieß von nun an Nuits-Saint-Georges. Chambolle beanspruchte den hochtönenden Namen Musigny. Vosne nannte sich nach seinen Romanée-Weinbergen Vosne-Romanée. Gilly, ein Dörfchen im Schatten des großen Clos de Vougeot, war eine Zeitlang als Gilly-lès-Vougeot bekannt. Heutzutage ist der Name Gilly fast vergessen — man spricht nur noch von Vougeot.

Diese Maßnahmen hatten den gewünschten Effekt. Chassagne war vorher unbekannt gewesen und sein Wein deshalb unverkäuflich. *Chassagne-Montrachet* dagegen war ein Begriff. Natürlich, er hatte ja etwas mit dem wundervollen *Montrachet* zu tun.

Die Tatsache, daß die einzige Verbindung zwischen einem *Chassagne-*

Montrachet und einem *Montrachet* im selben Gemeindepfarrer und im selben Postboten besteht, fällt nicht unbedingt ins Gewicht. Man vergißt nur zu leicht das wichtigste: die beiden Weine gedeihen auf verschiedenen Böden, auf verschiedenen Hängen. Der *Montrachet* stammt aus einer Spitzenlage, während der *Chassagne-Montrachet* auf irgendeinem beliebigen Weinberg innerhalb der Ortsgrenzen wächst.

Die Unterteilung der Weinberge

Die Schwierigkeiten Burgunds sind hier noch nicht zu Ende. Sogar innerhalb der illustren Lagen mit ihren geliehenen Namen ist alles nicht so einfach, wie es vielleicht scheint.

Kaum eine der bekannten Lagen gehört einem einzelnen Besitzer. Der Wein, den zwei verschiedene Hersteller aus den gleichen Trauben in derselben Saison gewinnen, ist nicht derselbe Wein. Der eine läßt ihn länger gären, der andere kürzer; einer sucht die unreifen oder überreifen Trauben heraus, der andere nicht; einer beginnt mit der Lese zwei oder drei Tage vor dem anderen — auch deshalb sind die Ergebnisse sehr unterschiedlich. Selbst wenn man sich also auf eine Lage und einen Jahrgang in Burgund beschränkt, werden einem trotzdem verschiedene Weine angeboten.

In manchen Fällen liegt das am Weinberg selbst. Das Erdreich eines Berges besteht horizontal und vertikal aus verschiedenen Schichten. Viele Rebanlagen erstrecken sich vom flachen Land über einen steilen Hang nach oben, also über mehrere Erdschichten. Der Wein ist unterschiedlich, je nachdem, auf welchem Teil des Weinberges er wächst, auch wenn alle Weine den Namen dieses Weinberges tragen. Ein altbekanntes Beispiel dafür ist der berühmte Clos de Vougeot, dessen 120 Morgen alle möglichen Bodenarten aufweisen; jedes Stückchen Land hat hier das Recht auf denselben großen Namen.

Dies sind die internen Schwierigkeiten, mit denen sich der burgundische Weinhandel auseinandersetzen muß.

Burgund treibt also einerseits Handel mit den Spitzengewächsen von einzelnen Besitzern ausgesuchter Lagen, was sich nur bei Weinen lohnt, die sich zusätzlicher Arbeit und Kosten würdig erweisen. Und andererseits kauft der Handel für die übrigen Sorten von den verschiedensten Weinbauern im Großen ein und macht daraus in den Verschnittfässern das, was — man hofft es jedenfalls — einen typischen und repräsentativen Wein ergibt.

Bei einem Burgunder kommt es demnach vor allem darauf an, daß man zwischen einem original abgefüllten Edelwein und dem Verschnitt eines Händlers unterscheidet. Leider wird man dabei nicht immer von den Etikettzeichnern unterstützt. Am wichtigsten ist jedenfalls, daß man zwischen dem Namen eines Ortes und dem eines Weinbergs unterscheiden kann. Allerdings darf die hier gebrauchte Bezeichnung »Verschnitt« nicht mißverstanden werden. Es handelt sich dabei nicht um das Vermischen von unterschiedlichen Weinen, wie zum Beispiel bei deutschen Rotweinen, die einen Zusatz von tiefrotem »Deckwein« erhalten können.

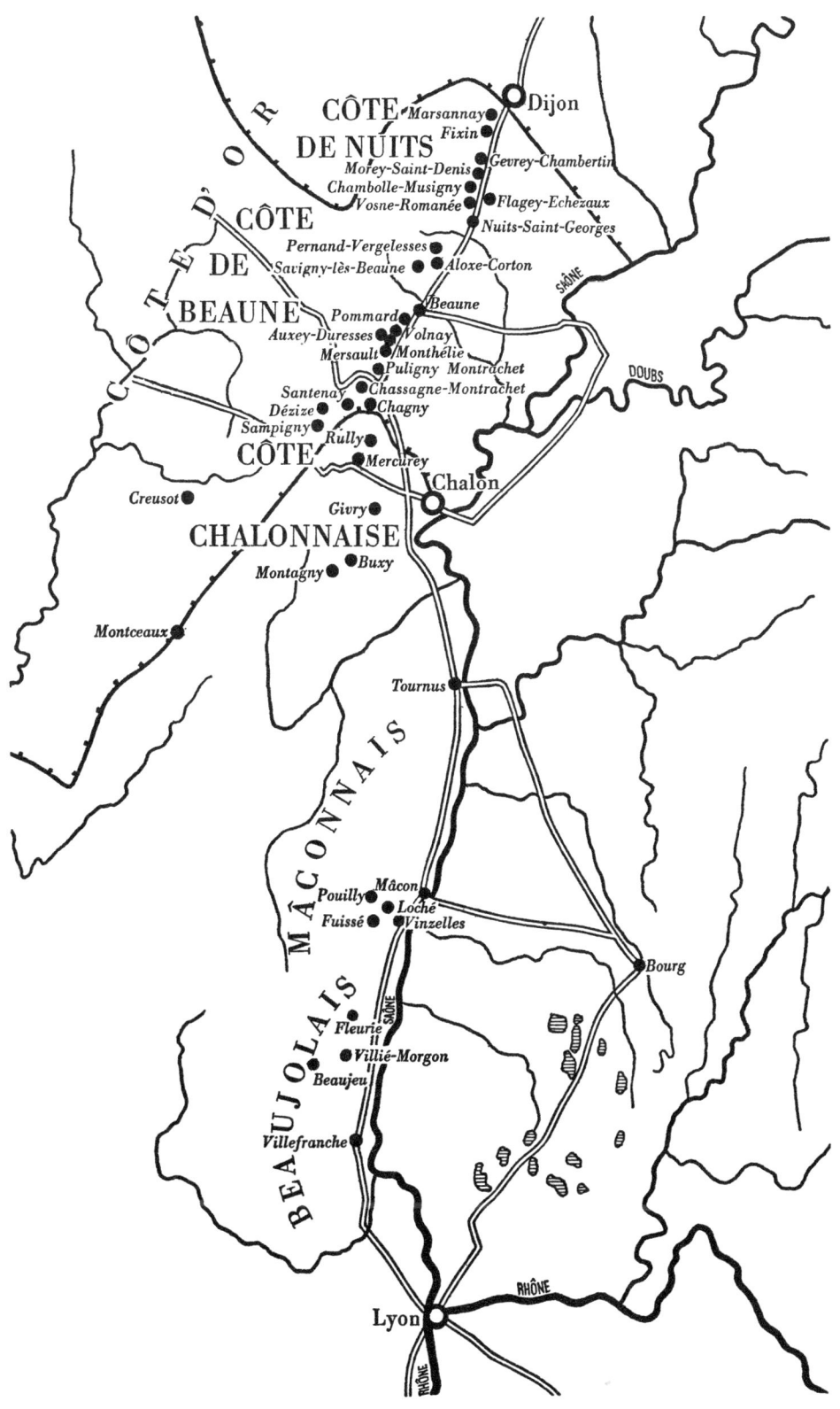

CÔTE
DE NUITS

CÔTE
DE
BEAUNE

CÔTE
CHALONNAISE

Dijon

Marsannay
Fixin
Gevrey-Chambertin
Morey-Saint-Denis
Chambolle-Musigny
Vosne-Romanée
Flagey-Echézaux
Nuits-Saint-Georges
Pernand-Vergelesses
Savigny-lès-Beaune
Aloxe-Corton
Pommard
Beaune
Auxey-Duresses
Volnay
Mersault
Monthélie
Puligny Montrachet
Santenay
Chassagne-Montrachet
Dézize
Chagny
Sampigny
Rully
Mercurey
Chalon
Creusot
Givry
Montagny
Buxy
Montceaux
Tournus
MÂCONNAIS
Mâcon
Pouilly
Loché
Fuissé
Vinzelles
Bourg
BEAUJOLAIS
Fleurie
Villié-Morgon
Beaujeu
Villefranche
RHÔNE
Lyon
RHÔNE

SAÔNE
DOUBS

Karte 10   Burgund

159

Die endgültige Klassifizierung der Lagen nach ihrer Qualität wurde in Burgund nicht so durchgeführt wie in Bordeaux oder zumindest in einem Teil von Bordeaux. Das burgundische System, das allgemein anerkannt, aber nicht offiziell bestätigt ist, beruht auf dem Gütevergleich. Der beste Weinberg jeder »finage«, das heißt jeder Gemeinde, liefert die Tête de Cuvée, die souveräne Spitzengruppe, manchmal auch als Grand Cru bezeichnet. Wo mehr als *ein* Weinberg hervorragend ist, gibt es mehrere Têtes de Cuvée; wo der vorgeschriebene Standard nicht erreicht wird, gibt es keine. Der Weltmarkt bewertet die sogenannten Burgunderverschnitte recht hoch. In den letzten Jahren erreichten die *Pommard*, *Chambolle-Musigny* und *Vosne-Romanée* fast regelmäßig höhere Preise; höher als die Grands Crus Classés des Médoc. Darüber liegt natürlich dann noch die Preisgruppe der Premiers Grands Crus Classés.

Weinberge der zweiten Kategorie werden, zur allgemeinen Verwirrung, Premiers Crus (erste Hochgewächse) genannt; die der dritten Kategorie zweite Hochgewächse.

Dieser Rangordnung wird allerdings nicht sehr viel Gewicht beigemessen. Qualitätsunterschiede innerhalb der einzelnen Gemeinden können bedeuten, daß die Tête de Cuvée der einen Gemeinde vielleicht weniger gut ist als der Premier Cru einer anderen. In der Praxis ist der Rang eines Tête-de-Cuvée-Weines sehr selten auf dem Etikett vermerkt, auch nicht bei den Weinen unterhalb des Premier Cru. Man muß allerdings beachten, daß die Bezeichnung Premier Cru auf einem Etikett, mit oder ohne Namen des Weinbergs (wenn der Name nicht angegeben ist, handelt es sich wahrscheinlich um einen Verschnitt), nicht ein erstes Hochgewächs im Sinn der Bordeauxweine bedeutet. Es ist einfach eine gute Kreszenz.

Das gebräuchliche Wort für ein Weingut in Burgund ist »domaine«. Domaine entspricht dem Château in Bordeaux und dem Weingut in Deutschland. Auf der Domaine abgefüllte Weine sind also Originalabfüllungen. Originalabgefüllte Burgunder sind seltener als originalabgefüllte Bordeauxweine, die auf jeder Weinliste in genügender Zahl angeboten werden. Nur wenige Weingüter in Burgund sind auf Flaschenabfüllung eingerichtet. Deshalb hat ein Weinhändler das Problem für die Winzer gelöst: er läßt einfach einen Lastwagen mit den notwendigen Abfüllvorrichtungen von Hof zu Hof fahren, der Wein wird dort abgefüllt und als Originalabfüllung verkauft.

Wenn auch Originalabfüllungen gewöhnlich nur mit guten Weinen vorgenommen werden, besteht dennoch keine Garantie für die Qualität; jedermann kann sein Produkt als Originalabfüllung anbieten.

Weniger als ein Viertel des in Burgund hergestellten Weines ist weiß. Jeder weiße Burgunder ist trocken. Burgunder Weißweine können so preiswert sein wie der billigste Weißwein, aber auch so teuer wie der beste Jahrgangs-Champagner. Für den hohen Preis bekommt man allerdings einen der besten Weißweine, die überhaupt im Handel sind.

Chablis und Sauternes sind wohl die bekanntesten und meistimitierten Weißweine der Welt. Chablis gilt als der Urtyp des trockenen jungen Weißweines — quellfrisch, ziemlich hart, leicht grünlich. Diese Eigenschaften treffen auf die billigen Konsumweine aus Chablis — es sind die bekanntesten — absolut zu, aber die außerordentlich bukett- und körperreichen Spitzengewächse haben damit nichts zu tun. Es ist ein weitverbreiteter Irrtum, zu glauben, Chablis sei gleich Chablis. Aus der kleinen Stadt dieses Namens stammt eine solche Vielzahl von unterschiedlichen Weinen wie aus dem übrigen Burgund zusammen.

Die Kleinstadt Chablis liegt in einem Tal, zu beiden Seiten des verträumten Flüßchens Serein, das nur aus Enten und Schilf zu bestehen scheint. Die Stadt ist grau, zum großen Teil alt, und um acht Uhr abends völlig ausgestorben. Unmittelbar über der Stadt im Norden sind die Hügel am steilsten, und

Grand Cru

hier gedeihen auf einer Strecke von etwa 25 Kilometern die Grands Crus, die Spitzenlagen. Hierzu gehören die Weinberge *Bougros, Les Preuses, Vaudésir, Grenouilles, Valmur, Les Clos* und *Les Blanchots*. In ihrer Nähe gibt es noch einige große Weinberge, die man vielleicht noch besser kennt, da ihr Wein weiter verbreitet ist. Sie heißen *La Fourchaume, Vaulorent* und *Montée de Tonnerre*. Rund zwanzig von ihnen dürfen sich Chablis Premier Cru nennen. Weine

Premier Cru

unterhalb dieser Klasse heißen einfach *Chablis*, ohne daß der Name des Weinbergs hinzugefügt wird.

Petit Chablis

Die leichten Weine vom Rand des Weinbaugebiets, die weniger Alkoholgehalt haben als der eigentlich Chablis, nennt man *Petits Chablis*. In schlechten, sonnenlosen Jahren erreichen sogar die guten Kreszenzen nicht den nötigen Alkoholgrad; in diesem Fall nennen auch sie sich, wenn sie 9,5 Prozent Alkohol erreichen, *Petits Chablis*.

Im allgemeinen weisen sich also die besten Chablis in ihrer Güte durch einen der obengenannten Weinberge aus und tragen außerdem die Bezeichnung Grand Cru. Niemand ist verpflichtet, den Weinberg zu erwähnen. Der Name könnte ebensogut Chablis Grand Cru lauten, aber das ist nicht üblich. Andererseits findet man Chablis Premier Cru ohne den Namen der jeweiligen Lage häufiger, denn nicht alle Weinberge, die diesen Titel führen dürfen, sind bekannt.

Im Geschmack sind die großen Chablis absolut trocken, aber keinesfalls dünn. Das Bukett ist reich, das Aroma kann man eher leicht mineralisch als fruchtig nennen. Die Weine dieser Gegend können einen erstaunlich hohen Alkoholgehalt erreichen, und sie weisen weitgehend gleichbleibende Eigenschaften auf. Bei den kleineren Sorten treten sie nur weniger hervor. Chablis ist nie süß, sondern immer ein wenig steinig im Geschmack. Bei den großen Lagen muß man für den höheren Alkoholgehalt, für mehr Charakter und Bukett, intensiveren Geschmack und einen vollen, lang anhaltenden Nachgeschmack bezahlen.

In schlechten Jahren entwickelt sich keine dieser Qualitäten. Die besten Weine werden zurechtgemodelt, und die schlechtesten sollte man gar nicht trinken. Der Großteil des Durchschnittsweins aus Chablis wird ohnehin in den Restaurants der Umgegend und in Paris ausgeschenkt.

In Chablis gedeiht ungefähr ein Zehntel der Weine, die als Chablis verkauft werden. Es ist einer der am häufigsten imitierten Weine der Welt. Man darf kaum erwarten, daß der offene Wein, der in Fischrestaurants unter dem Namen *Chablis* ausgeschenkt wird, wirklich Chablis ist. Immerhin schmeckt er *gewöhnlich* angenehm.

Saint-Bris-le-Vineux

Einige Weißweine aus derselben Gegend könnte man als Unter-Chablis bezeichnen. Der Ort Saint-Bris-le-Vineux ist seit einiger Zeit dafür bekannt. Er stellt einen sehr leichten trockenen Wein aus der Sauvignon, der weißen Traube her, die eher in Bordeaux und an der Loire als in Burgund zu Hause ist. Man strebt hier einen ähnlichen Wein an wie den bekannten *Muscadet* aus der Bretagne. Er wird außerhalb dieser Gegend nicht verkauft. Sie sollten ihn aber unbedingt versuchen, wenn Sie einmal nach Burgund kommen. Trinken Sie ihn im Restaurant des Hotels de la Ville d'Auxerre in Toucy, zwischen Auxerre und Briare, bevor Sie ein »Escalope de veau à la Tante Nini« verspeisen. Tante Ninis Sauce wird mit Sauerampfer, Zitronensaft und Sahne zubereitet.

Wir haben im Norden Burgunds mit dem Chablis begonnen und wenden uns jetzt den südlicheren Weißweingebieten in der Reihenfolge von Nord nach Süd zu. Dabei trifft man zuerst einmal auf die Côte de Nuits, die Hügelkette zwischen Dijon und Nuits-Saint-Georges.

CÔTE DE NUITS

Eigentlich ist die Côte de Nuits ein reines Rotweingebiet. Nur an vier Orten wird überhaupt Weißwein hergestellt und zwar in so kleinen Mengen, daß man ihn kaum irgendwo bekommt. Er ist jedoch außerordentlich gut, so gut wie alle französischen Weißweine, außer dem, der etwas weiter die Straße hinunter gedeiht. Es gehört zu den Kuriositäten, die den Wein so reizvoll machen, daß man den Namen eines bekannten Rotweins auf einer Weißweinflasche entdecken kann. Diese Möglichkeit besteht beim *Musigny*, einem köstlichen, vollen, trockenen Wein, beim *Morey-Saint-Denis*, dem *Clos de Vougeot* und beim *Nuits- Saint-Georges*. Die Besonderheit dieser Weine besteht in der Ähnlichkeit mit ihren roten Brüdern. Es kann Ihnen passieren, daß Sie mit geschlossenen Augen einen alten *Clos Blanc de Vougeot* trinken und ihn für Rotwein halten. Es läßt sich zwar ein Unterschied feststellen, jedoch tritt die Ähnlichkeit weit deutlicher hervor.

CÔTE DE BEAUNE

Beaune

In der südlichen Hälfte der Côte d'Or — hinter der Stadt Nuits-Saint-Georges und einem Hügeldurchbruch, wo durch die Sandsteinbrüche von Comblanchien aus alten Weinbergen ein häßlicher Industrieflecken entstanden ist — produziert man Weißwein. Beaune, die schöne Stadt mit ihren alten Mauern, die diesem Teil der Côte ihren Namen gibt, liegt nahe der nördlichen Grenze dieses Gebiets.

Von den Weinen aus Beaune ist nur ein geringer Teil weiß; die einzige

Lage heißt *Clos des Mouches*. Der Weißwein ist sehr gut, aber Beaune ist vor allem für seinen Rotwein bekannt.

Savigny-lès-Beaune

Das gleiche gilt für Savigny-lès-Beaune, einem Dorf mit einem der wenigen burgundischen Châteaux, der nordwestlich unterhalb der Hügelkette an das Gebiet von Beaune grenzt. Auch hier gibt es vor allem Rotwein und wenig Weißwein. Beide gehören nicht zu den besten Burgundern, aber sie lassen sich angenehm trinken und sind außerdem nicht teuer.

Die Côte de Beaune beherbergt drei große Weißweine in ihrem Gebiet: *Corton-Charlemagne*, *Montrachet* und die Weißweine von Meursault. Zusammen mit Chablis und *Pouilly-Fuissé* stellen sie die Gesamtheit der großen weißen Burgunder dar.

Corton-Charlemagne

Corton-Charlemagne ist etwas Besonderes. Es gibt nur einen *Corton-Charlemagne*. Die Lage befindet sich auf der Westseite eines Südhangs auf einem sonderbar runden Hügel, der nördlich von Beaune aus der Côte herausragt. Auf dem östlichen Teil des Hügels, oberhalb von Aloxe, gedeiht der Rotwein *Corton*. Keine sichtbare Linie trennt die beiden Parzellen voneinander, aber irgendwo auf diesem Hügel, vielleicht an einem bestimmten Baum oder an einer Hütte, wechselt die Lage von Südosten nach Südwesten — und so wächst auf der einen Seite Wein zum Fisch, auf der anderen Wein zum Rind. Man kann den *Corton-Charlemagne* als einen der größten weißen Burgunder bezeichnen, denn er ist vollmundig und hinterläßt einen deutlich spürbaren langen Nachgeschmack. Er wird aber auch als monoton bezeichnet, das heißt, der erste Eindruck ist wie der letzte (manche Weine »entwickeln« sich sozusagen erst im Mund, überraschen anfangs durch ihre Saftigkeit und wirken am Ende adstringierend oder umgekehrt). Der *Corton-Charlemagne* ist schwer zu beschreiben: die Bewohner von Burgund behaupten gern, er dufte zwar nach Zimt, erinnere aber im Geschmack an ein Feuerzeug. Man kann also in Kalamitäten geraten, wenn man versucht, den Geschmack eines Weines genau zu definieren.

Corton

In einer kleinen Parzelle des Corton-Rebengeländes, gleich neben *Corton-Charlemagne*, wird ein nicht ganz so edler Weißwein bereitet. Das burgundische System, nach dem der Wein mit dem kürzeren, nicht klassifizierten Namen (Corton im Gegensatz zum Corton-Charlemagne) der bessere ist, trifft hier nicht zu — im Gegenteil. *Corton* ist für Rotwein der beste Name; für Weißwein der zweitbeste.

Meursault

Meursault, der größte Ort der Côte de Beaune, ist ein hübsches, graues, nicht sonderlich lebendiges Städtchen; es scheint immer in tiefem Schlaf zu liegen. Der Meursault ist insofern bemerkenswert, als er sehr trocken und gleichzeitig sanft und rassig ist. Einige Weinkenner bezeichnen ihn als mehlig, denn er erinnert sie auf irgendeine Weise an Hafermehl; andere vergleichen ihn mit Haselnüssen. In seine außerordentlich blaßgoldene Farbe mischt sich ein Anflug von Grün.

Dieser Wein ist erstaunlich haltbar; er gehört nicht zu den billigen weißen Burgundern, aber auch niemals zu den teuersten. Kein einzelner Meursault-Weinberg ist so überragend und weltbekannt wie der benachbarte Montrachet. Doch die besten Lagen von Meursault, im Süden des Städtchens, mit den Namen *Les Perrières, Les Charmes, La Pièce-sous-le-Bois, Les Genevrières* und einige etwas weniger edle (die bekanntesten sind *Le Poruzot* und *La Goutte-d'Or*), bringen den reizvollsten aller weißen Burgunder hervor: einen weichen, geschmeidigen und bukettreichen Wein. Einfacher, nicht klassifizierter Meursault kann, wie alle Burgunder, von Händler zu Händler sehr unterschiedlich sein. Trotzdem kann man ihn als einen der zuverlässigsten Weine betrachten. Die Produktion ist verhältnismäßig groß, und keine übertriebene Benennung hat der Gegend falschen Glanz verliehen.

Auxey-Duresses   Auxey-Duresses gehört nicht zu den berühmten Namen Burgunds, doch seine Weißweine, Nachbarn und Verwandte der Meursault, sind erstklassig und den bekannteren Kreszenzen ähnlich. In einem guten Jahr zeigen sie eine Spur Süße; sie sind lebendig, frisch und leicht grün. Ihr größter Vorzug besteht darin, daß sie nicht in Mode sind; daher erzielen sie auch keine Phantasiepreise. Ein *Auxey-Duresses* auf einer Weinkarte ist mit ziemlicher Sicherheit ein Zeichen für sorgfältigen und überlegten Einkauf und deshalb vollwertig.

Montrachet   *Montrachet* ist normalerweise der Name, der den meisten Menschen einfällt, wenn es um weißen Burgunder geht. Wodurch nun ragt der Montrachet aus den Weinen seiner Umgebung heraus, nicht als Riese unter Zwergen, sondern als Koloß unter Riesen? Das liegt einfach an der Kraft und der Schönheit seines Geschmacks. Der Montrachet besitzt den Charakter eines vollkommen harmonischen Weißweines. Er hat natürliche Süße, ohne übermäßig viel Zucker zu enthalten; er ist nicht dickflüssig, sondern trocken und lebendig; er ist weich und trotzdem fest und klar in seiner Richtung. Ohne zu imitieren, erinnert er dennoch an herrliches, vollreifes Obst.

Puligny   Die Lagen von Montrachet, die eine solche Begeisterung hervorzurufen vermögen, gehören zu den beiden Orten Puligny und Chassagne am südlichen Ende *Chassagne*   der Côte de Beaune; beide bedienen sich des Namens *Montrachet*. Der Hügel ist durch Wege und bröckelige Steinmauern in drei Parzellen unterteilt. Der mittlere Teil heißt *Le Montrachet*, der untere *Bâtard-Montrachet* und der obere, von Montrachet bis zur Kuppe hinauf, *Chevalier-Montrachet*. Mancher behauptet zwar, Bâtard und Chevalier seien weniger gute Weinberge, aber das ist absolut keine Wertminderung. Viele finden diese Weine trinkbarer als den Montrachet.

In Montrachet gibt es drei einflußreiche Besitzer: den Marquis de Laguiche, den Baron Thénard und die Firma Bouchard Père et Fils. Das übrige Gebiet ist in derart kleine Parzellen aufgeteilt, daß hier kein eigener Wein bereitet werden kann, er würde nicht einmal einen Gärbehälter füllen. Also mischen die Winzer die Trauben all ihrer Parzellen in den verschiedenen Lagen. Dadurch verliert der Wein jedoch seine Identität und auch das Recht auf einen großen Namen.

Alle Weine, die diese Namen tragen, sind überragend. Kaum weniger gut sind die übrigen klassischen Lagen von Puligny und Chassagne mit den üblichen burgundischen Namen: *Les Combettes, Les Pucelles, Cailleret.* Selbst die einfachen Landweine, die nicht klassifiziert sind, aber überall gern getrunken werden, kann man als jedem anderen französischen Landwein ebenbürtig bezeichnen. Vom einfachen *Chassagne-Montrachet* wird gesagt, er sei dem einfachen *Puligny-Montrachet* an Delikatesse überlegen. Wie dem auch sei, beide sind, wenn man sie bei einem zuverlässigen Händler kauft, wirklich gute Weine.

Montrachet
zum Essen

Die Frage, was man zu einem Wein vom Format eines Montrachet essen soll, ist nicht leicht zu beantworten. Es gibt wohl kein Gericht, das von diesem hervorragenden Wein nicht vollständig in die Ecke gedrängt würde. Am besten genießt man Montrachet mit Fisch oder einem gebratenen, gegrillten oder auch gekochten Hühnchen.

Chagny

Die Stadt Chagny (ein kleiner Wein trägt ihren Namen) liegt am südlichen Ende der Côte de Beaune. In den unmittelbar südöstlich von Chagny gelegenen Orten werden gute Weißweine gemacht. Ihre reizvollen Namen —

Cheilly
Dézize
Sampigny

Cheilly, Dézize und *Sampigny* — findet man auf der Liste der Weinhändler, die ihr Geld lieber in guten unbekannten Weinen anlegen als in Sorten, die weiter südlich gedeihen und weltläufige Namen tragen. Der Ertrag ist jedoch so gering, daß es sich nicht lohnt, sie groß herauszubringen.

CÔTE CHA-
LONNAISE
Rully
Mercurey
Givry
Montagny

Hinter Chagny haben die Hügel nicht mehr den gleichmäßigen Schwung wie bisher. Die Côte besteht hier aus kümmerlichen Bodenerhebungen und trägt trotzdem den schönen Namen Côte Chalonnaise, was sich von dem im östlichen Teil des Tales gelegenen Chalon-sur-Saône herleitet. Rully, Mercurey, Givry und Montagny, die Orte der Côte Chalonnaise, produzieren alle Weißwein. In Rully und Montagny wird hauptsächlich Weißwein hergestellt, in den beiden anderen Orten nur wenig. Gut können sie alle sein. Keiner dieser Weine erreicht jedoch das Format oder den Alkoholgehalt der großen weißen Burgunder, keiner dehnt sich so im Mund aus, hat einen solchen Nachgeschmack oder ein solches Aroma. Sie sind leicht, hell, sauber im Geschmack und können im Alter interessanter werden — ein Test, den kein zweitklassiger Weißwein besteht. Man kann sie also mit gutem Gewissen als vollwertige Weine kaufen — wenn man sie bekommt.

MÂCONNAIS

Weiter südlich, zwischen Chalon und Mâcon, der nächsten größeren Stadt an der Saône, ist die Landschaft wieder hügelig. Die Côte zeigt immer noch nach Osten über den Fluß, aber dahinter bildet das Land unregelmäßige junge Bergformationen, die wie Wellen auf bewegter See wirken.

Mâcon
Supérieur

Der Weißwein des Mâcongebietes, der *Mâcon Blanc*, ist das weiße burgundische Äquivalent zum Beaujolais. Er ist im allgemeinen der billigste weiße Burgunder auf jeder Weinliste. Der zweitbilligste ist meistens ein *Mâcon Supérieur*, was jedoch nicht gegen die Qualität dieser Weine spricht. Das sehr große Gebiet hat eine hohe Produktion, und ein geschickter Weinhändler findet hier immer etwas Außergewöhnliches zu einem erträglichen Preis. Der einfache Mâcon Blanc ist nicht so trocken wie Chablis und nicht so weich wie Meursault. In der Farbe ist er etwas gelblicher als die beiden, er schmeckt fest und kräftig, selten säuerlich. Wir haben es also hier mit einem Weißwein für viele Gelegenheiten zu tun, der gut zu Fisch und Geflügel paßt und sich in der heißen Jahreszeit ausgezeichnet als durststillendes Getränk eignet. Das Mâcongebiet bringt allerdings noch einen Wein hervor, der in eine andere Klasse gehört und nur mit den besseren, wenn nicht den besten Weinen von Chablis oder der Côte de Beaune verglichen werden kann. Es handelt sich um den *Pouilly-Fuissé* — ein so bekannter Name, daß er manchmal das Opfer seiner eigenen Popularität wird.

Pouilly-Fuissé

Vier Orte bringen ihren Wein unter der Bezeichnung *Pouilly-Fuissé* auf den Markt: Fuissé, Solutré-Pouilly, Vergisson und Chaintré. Sie alle liegen in einer ursprünglichen, zartgrünen Landschaft, wo die Bauernhäuser bereits südlichen Charakter haben. Das Licht hier ist sehr hell, und tiefviolette Schatten teilen die Straßen mit ihren seitlichen Steinmauern in zwei Hälften. Hier und da unterbricht das flache Rechteck eines unbebauten Feldes oder einer Weide die endlosen grünen Rebenzeilen an den Hängen.

Das Château de Fuissé, der aus dem fünfzehnten Jahrhundert stammende Herrensitz dieses Dörfchens, ist ein bedeutendes Weingut und liefert einige der besten Weine der ganzen Gegend. Die Familie des heutigen Besitzers, Marcel Vincent, ist schon seit vier Generationen hier im Weinbau tätig. Eines Tages wird sein Sohn das Gut übernehmen. Der Wein der Familie Vincent zeichnet sich durch Zartheit, Milde, Frische und Klarheit aus.

Im Hof des Château de Fuissé befindet sich unter Apfelbäumen ein kleines bemoostes Forellenbassin — herrlich kühl anzusehen an einem staubigen Sommernachmittag. Forellen und Äpfel sind ein Symbol für die Eigenschaften des *Pouilly-Fuissé:* nicht mächtig oder stimulierend, sondern sanft und belebend.

Der beste Wein dieses Gutes wird mit einem eigenen Etikett als *Château de Fuissé* verkauft. Nur in guten Jahren ist der Jahrgang darauf vermerkt. Die Weine aus Durchschnittsjahren kommen mit der Bezeichnung »cuvée privée« auf den Markt.

Pouilly-Loché
Pouilly-Vinzelles

Neben den bereits erwähnten Orten bringen noch zwei Dörfer Wein in der Art des *Pouilly-Fuissé* hervor. Sie heißen Pouilly-Loché und Pouilly-Vinzelles, jedoch wird ihr Wein kaum unter diesen Namen exportiert.

Pouilly-Fuissé schließt die Reihe der weißen Spitzenburgunder ab. Er hat nicht nur das Format, sondern — was fast ebenso wichtig ist — er wird auch in genügender Menge produziert, um seinen weltweiten Ruf behaupten zu können. Zu einem Gericht aus feinen Meerestieren, als Auftakt zu einem offiziellen Essen oder als Begleiter zu einem Hühnchen ist er einer der hochwertigsten französischen Weine.

BEAUJOLAIS

Weiter südlich, wo Burgund mit den schönen Beaujolaisbergen endet, liegt ein fast ausschließliches Rotweingebiet. Es wird dort zwar auch etwas weißer Beaujolais hergestellt; eigentlich jedoch besteht kein Grund, Weißwein in diesem Land zu machen, das mit Recht berühmt ist für seinen Rotwein, an dem deshalb auch fortwährend Mangel herrscht. Weißer Beaujolais ist ein angenehmer, trockener, mittelstarker Wein, der noch den vollen Traubengeschmack mitbringt und gewiß seine Reize hat, doch er reicht weder im Format noch im Stil an den *Pouilly-Fuissé* oder den roten Beaujolais heran.

Die Kontrollen in der Namengebung der Burgunderweine sind sehr streng in bezug auf die Traubensorte. Alle großen klassischen roten Burgunder werden aus der Pinottraube gewonnen, alle weißen aus der Chardonnaytraube. Eine andere weiße Traube, Aligoté, wird überall in Burgund, vor allem für den *Bourgogne Aligoté* Eigenbedarf, angebaut. Der Wein aus dieser Traubensorte darf sich nur *Bourgogne Aligoté* nennen, ohne einen Ortsnamen zu führen. Wenn Sie in Chablis einen Aligoté verlangen, bekommen Sie einen Chablis Aligoté, in Meursault ist es ein Meursault Aligoté. Im allgemeinen handelt es sich um keinen besonderen Wein. Ein guter Winzer kann jedoch etwas recht Delikates daraus machen, einen Abglanz seines Chardonnayweines aus derselben Gegend. Ein erfahrener Händler wird einen guten Aligoté wählen und ihn zu einem angemessenen Preis als seinen Burgunder »ordinaire« auf den Markt bringen.

Bordeaux

Bordeaux nimmt unter allen Weinbaugebieten eine Sonderstellung ein. Hier werden nicht nur überragende Qualitäten, sondern auch ungeheure Quantitäten produziert. Die Weinberge bedecken eine Fläche von etwa achtzig mal hundertzehn Kilometern. In Bordeaux werden durchschnittlich 30 bis 35 Millionen Liter Wein gewonnen, während die Höchstmenge in Burgund (Beaujolais inbegriffen) etwa 12 Millionen Liter beträgt.

Die besten Bordeauxweine erscheinen an einer anderen Stelle dieses Buches: bei den großen Rotweinen. Ihnen fast ebenbürtig, aber ganz anders geartet, sind die überaus köstlichen, sehr süßen Sauternes (siehe Seite 347 ff.). In diesem Kapitel »Weiße Tischweine« beschränken wir uns jedoch auf die trockenen, halbtrockenen oder halbsüßen Weine unter dem Sammelnamen *Graves*, die in fast allen Teilen des Bordelaiser Weinbaugebiets gewonnen werden.

GRAVES Graves heißt ein Gebiet um die Stadt Bordeaux. Es erstreckt sich von Bordeaux aus südlich zwischen alten verschütteten Sanddünen und wuchernden Pinienwäldern; hier ist der Rotwein besser als der Weißwein, er gehört mit zu den besten aller roten Bordeauxweine überhaupt.

Bekannte Weinhandelshäuser in Bordeaux verkaufen ihre roten Weine mit der Bezeichnung Appellation Générique Graves Rouge und bei großen klassi-

167

Graves
Supérieurs

fizierten Gewächsen, wie Latour-Haut-Brion oder La Mission-Haut-Brion, steht auf dem Etikett: Appellation Graves Contrôlée, Grand Cru Classé. Der Weißwein dieser Gegend darf sich *Graves* nennen bei zehn, beziehungsweise *Graves Supérieurs* bei zwölf Prozent Alkoholgehalt.

Die besten Sorten sind trocken, vollmundig und mild und nicht ganz klar ausgerichtet; sie lassen am Ende einen leichten Hauch von Vanille im Nachgeschmack spüren. Billige Sorten sind mittelsüß und flach. Mit dem Alter werden Geschmack und Farbe intensiver. Alter Graves bekommt eine gewisse Ähnlichkeit mit dem Sauternes, ohne dessen Süße anzunehmen. Junger Graves ist der durchschnittliche, mittelherbe Weißwein für viele Gelegenheiten.

Im Bordelaiser Weinland gibt es nur eine einzige Gegend, in der rote und weiße Lagen sich in den Ruhm teilen: Graves. Einige der besten Weingüter produzieren beide Weinarten. Ihr Rotwein ist fast immer besser als ihr Weißwein, aber die Tradition scheint vorzuschreiben, daß bestimmte Teile des Landes mit Weißweintrauben bebaut werden müssen, ja es entstehen sogar von Zeit zu Zeit in Graves neue Parzellen mit weißen Trauben.

Château
Haut-Brion

Ein Beispiel dafür ist selbst das große Château Haut-Brion, der hellste Stern von Graves, das den einzigen Wein dieser Gegend hervorbringt, der in der berühmten Sortenklassifizierung von 1855 schon offiziell als erstes Hochge-

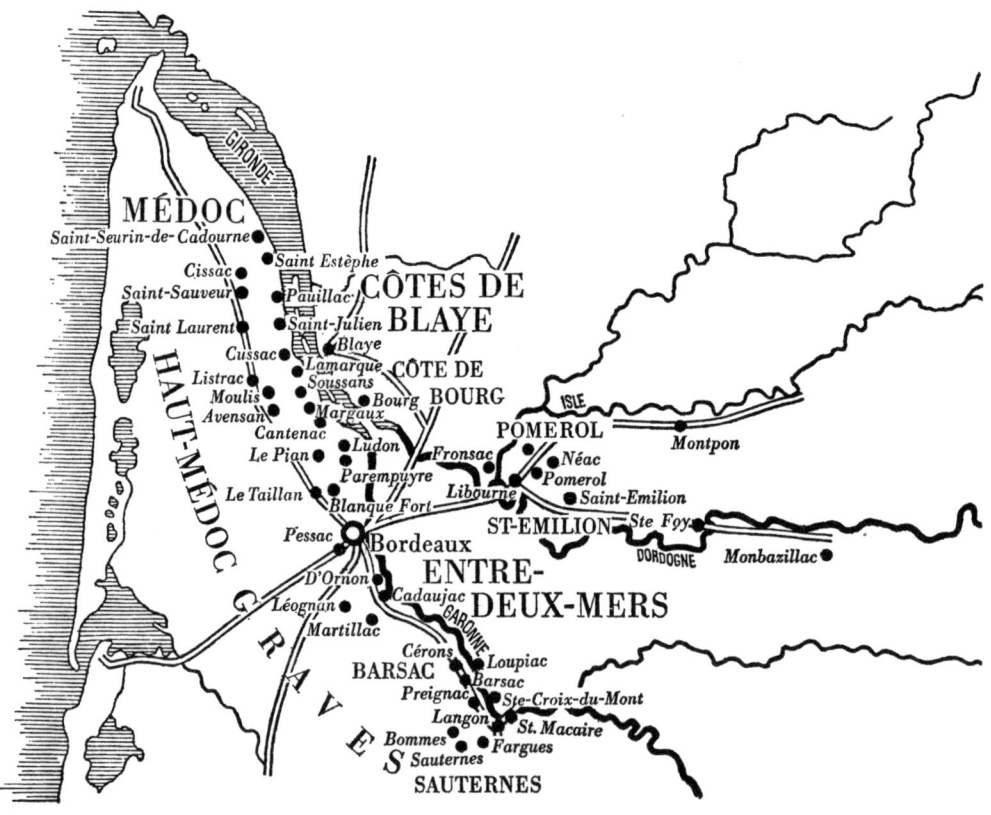

Karte 11   Bordeaux

168

wächs eingestuft wurde. Auch hier gibt es eine kleine Parzelle mit weißen Reben, auf der ein Wein wächst, der von seinen wenigen Kennern sehr gelobt
wird. Château Carbonnieux und Olivier sind unter den großen Châteaux, die
Rot- und Weißweine bereiten, bekannter für ihre Weißweine (obwohl der
Name *Olivier* heutzutage eher für eine Weißweinsorte als für den tatsächlichen Wein aus der Châteaulage Verwendung findet). Das Château Laville produziert ausschließlich weiße Weine unter dem Namen *Château Laville-Haut-Bri-
on*, während die Rotweine des gleichen Besitzers unter der Bezeichnung *Château
La Mission-Haut-Brion* und *Château Latour-Haut-Brion* gehandelt werden.

Die Weißweine all dieser Châteaux sind von überragender Qualität, jedoch nicht typisch für die Graves auf den Listen der meisten Weinhändler.
Einige der Händler verfahren mit den Graves wie mit anderen Weinen, suchen
sich Weinbauern, die guten individuellen Wein in kleinen Mengen erzeugen,
und führen diese Sorten unter ihren eigenen Namen, ob sie nun bekannt sind
oder nicht. Die meisten Graves jedoch werden anonym verkauft. Sie sind ziemlich ausdruckslos, und viele haben sogar einen leichten Schwefelgeruch an sich.
Nicht klassifizierten Graves sollte man im allgemeinen meiden.

*Pessac
Léognan* Von den rund dreißig Gemeinden oder Orten, die zum Gebiet von Graves
gehören, liefern Pessac — sozusagen ein Vorort von Bordeaux — und Léognan
weiter südlich die besten Weine. Hier liegen auch alle obenerwähnten
Châteaux. Nach Süden zu, in Richtung Sauternesgebiet, ist der Wein süßer,
voller und, je mehr man sich der Gebietsgrenze nähert, dem Sauternes immer
Cérons ähnlicher; in der letzten Gemeinde von Graves, Cérons, stellt man einen Wein
her, der leicht mit einem Sauternes zu verwechseln ist. Es gibt keine scharfe
Trennungslinie zwischen den beiden Weinen. Graves ist eher trocken, Sauternes dagegen sollte in einem guten Jahr sehr süß sein; sie treffen sich in der Mitte.

*Château de la
Brède* Die Attraktion der Gegend liegt mitten in Graves. Jeder Besucher dieses
Landes muß das Château de la Brède sehen. Einst war es der Wohnsitz von
Montesquieu, und es ist bis heute noch so erhalten, wie er es vor zweihundert
Jahren verlassen hat; jetzt wird es von seinen Nachkommen bewohnt. Die Ge-
schichte des Schlosses beginnt lange vor seinem illustren Besitzer. Von einem
Wassergraben umgeben, thront das mittelalterliche Gebäude inmitten einer
Wiese, die Bäume wahren gebührenden Abstand — ein Bild wie aus einem
alten Stundenbuch. Die Comtesse de Chabannes, die derzeitige Besitzerin,
trinkt vor dem Mittagessen ein Glas ihres Weißweines auf dem Rasen bei der
alten Zugbrücke und erwartet ihre Besucher, die unter alten Fallgittern hindurch eintreten. Es ist nur ein kurzes Stück über die Wiese bis zum »chai« (so
nennt man in Bordeaux das Gebäude, wo der Wein bereitet und gelagert wird),
der wie ein kleiner Bauernhof am Waldrand liegt. Drinnen ist es stockdunkel;
erst allmählich erkennt man die Umrisse der Fässer, die in Reihen auf dem aus
Erde gestampften Boden lagern; die Hühner scharren dazwischen nach Futter.
Ein Glas des kühlen gelben Weines, der geschmeidig, trocken und angenehm

schmeckt, wird mit einem Stechheber aus dem Faß gezogen. Draußen in der Sonne nippt man daran, das Schloß im Blickfeld, das schon seit fünfhundert Jahren so dasteht und sich ruhig im Burggraben spiegelt.

Fast überall in Bordeaux wird auch Weißwein hergestellt, in manchen Teilen sogar ziemlich viel. Graves bringt — wir sagten es schon — die besten trockenen Weißweine hervor, aber auch im Médoc (ausführlich bei den Rotweinen besprochen) wird wenig, doch sehr guter trockener Weißwein bereitet. Sogar das Château Margaux mit seinen edlen Hochgewächsen liefert einen Weißwein, den *Pavillon Blanc du Château Margaux*, der einem guten trockenen Graves gleichkommt. Vom Château Talbot in Saint-Julien im Médoc stammt der *Caillou Blanc du Château Talbot*. Château Loudenne im Médoc und auch Château La Dame Blanche nördlich von Bordeaux stellen ebenfalls einen beliebten trockenen Weißwein her.

MÉDOC

ENTRE-DEUX-MERS

Das große Gebiet Entre-Deux-Mers, zwischen der Garonne und der Dordogne gelegen, ist vor allem für seinen mittleren, weder trockenen noch süßen Weißwein bekannt. Die dort ansässigen Winzer haben wohl bemerkt, daß der Geschmack der Weintrinker immer mehr zu trockenem Wein tendiert, denn ihre Weine werden jedes Jahr trockener. Entre-Deux-Mers soll hauptsächlich zu den Austern getrunken werden, die jedermann in Bordeaux ißt — herrliche fette Austern von der Bucht von Arcachon am Atlantik. Das Motto »Entre Deux Huîtres, Entre Deux Mers« — »Zwischen zwei Austern, zwischen zwei Meeren« (damit sind die beiden Flüsse gemeint, die das Gebiet begrenzen) scheint sich als durchaus erfolgreich zu erweisen.

Ein kleiner Landstrich am Südende von Entre-Deux-Mers hat seinen eigenen Namen: Côtes de Bordeaux Sainte-Macaire. Der Wein dieser Gegend ist süßer als die anderen und gehört daher zu den süßen weißen Bordeauxweinen, die im Kapitel über Weine nach dem Essen nach den Sauternes beschrieben werden.

Die Loire

Die Weine, die man unter dem Sammelbegriff »Loireweine« zusammenfaßt, unterscheiden sich so grundlegend voneinander, daß sie sich kaum in der üblichen Weise beschreiben lassen. Gemeinsam ist ihnen lediglich, daß sie an der Loire gedeihen. Nun ist dieser Fluß aber neunhundertfünfzig Kilometer lang, und auf einer solch langen Strecke machen geologischer Aufbau und Klima allerlei Wandlungen durch. Beide Faktoren wirken sich jedoch außerordentlich stark auf den Charakter eines Weines aus.

So findet man im Quellgebiet des Flusses, nur hundertdreißig Kilometer von den berühmten Côtes von Burgund entfernt, die Weißweine *Pouilly-Fumé* und *Sancerre* mit burgunderähnlichem Charakter. Zweihundertvierzig Kilometer weiter westlich erinnern die süßen Weißweine aus den Coteaux de la Loire und den Coteaux du Layon mehr an weiße Bordeauxweine. Die Weine vom westlichen Teil der Loire, aus den Weinbergen um den Hafen von Nantes, sind wieder völlig anders: kräftig, trocken und dem Chablis verwandt.

Muscadet

Muscadet heißen die Loireweine aus dem Mündungsgebiet, die in Meeresnähe wachsen. Muscadet ist kein Ort, sondern der Name der Traube, aus der diese Weine gewonnen werden. Sie sind die »vins du pays« der Bretagne.

Dieser leichte, herbe Wein gewinnt durch Einlagerung nichts hinzu. In den Pariser Cafés wird er oft wie das weiße Äquivalent zum Beaujolais behandelt und gleich nach der Lese als »vin de l'année« verkauft. Ein im März nach der Lese auf Flaschen gefüllter Muscadet heißt, oft auch auf dem Etikett, »sur lie« — auf der Hefe. Ein gewisser Rückstand in der Flasche ist normal, obwohl sich die Konsumenten nur schwer davon überzeugen lassen, daß der Wein damit keine Mängel aufweist.

Die Rebhalden des Muscadetgebiets rund um die Stadt Nantes machen keinen sehr gepflegten Eindruck. Die Reben wachsen im Frühjahr in einzelnen hellblättrigen Büscheln und sind von den Krautköpfen, mit denen sie das Feld teilen, kaum zu unterscheiden.

Niemand hält den Muscadet für einen großen Wein, aber er ist immerhin ein beliebter Wein in Frankreich. Von einem einfachen »vin de pays« ist er in letzter Zeit zu einem Wein aufgestiegen, auf den kein Restaurant, das etwas auf sich hält, verzichten kann. Der Preis ist dadurch ebenfalls gestiegen. Gerechtfertigt ist der höhere Preis jedoch nur bei einer sehr guten Sorte, aber der Konsument kann sich bei der Auswahl an keinen Lagenamen halten. Die Hälfte der Muscadetlagen befindet sich im Departement Sèvre-et-Maine. Oft erscheint die Bezeichnung *Muscadet de Sèvre-et-Maine* auf dem Etikett besserer Kreszenzen, was die Sache etwas erleichtert. Will man jedoch sichergehen, sollte man ihn nur von einem guten Händler beziehen oder in einem guten Restaurant trinken.

Sancerre und Pouilly-Fumé

Seltsamerweise muß man einen Sprung von der Atlantikküste bis in die Mitte Frankreichs tun, um von den burgunderähnlichen Weinen der oberen Loire zu sprechen, die sozusagen als nächste in der Rangordnung folgen. Als Tischweine dienen sie den gleichen Zwecken wie der Muscadet. Man trinkt sie jung, oft schon in ihrem ersten Jahr; dabei sind sie sehr trocken und leicht im Alkoholgehalt. In der Farbe sind sie so blaß wie der Muscadet, und ihr Charakter bestimmt sie zum sommerlichen Getränk, zu Austern oder Krabben.

Die vier Weinorte des Gebiets heißen Sancerre, Pouilly, Quincy und Reuilly, wovon die beiden ersten die bekanntesten sind. Das hier besprochene Pouilly an der Loire wird oft mit Pouilly bei Mâcon verwechselt, das ebenfalls einen guten Wein, den *Pouilly-Fuissé* liefert. Daß der eine Wein Fuissé und der andere Fumé heißt, stiftet natürlich zusätzliche Verwirrung. Zwischen den beiden Orten liegen nur etwa hundertdreißig Kilometer.

171

Als *Pouilly-Fumé* wird nur der Wein bezeichnet, der in Pouilly-sur-Loire aus der sogenannten Blanc-Fumé-Traube bereitet wird. Der Wein aus anderen Trauben darf sich lediglich *Pouilly-sur-Loire*, aber nicht Fumé nennen. Die Blanc-Fumé-Traube verleiht dem Wein in Verbindung mit dem Kalkboden einen sogenannten Feuersteinduft, wie er entsteht, wenn man zwei Feuersteine aneinander reibt.

Beim *Pouilly-Fumé* ist dieser unverkennbare aromatische Duft etwas zu stark ausgeprägt. In sonnigen Jahren ist er überwältigend, bei den ersten Schlucken noch attraktiv, aber nach einiger Zeit ziemlich stumpf. Sancerre dagegen, die Stadt am westlichen Flußufer, produziert einen Wein, bei dem das Aroma in der richtigen Intensität auftritt, verbunden mit dem delikaten Geschmack nach frischen Trauben. Jemand sagte einmal, das Bukett erinnere an feinen alten Kognak — die Quintessenz aus der Traube schlechthin.

Sancerre und auch *Pouilly-Fumé* erscheinen regelmäßig auf den Weinlisten vieler ausländischer Händler als vollwertige Alternative zu den billigen bis mittleren Sorten des weißen Burgunders. Anfangs, besonders im Winter, wirken sie vielleicht etwas dünn und gehaltlos; ihre Zeit kommt, wenn man sie sehr kalt zu einem sommerlichen Essen aus großen durch die Kühle beschlagenen Gläsern trinken kann. *Château du Nozet* ist wohl der bekannteste, auf jeden Fall der teuerste Pouilly-Fumé, *Chavignol* der beste Wein aus Sancerre.

Folgt man der Loire von dem alten Herzogtum Berry aus, wo der Pouilly ein Fumé ist, zuerst in nordwestlicher und dann in fast genau westlicher Richtung flußabwärts, trifft man als erste große Stadt auf Orléans. Der Wein aus Orléans war einst berühmt, vielleicht weil die Stadt so nahe bei Paris liegt, heute jedoch kennt man nur noch den Essig, der dort produziert wird. Hinter Orléans liegt Blois, und hinter Blois, bereits im Land der Schlösser (der wirklichen Loireschlösser, nicht der Wein-Châteaux), folgt Vouvray. Dieser Ort ist *Vouvray* bekannt für seinen Weißwein. Die Weine der mittleren Loire sind weder zu trokken noch zu süß.

Der *Vouvray* ist in schlechten Jahren dünn, leer und sauer und muß um den letzten Rest Zucker aus den Trauben kämpfen. In außergewöhnlichen Jahren wird er dickflüssig und dabei doch nicht eigentlich süß; er ist immer kräftig. Oft ist er alkoholreich und kann sehr alt werden, was ihn möglicherweise noch verbessert. Meistens kommt er jedoch als mittlerer Wein auf den Markt, der jedermann anspricht, und so kennt man ihn auch im allgemeinen. Ist ein Vouvray von Natur aus leicht und säuerlich, verbessern ihn die Händler mit einem Tropfen gestoppten Mostes (der durch Branntwein- oder Schwefelzusatz am Gären gehindert wurde), um ihm auf diese Weise eine gewisse Süße zu erhalten. Eine edle Flasche Vouvray ist eine Rarität. Wenn Sie einmal einer solchen Flasche begegnen sollten, stammt sie wahrscheinlich aus der winzigen *Jasnières*-Lage, die *Jasnières* eigentlich außerhalb des Vouvraygebiets liegt, angeblich jedoch in guten Jahrgängen den echten Vouvray noch übertrifft. Montlouis dagegen, das Vouvray *Montlouis* gegenüber auf dem anderen Loireufer liegt und nach Norden schaut, produziert kleinere, wenn auch ähnliche Weine.

ANJOU

Das Grenzgebiet von Touraine und Anjou, das nächstfolgende Gebiet in Richtung Westen, also flußabwärts, bringt hauptsächlich Rot- und Roséweine hervor. Weißweine gibt es erst wieder in den Lagen am Nordufer des Stromes und an drei Nebenflüssen: dem Loir im Norden — nicht zu verwechseln mit der Loire —, der Aubance und dem Layon im Süden. Die Weine von den Coteaux de la Loire, wie das Nordufer der Loire genannt wird, sind ausgezeichnet.

Coteaux de la Loire Savennières

Savennières ist der bekannteste Name, und zwei der dortigen Lagen erzielen höhere Preise als alle übrigen des gesamten Loiregebiets. Sie heißen *Roche-aux-Moines* und *Coulée-de-Serrant*. Es sind ausgesprochene Dessertweine: groß, mit hohem Alkohol- und Zuckergehalt. Sie haben ein feines Bukett, eine Ausgewogenheit aller Eigenschaften, die eher an die großen deutschen Weine erinnern, jedoch fehlt ihnen im Vergleich zu den entsprechenden Gewächsen des Sauternes ein gewisser Körperreichtum.

Quarts de Chaume

Quarts de Chaume, von den Südhängen am Nordufer des Layon, ist den eben erwähnten Weinen ähnlich. Er hat allerdings keinen so guten Ruf, ist nicht so delikat in der Blume, wird auch billiger angeboten, und dennoch gehört er als dritter zu den großen süßen Loireweinen.

Bonnezeaux

Bonnezeaux, sein Nachbar, ist ihm ähnlich, wird jedoch kaum exportiert.

Das Elsaß

Die Elsässer Weine sind Frankreichs Äquivalent zu den deutschen Weinen. Vom Französisch-Preußischen Krieg bis zum Ende des Ersten Weltkriegs hat das Elsaß ja zu Deutschland gehört. Damals war sein Wein jedoch unbekannt. Er wurde anonym als »vin ordinaire« gehandelt. Das Elsaß mußte seinen Ruf als Weinland erst nach dem Zweiten Weltkrieg erwerben, als Weinberge und Städte wieder zerstört waren. Das ist diesem Land gelungen, und es genießt den Ruf, einer der zuverlässigsten Produzenten von gutem, preiswürdigem Weißwein zu sein.

Die Elsässer Weine sind trocken und rassig. Sie kokettieren nicht mit der Süße wie die deutschen Weine, sind eher wuchtig in Geschmack und Alkoholgehalt, weniger delikat und kompliziert, aber interessant.

Sie eignen sich vor allem als Tischweine und schmecken ausgezeichnet zu schweren, sahnigen Gerichten. Im Elsaß kocht man würzig und aromatisch.

Elsässische Küche

Die Weine passen auch gut zu Schwein und Gans, also fettem Fleisch, das in der elsässischen Küche viel verwendet wird. Wären sie süßer, könnte einem die Zusammenstellung leicht widerstreben, aber so wie sie sind, stellen sie eine ausgezeichnete zusätzliche Würze dar.

173

»Pâté de foie gras« zum Beispiel, die berühmteste Delikatesse aus dem Elsaß, findet ihre ideale Ergänzung in einem pikanten kalten Traminer.

Die Elsässer Weinberge sind, wie auch die deutschen Rheinlagen weiter nördlich, nach Osten orientiert, doch liegen die Hänge einige Kilometer vom Rheinufer entfernt. Durch die sanften Vogesenhügel winden sich schmale Pfade. Die ganze Welt scheint hier aus Reben zu bestehen.

Die alten Städtchen bieten ein überaus idyllisches Bild mit ihren bemalten Dachrinnen und Giebeln, dem Kopfsteinpflaster, den Brunnen, den Geranienkästen, den Torbögen mit den Uhren und Glocken, den Butzenscheiben — *Riquewihr* all das erinnert an eine Opernszenerie. Riquewihr ist eine vollkommen erhaltene alte Stadt. Sie hat sich tatsächlich kaum verändert, seitdem das Rathaus im frühen achtzehnten Jahrhundert hier errichtet wurde, und unter ihren Straßen lagern wie eh und je in langen Gewölben die jungen Weine der umliegenden *Colmar* Weinberge. In Colmar, das mit der Weinerzeugung selbst weniger zu tun hat, da es in der Talsohle liegt, findet jedes Jahr ein großes Weinfest statt. Es ist ein schönes, geschäftiges, natürliches Städtchen, in dem das Mittelalter zu verweilen scheint.

Die Elsaßweine sind nicht wie die meisten französischen Weine unter dem Namen eines Ortes bekannt. Sie werden durch die Traubensorte identifiziert, aus der sie gewonnen werden, außerdem durch den Namen des Herstellers (wie in der Champagne) und manchmal durch eine Gütebezeichnung wie »Réserve Exceptionnelle«, die auf einen höheren Preis und tatsächlich auch auf einen besseren Wein hindeutet.

Die Traubensorten sind ausschlaggebend. Die beste ist zweifellos die große deutsche Qualitätstraube von Rhein und Mosel, die im übrigen Frankreich nicht *Riesling* angebaut wird: der Riesling. Der Rieslingwein hat eine deutlich erkennbare Blumigkeit, nicht auffallend, aber immer dem Typ getreu, und eine größere Delikatesse als alle übrigen Weine. Der elsässische Rieslingwein ist nicht süß, sondern rassiger als die übrigen. Rasse und Delikatesse, Blumigkeit und Harmonie — damit ist der Wein noch nicht hinreichend definiert; man muß ihn kosten.

Gewürz- Eine weitere im Elsaß sehr verbreitete Traubensorte ist der Gewürztrami-
traminer ner. Früher baute man auch Traminer an, jedoch wird heute der Name nur noch für einen weniger gehaltvollen Gewürztraminerwein angewandt. Aus den Gewürztraminerreben wird der charakteristische Elsaßwein gewonnen. Er ist betont in Aroma und Geschmack, gleitet nicht einfach die Kehle hinunter, sondern würzt alles, was man dazu ißt. Normalerweise ist er vollkommen trocken, jedoch werden manchmal auch süßere Sorten aus edelfaulen Trauben bereitet.

Muskateller Auch der Muskateller hat seinen Platz auf den elsässischen Rebhügeln. Im allgemeinen denkt man bei dieser Traubensorte an einen süßen Wein mit starkem Traubengeschmack, aber hier macht man sogar aus dieser Traube einen trockenen, vollsaftig-köstlichen Wein. Die Firma Dopff & Irion mit der Hauptniederlassung im alten Château de Riquewihr besitzt die Lage *Clos des Aman-*

174

diers (dort wachsen auch Mandelbäume), wo Muskatellertrauben gedeihen; es ist einer der wenigen Elsaßweine, die unter ihrem Lagenamen auf den Markt kommen. Er ist leicht, gefällig, hat einen zarten Muskatgeschmack und erinnert ganz entfernt an Mandeln. Er schmeckt gut als Aperitif und paßt ausgezeichnet zu Forellen.

Silvaner
Pinot gris

Zwei weniger bedeutende Weine werden aus dem Silvaner und dem Pinot gris, dem Grauburgunder, gewonnen. Silvaner ist der Schankwein der Gegend (bessere Schankweine sind oft Riesling). Die Pinotarten werden zur Bereitung eines sehr guten Roséweines verwendet. Ist auf einem Etikett die Traubensorte nicht vermerkt, kann man annehmen, daß der Wein von dieser Art Trauben stammt und wahrscheinlich ein Verschnitt ist. Die Bezeichnung »Grand Vin«, großer Wein, darf nur ein Wein führen, der aus edlen Traubensorten bereitet wurde und 11 Prozent Alkohol enthält, also die gleiche Menge wie die meisten weißen Burgunder. Als Edeltraube angebaut wird ebenfalls der Pinot blanc, der hervorragende Weine ergibt.

Auch heute noch sprechen die Elsässer ihren deutschen Dialekt und verstehen die hochdeutsche Sprache, obgleich ihre offizielle Landessprache Französisch ist. Nicht selten schlüpft auch ein französisches Wort, weil es besser im Gedächtnis haftet oder kürzer und prägnanter ist als das betreffende deutsche, in die Elsaßdytsch-Unterhaltung.

Zwicker

Von der einfachen Bauerntradition ist der *Zwicker* übriggeblieben, eine Mischung aus den einfachen Weinen des Landes. Zwicker trinkt man abends vor der Haustür als Schoppen oder mit dem Nachbarn im kleinen Gasthof.

Edelzwicker

Werden für höhere Ansprüche namenlose Weine aus den Reben Riesling und Gewürztraminer gemischt, verkauft man diesen Wein als *Edelzwicker*. Er kostet dann einige Pfennige (Centimes) mehr als der einfache Zwicker, ist aber ebenfalls kein anspruchsvoller Wein.

Wie in jeder französischen Weinlandschaft gibt es auch im Elsaß eine Weinbruderschaft, die »Confrérie Saint-Etienne«. Die Ordensoberen tragen rote Roben mit schwarzem Dreispitz und als eigentlichen Orden ein hölzernes Tönnchen am Band um den Hals. Die bekannten Winzer fungieren bei den Feierlichkeiten, bei Weinfesten, bei landwirtschaftlichen Ausstellungen oder auch wenn prominenter Besuch kommt, als Obere und singen ihr elsässisches Winzerlied »Trink er ein, sing er ein, tralalalala . . .«.

Elsaßweine werden immer auf hohe, schmale, entweder grüne oder braune Flaschen abgefüllt, die den Moselflaschen ähneln, aber oft etwas höher sind als die deutschen Flaschen. Zu den bekanntesten Firmen gehören Hugel (die herrliche, teure Spätlesen unter der Bezeichnung »Réserve Exceptionnelle« wie auch einen einfacheren und sehr populären Verschnitt, den *Flambeau d'Alsace*, auf den Markt bringen); Dopff & Irion; Dopff Moulin (eine eigene Firma, genau wie es drei Heidsiecks in der Champagne gibt), Schlumberger, Trimbach und Preiss-Zimmer.

Die Rhone

Die ganze Rhone entlang gedeiht Wein — von ihren Quellen in den Gletschern der Schweiz bis zur ·schlammigen Mündung ins Mittelmeer. Wenn wir Rhoneweine sagen, meinen wir damit die Weine, die auf der etwa zweihundert Kilometer langen Strecke zwischen Lyon und Avignon wachsen. *Châteauneuf-du-Pape*, der Wein aus Avignon, wird manchmal als Rhonewein, manchmal als Wein der Provence bezeichnet. Geographisch trifft beides zu. Im Charakter gehört er mehr zur Rhone.

Die weißen Rhoneweine sind körper- und alkoholreich, tief goldgelb und zu neunzig Prozent trocken. Die besten Sorten haben ein köstliches Bukett und eine lang nachwirkende Süße, sie gehören zu Frankreichs edelsten Weißweinen; die einfachsten sind noch füllig und duftig. Die Produktion ist nicht groß, sie sind nicht allzu bekannt und nicht auf jeder Weinliste verzeichnet, doch selten findet man einen minderen darunter. Dabei kosten sie nur wenig mehr als die Hälfte von dem, was für einen gleichwertigen Burgunder verlangt wird.

Die Rhoneweine sind stark im Alkohol, ausgeprägt in Geschmack und Blume — zu einem leichten Imbiß für arbeitsreiche Tage eignen sie sich kaum. Durch ihren fast an Härte grenzenden Charakter sind sie die idealen Begleiter zu einem schweren Gericht.

Château Grillet

Der beste und bekannteste weiße Rhonewein ist der *Château Grillet*. Er stammt aus einer kleinen Lage am Westufer des Flusses, die so wenig produziert — in einigen Jahren kaum tausend Flaschen —, daß er nur als eine kuriose Seltenheit gelten kann. Es ist nur schwer möglich, ihn zu charakterisieren — auf jeden Fall ist er ziemlich dunkel in der Farbe, ausgeprägt im Bukett, vollmundig und vielversprechend würzig und hat einen lang anhaltenden Nachgeschmack. Man vergleicht ihn mit den großen deutschen Weinen, seltener allerdings zu deren Vorteil. In den Handel kommt er in langen schmalen Flaschen, wie sie an der Mosel üblich sind. Durch seinen Seltenheitswert ist er natürlich außerordentlich teuer. Irgendwann sollte ihn jedoch jeder Weinliebhaber einmal verkosten.

Condrieu

Neben der Rarität eines *Château Grillet* erzeugt Condrieu einen ähnlichen, wenn auch nicht so hoch gepriesenen Wein. Auch von diesem Wein gibt es nicht viel, er wird kaum exportiert, aber wer ihn an Ort und Stelle verkostet, findet ihn exzellent, blumig, manchmal leicht süß. *Condrieu* schmeckt gut zu einem in Rahm gekochten Hühnchen — zu kräftigen Gerichten also, für die das Rhonetal berühmt ist.

Hinter Condrieu gibt es auf einer Strecke von fünfzig Kilometern keine Weißweinlagen, sie beginnen erst wieder in Hermitage — einer Gegend, die eigentlich mehr für ihren Rotwein bekannt ist. Nur die Hermitagelage auf dem Ostufer der Rhone bei Tain gegenüber von Tournon darf ihre Weine *Hermitage* nennen; die umliegenden Orte etikettieren ihre Flaschen mit *Crozes-*

Hermitage

Crozes-Hermitage

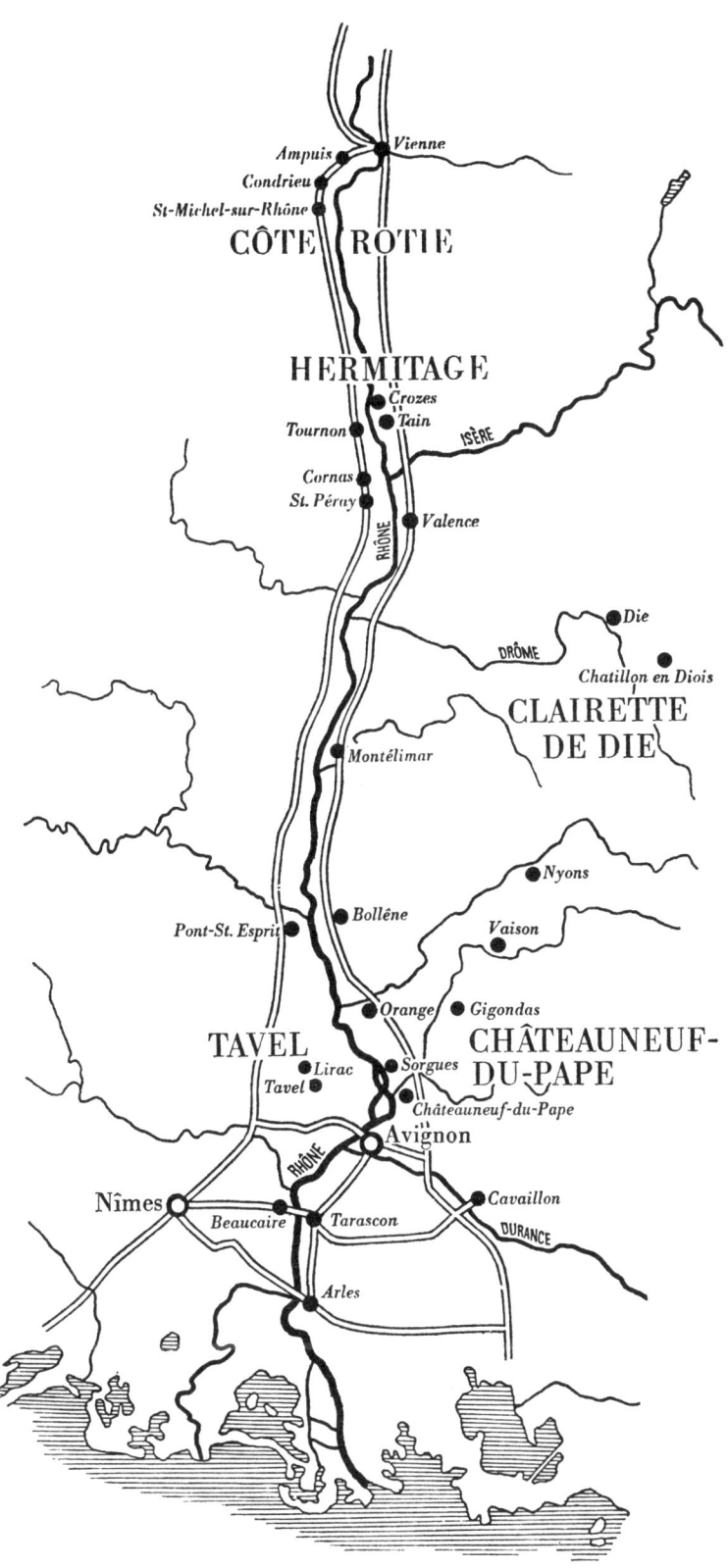

Karte 12   Die Rhone

Hermitage (Crozes liegt unmittelbar nördlich des einzeln stehenden, ungeschützten Hermitage-Weinbergs).

Der weiße *Hermitage* ist ein herrlich goldfarbener, fülliger, vollmundiger Wein mit einem ganz leichten Feuersteingeschmack. Er gehört zu jenen Weinen, die man mit geschlossenen Augen fast für einen Rotwein halten könnte. Die Produktion ist gering. Er wird jedoch exportiert, läßt sich gut einlagern und übersteht den Versand ohne Schaden. Mit dem Alter (sogar mit großem Alter) verbessert er sich noch und kostet weniger als mancher nicht so gute Wein aus bekannteren Lagen.

Chante-Alouette
Chante-Merle

Auch die Crozes-Hermitage-Lage liefert ähnlich hervorragende Weine. Der bekannteste ist *Chante-Alouette*, Lerchengesang, außerdem gibt es noch *Chante-Merle*, Amselgesang.

Châteauneuf-du-Pape

Weiter südlich schließt der *Châteauneuf-du-Pape* die Reihe der weißen Rhoneweine ab. Nur ein geringer Anteil dieser edlen Kreszenzen ist weiß. Der Weißwein besitzt die gleichen Qualitäten wie der Rotwein, vor allem das, was in der Weinsprache als »Fülle« bezeichnet wird. Weißer *Châteauneuf-du-Pape* ist schwer und kräftig in Geschmack und Bukett und hat das Feuer eines heißen Wüstenwindes. Wenn man, wie das in Provence oft der Fall ist, nach einem erfrischenden Getränk sucht, sollte man lieber einen der leichteren durstlöschenden Küstenweine aus der Gegend von Marseille wählen.

Der Süden Frankreichs

Den Süden Frankreichs teilt man am besten in zwei Abschnitte ein: in die Gebiete östlich und westlich der Provence und in das Rhonedelta. Der östliche Teil hat weniger, aber im allgemeinen besseren Wein; im westlichen gibt es die breite Masse des »vin ordinaire«, daneben allerdings auch ein oder zwei hochedle Gewächse.

HAUTE-SAVOIE

Die Berge der Haute-Savoie südlich der Schweiz haben Weißweine zu bieten, deren Namen sogar eingeschworenen Flaschensammlern geläufiger sind als ihr Geschmack: *Crépy*, *Seyssel* und *Apremont* sind einige der bekanntesten Lagen. Sie sind trocken und alkoholarm. Ihre Tendenz zum Moussieren wird von manchen Herstellern unterstützt, von anderen wieder unterdrückt. Diese Weine sollte man an Ort und Stelle verkosten, wo das Essen und die Landschaft, beide berühmter als der Wein, ihren Einfluß ausüben.

PROVENCE
Cassis

Côtes-de-Provence ist die Bezeichnung für alle Weine des östlichen Küstenstreifens. Am bekanntesten ist hier wohl der *Cassis*, der vor den Toren Marseilles gedeiht. Er ist das Standardgetränk zur unvermeidlichen Marseillaiser Bouillabaisse, denn er löscht den Durst, der sich unweigerlich nach diesem stark gewürzten Gericht einstellt.

178

Der Name *Cassis* stiftet einige Verwirrung. So heißt nämlich nicht nur der Wein, sondern auch ein in Burgund hergestellter schwarzer Johannisbeerlikör.

Vin blanc cassis

Ein »vin blanc cassis« wiederum ist ein Aperitif, bestehend aus einem Glas Weißwein auf einen Löffel dieses Likörs, während ein »vin blanc de Cassis« ein Weißwein aus der Gegend von Cassis ist. Für den gemixten Aperitif braucht man keinen so guten Wein wie den frischen und gefälligen *Cassis*. Man kann dafür jeden trockenen Weißwein verwenden.

Bandol

Nicht weit davon liegt in östlicher Richtung an der Küste Bandol. Es ist bekannter für seinen Rotwein, liefert jedoch einen guten, dem *Cassis* ähnlichen Weißwein. Noch weiter östlich, im Var-Departement bei Saint-Tropez und Hyères, haben der Rot- und Roséwein einen besseren Ruf als der weiße, der, wenn er gut ist, oft als »blanc de blancs« bezeichnet wird.

Saint-Tropez
Hyères

Andererseits kommen gute Weißweine aus dem Hügelland nördlich von Marseille, aus der Nähe von Aix-en-Provence und dem Durancetal. Château Simone hat ein Monopol auf den Namen *Palette*, der als einziger einheimischer Wein auf den Weinkarten von Aix erscheint. Der Weißwein ist nicht ganz so gut wie der rote, der nach den Pinien und Kräutern des Landes schmeckt.

Aix-en-Provence

Das Luberonmassiv im Norden des Durancetals bringt erstaunlich delikate Weißweine hervor, von denen einer — aus Lourmarin — auch einen guten und billigen Schaumwein ergibt. Die Bezeichnung *Côtes-du-Luberon* ist auf jeden Fall beachtenswert.

Côtes du Luberon
GARD
HÉRAULT

Bei den Departements Gard und Hérault westlich der Rhone braucht man nicht lange zu verweilen. Ein großer Teil der Weißweine, von denen es ohnehin viel weniger gibt als von den roten, wird zur Wermutbereitung verwendet. In Hérault wird ein Weißwein aus der Clairettetraube gewonnen, der ihn zu dem Namen *Clairette du Languedoc* berechtigt.

Clairette du Languedoc
Limoux

Lediglich in Limoux, im äußersten Westen dieses Gebietes, im Departement Aude, stellt man einen guten weißen Tischwein her. Im Küstengebiet gedeihen sehr süße Weine. Limoux liefert einen »blanc de blancs« von guter Qualität unter dem Namen *Blanquette de Limoux*.

Gaillac

Nördlich davon wachsen in den Bergen um das liebliche Flußtal des Tarn die weißen Gaillacweine. Früher gab es hier nur süße Weißweine, doch durch neue Methoden angeregt, werden nun alle Arten von Weinen bereitet: trockene Weißweine, Rosé- und Rotweine; dadurch büßen sie zwar an Charakter, jedoch nicht an Qualität ein.

BÉARN

In den westlicher gelegenen Ausläufern der Pyrenäen, in Béarn mit der Hauptstadt Pau, produziert man einen sehr ansprechenden »blanc de blancs«, ähnlich dem Limoux. Der bekannteste dieser Weine ist der *Jurançon*. Er ist normalerweise außerordentlich süß, duftet angeblich nach Nelken und schmeckt nach Gewürznelken. Viele Legenden ranken sich um die hochgebundenen Reben und den schweren, vollmundigen Jurançonwein. Leider ist die einzige Sorte, die davon exportiert wird, trocken und nicht sonderlich reizvoll.

Jurançon

Der Jura

vins jaunes

Die typischsten und besten Weißweine des Jura sind die »vins jaunes« (gelbe Weine) mit ihrem fremdartigen, starken Aroma und ihrer dunklen Farbe, die eher zum Aperitif als zum Tischwein geeignet sind, ferner der nach Rosinen schmeckende »vin de paille«, der Strohwein.

vin de paille

Im Jura gedeihen auch weiße Tischweine. Sie sind jedoch nicht so gut wie Rosé und die gelben Weine. Unter der recht allgemeinen Bezeichnung *Côtes-du-Jura* gibt es gute Konsumweine, in einem Fall zutreffend als »vin de campagne«, Landwein, bezeichnet. Die Weine aus dem Gebiet der Appellation Contrôlée von Arbois sind von wesentlich besserer Qualität. Ein *Arbois blanc* kann an *Pouilly-Fumé* erinnern. Es handelt sich hier um einen angenehmen trockenen Weißwein. Vielleicht ein wenig stark und auffällig in Blume und Geschmack, paßt er jedoch ausgezeichnet zu einer ländlichen Mahlzeit.

Arbois

Den einfachen Juraweinen und den spezielleren Arboisweinen ist ein besonderer Duft eigen, dem man sonst nie begegnet: ein volles, nußartiges Aroma, das einen dazu verleitet, den Wein höher einzuschätzen als er wirklich ist. Ein leichterer Wein mit ähnlichem Charakter, ein *Blanc de Blancs du Jura*, wird aus weißen Trauben hergestellt.

Die Weißweine der Schweiz

DIE SCHWEIZ IST, wie Frankreich, Österreich und auch Deutschland, in ihren Weinbaugegenden ein echtes Weinland. Der Wein wird hier nicht nur angebaut und verkauft, sondern ist auch tägliches Getränk.

So wie die Schweiz durch ihre Präzisionsgeräte weltberühmt für Qualität ist, so bekannt ist sie auch für hervorragende Weinkultur. Die Schweiz produziert als — neben Luxemburg — kleinstes europäisches Weinland auf einer Rebfläche von knapp 12 000 Hektar zum Teil hervorragende Weine von hohem Standard. Es ist jedoch nicht leicht, den eigenen Weinkeller mit guten schweizerischen Weinen anzureichern, da die Mengen klein sind und die Spitzenweine kaum ins Ausland gelangen. Andererseits ist die Schweiz im Verhältnis zur Einwohnerzahl eines der größten Wein-Importländer der Welt. Die Hauptlieferanten sind Italien, Frankreich, Spanien und Portugal.

Der größte Teil des Schweizer Weines stammt zwar aus der französisch sprechenden Schweiz, doch sind insgesamt zwölf Kantone am Weinbau beteiligt. Man unterscheidet folgende drei Hauptrebgebiete: die Westschweiz mit vornehmlich Weißweinanbau, die Ostschweiz mit hauptsächlich Blauburgunderbestockung und die Südschweiz (Tessin) mit praktisch ausschließlich Rotweinanbau.

Der Schweizer Weinbau macht seit Jahrzehnten große Anstrengungen, die Qualität der Weine zu heben, was durch eine obligatorische Buch- und Kellerkontrolle der Weinverkäufer gewährleistet ist. Die Naßzuckerung (Gallisieren) ist seit 1912 gesetzlich kontrolliert. Eine Restsüße bei den Weißweinen ist nicht üblich, dafür sind diese mild und in der Gesamtsäure allgemein sehr niedrig gehalten. Sie weisen aber trotzdem eine pikante Frische und Spritzigkeit auf.

Die wichtigsten Weinbaugebiete der Schweiz säumen die Wege der großen Flüsse und die Ufer der Seen. Wenn man von Italien über den Simplon-Paß nach Lausanne und Genf fährt, kommt man am Großteil der Weinberge der Schweiz vorbei, und man ist beeindruckt von den Steilterrassen an den Abhängen der Bergriesen des Berner Oberlandes, an den von der Sonne durchglühten Hängen am Genfer See und den flacheren Rebhügeln zwischen Lausanne und Genf.

181

Wallis

Visperterminen

Sion

Fast schon am Ende des Rhonetales, wo ein südliches Seitental von Zermatt nach Visp im Wallis hinunterführt, hat man von den höchsten Weinbergen Europas, den kunstvoll übereinandergebauten Terrassen von Visperterminen, einen wundervollen Ausblick auf die Schneefelder der Alpen, die Rebhänge und das weitgestreckte Rhonetal. Weiter unten ragt die felsige Zitadelle von Sion (Sitten) aus der sich weitenden alluvialen Ebene, an deren Hängen die grün-goldenen Gutedeltrauben, aus denen der *Fendant* gewonnen wird, viel Sonne erhalten. Der *Fendant* ist die im Wallis am meisten verbreitete Weinsorte.

Die Walliser Weine sind gewöhnlich unter dem Namen der Traubenart, oft auch unter einem Markennamen bekannt. Nur gelegentlich wird der Herkunftsort zur Benennung herangezogen. Wenn der Wein aus der Fendant-traube in Sion bereitet wird, ist dies auf dem Etikett erwähnt, doch nicht jeder *Fendant de Sion* muß unbedingt aus Sion kommen.

Die leichten, weichen, guten Schankweine wie *Fendant, Petite Arvine, Amigne Muscat* und *Humagne* sind mehr oder weniger trockene Weißweine.

»vin du glacier«

Der *Malvoisie* ist süß und wird vor oder nach dem Essen gereicht. Der »vin du glacier« (Gletscherwein) ist eine Spezialität. Der junge Wein wird aus dem Tal in die Keller hochgelegener Ortschaften gebracht, wo er seine Gärung in der Kälte langsam beendet und dabei einen fast bitteren Geschmack entwickelt.

Im allgemeinen werden nur der *Fendant* und der *Johannisberg* exportiert.

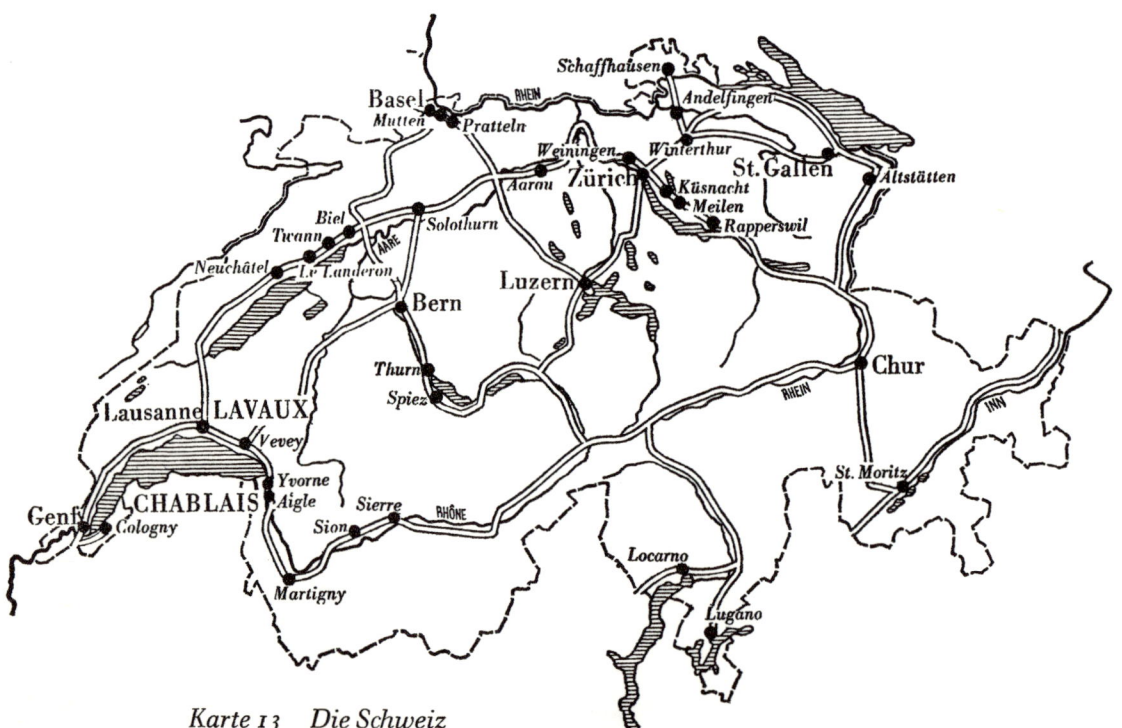

Karte 13   Die Schweiz

Waadt

Im Kanton Waadt, wo Lausanne, Vevey und Montreux dicht beieinanderliegen, bleibt kaum noch Platz für ein Stückchen offenen Landes — Reben und Wohnhäuser, Straße und Eisenbahn bilden ein dichtes Gewirr. Man kann sich schwerlich vorstellen, wie die schmalen Rebzeilen zwischen Schienen und See überhaupt bearbeitet werden können.

Lausanne In diesem Kanton finden wir ein Zentrum des Weinbaus im unteren Rhonetal und am Ostufer des Genfer Sees in den berühmten Lagen *Aigle*, *Yvorne* und *Bex*, wo der Chasselas unter den Ortsbezeichnungen gesuchte Weine liefert. Das Weinbaugebiet Lavaux befindet sich an dem steilen Seeufer östlich von Lausanne. Die bekanntesten Kreszenzen von Lavaux sind *Dézaley* und *Saint-Saphorin*. Diese Weine sind trocken, von ansprechender Eleganz, gehaltvoll und bekömmlich und werden oft als die besten Schweizer Weißweine bezeichnet. Sie gelangen jedoch kaum ins Ausland. Verschiedentlich hält man den *Clos des Abbayes* in Dézaley für die hochwertigste Lage der Schweiz.

La Côte Das Gebiet La Côte westlich von Lausanne liefert einen etwas leichteren, aber charakteristischen Weißwein der Sorte Gutedel. Die berühmtesten Weinorte darin sind Féchy, Mont-sur-Rolle, Vinzel, Luins und Morges. Östlich des Sees schließlich, wo das Rhonetal sich zu einer deltaförmigen Ebene weitet und die Berge zurückweichen, liegt das dritte Gebiet, Chablais, an den eindrucksvollen schroffen Hängen im Norden. Die bekanntesten Namen hier sind *Aigle* und *Yvorne*, die gehaltvoller sind als der Wein aus Lavaux. Die guten Waadtweine werden ausschließlich aus der Gutedeltraube gewonnen. Alles in allem sind sie die besten Weine der Schweiz.

Genf

Satigny Am Austritt der Rhone aus dem Genfer See liegen die Weinbaugebiete des Kantons Genf mit dem Zentrum Satigny, wo der große Zentralgenossenschaftskeller Satigny die Hauptproduktion aus diesem etwa 1000 Hektar umfassenden Rebgebiet aufnimmt, hauptsächlich leichte Weißweine in mittlerer Preislage.

Neuchâtel (Neuenburg)

An den Jurahängen längs des Neuenburger und Bieler Sees finden wir die geschlossenen Rebhänge hauptsächlich mit der Chasselasrebe bestockt, aus der ein typischer Weißwein mit leichtem Hefegeruch und Spritzigkeit (Sternbildung) gewonnen wird. Der typische Charakter dieses Weines wird durch frühzeitige Flaschenabfüllung direkt von der Hefe weg (Abzug sur lie) erzielt. Bei heißem Wetter oder großem Durst ein angenehmer Tropfen.

Die deutschsprachige Schweiz

In der deutschsprachigen Schweiz, den Kantonen Baselland, Aargau, Zürich und Thurgau, finden wir Weißweintrauben in den Reblagen längs der Flußtäler und längs des Zürich- und Untersees (Bodensee). Hauptsächlich wird hier der Riesling × Silvaner (Müller-Thurgau) angebaut, eine seinerzeitige Neuzüchtung der Forschungsanstalten Geisenheim und Wädenswil. Der Riesling × Silvaner ergibt blumige, fruchtige und milde Weißweine. Wenig verbreitet ist heute der alte Räuschling am Zürichsee, der einen männlichen, rezenten Wein liefert.

Als Spezialitäten findet man in den besten Weinbaubetrieben der Region die Sorten Gewürztraminer und Pinot gris (Ruländer), die aber nur in geringen Quantitäten anfallen. Die Riesling × Silvaner-Weine werden jung getrunken und erfreuen sich ständig wachsender Beliebtheit. Eine obligatorische Weinlesekontrolle sorgt im gesamten Gebiet für die Erzeugung von Qualität, und die Naturreinheit der Weine wird streng beachtet.

Aargau

Man sollte den Aargauwein nicht übersehen, den es in roter und weißer Version gibt. Die Reben gleichen im allgemeinen den deutschen — auch seltene und in Deutschland nicht mehr verwendete Rebsorten werden noch angebaut. Die

Schaffhausen

kantonalen Weinkellereien befinden sich bei Schaffhausen in den Rheinuferbergen, und ihre Weine schmecken anfangs »knochenhart«. Erst nach einigen Lagerjahren werden sie trinkbar-mild. Die Schweizer Weinfreunde schätzen sie allerdings auch schon im ersten Stadium.

Zürich

Die Aargauer Weingärten gehen in die Zürcher Lagen über. Rapperswil, Küsnacht, Winterthur sind Orte, die auch beim Weinhandel ihren Namen haben. Die ländlichen Kantonsweine gelangen nur selten in den deutschen Handel, obwohl die Schweizer Weingesellschaften in Deutschland ein eigenes Werbebüro unterhalten. Trotzdem gelten Schweizer Weine immer noch fast ausschließlich als »Listenschmücker«.

Tessin

Der Wein aus dem Tessin gelangt ebenfalls nicht außer Landes. An den Ufern der beiden großen Tessiner Seen werden fast ausschließlich schwere Rotweine angebaut.

184

Die Weißweine Italiens

DIE WEISSWEINE ITALIENS schätzt man bei uns hauptsächlich als leichte Landweine zum Essen. Pizzerien und italienische Spezialitäten-Restaurants bieten einfache, herbe, trockene Weine an, die zu den würzigen Speisen der südeuropäischen Küche sehr gut passen.

Dabei vergißt man leicht, daß Italien auch vornehme und zum Teil süße, edle Weine herstellt, die zu den besten Tropfen der Welt zählen. Sicherlich sind die Rotweine bekannter und werden viel häufiger getrunken als die Weißweine, dennoch sollte der Weinkenner diese nicht unbeachtet lassen. Der deutsche, österreichische und schweizerische Weinfachhandel hat die italienischen Weine bisher recht stiefmütterlich behandelt. Verkauft werden meistens nur die Rotweine und die Südtiroler Weine, die, politisch gesehen, jetzt zwar zu den italienischen gehören, aber doch einen ziemlich andersartigen Weintyp darstellen. Einige Importeure haben sich jedoch in letzter Zeit auch auf italienische Weißweine spezialisiert.

Der Geschmack der italienischen Weißweine

Typisch für die besseren italienischen Weißweinsorten sind ihr sauberer Charakter, mitunter auch Ausgewogenheit und angenehme Säure, in manchen Fällen ein erfrischender Duft und eine liebliche, grüngoldene Farbe. *Soave* zum Beispiel vereint all diese Eigenschaften in sich, was auf die Keltermethoden und die verwendeten Traubensorten zurückzuführen ist. Nicht selten erscheinen italienische Weißweine beim ersten Schluck langweilig, unbestimmt und sogar fad. Oft wird behauptet, kein Wein könne wirklich fad schmecken, wenn man ihn in einer entsprechenden Umgebung trinke: in einer Weinlaube, auf einer Terrasse hoch über dem Meer, beim Anblick einer Kathedrale — mit der eigentlichen Qualität des Weines hat das aber nichts zu tun.

So kann es sein, daß italienische Weine, wenn sie ihrer Umgebung, sozusagen ihres Rückhalts entzogen werden, oft enttäuschen. Andere Weine allerdings — dazu gehören einige aus Sardinien — sind ausgezeichnet. Woran das auch immer liegen mag, ob an einer zu sorgfältigen oder zu wenig sorgfältigen Herstellung oder an noch anderen Gründen — den meisten fehlt einfach die Art und Eleganz. In Italien, dem Land der großen Gegensätze, wird Wein auf höchst

185

verschiedene Weise bereitet: es gibt immer noch die primitive Methode, nach der der Sohn des Bauern die Trauben in einem Waschzuber zertritt, von wo aus der Most in ein offenes Faß, den Gärbottich der Familie, fließt; auf der anderen Seite jedoch gibt es die neue »Cantina Sociale«, die Winzergenossenschaft, die über alle Mittel verfügt, um dank moderner Apparaturen Sterilisierung und Pasteurisierung durchzuführen. Die Genossenschaft darf mit Recht stolz darauf sein, einen beständigen, absolut klaren Wein zu produzieren.

Italienische Weinnamen

Die Namen der Gemarkungen und der Lagen erscheinen in Italien, im Gegensatz zu Frankreich und Deutschland, fast nie auf den Flaschenetiketten. Der Wein wird entweder nach der Traubensorte benannt, aus der er entstanden ist, oder nach dem Bezirk, aus dem er stammt. In einigen Fällen deuten einfache Namen wie *Lacrima Christi* oder *Est Est Est* (der berühmte Montefiascone) an, daß der Wein aus einem ganz bestimmten, für diesen Wein bekannten Ort stammt, ohne daß der Name dieses Ortes erwähnt wird.

Man kann aus der Benennung auch nicht immer klar ersehen, ob es sich um eine Traubensorte oder eine Ortschaft handelt. In Piemont zum Beispiel ist Barolo ein Ort, Barbera jedoch eine Traube. In Südtirol heißt ein Ort Termeno und eine Traube Teroldego. Einige Traubennamen — Nebbiolo, Trebbiano, Malvasia, Moscato, Aleatico, Sangiovese — tauchen häufig auf. Allmählich wird man mit ihnen vertraut, aber es gibt keine gültige Regel.

Italienische Weingesetze

Nach dem Weingesetz von 1963 sind dagegen die verschiedenen Qualitätsbezeichnungen auf den Etiketten geregelt. Danach gibt es drei kontrollierte Qualitätsstufen: die »denominazione semplice«, die etwa dem deutschen Tafelwein entspricht und nur einen Hinweis auf das Erzeugergebiet erlaubt. Darüber steht die »denominazione di origine controllata«, die kontrollierte Ursprungsbezeichnung. D. O. C.-Weine werden überprüft und tragen neben ihrem eigenen ein D.O.C.-Etikett. Das Spitzenprädikat »denominazione controllata e garantita« wird nur einzelnen Erzeugern verliehen und nicht, wie die D. O. C., ganzen Gebieten. Das System funktioniert allerdings in Italien noch nicht in vollem Ausmaß, da noch nicht alle Regionen sich um die entsprechenden Prädikate beworben haben.

Die italienische Weinbau erstreckt sich — begünstigt durch das ausgeglichene bis subtropische Klima — über die ganze Halbinsel. Die nördlichsten Weinbaugebiete befinden sich unweit der Nordgrenze Italiens an den Südhängen der Alpen, die südlichsten auf der Insel Sizilien, das klimatisch und bevölkerungsmäßig schon zum afrikanischen Kontinent überleitet.

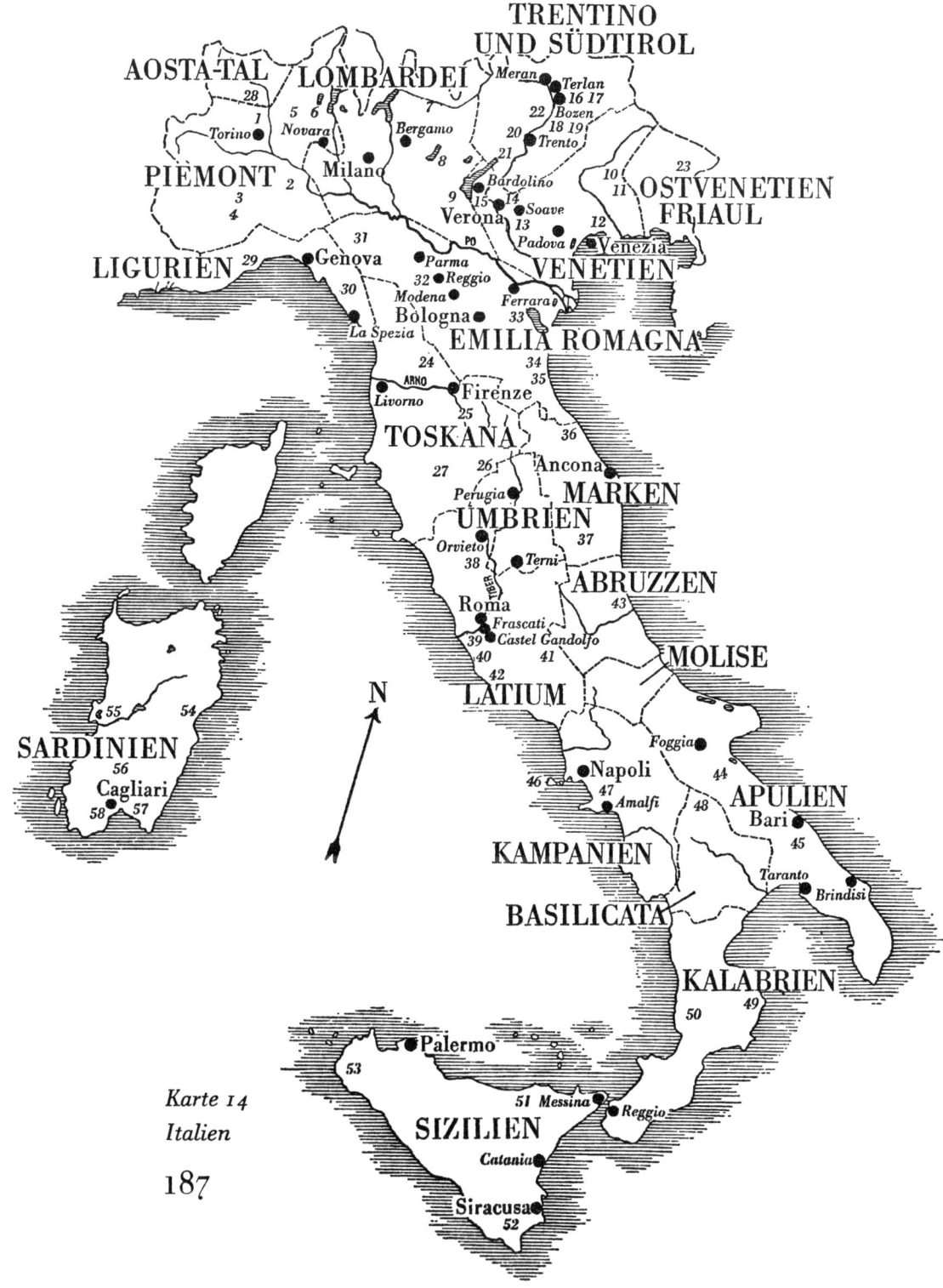

1 Erbaluce	13 Soave	25 Chianti Classico	36 Bianchello	47 Lacrima Christi
2 Barbera	14 Valpolicella	26 Nobile di	37 Verdicchio	48 Aglianico
3 Barbaresco	15 Bardolino	Montepulciano	38 Est Est Est	49 Ciro
4 Barolo	16 Grieser Lagrein	27 Brunello	39 Frascati	50 Salvuto
5 Gattinara	17 St. Magdalener	28 Carema	40 Castelli Romani	51 Marmertino
6 Ghemme	18 Ferrari	29 Vermentino	41 Malvasia	52 Eloro
7 Valtellina	19 Traminer	30 Cinqueterre	42 Trebbiano	53 Marsala
8 Franciacorta	20 Teroldego	31 Gutturino	43 Montepulciano	54 Olieno
9 Riviera	21 Marzemino	32 Lambrusco	di Abruzzo	55 Vernaccia
10 Valdobbiadene	22 Kalterer See	33 Sangiovese	44 Santo Stefano	56 Nasco
11 Prosecco	23 Verduzzo	34 Trebbiano	45 Primativo	57 Giro
12 Cabernet	24 Montalbano	35 Albana	46 Ischia	58 Monica

Karte 14
Italien

187

Piemont

Aus Piemont, dem nordwestlichsten Landesteil Italiens an der französischen Grenze, stammen die wohl besten italienischen Rotweine. Der Weißwein dieser Gegend ist, abgesehen von dem beliebten Muskateller, der hauptsächlich zu *Asti Spumante* verarbeitet wird, fast unbekannt. Am bekanntesten ist noch der *Cortese*, ein trockener, leichter, aromatischer Wein mit eigenartigem Duft und anhaltendem Geschmack, jedoch ohne großen Reiz. Der beste Cortese wird unter dem Ortsnamen Gavi als *Gavi Bianco* verkauft.

Cortese

Gavi Bianco

Ligurien

Auch bei Genua und an der ligurischen Küste werden eine Anzahl von Weißweinsorten erzeugt — *Coronata, Portofino, Vermentino;* alle sind Mittelklasse und mehr oder weniger trocken. Man sollte sie nur unter italienischem Himmel trinken. Liguriens bekanntester Wein ist der *Cinqueterre*, der seinen Ruf wohl hauptsächlich seinen eindrucksvollen, steil ins Meer abfallenden Rebhängen verdankt, die an manchen Stellen nur mit dem Boot zu erreichen sind.

Cinqueterre

Trentino und Südtirol

In dieser Provinz zwischen der österreichischen Grenze und dem Gardasee, in deren nördlichem Teil — Südtirol — von den Ureinwohnern Deutsch gesprochen wird, im südlichen Teil — dem Trentino — dagegen Italienisch, ist der Weinbau straffer organisiert als im übrigen Italien. Hier werden ansprechende, süffige, leichte Weine hergestellt. Man bemüht sich außerordentlich um die Systematisierung der Weinnamen und -typen, um eine Anhebung des allgemeinen Standards und um die Förderung des Verkaufs. Heute beträgt der Anteil dieser Provinz am gesamten italienischen Weinexport fast die Hälfte. Hauptabnehmer sind Österreich und Deutschland.

Bevorzugt angebaut werden die gleichen Traubensorten wie nördlich der Alpen: Silvaner, Traminer, Riesling und Pinot grigio (Ruländer). Die Silvaner und Traminer sind ausgezeichnete Weine, im Geschmack entsprechen sie ihren Traubensorten: der Traminer ist würzig und aromatisch, der Silvaner dagegen leicht, fruchtig und ein wenig grün.

Der bekannteste Weißweinort Südtirols ist Terlan, dessen Wein unter dem Sammelbegriff *Terlaner* sich außerordentlicher Beliebtheit erfreut.

Terlan

188

Weinlandschaft bei Kaysersberg — hier wachsen die besten Weine des Elsaß ▷

Die Lombardei

In der Lombardei, die sich südwestlich an das Trentino und südöstlich an Piemont anschließt, trifft man wenig Weißwein mit eigenem Namen an. Lediglich in Brescia und Pavia wird Weißwein hergestellt; der *Pusterla* aus Brescia ist gut, leicht aromatisch, trocken, sauber und leicht.

Brescia

Venetien

In Venetien, das sich von Venedig bis zum Gardasee, vom östlichen Teil der österreichischen Grenze bis hinunter nach Ferrara erstreckt, gedeiht überall Wein. Der *Soave* stammt aus der Gegend um das hübsche alte Städtchen gleichen Namens, nordöstlich von Verona. Man bezeichnet ihn oft als den besten italienischen Weißwein. Seine Vorzüge sind Frische, Ausgewogenheit, mitunter sogar Delikatesse. Es ist ein trockener »Fisch«-Wein, wie man in Italien sagt, der in schlanken grünen Flaschen verkauft wird. Um Verona, das auch den *Soave* für sich beansprucht, gedeihen noch andere gute Weine: roter *Valpolicella* und roter *Bardolino*, weißer *Lugana* und rosa *Chiaretto*.

Soave

Verona

Südöstlich von Verona wächst auf den üppigen vulkanischen Euganeihügeln ein süßer, leichter und ansprechender weißer Muskateller. Ein Wein, der nur die Bezeichnung *Bianco dei Colli Euganei* ohne den Zusatz »moscato« trägt, ist dagegen kein süßer Muskateller, sondern eine Mischung aus verschiedenen Trauben. Das Ergebnis ist gelber Wein, der süß oder trocken sein kann.

Colli Euganei

Conegliano, nördlich von Venedig, ist bekannt für einen recht süßen Weißwein, der nach der Proseccotraube benannt ist. Der *Prosecco* aus Treviso dagegen ist delikater, trocken und nicht ohne Reiz.

Prosecco

In Friaul, dem nordöstlichen Teil Venetiens, wird die Tokajertraube angebaut, die jedoch mit dem gleichnamigen ungarischen Süßwein in keinerlei Zusammenhang steht. Diese Sorte ergibt einen aromatischen, gelblichen, trockenen Wein, der sich hauptsächlich als Aperitif eignet.

Friaul
Tokajer

Aus der ebenfalls in dieser Gegend vorkommenden Verdisotraube bereitet man einen trockenen Wein mit geringem Alkoholgehalt und wenig Charakter. In Friaul wird noch eine weitere Traubensorte angebaut, die Verduzzo, aus der ein dem italienischen Tokajer ähnlicher Wein hergestellt wird. Es würde jedoch zu weit führen, sich mit den verschiedenen Traubenarten näher zu befassen. Es ist ohnehin schwierig genug, Trauben- und Ortsnamen in Italien auseinanderzuhalten. Die beste Hilfe ist immer ein guter Kellner, der Ihnen den besten Wein des Hauses, unabhängig von Traube und Ort, empfehlen wird.

Verdiso

Verduzzo

191

Emilia Romagna

Piacenza

Im Westen der langgestreckten Provinz Emilia Romagna, die das Land südlich **von Mailand** und nördlich von Florenz praktisch in zwei Hälften teilt, mündet das Flüßchen Trebbia in den Po. Der süßliche Wein aus Piacenza wird aus der nach diesem Flüßchen benannten Trebbianotraube bereitet. Wahrscheinlich stammt diese Traubenart ursprünglich aus dieser Gegend; heute findet man sie in ganz Italien.

Reggio, Modena

Bologna

Auf dem Weg nach Südosten gelangt man über Parma zu der Industriestadt Reggio. Der Wein dieser Stadt heißt *Scandiano*. Auf Reggio folgt Modena, bekannt für seinen leicht perlenden roten *Lambrusco*, und hinter Modena taucht in der flachen, eintönigen Landschaft Bologna auf. Der Weißwein von Bologna heißt *Albana*; es ist ein in jeder Hinsicht mittelmäßiger Wein, der lediglich durch seinen Alkoholgehalt, der außerordentlich hoch sein kann, hervorsticht.

Die Toskana

Chianti

Die Toskana, das Land um Florenz, bringt einen wohlbekannten Rotwein hervor — den Chianti. Es gibt auch weißen Chianti. Jeglicher Wein, der zwischen Florenz und Siena (und vermutlich auch noch in irgendwelchen anderen Gebieten) gedeiht, darf als weißer Chianti verkauft werden. Im allgemeinen ist dieser Wein ziemlich stark, angenehm herb, erdig und trocken.

Im Ursprungsland des *Chianti Classico* jedoch, das näher bei Siena als bei Florenz liegt, stellen eine Reihe ehemaliger Feudal-Weingüter Weine in kleineren Mengen nach modernen Verfahren her. Hier wird ständig experimentiert und an einem eigenen Stil gearbeitet. Allerdings ist nur ein geringer Prozentsatz dieser Weine weiß.

Brolio Bianco

Baron Ricasoli in Brolio, von dessen Familie noch die Rede sein wird, stellt einen *Brolio Bianco* aus einer recht ausgefallenen Traubenmischung her: er verwendet dazu klassischen Pinot noir (den blauen Burgunder) und deutschen Riesling. Normalerweise wird keine dieser Trauben in der Toskana angebaut. Das Ergebnis ist nicht zuletzt dank der erstklassigen Herstellungsverfahren (im Gegensatz zu den üblichen Verfahren in der Toskana) außergewöhnlich gut. *Brolio Bianco* gehört zu den besten italienischen Weißweinen. Neben großer Delikatesse und Frische hat er eine ausgeprägte Blume. Man trinkt einfachen Brolio zu gebratenem Fisch, zu gebratenem hellem Fleisch und zu Spezialitäten wie Saltimbocca und Osso Buco. Der schwere Brolio weist allerdings eine den Magen belastende Süße auf.

Der traditionelle Weißwein, den Baron Ricasoli und andere Winzer in seiner unmittelbaren Umgebung bereiten, heißt nach dem Flüßchen Arbia entweder *Bianco Val d'Arbia* oder einfach *Arbia Bianco* und schmeckt besser zum Lachs als zur Forelle. Seine Blume ist üppig, sein Aroma von einer gewissen Weichheit, so daß man zwar nicht von Delikatesse, aber doch — in der Sprache der Weinschmecker — von Eleganz reden kann.

Elba

Die Insel, zwischen der Toskana und Korsika gelegen, bringt Rot- und Weißweine hervor. Der Weißwein ist trotz seiner Stärke doch so trocken und erfrischend, daß er sich ausgezeichnet zu einem Abendessen im Freien mit Fisch oder Schaltieren eignet. Ob ein Wein wirklich den Geschmack des Meeres annehmen kann oder nicht — vielleicht ist es nur Einbildung —, der Elbawein erinnert in seinem Duft daran.

Umbrien

Orvieto

Abboccato

Fährt man auf der Autostrada del Sole von Florenz nach Rom, sieht man in etwa zwei Kilometer Entfernung zur Rechten Orvieto auf einem Hochplateau liegen. Diese Stadt produziert einen der bekanntesten italienischen Weißweine, den *Abboccato*. Alle Orvietoweine sind weiß, niemals sehr trocken, sondern samtig-weich, verbunden mit einer gewissen Süße; sie erinnern mehr als alle anderen Weine an weißen Graves aus Bordeaux. Ihr Alkoholgehalt ist verhältnismäßig gering, zumindest wenn man sie mit dem *Frascati* aus Rom vergleicht, der von seinen Herstellern als »Speise und Trank zugleich« angepriesen wird.

In Orvieto mit seinem weltberühmten Namen verfährt der Weinhandel nach Methoden, die eigentlich nicht typisch italienisch sind. Auf den Flaschenetiketten erscheinen nicht die Namen der Weinhersteller, sondern der Händler, wie es auch beim Sherry der Fall ist. Viele dieser Händler kaufen die Produkte von Kleinbauern auf, die ihren eigenen Wein draußen auf dem Land bereiten, wo die Reben alles überwuchern: Obstgärten, Krautfelder — überall wächst Wein. Nach der Lese wird der Most den Winter über zur Gärung und Entwicklung auf dem Weingut belassen und erst im darauffolgenden Frühling nach Orvieto gebracht. Der beste Wein kann dort dann noch zwei oder drei Jahre lang in Fässern unter der Erde sich weiter ausbauen. Nach so langer Zeit im Holz ist ein Wein natürlich vollkommen trocken. Der normale Typ des *Abboccato*, für den Orvieto bekannt ist, erhält allerdings einen geringen Zusatz eines besonders süßen und blumigen Weines, der aus rosinierten Trauben bereitet wird.

Heute gibt es ein vereinfachtes Verfahren, das dem gleichen Zweck dient; die Gärung wird durch Schwefelzusatz gestoppt, bevor der gesamte Zucker umgewandelt ist. Renommierte Firmen lehnen dieses Verfahren jedoch ab.

Marken und Abruzzen

Castelli di Iesi

Der Toskana gegenüber, an der Küste der Adria, liegt die Provinz Marken. Westlich des Hafens Ancona, an den Ausläufern des Apennin, wird in dem kleinen Distrikt Castelli di Iesi Wein aus der Verdicchiotraube bereitet. Der *Verdicchio* ist frisch und appetitanregend, hat wenig Blume oder eigenen Charakter, doch hinterläßt er einen angenehm trockenen, manchmal leicht bitteren Geschmack im Mund. Im Grunde hat er mehr Aroma als die meisten anderen Weißweine, die so tief im Süden wachsen; er ist dem *Soave* ähnlicher als etwa dem *Frascati*. Dieser Tatsache verdankt er seinen Ruhm. In den Handel kommt er in auffallenden Flaschen entweder als *Verdicchio dei Castelli di Iesi* oder einfach als *Verdicchio*. Er ist in ganz Italien erhältlich und gehört zu den italienischen Weinen, die auch auf ausländischen Weinkarten zu finden sind.

Südlich der Provinz Marken wird wieder die Trebbianotraube angebaut, aus der hier ein gelblicher, recht starker Wein gewonnen wird. Man findet ihn hauptsächlich in den in der Öde des Berglandes weit verstreuten Abruzzendörfern.

Latium

Montefiascone
Est Est Est

Im Norden der römischen Provinz Latium liegt Montefiascone, das bekannt ist für einen Wein mit dem kuriosen Namen *Est Est Est*. Das Interessanteste an dem Wein ist wahrscheinlich die Entstehungsgeschichte dieser Bezeichnung: Ein Bischof aus dem Geschlecht der Fugger war im Jahre 1111 auf dem Weg nach Rom, wobei sein Diener ihm voranritt, um Quartier zu machen. Da das Essen ohnehin schlecht und die Betten hart waren, sollte er vor allem den Wein probieren. War der Diener nun mit einem Gasthof in dieser Beziehung zufrieden, schrieb er insgeheim mit Kreide das lateinische »Est« (hier ist er gut) an die Tür; wenn nicht, »Non Est«. Als er sattelwund und durstig in Montefiascone eintraf — der Anblick der düsteren Stadt versetzte ihn nicht gerade in die beste Stimmung —, stieg er ab und bestellte Wein. Wie überliefert, scheint man ihm einen guten Tropfen vorgesetzt zu haben, denn er gab dem betreffenden Gasthaus die erste Drei-Sterne-Auszeichnung in der Geschichte — er schrieb nämlich »Est! Est! Est!« an die Tür. Seltsamerweise setzte der Fugger seinen

Weg niemals fort, sondern er beschloß seine Tage mit Montefiasconewein, wobei er sicherlich seine Zechkumpane mit der Geschichte von »Est Est Est« zu Tode langweilte.

Laut historischer Überlieferung ist *Est Est Est* ein Weißwein. Wenn man ihn in Montefiascone bestellt, wird jedoch auch roter angeboten, der süß und frisch ist und etwas besser als der weiße. Keiner von beiden wird sorgfältig hergestellt, und böse Zungen behaupten, nur dickwandige Flaschen könnten ein Explodieren infolge Nachgärung verhindern. Der *Est-Est-Est*-Markenwein ist im allgemeinen ein halbsüßer oder süßer Weißwein.

Castelli Romani

Der beste Wein der Provinz Latium kommt aus dem Gebiet Castelli Romani in den Albaner Bergen südlich von Rom. Es ist der Landwein der Römer. Dadurch verbindet man mit ihm viel angenehmere Erinnerungen und Vorstellungen, als er tatsächlich verdient. Der bekannteste Name dieser Gegend

Frascati

ist Frascati. Der Ort liegt auf halber Höhe eines hohen Hügels im Süden von Rom. Seit zweitausend Jahren schon haben Patrizierfamilien hier ihre Sommersitze. Das Zentrum der Stadt beherrscht die Renaissancevilla Aldobrandini, heute noch die Sommerresidenz des Fürsten Aldobrandini. Kurz vor der Traubenlese werden in Frascati die großen, dickbauchigen Fässer gesäubert und in den Straßen und auf den Plätzen bereitgestellt. Auf jedem Faß schimmert oben eine Wasserlache, die bewirken soll, daß die Faßdauben sich ausdehnen und ganz dicht werden. Unter der Erde befinden sich kalte, höhlenartige, modrige »grottas«, die heutzutage nicht mehr mit Most gefüllt werden könnten — es sind die Weinlager aus der römischen Zeit. Jetzt bringt man den Wein dort nur in sehr heißen Sommern unter, um zu verhindern, daß er durch die oberirdische Temperatur zu erneuter Gärung angeregt wird.

An allen Straßenecken in Frascati gibt es Stände, an denen abends Spanferkel verkauft wird, das man unter Platanen zusammen mit Brot und Weißwein verzehrt. Der *Frascati* ist stark. Kein Wunder, denn die Stadt liegt weit im Süden, und in diesen Breiten ist die Schwere kaum zu vermeiden. Dabei ist der *Frascati* aber dennoch blumig, trocken und süffig. Allem Anschein nach sind auch seine Trauben köstlich, denn nirgends gibt es so streng bewachte Weingärten. Jedes kleine mit Reben bepflanzte Fleckchen ist durch Stacheldraht und verschlossene Tore hermetisch abgeriegelt. Vermutlich haben die picknickfreudigen Römer diese Maßnahme herausgefordert. In den Orten Marino, Grottaferrata und Monteporzio Cantone wird Wein hergestellt, der ebenfalls als *Frascati* auf den Markt kommt. Alle anderen Weine dieser Gegend werden unter

Albaner See

eigenen Namen verkauft: *Albano* vom Albaner See, einem zwischen Hügeln versteckten vulkanischen Kratersee, in dem riesige wohlgenährte Forellen schwim-

Castel Gandolfo

men; *Castel Gandolfo*, nach der herrlichen Sommerresidenz des Papstes benannt, die über dem Albaner See liegt; *Velletri* und *Colonna*.

Falernum

Von dem Lieblingswein der alten Römer, dem *Falernum* oder *Falerner*, existiert nur noch ein schwacher Abklatsch — es ist anzunehmen, daß er einst

195

besser war. Heute jedenfalls ist der *Falerner*, der an der Küste zwischen Rom und Neapel gedeiht, ein recht schwerer, trockener, gelblicher Wein.

Kampanien

Südlich von Neapel gibt es keinen echten Weißwein mehr. Der einfache Wein in Kampanien, den man noch zu den Weißweinen rechnen muß — da er nicht rot ist —, hat eine intensiv braune Farbe. Er hat den schalen Oxydationsgeschmack, der durch überhitzte Gärung und überhöhten Luftkontakt entsteht. Ein Schuß Wasser verbessert ihn oft.

Amalfi

Hier einen guten Wein zu finden, ist Glückssache. In Amalfi zum Beispiel ist die einheimische Sorte in einem der besten Hotels ungenießbar, während in einer kleinen Osteria in einer Seitenstraße zur köstlichen »zuppa di pesce« ein hervorragender Wein serviert wird. Zu Ihrer Information: die Osteria heißt »Barocca« und der Wein wird von einem Mann namens Girola »auf dem Hügel« hergestellt.

Lacrima Christi

»Auf dem Hügel« ist das ganze Geheimnis. Unten an der Küste rund um die liebliche Halbinsel Sorrent und am Golf von Neapel, auf Capri und Ischia ist es im Grunde zu heiß für die Reben. Der bessere Wein gedeiht landeinwärts und auf den Höhen. Von den Hängen des Vesuv kommt der berühmte *Lacrima Christi;* das Städtchen Ravello über dem Golf von Amalfi produziert geringe Mengen von Weiß- und Roséweinen. Der *Lacrima Christi* wird jedem Geschmack gerecht. Man kann ihn rot oder weiß, süß oder trocken bekommen. Der Originalwein ist meistens weiß und mittelsüß und führt auf seinem Etikett die Herkunftsbezeichnung *del Vesuvio;* an den Berghängen gedeiht er auf reiner Lava.

Ravello

Ravello wird in drei Farben hergestellt; der Rosé ist der bekannteste. Der Weißwein steigt rasch zu Kopf, ist hell in der Farbe und herb-erfrischend, was auf verschiedene Faktoren zurückzuführen ist: die Höhenlage der Weingärten, die feuchten Meeresnebel und die Pergolaform, in der die Reben hochgebunden werden, so daß sie sich mitunter dachartig über die gewundene Straße spannen.

Capri und Ischia

Wenige der sogenannten Capriweine kommen wirklich aus Capri, abgesehen davon sind sie auch nicht sehr gut. Ischia dagegen produziert exzellente Weißweine, nach denen man, ob sie nun wirklich von der Insel stammen oder nicht,

196

Ausschau halten sollte. Zwei Ischiaweine sind auf jeden Fall zu empfehlen: *Forastera* und *Biancolella*.

Sizilien

Zwei Gegenden Siziliens stellen Tischweine für den Export her. Beide produzieren Rot- und Weißweine ohne ausgeprägten Charakter, jedoch sauber und vollmundig. Der Wein vom Ätna trägt auch den Namen des Vulkans in seiner italienischen Schreibweise, *Etna*. Eine andere Sorte gedeiht an den Hügeln oberhalb Palermos und heißt *Corvo*. Auch das im Osten Siziliens gelegene Taormina hat einen guten trockenen Weißwein zu bieten. Der *Etna* gilt, abgesehen von den Dessertweinen, als Siziliens bester Wein.

Ätna

Corvo

197

Die Weißweine
Spaniens

SPANIEN PRODUZIERT nur wenige Tischweine, die, abgesehen von ihrem extrem niedrigen Preis, auf dem internationalen Markt konkurrieren könnten. Die einzige Ausnahme bildet das Riojagebiet im Norden.

Das spanische Klima ist für Weißwein nicht gerade günstig. Die einfachen Weine, die in ganz Spanien mit Ausnahme der Atlantikküste und des Hochgebirges in großen Mengen hergestellt werden, haben einiges gemeinsam mit dem Sherry: hohen Alkoholgehalt, intensive Farbe, reiche Duft- und Geschmacksstoffe. Es fehlt ihnen jedoch die so wesentliche Säure — der belebende, erfrischende Faktor in jedem guten Weißwein. Sherry ist eine Ausnahme und unterscheidet sich gar nicht so stark von anderen spanischen Weißweinen, wie wir vielleicht annehmen. Für den Spanier ist er lediglich der beste unter ihnen. Er gehört hier sogar in die Klasse der Tischweine, im Gegensatz zu anderen Ländern, wo der Sherry extra besteuert wird und eine gänzlich andere Funktion erfüllt.

Durch die intensive Sonneneinwirkung können wirklich gute Weißweine — Sherry natürlich immer ausgenommen — nur in Spaniens Norden gedeihen. Die Provinz Katalonien, im nördlichen Teil der spanischen Mittelmeerküste gelegen, bringt einige gute Sorten hervor. Der Weinbau konzentriert sich hier vor allem auf das Riojagebiet zwischen Aragón und Navarra, wo der Ebro aus der Kantabrischen Sierra ausbricht, um sich seinen Weg zum Mittelmeer zu bahnen. Im nördlichen Hochland, nicht weit von der portugiesischen Grenze, werden einige wenige Weine erzeugt, und Galicien, die Provinz am Atlantik zwischen Portugal und der Biskaya, produziert seinen wilden, dem Apfelwein ähnlichen Landwein.

Alella   Die Distrikte von Alella und Panadés umschließen Barcelona von zwei Seiten. Zu Alella gehören die Küste im Norden und die angrenzenden Hügel zwischen Barcelona und Mataró. Das Zentrum von Panadés, dem größeren Gebiet, liegt bei dem Ort Villafranca de Panadés zwischen Barcelona und Tarragona. An seiner Küste befindet sich auch das Seebad Sitges. Der *Alella* gehört zu den besten spanischen »vinos corrientes«, den Schankweinen. Man bekommt ihn in den ausgezeichneten Fischrestaurants von Barcelona; und er ist, genau wie das

198

Brot, im Gedeck inbegriffen. Der beste weiße *Alella* wird in hohe grüne Flaschen, ähnlich den Moselflaschen, abgefüllt. Der spanische Winzer versucht dabei alles, um diesem Wein ein wenig von der Leichtigkeit, der Geschmeidigkeit zu geben, an die man beim Anblick dieser Flaschenform erinnert wird. Durch moderne Methoden in der Weinbehandlung hat man die Fehler des »vino corriente« früherer Zeiten — Schwere, hoher Alkoholgehalt, Flachheit — ausmerzen können. Doch hat man hier einmal wieder das Kind mit dem Bade ausgeschüttet. Ein Spezial-*Alella* kostet das Drei- oder Vierfache des gewöhnlichen und hat nicht halb soviel Charakter.

Panadés Panadés gibt den größten Teil seines besten Weißweines an die Champán-Kellereien zur Schaumweinbereitung weiter. In San Sadurni de Noya im Norden des Gebiets soll sich der größte Schaumweinkeller der Welt befinden. Was dann noch an weißem *Panadés* übrigbleibt, ist trocken oder süß, jedoch immer ziemlich stark und dem *Alella* ähnlich.

Rioja

Durch die Kantabrische Sierra ist die spanische Nordküste vom übrigen Land abgeschnitten. Südlich davon erstreckt sich das alte Königreich Kastilien mit seiner wilden offenen Landschaft und seinen kahlen Hügelketten. Fast schon an der Grenze Navarras im Nordosten fließt der Ebro, hier noch ein schmaler Fluß, durch die Sierra nach Süden. Im grünen Ebrotal unterhalb der Einmündung des Nebenflusses Rio Oja, der dem Land seinen Namen gibt, befindet sich Spaniens bestes Anbaugebiet für Tischweine.

Rioja Chablis Ein großer Teil des weißen Rioja kommt »höchst bescheiden« als *Rioja*
Rioja Sauternes *Chablis* und *Rioja Sauternes* auf den Markt. Die Namen entsprechen lediglich dem süßeren beziehungsweise dem trockeneren Typ, denn keiner von beiden ist den französischen Originalweinen wirklich ebenbürtig. Einige Weine, die als spanischer Chablis und spanischer Sauternes im Handel sind, wären ohne die geliehenen Namen unverkäuflich — sie sind jung und minderwertig. Für die Riojaweine wäre es besser, wenn man sie unter eigenen Bezeichnungen und mit den Vorzügen, die sie zweifellos haben, in den Handel bringen würde.

Die Weine werden in die beiden großen Kategorien »süß« und »trocken« eingeteilt. Die spezielle »Edelfäule«, die einem Spitzen-Sauternes seine intensive Süße verleiht, gibt es hier nicht. Der Rioja ist normalerweise nur leicht süß. Der trockene Weißwein jedoch ist hervorragend. Er ist ein wuchtiger, keineswegs leichtgewichtiger Wein, bleibt zwei oder drei Jahre auf dem Faß, hat eine schöne Goldfarbe, eine schwache, aber angenehme Blume und ein Aroma, das entfernt an einen weißen Rhonewein erinnert.

Dies ist die Norm. Es gibt natürlich immer Ausnahmen: zum Beispiel einen sehr alten *Brillante* — das ist die Bezeichnung für süße Weißweine —, und einen 1910er aus den Bodegas Bilbainas, der etwas von der ausgesprochenen Honigsüße eines edlen Sauternes hat. Die Riojafirmen bringen ihre besten Weine immer unter eigenen Sorten- oder Weingutsnamen, also nicht einfach unter der Bezeichnung »Rioja Soundso«, auf den Markt. Die besseren Weine tragen oft einen Jahrgangsvermerk. Wenn man die französischen Weine und ihre Jahrgänge kennt, erscheinen einem die spanischen mitunter unwahrscheinlich alt. Der Grund dafür liegt weitgehend in dem schleppenden Umsatz und in der unbedingten Notwendigkeit, die noch immer auf die althergebrachte Weise bereiteten Riojaweine mehrere Jahre zu lagern, bevor sie ihren Höhepunkt erreichen.

Karte 15   Spanien und Portugal

Galicien

Der spanische Nordwesten exportiert seine Weine nicht. Der Besucher des Landes bekommt sie als galicische Weine kredenzt, die natürlich dem portugiesischen Vinho Verde nah verwandt sind, denn der Minho fließt auch durch Spanien, wo er Miño heißt. Ein Wein, den man in Galicien nicht übersehen sollte, ist der *Ribeiro*. Am Oberlauf des Duero, der in Portugal Douro heißt, zwischen Valladolid und dem abgelegenen Zamora, wird ein delikater Weißwein, der *Rueda*, hergestellt.

Ribeiro

Rueda

Auch in den Gebieten von Tarragona, Alicante und Valencia an der Ostküste und in der Mancha auf dem spanischen Zentralplateau werden Weißweine angebaut. Das einzig Bemerkenswerte an ihnen ist ihr niedriger Preis. Das mag vielleicht gehässig klingen, aber die südspanischen herben Weine schmecken nur zur Paella oder zu den unzähligen Sorten von Cigales und Gombos, den Krustentieren des Landes.

Je südlicher Wein wächst, insbesondere Weißwein, desto schneller reift er heran, desto rascher geht die Gärung vor sich und desto magerer gerät die geschmackliche Fülle.

Den spanischen Winzern kann man daraus keinen Vorwurf machen. Von diesen Reben und bei diesem heißen Klima kann man nicht mehr Aroma erreichen, es sei denn, man macht Sherry. Wenn man die Situation allerdings so betrachtet, wird einem klar, daß die Weiterverarbeitung von einfachem Wein zu Sherry die beste Lösung ist, die den spanischen Winzern Andalusiens einfallen konnte.

Die Weißweine Portugals

*Die Wein-
landschaft*

WER IM SEPTEMBER nach Portugal kommt, stellt fest, daß das ganze Land nördlich des Tejo — etwa zwei Drittel von Portugal — bei der Weinlese ist. Auf allen
Straßen bahnen sich Ochsenkarren polternd und ächzend ihren Weg zu den
Rebhängen und zurück. Über jedem Ort liegt der berauschende Duft des Mostes. Esel trotten mit vollen Körben beladen vorüber. Überall auf den Feldern
sieht man Pflücker bei der Arbeit. Auf einer Fahrt quer durch das Land bieten
sich immer wieder völlig verschiedenartige Bilder: die Ochsengeschirre, die
Form der Lastkarren für das Lesegut, die Körbe auf den Köpfen der Frauen
oder auf den Eselsrücken unterscheiden sich sogar oft von Dorf zu Dorf. So ist
es nicht verwunderlich, daß sich auch der Wein höchst vielfältig präsentiert. Die
portugiesischen Landweine sind gut, jedoch haben die meisten nicht einmal
einen Namen.

In einem kleinen Gasthaus in Alcobaça, im Schatten eines der schönsten
Klöster, dessen Küche für gigantische Feste entworfen sein muß, mit einem
sprudelnden Forellenwasser darin und einem Kamin so groß wie ein Hochofen,
gibt es zu einem pikanten Gericht aus winzigen Muscheln einen Weißwein,
der köstlich nach wilden Erdbeeren duftet. Es ist der einfache Wein aus der
Gegend. Sicherlich würde man ihn auch anderswo gern trinken, aber er hat
nicht einmal einen Namen. Das ist in Portugal allerdings häufig der Fall. Auf
den Listen der portugiesischen Weine, die im Handel sind, findet man nicht unbedingt die besten Sorten. In jedem Fall ist solch eine Liste unvollständig, denn
niemand befaßt sich eingehend mit der Auswahl, und so enthält sie lediglich
die Weine, die am einfachsten zu kaufen und auszubauen sind.

Portugal produziert nicht nur eine Vielzahl von hervorragenden Weinen,
sondern der Wein scheint auch mühelos zu gedeihen.

*Benennung
und Bereitung*

Einige Merkmale des italienischen Weinbaus und Weinhandels treffen
auch auf Portugal zu: die ungenaue Benennung der Weine, die mitunter amateurhafte und dann wieder allzu kommerzielle Weinbereitung, das völlige Fehlen der Lagenamen und die naive Großzügigkeit hinsichtlich der Jahrgangsbezeichnungen. Die Organisation scheint mangelhaft zu sein, die Vorräte sind

nicht überschaubar, und doch erreicht der Wein immer den notwendigen Standard. Abgesehen davon ist ein guter portugiesischer Wein billiger als jeder andere seiner Güteklasse. Der Grund hierfür liegt in den idealen Voraussetzungen für den Weinbau. Daher darf man den Wein dieses Landes nicht geringschätzen, nur weil er billig ist.

Die Regierung hat neuerdings ein Gesetz zur Rationalisierung ausgearbeitet, das Herkunftsbezeichnungen ähnlich wie in Frankreich anerkennt. Vorerst hat es sich allerdings weder als besonders erfolgreich noch als gerecht erwiesen. Alle »vinhos verdes« werden beispielsweise auf Grund ihres Namens ohne Berücksichtigung ihrer Qualität anerkannt. Einige der besten portugiesischen Weißweine dagegen gelten, da sie unter einem Sortennamen geführt werden, als nicht qualifiziert.

Diese Probleme seien hier nur erwähnt, um zu erklären, warum der ausländische Weinhandel sich auf Erzeugnisse konzentriert, die nicht unbedingt zum Besten gehören, was das Land zu bieten hat.

Vinho Verde

Die eigentliche Spezialität unter Portugals Weißweinen heißt seltsamerweise »grüner Wein«. Grün ist er im Sinn von jung und unstabil. Mitunter scheint er kaum Alkohol zu enthalten, dann wieder schmeckt er wie junger Apfelwein. Selbst wenn er rot ist, wird er noch »grün« genannt.

Die Heimat des Vinho Verde

Vinho Verde kommt aus Portugals nördlichster Provinz Minho, die nach dem gleichnamigen Fluß benannt ist, der an der spanisch-portugiesischen Grenze entlangfließt. Die südliche Grenze der Provinz bildet der Unterlauf des Douro, an dessen Uferhängen die Portweintraube wächst. Oporto ist gleichzeitig die Stadt des Portweines und des Vinho Verde, der wohl unterschiedlichsten Weine der Welt.

Die parkartige Schönheit von Minho findet man in keiner anderen Provinz wieder. Das Bauernland wirkt wie ein riesiges Erholungsgelände. Die Landschaft scheint im Maßstab verkleinert zu sein: Bäche und sanfte Hügel, keine breiten Flüsse und hohen Berge, teilen das Land in eine Reihe von Miniatur-Amphitheater auf. Das größte Objekt im Blickfeld ist der Eukalyptusbaum mit seinen schmalen Blättern und dem sich schälenden Stamm. Mittelalterliche Bauernhöfe, hier und da eine kleine Kapelle mit Kloster, dessen Hof voller Weinfässer liegt, Weiler mit zwei Häusern und unter Blättern versteckte schmale Wege sind die Kennzeichen dieser Landschaft. Von allergrößtem Reiz sind jedoch die Felder.

Die Weingärten

Um jedes Feld zieht sich ein Labyrinth aus grünen Laubengängen — Reben, die man an Pergolen hochgebunden hat. In der Mitte des Feldes wächst Mais auf achteckigen, sechseckigen, keilförmigen, rhombischen Fleckchen Erde. Es gibt keine Weingärten im üblichen Sinn, keine geschlossenen Reihen. Der Wein wächst wie im Paradies.

Es hat seinen guten Grund, daß man die Reben hochbindet und mit anderen Grünpflanzen umgibt: auf diese Weise werden die Trauben vor der brennenden Sommersonne und Überreife geschützt. Weißweine aus so weit südlichen Lagen sind im allgemeinen stark und nicht erfrischend. Hier jedoch wird die Hitze vom Boden nicht auf die Trauben reflektiert, wie das bei niedrig gehaltenen Reben der Fall ist, und auch die in der Erde gespeicherte Sonnenwärme kann nachts nicht auf die Pflanzen einwirken; so ist es den Winzern von Minho gelungen, den Wein zu erzeugen, den sie brauchen. Er hat oft nur neun Prozent Alkohol und eine erfrischende Säure. Der Boden in Minho ist karg. Hier wachsen Azaleen und Rhododendron, und sogar die Birnen und Pfirsiche haben eine gewisse Säure. Der Wein braucht nicht auszubauen, man trinkt ihn schon, ehe die Gärung ganz abgeschlossen ist — winzige Bläschen hängen an der Wand des Glases. Überhaupt kann man eine Menge von diesem Wein vertragen. Eine Flasche pro Person ist die normale Mittagsration an einem portugiesischen Sommertag.

Der weiße Vinho Verde ist ein köstliches Getränk für sich allein. Oft wird er auch zu den hervorragenden portugiesischen Fischen und Schaltieren gereicht — die Zusammenstellung ist ausgezeichnet bei heißem Wetter, obwohl eine gehaltvolle Mahlzeit den Wein etwas dünn und wäßrig erscheinen läßt. Als durstlöschendes Getränk ist der Vinho Verde sehr zu empfehlen.

Trotz der schnellen Bereitung und des raschen Konsums gibt es die verschiedensten Sorten von Vinho Verde. Die billigen schmecken manchmal wie *Casal Carcia* Wasser mit einem Schuß Zitronensaft. Mit den bekannten Marken *Casal Carcia* *Casal Mendes* und *Casal Mendes* geht man kein Risiko ein. Es gibt aber noch bessere: *Vinhos* *Alvarinho* *de Moncaos Alvarinho* (der Traubenname) und *Cepa Velha*. *Cepa Velha*, der *Cepa Velha* den Jahrgang anzeigt und in hohen grünen Flaschen, ähnlich den Moselflaschen, verkauft wird, ist wohl der beste und steht über der einfachen Vinho-Verde-Gattung. Er ist haltbar und verbessert sich noch auf der Flasche, er entwickelt eine feine und delikate, fast freesienartige Blume, bleibt frisch, aber er nähert sich dabei schon einem anspruchsvolleren Tischwein. Das wird eigentlich gar nicht von ihm verlangt; Vinho Verde sollte so jung wie möglich getrunken werden.

Er gehört zu den Weinen, die selbst denjenigen gefallen, denen Weine zu streng im Geschmack, zu trocken oder zu schwer sind, und deshalb findet er im Ausland breite Absatzmärkte.

Vinho Maduro

Wein, der nicht grün ist, sondern ein bis zwei Jahre auf dem Faß gelagert und seine Gärung abgeschlossen hat, wird als sogenannter reifer Wein — »vinho maduro« — bezeichnet. In diese Kategorie gehören die Spitzenweine Portugals. Vier Gegenden, die weiße Maduroweine herstellen, sind gesetzlich qualifiziert: Colares bei Lissabon, allerdings mit überwiegend roter Ernte, Bucellas nördlich von Lissabon, Dão im Norden Portugals, südlich des Douro, und das Dourotal selbst.

Bucellas

Bucellas liegt nördlich von Lissabon am Tejo. Die Weine aus diesem Gebiet sind recht hart im Charakter und entweder trocken oder fast trocken. Die Firma Alves scheint stark am dortigen Weingeschäft beteiligt zu sein, das trotz seines guten Rufs in ganz Portugal dennoch im Absteigen begriffen ist. In Bucellas wird Rebengelände als Baugrund verkauft. In Carcavelhos, das näher bei Lissabon liegt, trifft man bereits keine Weingärten mehr an; man sieht Villen, soweit das Auge reicht — und doch muß der Wein irgendwoher kommen, wahrscheinlich aus den benachbarten Ortschaften. *Bucellas* gilt zwar nicht als überragend, doch bürgt der Name immerhin für Qualität.

Dão

Die Bezeichnung *Dão* verbindet sich hauptsächlich mit Rot- und Weißweinen, die der gleichen niedrigen Preisklasse angehören wie der spanische Rioja. Aus dem portugiesischen Dão wie aus dem spanischen Rioja werden nur einfachste Weine exportiert.

Der weiße Dão — der rote ist im allgemeinen qualitativ besser — ist Portugals weißer Burgunder: trocken, ansprechend, reintönig. Ein wenig mehr Körper, ein Hauch von der Süße, die den Burgunder so lieblich macht, könnten ihm nicht schaden — doch das wäre wohl zuviel verlangt. Jedenfalls ist Dão überall willkommen, wo ein sehr trockener, aber geschmeidiger Weißwein gewünscht wird. Er verträgt das Altern nicht so gut wie der rote, sondern wird mit der Zeit flach. Es lohnt sich übrigens, eine Flasche nach Möglichkeit etwa eine Stunde vor dem Ausschenken zu öffnen. Der Wein hat anfangs oft einen leichten Schwefelgeruch, der sich beim Kontakt mit der Luft rasch verflüchtigt.

Mateus

Das Dourotal ist eine Überraschung. Hier gedeihen Weine aller Art. Es ist gar nicht allgemein bekannt, daß der berühmte *Mateus Rosé* einen weißen Zwilling — und auch einen roten — hat. Der rote kommt von Dão, doch der Rosé und der Weißwein sind Douroweine. Vila Real, der Entstehungsort des *Mateus*, liegt im nördlichen Teil des Dourogebiets, nahe der Grenze der Provinz Minho, dem Vinho-Verde-Land.

Douro
Ermida

Nur wenig Weißwein wird unter der Bezeichnung *Douro* verkauft. Wahrscheinlich stammt auch *Ermida*, einer der besten trockenen Weißweine mit Sortennamen, vom Douro, obwohl das aus dem Etikett nicht hervorgeht. Der Douroweißwein ist normalerweise trocken und von einer frischen Herbheit, die dem Dão mitunter fehlt. Er verträgt das Altern gut. Der weitaus größte Teil ist

Landwein, den man nicht auf Flaschen füllt, sondern offen zu gesalzenem Kabeljau, dem bekannten »bacalhau«, trinkt, den man in Portugal in den verschiedensten Variationen sehr häufig ißt. In einem Restaurant fragt man am besten nach dem Wein des Hauses. Dabei kann man im Dourogebiet die vielleicht erfreulichsten von vielen angenehmen Überraschungen kredenzt bekommen. Markenweine gibt es in allen Teilen Portugals. Zu den bekanntesten gehören *Almada, Arealva, Justina, Estoril, Serradayres, Allegro, Campo Grande, Solar, Serrador, Realeza* oder einfach *Branco Seco* (trockener Weißwein). Sie erheben keinerlei Anspruch, mehr zu sein als billige Verschnitte, im allgemeinen jedoch sind sie gut.

Reserva
Garrafeira

Um edlere Tropfen zu kosten, muß man selbst nach Portugal fahren. Qualifizierte Weine tragen die Bezeichnung »Reserva« und »Garrafeira«. Gewöhnlich ist ein Datum angegeben, das etwa dem Jahrgang entspricht. Man folgt dem Jahrgangsprinzip hier nicht annähernd so strikt wie in Frankreich oder Deutschland, wo der Jahrgang den Unterschied zwischen einem guten und einem schlechten Wein anzeigt. Das portugiesische Klima ist gleichmäßiger, und es gibt keine allzu großen Abweichungen von der Norm. Die Bezeichnung »Garrafeira 1957« auf dem Etikett bedeutet, daß der Wein im Jahr 1957 hauptsächlich aus den besten Weinen dieses Jahres hergestellt wurde und vielleicht einen geringen Zusatz von gutem Wein aus dem vorherigen Jahr zur Verbesserung des Verschnitts erhalten hat. Jedenfalls sind Reservas und Garrafeiras das Beste, was eine Firma zu bieten hat, das heißt, Garrafeira ist noch besser als Reserva.

Weiße Reservas sind unter anderem der *Branco Seco Especial* der renommierten Firma José-Maria Fonseca, der bereits erwähnte *Ermida*, ferner *Gaeiras*, *Lagoa*, ein ziemlich starker trockener Wein aus Südportugal, in bescheidener Version der Konsumwein der Provinz Algarve, *Lezirao, Planalto, Quinta d'Aguieira, Sanguinhal* und *Tres Cunhas*. In Serradayres wird ein Wein mit dem Namen *Caviar* hergestellt. Außerdem gibt es noch einen recht guten süßen Wein, den *Grandjo*.

Die Toskana bei San Casciano – hier gedeiht der weltberühmte Chianti ▷

Die Weißweine
Österreichs

AM BESTEN KANN man die Qualität der österreichischen Weine im Land selbst prüfen, denn von dem begrenzten Vorrat an Spitzenweinen wird nicht sehr viel exportiert.

Es gibt in Österreich nur wenige so große Weingüter wie in Frankreich und in Deutschland. Der kleinbäuerliche und der mittelständische Betrieb herrschen vor, wodurch zusammen mit einer Vielfalt von Rebsorten eine breite Skala des Weinangebotes geschaffen wird. Diese Skala umfaßt sowohl Tischweine als auch schwere, bukettreiche Weine wie die Trockenbeerenauslesen, die hier allerdings nicht die Wucht und den Wert der deutschen Trockenbeerenauslesen erreichen. Neben den traditionellen Reben werden auch viele Neuzüchtungen angebaut. Der Weißwein herrscht in allen Gebieten vor.

Man teilt die österreichischen Weinlande ein in Niederösterreich mit den Hauptanbaugebieten Wachau, Kamptal, Kremstal, am Wagram, Oberes, Unteres Weinviertel und das »Südbahngebiet« südlich von Wien, ferner Wien selbst, das Burgenland und die Südsteiermark.

Allein auf Niederösterreich entfallen zwei Drittel der gesamten Anbaufläche von insgesamt 46 000 Hektar. Das restliche Drittel verteilt sich auf das Burgenland mit 28, die Steiermark mit fünf und Wien mit einem Prozent.

Niederösterreich

Krems

Das Zentrum des niederösterreichischen Weinbaus ist schon seit dem Mittelalter die Stadt Krems an der Donau. Um diesen Mittelpunkt finden sich die Anbau- und Handelsplätze, denen man auf den Weinetiketten immer wieder begegnet; nach Westen in der Wachau, nach Norden im Kamptal, am Gaisberg mit seinen bevorzugten Lagen und weiter im Manhartsberger Gebiet. Daran schließt sich das Obere Weinviertel nach Osten an und südlich davon, bis zur

209

Donau und Wien, das Untere Weinviertel. Namen, die man sich merken sollte, sind: Dürnstein, Weißenkirchen, Rossatz, Stein, entlang der Donau; das Kamptal mit Langenlois, Kammern, Straß und Zöbing. Zu nennen sind hier auch die Mauterner Weine mit ihrem besonderen Fruchtgeschmack und die Heiligensteiner Rieslinge. Dann Königsbrunn am Wagram, weiter Ravelsbach, Röschitz, Pulkau und Retz; Haugsdorf, Markersdorf, Mailberg.

Das Weinbaugebiet um Poysdorf ist das größte Niederösterreichs, mit Falkenstein, Herrnbaumgarten, Stützenhofen und Wilhelmdorf; diese Orte liegen schon im Weinviertel. Rings um die alte Weinstadt Mistelbach findet man Ladendorf, Paasdorf, Ebendorf, Eibesthal, Siebenhirten, Asparn, Schleitz, Wilfersdorf und Zistersdorf. Und an der südlichen Grenze des niederösterreichischen Gebietes, schon nahe bei Wien, liegt Klosterneuburg.

Klosterneuburg
Klosterneuburg gehört zu den Glanzpunkten der österreichischen Weinkultur. Hier steht die erste Weinbauschule, die sich um die Züchtung neuer, lokaler Rebsorten bemüht. Vornehmlich werden die Weißweinreben Veltliner, Silvaner, Traminer und Riesling angebaut. Diese Reben ergeben edle, fruchtige, elegante Tischweine, aber auch schwere Spitzenweine. Die Weinberge von Klosterneuburg gehen bereits in den Wiener Weinbezirk über.

Noch zu Niederösterreich gehört das »Südbahngebiet«, das sich im Süden Wiens erstreckt. Hier liegen die Weinorte Perchtoldsdorf, Brunn, das berühmt gewordene Städtchen Gumpoldskirchen, Guntramsdorf, Maria Enzersdorf, Pfaffstädten und schließlich Baden, sowie die vorwiegend Rotwein produzierenden Orte Vöslau und Soos.

Wien

Der Weinbau in und um Wien reicht weit in die Geschichte zurück; angeblich soll er bereits zur Römerzeit in hoher Blüte gestanden haben. Heute drängt die sich ausdehnende Stadt — wie auch Stuttgart, Heilbronn und andere Städte — den Weinbau zurück. Von der einstigen Pracht sind etwa noch 750 Hektar Rebfläche übriggeblieben. Aber die Wiener Weine haben Qualität. Nach den einzelnen Vororten unterscheidet man Nußdorfer, Grinzinger, Sieveringer, Neustifter, Alsegger, Ottakringer, Stammersdorfer, Laaerberger und andere. Der Weinfreund bekommt sie in fast allen Weinschenken der Stadt, auch wenn sich die Verhältnisse sehr geändert haben und der Grinzinger nicht mehr allein aus Grinzing stammt und neben dem echten Weinbeißer amerikanische Touristen auf der einfachen Bank sitzen. Zum Heurigen, also zum neuen Wein des Jahres, versammelt sich ganz Wien in den ländlichen Ausflugsstätten der Weinorte. Man packt die mitgebrachte Wegzehr aus oder kauft vom Weinbauern Brot, gekochtes oder gebratenes Fleisch oder Käse. Der Heurigenschenker ist jedoch

Heuriger

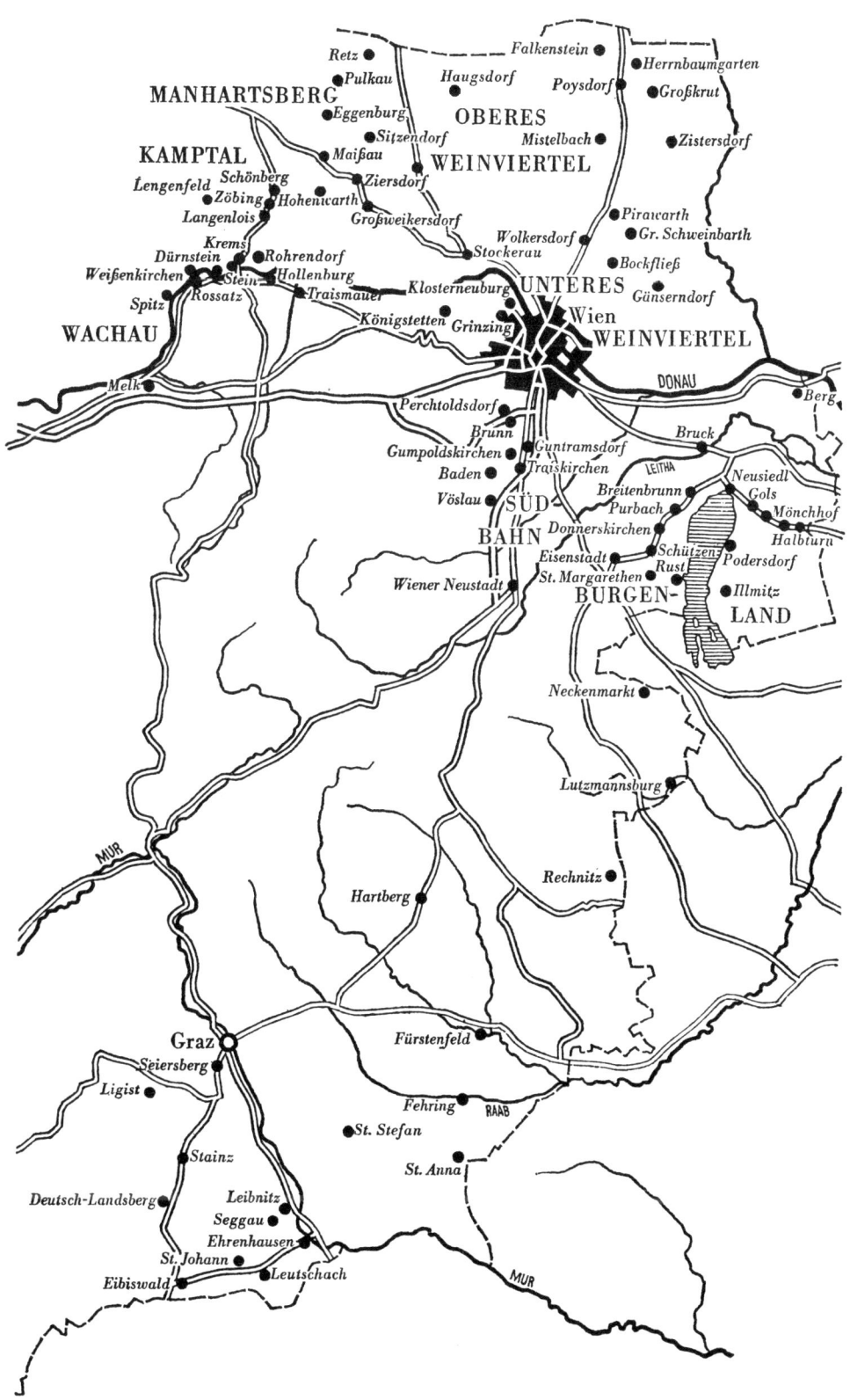

Karte 16   Österreich

211

auf Speisenverkauf nicht angewiesen, denn seinen Umsatz macht er mit dem Wein, der ausschließlich offen als Schoppenwein ausgeschenkt wird.

Es wäre jedoch falsch, wollte man den Wiener Weinbau an dem Heurigenlokal messen. In Wien gibt es große Spitzenweine, die in gepflegter Gastlichkeit ausgeschenkt werden und die man zu vielen Speisen trinken kann. Leider geschieht es oft, daß über der Weinmenge die Weinqualität vergessen wird.

Burgenland

Rust

Mittelpunkt des burgenländischen Weinbaugebiets ist der Neusiedler See mit dem Städtchen Neusiedl. Die Feuchtigkeit vom See her kommt den Reben zugute. Weltberühmt wurde der Ruster Wein, der zu den großen Weinen Europas zählt. Auch die Weine aus Mörbisch, hart an der ungarischen Grenze, aus Illmitz, Podersdorf, Osslip, Oggau, Schützen und Sankt Margarethen haben ihren Reiz, sind jedoch dem Ruster unterlegen. Ruster sollte man an Ort und Stelle im bäuerlichen Landgasthaus am See probieren, am besten zu burgenländischen Spezialitäten vom Grill oder zu gebratenen Fischen.

Gols

Gols ist die größte Weinbaugemeinde des Burgenlandes; hier werden Qualitätsweine und vor allem auch süffige Tischweine erzeugt. Außerdem wären noch Mönchhof und Halbthurn zu erwähnen.

Die Traubensorten dieses Gebiets sind Muskat-Ottonel, eine typisch österreichische Sorte, Ruländer, Müller-Thurgau und Traminer.

Steiermark

Klöch

In der Steiermark liegt das größte Weinbaugebiet im Klöcher Gebiet. Doch auch an den Steilhängen des Sausals und im Lautschach-Gamlitzer Gebiet gewinnt man fruchtige und würzige Weine. In der Oststeiermark wäre noch Fehring erwähnenswert. Die Rebsorten der Steiermark sind vielfältig; das ist durch die unterschiedlichen Klima- und Bodenbedingungen zu erklären. Die Auswahl reicht von zarten bis kräftigen Geschmacksrichtungen, wobei der Gebirgscharakter der meisten Anbaugebiete in Würze und Fruchtigkeit zum Ausdruck kommt. Es werden Silvaner, Welschriesling, Muskat-Silvaner, hervorragend Ruländer und selten Neuburger und Rheinriesling angebaut, im Klöcher Gebiet erzeugt man vor allem schwere Traminerweine.

Fehring

Auch in Kärnten, Oberösterreich, Tirol bis hin zum Ostufer des Rheins findet man Weinbau, jedoch ist er im Vergleich zu den bereits genannten Gebieten gering.

Die Weißweine der Tschechoslowakei

ETWA DREI VIERTEL der Weinproduktion der Tschechoslowakei kommen aus der Slowakei, der Rest aus Mähren und ein kleiner Teil aus Böhmen.

Der Weinbau bringt in diesem Land, obgleich die Anbaufläche nicht sehr groß ist, ein vielfältiges Sortiment hervor. Der Anbau erstreckt sich über die ganze Tschechoslowakei. In der östlichen Slowakei kann man die Weinerzeugung mit derjenigen Ungarns, in der Westslowakei und Mähren mit der österreichischen vergleichen; für Böhmen ist der Vergleich mit deutschen und vereinzelt mit französischen Vorbildern zu suchen.

70 Prozent des tschechoslowakischen Weinbaus besteht aus Weißweinen. Eine reiche Sortenskala läßt sich hier nennen: Müller-Thurgau, Neuburger, Muskat-Ottonel, Silvaner, Ruländer, Rheinriesling, Frühe von der Lahn, Mädchentraube, Welschriesling, Sauvignon und Semillon.

Einer der besten und bekanntesten ist der Tokajer, der im idealen Klima und auf dem günstigen Boden der Slowakei gedeiht. Beliebt ist auch der aus dem Weinbaugebiet Znaim in Mähren stammende *Blatnický Rohač*.

Die Weißweine Ungarns

DER ANBAU UNGARISCHER WEINE ist unter staatlicher Kontrolle wieder zu beachtlichem Leben erweckt worden. Es lohnt sich, zur Lesezeit die Weingegenden dieses reizvollen Landes zu besuchen. Die Häuserwände sind bedeckt mit Ketten aus roten Paprikaschoten, die man zum Trocknen aufgehängt hat. Zigeuner spielen ihre wilden Melodien mit den unsteten, immer wiederkehrenden Tonfolgen, die Bäuerinnen kochen in ihren Küchen aromatische Karpfengulaschsuppen, und die schweren Weine erhitzen die Gemüter.

Die ungarischen Weine haben ihren Weg in die ganze Welt gefunden, unter ihnen natürlich besonders der berühmte Tokajer, der viel imitiert wird, ohne daß ein anderes Land ihn bisher wirklich erreichen konnte. Die Weißweine Ungarns sind durch die reichliche Sonneneinstrahlung besonders süß, die Rotweine körperreich und feurig.

Alle Länder des Ostblocks schalten im Zuge der Planwirtschaft Eventualitäten nach Möglichkeit aus, das heißt, daß man auch in der Weinindustrie von Jahrgang zu Jahrgang größte Einheitlichkeit anstrebt. Das Datum auf der Flasche gibt lediglich Auskunft über das Alter des Weines, nicht aber darüber, ob es ein gutes Jahr war oder nicht.

Tokaj

Ungarn stellt den wohl feinsten Weißwein Osteuropas her: den Tokajer aus dem Dorf Tokaj. Er gehört in die gleiche Klasse wie etwa ein *Château d'Yquem* oder eine deutsche Beerenauslese. Er ist süß, kommt verhältnismäßig alt in den Handel und ist daher begreiflicherweise teuer. Näheres über den Tokajer erfahren Sie in dem Kapitel »Weine nach dem Essen« auf Seite 356 ff.

Charakter Die meisten ungarischen Weine tendieren zur Schwere und zur Süße. Das Wort »feurig«, mit dem die Ungarn sie gern bezeichnen, bedeutet, daß der ungarische Wein anregend, wärmend und alkoholreich ist. Die dünnen leichten

Weine trinkt man mit Sodawasser gegen den Durst. Unter wirklichem Weintrinken verstehen die Ungarn den Genuß von kräftigem, alkoholreichem Wein aus großen Bechern.

Die ungarischen Weine haben ein bestimmtes Aroma, das der Tokajer in besonderem Maße besitzt, einen echt ungarischen Duft, eine Art herbstlicher Blumigkeit, im Gegensatz zu dem frühlingshaften Bukett deutscher Weine. Was die Fülle anbelangt — trinkbare, angenehme, nicht widerliche Fülle —, so stehen sie den allerbesten deutschen Weinen kaum nach.

Namen Die Namen der Weine sind zugegebenermaßen ein Problem. Vielleicht erreicht man es, sie fehlerlos auszusprechen, doch behalten kann man sie kaum. Wenn nicht die Identität eines Weines sein kostbarster Besitz wäre, und, um mit Cassius zu sprechen, der Verlust des Namens völliger Armut gleichkäme, sollte man die ungarischen Weine auf einfache und leicht zu merkende Sortennamen umstellen. Zum Glück braucht man sich nicht allzu viele zu merken, denn wie in allen kommunistischen Ländern ist der Staat der alleinige Exporteur, so daß die Bezeichnungen einzelner Weingüter oder Händler fortfallen.

Die staatlichen Exportgesellschaften Ungarns bieten verschiedene Weine an, die in Deutschland vom Importhandel, der sich für bestimmte Weine in einer einzigen Hand befindet, vertrieben werden. Die nachstehend aufgeführten Sorten beziehen sich auf das augenblickliche Angebot des Staatsinstituts.

Plattensee

Am Plattensee liegt, sieht man einmal von Tokaj ab, das größte und bedeutendste Weinbaugebiet Ungarns. Die Rieslingtraube entwickelt hier einen besonders vollen Geschmack und liefert einen runden, goldfarbenen Wein mit einem Anflug von Überreife, die für Ungarn typisch ist. Der köstliche Furmint, eine hauptsächlich in Ungarn angebaute Traubensorte, liefert neben dem Tokajer noch eine Reihe guter Weißweine. Der Balatoni-(Plattensee-)Riesling und der *Balatoni-Riesling* *Balatoni-Furmint* sind angenehme Tischweine. Beide haben jedoch auch genügend Alkoholgehalt und Individualität aufzuweisen, um vor dem Essen, bei einer Party oder bei abendlicher Lektüre ein passendes Getränk zu sein.

Badacsony Der beste Wein vom Plattensee gedeiht auf einem Hügel am Nordufer, der Badacsony-Lage. Hier wird Riesling angebaut, außerdem die Traubensorten Kéknyelü (Blaustengler) und Szürkebaràt (Graumönch). Diese Namen seien nur deshalb erwähnt, weil sie auf den Etiketten erscheinen. Der *Badacsonyi* ist süßer, stärker und aromatischer als der gewöhnliche Plattenseewein, für ungarische Begriffe übrigens auch besser. Die besten Jahrgänge aus den reifsten Trauben sind reine Dessertweine. Die übrigen finden ihre Liebhaber dort, wo man süßere Weine auch als Tischweine schätzt.

In Budapest ist ein kleines Buch über den ungarischen Wein von Zoltan Halasz erschienen, aus dem hier ein Absatz über Badacsony zitiert werden soll: »Man kann sich kaum etwas Erholsameres vorstellen, als auf dem mit Terrassen durchsetzten Hügelabhang Rast zu machen und auf einem kleinen Faß oder auf einem abgesägten Baumstumpf vor einem Weinkeller zu sitzen. Auf einem Tisch locken kaltes Fleisch — Würstchen, Räucherschinken, Fettgrieben —, weiches Brot und Essiggemüse den Wanderer, der durch die erfrischende Brise vom See her nagenden Hunger verspürt. Der Kellermeister führt den Gast stolz in sein strohgedecktes Kelterhaus und bietet ihm den Kéknyelü an, einen kräftigen, duftenden, männlichen Wein.«

Somlau

Auch das Somlauer und Debröer Gebiet bringt sehr gute Tischweine hervor. Der Somloi (das »i« am Wortende entspricht der deutschen Endung -er am Ortsnamen) wird anscheinend kaum exportiert. Er ist typisch ungarisch: stark und blumig, und man sagt ihm nach, daß er sich günstig auf die Zeugung männlicher Nachkommen auswirke. In Debrö in Nordungarn wird der Hárslevelü angebaut, der einen sehr aromatischen, jedoch weniger süßen Wein als der Plattensee liefert. Dieser Wein paßt besser zu Fisch.

Debrö

Mór

Aus dem Mórer Gebiet stammt der *Móri Ezerjó*, wahrscheinlich der bekannteste, sicher aber der kürzeste ungarische Weinname. Mór liegt nördlich einer Bahnlinie, die vom Plattensee im Südwesten Ungarns nach Budapest führt. Der Wein dieses Gebiets hat im allgemeinen einen geringeren Süßegrad als die übrigen ungarischen Weine, obwohl auch hier in guten Jahren ausgesprochen süßer Wein gewonnen werden kann. Als weißer Tischwein im üblichen Sinne, besonders zu Austern oder anderen Schaltieren, eignet sich Móri am besten von allen ungarischen Weinen. Er wird sicherlich von den Weintrinkern geschätzt, die einen weißen Burgunder einem Rheinwein vorziehen. Allerdings verlieren diese ziemlich süßen Weine mit dem reizvollen Parfüm sehr, wenn sie zu kalt serviert werden. Wie alle Weißweine sollten sie zwar unbedingt kühl sein, jedoch nicht eiskalt, sonst ist es mit ihrer Blumigkeit und köstlichen Süße, die ihren Charme ausmachen, vorbei. Diese Weine verdienen große schöne Gläser und genügend Muße, damit man über ihr Aroma nachsinnen und diskutieren kann.

Die Weißweine
Jugoslawiens

Slowenien

DIE MEISTEN JUGOSLAWISCHEN Exportweine werden aus dem Riesling, der Rebe der Rhein- und Moselweine, bereitet. Der beste kommt aus Ljutomer in Slowenien, dem nordwestlichen Landstrich nahe der österreichisch-ungarischen Grenze. Hier gibt es sogar mehr Lagenweine als Landweine. Die Kapela-Lage bei Ljutomer ist bekannt für ihren Renski-(Rhein-)Riesling.

Kapela

Serbien

Der als einfacher jugoslawischer Riesling ohne den Qualitätsnamen Ljutomer exportierte Wein kommt aus Serbien, der nordöstlichen Republik mit der Hauptstadt Belgrad, wo die Donau der Grenzfluß nach Rumänien ist. Nordwestlich von Belgrad erhebt sich das Fruska-Gora-Gebirge über die weite eintönige Ebene der Sawe. Hier liegen die größten Rebengelände Jugoslawiens. In den nördlichen Weinbaugebieten gedeihen auch Silvaner und Traminer.

Mazedonien

Zilavka

Weiter südlich, in Mazedonien, sind Riesling und Silvaner nicht mehr anzutreffen. Hier findet man einheimische Rebsorten, deren Namen anderswo völlig unbekannt sind. Die mazedonische Zilavka-Traube hat ihren besonderen Reiz. Aus ihr wird ein Wein gewonnen, der süß im Geschmack und herb im Nachklang ist — eine erstaunliche Tatsache bei einem so billigen und unbekannten Tropfen. Er könnte ohne weiteres ab und zu in einem Menü den Platz des weißen Burgunders einnehmen.

Tigermilch

Die bisher besprochenen Weine gehören alle in die trockene oder halbtrockene Klasse. Es gibt auch eine Ljutomer-Spätlese, *Tigermilch*, und eine Ranina-Radgona-Spätlese, die viel süßer und dem Ungarwein ähnlicher ist, ohne jedoch dessen Qualität zu besitzen.

Nur ein Viertel des jugoslawischen Weinbaus bringt weiße Weine hervor, alles andere sind Rotweine, die Sie im Kapitel »Rote Tischweine« auf Seite 316 näher beschrieben finden.

217

Die Weißweine Rumäniens, Bulgariens und der Sowjetunion

D<small>IE</small> W<small>EINBAUGEBIETE DER</small> S<small>OWJETUNION</small> und der Balkanländer liegen um das Schwarze Meer. An der Ostküste beginnen sie, von Süden her, mit Bulgarien; es folgen Rumänien und die Sowjetunion mit der Krim, mit Georgien und dem Kaukasus.

Alle Exportweine dieser Länder werden von Winzergenossenschaften nach einem Einheitssystem hergestellt und beim Abfüllen auf die Flasche pasteurisiert, so daß sie weder besser werden noch verderben können. Es sind einfache Sorten, deren Verschiedenartigkeit lediglich von unterschiedlichen Traubensorten herrührt.

Der Rotwein vom Schwarzen Meer ist im allgemeinen besser als der weiße. Rumänien und Bulgarien produzieren besseren Wein als die Sowjetunion. Für seine Weißweine hat Rumänien den bekannteren Namen.

Rumänien

Die Förderung des Weinbaus

Der Weinbau Rumäniens wird vom Laien qualitäts- und mengenmäßig meistens unterschätzt. Immerhin steht Rumänien an sechster Stelle unter den weinproduzierenden Ländern Europas, und der Weinbau nimmt allem Anschein nach eine Vorrangstellung im Wirtschaftsleben ein. Rumänische Weinbauexperten bereisen die übrigen weinerzeugenden Länder der Welt, und 1967 wurde der internationale Weinbau-Kongreß in ihrem Land abgehalten. Wie in allen Ländern des Ostblocks wird auch hier der Weinbau staatlich gefördert. Im Zuge dieser Entwicklung wurden 100 000 Hektar neue Weinfelder angelegt. Man baut nur die besten Rebsorten an und hat die Kellerwirtschaft auf den neuesten Stand gebracht.

Trotzdem spielt rumänischer Wein heutzutage auf dem mitteleuropäischen Markt noch keine wesentliche Rolle. Das kann sich jedoch sehr schnell ändern, denn die rumänischen Weine werden vom Fachhandel bisher gut eingeschätzt.

218

Das Klima des Landes kommt dem Wein außerordentlich entgegen, der nicht nur im Zuckergehalt hohe Öchslewerte erzielt, sondern auch durch die Tag-Nacht-Temperaturschwankung des kontinentalen Klimas genügend Säure behält.

Murfatlar und *Muskat-Ottonel* entsprechen im Süßegrad etwa dem Orvieto. Für die meisten Gerichte sind sie also zu süß, doch nicht süß genug, um sie nach dem Essen zu trinken. Der *Tîrnave-Riesling* ist der beste rumänische Weißwein, der *Perla-Riesling* eine süßere Version davon. Beide sind den jugoslawischen und ungarischen Rieslingen vergleichbar. Auch die Chardonnaytraube wird in Rumänien angebaut.

Murfatlar
Muskat-Ottonel
Tîrnave
Perla

Bulgarien

Das Hauptweingebiet Bulgariens ist die Schwarzmeerküste. Die schönen Rebhänge erstrecken sich zwischen Eichenwäldern bis unmittelbar an den gelben Sandstrand hinunter. Hier werden Dimiat, Grozden (beide offensichtlich Verwandte des Rieslings) und Misket, eine Silvanerart, angebaut, aus denen ein den Anforderungen entsprechender Weißwein bereitet wird.

Die Rebsorten

Im Balkan ist es üblich, jede Mahlzeit mit dem köstlichen weißen Pflaumenbranntwein, dem Sliwowitz, zu beginnen, der jedoch den Gaumen für feinere Genüsse empfindungslos macht. Dennoch sind die Bulgaren Weintrinker. In den Lokalen steht immer Wein auf dem Tisch. Die Gewölbe des Opernhauses in Sofia, wo die Jugend und die Schönen der Stadt sich spät abends noch zu einem Plauderstündchen treffen, erinnern in der Atmosphäre an eine rheinische Weinstube, allerdings spielt dort immer ein recht lautes kleines Orchester, wie das in diesen Ländern üblich ist.

Die Sowjetunion

Seiner Anbaufläche nach ist die Sowjetunion eines der großen Weinbauländer des Kontinents. Die wichtigsten Weinbaugebiete befinden sich im Süden der Sowjetunion. Hier werden vorwiegend die klassischen europäischen Rebsorten angebaut. Auf der Halbinsel Krim und in Nordkaukasien gedeihen Weißweine mit einem Alkoholgehalt von 10—11 Prozent. Die Weine des Alasantales, an der Westküste des Kaspischen Meeres, sind alkoholreicher.

Die Weißweine des östlichen Mittelmeeres

Griechenland

Schon seit dem frühesten Altertum wird in Griechenland Wein angebaut; man vermutet sogar, daß hier die Urheimat der Rebe und der Weinkultur überhaupt liegt. Schon etwa um 600 v. Chr. herrschte in Mitteleuropa reger Handel mit griechischen Weinen, die über die Hafenstadt Massilia, das heutige Marseille, eingeführt wurden. Zu jener Zeit kannten die Römer, denen oft die Urheberschaft an der Weinkultur zugesprochen wird, den Weinbau noch nicht. Auch während der jahrhundertelangen Herrschaft der Türken ließ sich das griechische Volk nicht von dem eigentlich verbotenen Weingenuß abbringen. Heute ist Griechenland ohne Wein unvorstellbar. Jedes Dorf hat seinen Weingarten. Die Gesamtproduktion beträgt jährlich etwa 4 Millionen Hektoliter und liegt damit nicht weit unter der deutschen. Die Keltermethoden waren bisher äußerst primitiv, jedoch sind auch in Griechenland in letzter Zeit Genossenschaften gegründet worden, die moderne Geräte besitzen und bessere Lagermöglichkeiten bieten können.

Von den etwa 200 Traubensorten, die in Griechenland angebaut werden, seien hier lediglich der Gutedel (Chasselas) und der Weißburgunder sowie die Muskatellertraube genannt, aus denen Weißwein bereitet wird. Das Hauptproblem für den griechischen Weinbauern liegt in dem Übermaß an Sonneneinstrahlung. Daher gedeihen die besten Weißweine auch in den kühleren Gebirgslagen. Der bekannte *Rombola* wächst am Mont Aernos auf Cephalonia.

Demestika
Manesi

Im Erymanthosgebirge liegen die Weindörfer Demestika und Manesi, in deren Umgebung gute Weißweine wachsen. Die Weinbaugebiete um Erymanthos Achaia, Elis, Arkadien gehören zu den ältesten des Landes. Gut ist

Rhodos

auch der Wein von Rhodos.

Retsina

Auf den Mitteleuropäer ungewöhnlich und zuerst abstoßend wirkt der berühmte *Retsina*, der geharzte Wein. Es gibt jedoch eine Reihe von Griechenlandreisenden, die sich nicht nur an den Geschmack gewöhnt haben, sondern die Bekömmlichkeit dieses Weines, vor allem in Verbindung mit der griechi-

220

schen Küche, zu schätzen wissen. Ursprünglich soll *Retsina* sogar eine Medizin gewesen sein. Das Harz wird aus der Aleppokiefer gewonnen und während des Gärungsprozesses zugesetzt. Es wirkt wie eine Art Konservierungsmittel, das notwendig ist, weil die leichteren, alkoholärmeren Weine in dem heißen Klima ständig der Gefahr von Oxydation und Essigstich ausgesetzt sind.

Der griechische Weinhandel hat für den deutschen, österreichischen und schweizerischen Markt leider an Bedeutung verloren, seitdem sich der einheimische Weintrinker von den süßen, schweren auf fruchtige und eher säuerliche, frische Weine umgestellt hat, die eher dem Zeitgeschmack entsprechen.

Zypern

Wie die griechischen Weine, so leiden alle Weine aus den östlichen Mittelmeergebieten unter der übermäßig starken Sonneneinwirkung. Sie alle haben einen außerordentlich hohen Alkoholgehalt, so daß zum Beispiel ein Zypern-Rosé-wein so schwer ist wie ein Burgunder, während der zyprische Rotwein schon im Geschmack an Bordeaux erinnert. Der einfache Weißwein ist so körperreich wie Elsässer, mit dem er Ähnlichkeit hat. Ein Riesengeschlecht von Superweinen!

Zypernweine — Superweine

Für den Weintrinker jedoch, der an deutsche und französische Weine gewöhnt ist, bringen sie einfach zuviel des Guten mit — sie löschen den Durst nicht, sondern machen einen schwindlig. Neue Methoden, wie man sie auch in Südafrika anwendet, setzen sich allerdings auch hier immer mehr durch. Die Kühlung spielt hierbei eine wichtige Rolle. Sicherlich wird es in absehbarer Zeit einen hervorragenden weißen Zypernwein geben — im Augenblick ist der rote noch besser.

Israel

Israel stellt heute schon einige sehr leichte, trockene Weißweine mit eigenständigem Charakter her. Manche lassen einen deutlichen Rosinengeschmack im Hintergrund spüren, der einem eine Vorstellung von der Hitze im Weinberg zur Zeit der Lese vermittelt. Es ist im Grunde nicht einzusehen, warum Israel und die anderen Ursprungsländer des Weines nach so langer Unterbrechung ihre Tradition nicht wieder aufnehmen und durch moderne Verfahren die Vielzahl an guten Weinen, unter denen wir wählen können, nicht noch um einige vermehren sollten. Im Augenblick allerdings sind die meisten israelischen Weine noch auffallend süß.

Besonders erwähnenswert erscheint uns der *Carmel* aus dem Gebirge hinter der Stadt Haifa.

Südafrikanische Weißweine

KLIMATISCH HAT SÜDAFRIKA mehr mit Spanien und Portugal, den Ländern starker Aperitif- und Dessertweine, als mit Frankreich und Deutschland, den Produzenten feiner weißer Tischweine, gemein. In sehr heißen Zonen wie hier haben Weißweine die Tendenz, stark alkoholhaltig, dunkelfarbig und vollkommen trocken zu sein. Oft sind sie daher plump und flach im Geschmack. Wenn man nicht mit größter Sorgfalt vorgeht, werden die Trauben schnell überreif, die Gärung verläuft durch die Hitze stürmisch und kurz, die geringe natürliche Säure geht verloren und das feine Bukett verflüchtigt sich. In Südafrika schien die Chance sehr gering, daß gute Weißweine produziert werden könnten, doch vernünftige Organisation und entsprechende Kühlverfahren haben heute die meisten Hindernisse beseitigt. Die südafrikanischen Winzer schalten die durch das Klima drohenden Gefahren von vornherein aus: sie ernten die Trauben, bevor sie überreif werden, und sie halten die Gärtanks kühl und fest geschlossen, so daß der Gärungsprozeß langsam erfolgt und das Bukett sich nicht verflüchtigt. Der Wein erhält keinerlei Kontakt mit der Luft, da er bis zur Flaschenabfüllung in Betonbehältern verbleibt. Südafrika erzeugt heute blumige Weißweine nach dem Vorbild des deutschen Weines, daneben aber auch alkoholreiche, schwere Weine nach spanischem oder portugiesischem Muster.

Im allgemeinen ist der Alkoholgehalt der südafrikanischen Weine vergleichsweise hoch, höher als bei deutschen Weinen. Der maximale Süßegrad wird durch ein Gesetz geregelt: bei mehr als zwei Prozent Zucker müssen die Weine einen Weinspritzusatz erhalten und fallen dann unter die Kategorie der Portweine und Sherrys. Die wenigen guten Weine, die ins Ausland verkauft werden, sind trocken bis halbtrocken und feinblumig. Sie sind verhältnismäßig preiswert, kosten allerdings mehr als beispielsweise jugoslawische und ungarische Weine gleicher Qualität. Im westlichen Kapland sind Paarl, Stellenbosch und Tulbagh die Zentren der besten Weißweingebiete.

Constantia Es gibt hier einen *Constantia*, der keine Ähnlichkeit mit jenem *Constantia* hat, der vor mehr als hundert Jahren zu den überragenden Süßweinen der Welt zählte und den Bismarck und Napoleon schätzten. Ein weiterer trockener Kap-

La Gratitude

wein mit dem reizvollen Namen *La Gratitude* dürfte einer der besten der ganzen Gegend sein.

»Rheinwein«

Eine Anzahl Weine tragen geliehene Namen, zum Beispiel südafrikanischer *Rheinwein*, der nicht das geringste mit wirklichem Rheinwein zu tun hat, ebensowenig wie der australische *Burgunder* mit echtem Burgunder. Alles deutet jedoch darauf hin, daß die südafrikanischen Tischweine allmählich über dieses Stadium hinauskommen und in Zukunft unter eigenen Namen und auf Grund ihrer zweifellos vorhandenen Qualitäten Anerkennung finden werden.

Kalifornische Weißweine

VON ALLEN WEINBAUGEBIETEN der Neuen Welt hatte Kalifornien die meisten Hindernisse zu überwinden — von 1919 bis 1933 war durch die Volstead Act jegliche Herstellung von Wein, außer für religiöse Zwecke, verboten —, und dennoch werden dort heute die besten Weine der USA gewonnen. Kalifornien bringt viele feine, mitunter auch große Weine hervor.

Man kann die kalifornischen Weine ganz allgemein in zwei Kategorien einteilen. Die große Masse der Produktion ist einfach und billig. Die Trauben für diese einfachen Weine stammen aus dem großen Tal im Inneren des Landes mit der Hauptstadt Fresno. Hier sind die Sommer heiß und trocken. Der kleinere, aber weit interessantere Teil der Weinproduktion, in dem die feinen Tischweine erzeugt werden, liegt im Gebiet um die San Francisco Bay. Hier wirken der Pazifische Ozean und seine große Bucht, die Bay, ausgleichend auf das Klima. Die Nächte sind kühl. Oft wälzt sich der schwere Seenebel über die Küstengebirge und versorgt die Reben nachts reichlich mit Feuchtigkeit. Unter diesen Bedingungen können die Trauben langsamer ausreifen. Betrachtet man das seltsame Nebeneinander von Rebgärten und Rinderfarmen, kann man sich kaum vorstellen, daß dieses Land etwas anderes hervorbringen könnte als harte Drinks für Cowboys. Dabei ist Kalifornien von allen Ländern, die jemals die großen Weine Frankreichs nachzuahmen versuchten, das erfolgreichste. Eine Anzahl von Weinherstellern in den Tälern von Napa und Sonoma hat bewiesen, daß die Erzeugnisse ihres Landes einem *Chevalier-Montrachet* oder einem *Château Latour*, nicht nur irgendeinem weißen Burgunder oder Bordeaux, absolut ebenbürtig sein können. Natürlich sind hier wie überall diese Spitzenqualitäten nicht die Regel.

Weinnamen Der Name eines Spitzenweines setzt sich ganz einfach aus dem Traubennamen und der Bezeichnung der Kellerei zusammen. Nur ganz wenige tragen das Jahrgangsdatum.

Kalifornien liefert mehr Weißweine als Rotweine. Weiße Trauben aus Bordeaux, Burgund, dem Elsaß und Deutschland, aus dem Loiregebiet und Norditalien werden mit großem Erfolg angebaut. Vor allem aus einer Traubensorte wird ein Wein gewonnen, der sich mit den größten ihres Heimatlandes messen kann: Pinot Chardonnay, die Weißburgundertraube. Dieser Wein ist fast immer der teuerste kalifornische Weißwein, denn die Sorte trägt schwach, und die Farmer haben sie bisher nur zögernd angebaut. Der Wein ist jedoch so gehaltvoll und frisch, hat neben Würze und Vielseitigkeit im Geschmack eine so ausgewogene und appetitanregende Art, daß heute große Plantagen davon angelegt werden. Die Sorte wird in den fruchtbaren Tälern von Napa und Sonoma nördlich der San Francisco Bay, im Livermoretal östlich der Bay, in den Gebieten um Santa Clara und San Benito im Süden, also in den besten Weingegenden Kaliforniens, angebaut.

Neben der Chardonnnaytraube gibt es noch drei oder vier fast gleichwertige weiße Traubensorten. Die Sauvignon blanc, die wichtigste weiße Traube von Bordeaux, liefert einen ausgezeichneten, ziemlich starken trockenen Wein, der vor allem im Livermoretal produziert wird.

Aus dem Riesling, der Rhein- und Moseltraube, wird ein guter trockener Wein gewonnen, der jedoch nicht mit deutschen Weinen verglichen werden kann. Außerdem ergibt der Gewürztraminer einen der besten kalifornischen Weißweine. Die Eigenschaften allerdings, die ihn in Europa auszeichnen, sind bei der kalifornischen Variante weit weniger ausgeprägt. Die Gewürztraminer Kaliforniens sind plumper und derber.

Die guten kalifornischen Tischweine sind für Weintrinker, die an französische und deutsche Weine gewöhnt sind, eine Überraschung; sie behalten den Charakter der jeweiligen Traube bei, bieten aber höheren Alkoholgehalt und sind meist trockener als ihre europäischen Pendants. Der Grund dafür liegt wahrscheinlich darin, daß die Trauben besser reifen und nur wenige oder gar keine unreifen Beeren in die Kelter gelangen, oder daß in Kalifornien die Gärungstemperatur unter Kontrolle gehalten wird. Wie dem auch sei — das Restchen Weichheit, das den weißen Burgunder nie so trocken sein läßt wie etwa ungesüßten Sherry, fehlt hier. Der Unterschied ist bei den Rieslingen am deutlichsten spürbar; wo der deutsche Wein durch seine feine Ausgeglichenheit von Süße und Säure hervorsticht, ist der entsprechende kalifornische Wein durch seinen um 2 Prozent höheren Alkoholgehalt zwar wuchtiger, es mangelt ihm aber dadurch auch an delikater Vielseitigkeit.

Aus dem Silvaner, der Pinot blanc, der Chenin blanc und der Semillon blanc werden gute, wenn auch nicht erstklassige Weine bereitet, die jeweils den Namen ihrer Traube tragen. Während die Spitzenweine zu 100 Prozent aus der angegebenen Traubensorte hergestellt sein müssen — das Gesetz verlangt für die Bezeichnung »Originalabfüllung« diesen Prozentsatz —, dürfen die nicht ganz so hochwertigen Weine den Traubennamen auch dann tragen, wenn sie 51 Prozent der angegebenen Traubensorte enthalten.

Die oben erwähnten Traubennamen sind mit Ausnahme des Silvaners allgemein im Gebrauch. Aus irgendeinem Grund wird der Silvanerwein als *Ries-*

ling verkauft. Echter Riesling erhält die Gütebezeichnung »weiß« oder *Johannisberg*. *Riesling*, *Grünsilvaner* und *Pinot blanc* sind gängige, anspruchslose Tischweine. Die Chenin blanc liefert im allgemeinen einen etwas süßeren Wein als die übrigen, den man ebensogut vor oder nach dem Essen wie auch dazu trinken kann. Die Semillontraube ergibt einen geschmeidigen, schmackhaften Wein, sie wird aber auch zur Herstellung des kalifornischen *Sauterne* herangezogen.

Sauterne

Sauterne, in Kalifornien ohne Schluß-s geschrieben, ist normalerweise ein trockener Wein. Niemand scheint genau zu wissen, wie dieser trockene Durchschnittswein zu dem Namen eines der berühmtesten Süßweine der Welt kommt. Vielleicht war es ursprünglich pure Ironie. Jedenfalls ist der kalifornische *Sauterne* trocken, mit dem Zusatz »Haut« wird die halbsüße Sorte bezeichnet, während die wirklich süße oft das Wort »Château« auf dem Etikett zeigt. Es gibt übrigens auch hier Etikette, die der Dechiffrierung bedürfen, wie in Frankreich und Deutschland.

Emerald Riesling
Gold

Die bekannteste Neuzüchtung ist der Emerald (Smaragd) Riesling, der einen erfrischenden, leichten Wein liefert. Aus der ebenfalls neuen Goldtraube wird ein guter, süßer, billiger Wein hergestellt.

Wenn auch die kalifornischen Weine wegen der hohen Zölle und Frachtkosten zusätzlich zum verhältnismäßig hohen Grundpreis auf europäischen Märkten kaum eine Chance haben, sollten sie von den Weinliebhabern, die sich über die Weine der Welt informieren wollen, nicht übersehen werden.

226

Australische
Weißweine

OBWOHL ENGLAND der Hauptabnehmer australischer Weine ist, zeigen die Engländer wenig Respekt für das, was sie kaufen. Aus Statistiken entnehmen sie, daß in Australien dreimal mehr gespriteter als natürlicher Wein getrunken wird, und vom Hörensagen wissen sie, daß das große Weinland in Wirklichkeit ein Land der Biertrinker ist. Kaufen sie einmal eine Flasche australischen Wein, dann steht die Chance zehn zu eins, daß er süß, schwer und plump ist — in keiner Weise vergleichbar mit dem wunderbar delikaten Wein, der auf der anderen Seite des Kanals gedeiht. Ohne weiter nachzudenken, schließen sie aus all diesen Tatsachen, daß das Gerede über feine australische Weine nur Chauvinismus sei, oder sie nehmen an, daß Australien seinen besten Wein gar nicht exportiert. Beides trifft nicht zu. Es gibt Spitzenweine und sie werden exportiert, doch der australische Weinhandel ist schlecht organisiert und für einen Europäer kaum zu durchschauen.

Weinnamen   Beim Kauf eines australischen Weines sollte man die französischen und deutschen Weingesetze am besten vergessen, sonst ergeben sich nur Mißverständnisse. Man muß wissen, daß die Etikettierung der australischen Weine sozusagen auf Verständnis und Vertrauen basiert, nicht zu vergleichen mit dem in Europa üblichen Begriff der Echtheit.

Zum Beispiel heißt die berühmteste deutsche Traube, der Inbegriff europäischer Weinkultur, Riesling. Dieser Name erscheint auch auf australischen Flaschen.

Der vermeintliche Riesling ist jedoch gar kein Riesling und schmeckt auch nicht wie Riesling. Er wird im allgemeinen aus einer weißen Bordeauxtraube, der Semillon, bereitet. Wenn Sie in Australien einen echten Riesling trinken wollen, müssen Sie einen Rhein-Riesling verlangen.

Noch merkwürdiger ist die Taktik gut renommierter Firmen, den Weinen aus einer Ernte verschiedene Bezeichnungen zu geben. Auf diesen Weingütern wird die Lese eines bestimmten Tages von der Lese des vorhergehenden getrennt gehalten, gesondert gekeltert, gegoren und in einem separaten Bottich gelagert. Das Lesegut jedes einzelnen Tages erhält eine bestimmte Behälter-

227

nummer. Die Trauben im ersten Behälter sind natürlich nicht so reif wie die im letzten, die vielleicht erst drei Wochen später geerntet wurden. Der Wein im ersten Bottich ist trocken, der im letzten ist süß. Der erste wird als *Chablis*, der letzte als *Rheinwein* verkauft.

So entsteht dadurch, daß Australien die europäischen Weinnamen anwendet, die schlimmste Verwirrung. Das ist jedoch nicht der einzige Nachteil. Die Australier legen mit Recht Wert darauf, daß man ihre Weine auf Grund ihrer eigenen Qualitäten beurteilt. Das kann aber nur geschehen, wenn sie eigene Namen haben. Es läßt sich beim besten Willen nicht verhindern, daß man einen Wein mit der Aufschrift *Roter Bordeaux* mit einem echten roten Bordeaux vergleicht. Australischer Wein kann einem solchen Vergleich nicht immer standhalten.

Die Methode der besten kalifornischen Weinfirmen, den Wein nach seiner Rebsorte und seiner Herkunft zu benennen, gewinnt allmählich auch in Australien Raum. Bald wird man die Namen der besten Weingüter — Coonawarra, Tahbilk, Ewell — auch über den australischen Kontinent hinaus kennen.

Die Weinbaugebiete
Schon während der ersten zehn Jahre nach der Gründung des Staates begann man in den drei großen Weinbaugebieten Australiens — Neu-Süd-Wales, Süd-Australien und Victoria — mit dem Weinbau. Er ist demnach so alt wie Australien selbst und zumindest in Südaustralien ein wichtiger Erwerbszweig. Gute Weißweine kommen vor allem aus dem Hunter-River-Tal nördlich von Sydney, aus den Weinbergen nahe bei Adelaide und nördlich von Melbourne. Die Lagen *Mount Pleasant, Lindeman's Ben Ean* und *Oakvale* im ersten Gebiet, die Weingüter Hamilton's Ewell und Yalumba im zweiten und Château Tahbilk und Milawa im dritten bringen die besten weißen Tischweine Australiens hervor. Das Weingut Seppelt, westlich von Melbourne in Great Western, ist bekannt für seinen Schaumwein, stellt jedoch auch ausgezeichnete weiße Stillweine her. Hauptsächlich im Süden des Staates und in den Küstengebieten werden gute leichte Weine erzeugt. Das wesentlich nördlicher gelegene Hunter-River-Tal bildet hierbei eine Ausnahme, doch das feuchte Klima begünstigt hier das Wachstum feiner Weine.

Die Weine aus den Hauptanbaugebieten werden meist in Australien abgefüllt und unter speziellen Weingutsnamen exportiert. Normalerweise wird kein Jahrgang angegeben. Diese Weine rechtfertigen den Ruf Australiens als ernstzunehmendes Weinland.

Roséweine

Rosé ist das französische Wort für rosa und bezeichnet, auf den Wein angewendet, alle Weine, die nicht weiß und nicht rot sind, sondern die verschiedensten Rosatönungen zeigen.

Es ist immer angenehm, auf einen Wein zurückgreifen zu können, der sowohl ein Getränk für sich darstellt als auch zum Mittagessen schmeckt, von dem man beim Kochen ab und zu einen Schluck nehmen oder den man zu einem Abendessen im Garten reichen kann. Kaum ein Wein vereinigt all diese Eigenschaften auf sich. Zwar könnten viele deutsche Spitzenweine diese Anforderungen absolut erfüllen, da sie praktisch zu jedem Gericht passen, doch sie sind teuer und anspruchsvoll. Rosé ist meistens billig, hat keinen illustren Stammbaum und läßt sich einfach servieren — ein Allzweckwein für durstige Kehlen.

Darüber hinaus ist die Farbskala der Roséweine recht reizvoll. Farbe bedeutet zwar nicht alles, aber ein korallenrot leuchtendes, ein kirschfarbenes oder ein mandarinengoldenes Glas Wein wirkt auf jeden Fall höchst einladend.

Die Weinhersteller selbst lassen bei der Benennung ihrer rosafarbenen Erzeugnisse ihrer lyrischen Phantasie freien Lauf: *Oeil de Perdrix*, Rebhuhnauge, oder *Pelure d'Oignon*, Zwiebelhaut, sind Beispiele dafür.

Roséweine variieren in Geschmack und Blume nur wenig. Das ist das Hauptargument der Kenner — die man oft ungerechterweise als Snobs bezeichnet — gegen diese Weine. Der Winzer benutzt bei der Roséherstellung nicht die besondere Methode seiner Gegend, durch die der Regionalcharakter gewahrt bliebe und ein anerkennenswerter Wein gewonnen würde. Für einen Rosé bedeutet ein besonderer Charakter zuviel Aufwand. Der Erzeuger strebt lediglich Geschmack an. So wird der Rosé in süßer oder trockener, stiller oder leicht moussierender Version hergestellt, um der jeweiligen Mode gerecht zu werden.

Die Farbe stammt, wie beim Rotwein, von den Schalen der blauen Trauben. Für Rosé werden die Schalen für kürzere Zeit im Gärwein belassen; die Dauer hängt von der Farbe und der Intensität des Geschmacks ab, die der Hersteller erreichen will. Sicherlich werden bei der Rosébereitung mitunter einfach Rot- und Weißweine gemischt oder sogar dem Weißwein die karmin-

231

rote Cochenille, ein roter Farbstoff, zugesetzt, aber so etwas geschieht nur hinter hermetisch verschlossenen Türen.

Während man in den meisten Fällen beim Weinkauf nur das Beste aussuchen sollte, was man sich leisten kann, darf man beim Rosé ruhig eine ganz billige Flasche nehmen, denn die Unterschiede sind hier nicht groß. Italienische Rosés, die im allgemeinen fast wie leichte Rotweine schmecken, haben mehr Individualität als französische. Portugiesische Roséweine sowie auch der in den letzten Jahren in Deutschland bevorzugte *Mateus Rosé*, der in Bocksbeutelflaschen abgefüllt wird, sind schockrosa und manchmal angenehm perlend. Unter all diesem Drum und Dran verbirgt sich im Grunde immer der gleiche ansprechende Wein, der sich ausgezeichnet für Mittagessen, Picknicks und Abende im engen Freundeskreis eignet — nicht dagegen als Begleiter zu ausgesuchten Gerichten bei einem Diner. In Deutschland gewinnt der eigene Rosé oder Weißherbst immer mehr an Bedeutung.

Frankreich

Die Rhone

Ein französischer Rosé nimmt sich ernster — und wird auch ernster genommen — als die übrigen. Es ist der *Tavel*, der rosa Verwandte des *Châteauneuf-du-Pape*, der von der anderen Seite der Rhone aus dem gleichen steinigen, heißen Landstrich kommt. Wie sein roter Verwandter ist der *Tavel* ein starker Wein, erinnert in der Farbe an Zwiebelschalen (stellen Sie sich vor, wie Cézanne eine Zwiebel gemalt hätte), ist ausgeprägt im Geschmack, nicht ausgesprochen blumig, doch herzhaft, verträgt sich wunderbar mit den würzigen provenzalischen Gerichten. Ebenso gut paßt er zu Grilliertem mit Kräutern und den unglaublich durstigmachenden Aïoli.

Doch selbst der *Tavel*, der unter den Roséweinen eine führende Stellung einnimmt, wird nicht als Jahrgangswein oder als »vin de garde«, Wein zum Einlagern, betrachtet. Er wird wie alle Rosés ohne Angabe seines Jahrgangs verkauft, jedoch unter der Voraussetzung, daß er nicht älter als zwei oder drei Jahre ist.

Côtes de Provence

Die Provence produziert neben diesem ihrem berühmtesten noch manche andere Roséweine. Sie stammen von den Côtes de Provence, den Gebieten östlich von Marseille oberhalb der bekannten Ferienorte an der Küste. Die Weine sind hier eher spritzig und trocken. Von dieser Tendenz wird mitunter aus kommerziellen Erwägungen abgewichen. Die guten, für den Export bestimmten Weine, die in typisch geformten Flaschen auf den Markt kommen, sind mittelsüß und haben als gute Flaschenweinqualität noch etwas von dem erfrischenden Geschmack, der sie in der Provence selbst zu einem so angenehmen Getränk macht.

Am anderen Ende der französischen Weinanbaufläche, im Loiretal, ist der Rosé von der Natur mit allen Qualitäten, die seine zarte Farbe verspricht, gesegnet. Er ist leicht, weich und etwas süß und könnte sich vorzüglich für die Art von Party eignen, zu der ein Mann nie eingeladen wird: für einen Damenlunch.

Anjou

Zu Geflügelsalat, Kalbfleisch und selbst kalorienarmem Biskuit und Rahmkäse ist ein Rosé aus Anjou gerade das Richtige. Es gibt zwei Sorten von *Rosé d' Anjou*: die billigere kommt einfach als *Rosé d'Anjou* auf den Markt, die etwas teurere heißt *Rosé d'Anjou de Cabernet*, da sie aus der Cabernettraube, der dunklen Traube aus Bordeaux, gewonnen wird. Der Cabernetwein ist im allgemeinen weniger süß als der gewöhnliche, hat jedoch mehr Blume.

In einfachen Gaststätten ohne Weinkultur wird *Rosé d'Anjou* in Sektkübeln mit Eisstücken serviert und auf der Getränkekarte als »Eisgekühlter Sonnenschein« angepriesen. Jedem Weinkenner krampft sich dabei das Herz zusammen. Jedoch dem robusten Rosé schadet das alles nichts: auch bei Sekttemperatur behält er seine kleine süße Fruchtigkeit.

Burgund

In Burgund hat man nicht viel für Roséweine übrig. Ein geringer Teil des Beaujolais wird nicht zu Rotwein, sondern zu Rosé verarbeitet und büßt dementsprechend an Charakter ein. An der Nordgrenze der Côte de Nuits ist der Ort Marsannay bei Gevrey-Chambertin auf Rosé spezialisiert und erzeugt einen recht guten, sehr blassen Wein.

Elsaß

Auch im Elsaß wird aus einem kleinen Teil des Leseguts Roséwein hergestellt, der hervorragend ist, aber in geringerem Maße in den Handel kommt als die weißen Elsässer Weine.

Bordeaux

Auch Bordeaux produziert guten Rosé mit wenig äußerem Aufwand; er ist billiger als die meisten anderen und dabei nicht schlechter. Der Roséwein dieser Gegend ist verhältnismäßig trocken, leicht und erfrischend im Geschmack.

Der Jura

Als letzte große Weingegend Frankreichs, in der Rosé erzeugt wird, sei der Jura erwähnt, dessen liebliche, einsame Hügel sozusagen eine Rampe zwischen der Schweiz und dem Herzen Frankreichs bilden. Der Jura verdankt seinen Ruhm einigen weißen, braunen und roten Weinen, aber auch den hochwertigen Roséweinen, die in großen Mengen erzeugt werden. Im Jura wird der Rosé, um die Farbskala vollständig zu machen, als »gris« (grau) bezeichnet.

Die Roséweine aus dem Jura schmecken wie leichte Rotweine. Sie werden aus den gleichen Traubensorten — Poulsard und Trousseau — bereitet wie die samtigen Rotweine dieser Gegend. Die Qualität hängt jeweils vom Anteil der in dem Wein enthaltenen Poulsard- und Trousseautrauben ab. Poulsard ist die bessere, aber beide Sorten beeinflussen sich gegenseitig sehr günstig. Die Weine enthalten immer einen Teil Trousseau, auch wenn höchste Qualität angestrebt wird.

Die beste Rotweingegend des Jura befindet sich bei der Hauptstadt Arbois. Das gleiche gilt für Roséweine. Der Name *Rosé d'Arbois* bedeutet eine höhere Bewertung als die Bezeichnung *Rosé du Jura*.

Ein guter *Rosé d'Arbois* hat mehr Blume als die meisten anderen Rosé-weine und den charakteristischen kernigen Duft der Poulsardtraube. Darüber hinaus ist dieser Wein rund, ansprechend und leicht süß — wie gesagt, ein blasser Rotwein. Im Vergleich dazu scheint ein *Rosé du Jura* etwas dünn, doch hat er andererseits eine gewisse Individualität und ist recht kernig in der Art, was ihn sehr reizvoll macht. Einer dieser Weine heißt *Cendré de Novembre* — der Name allein wirkt schon überzeugend, denn er weckt Assoziationen mit der Farbe glimmender Asche. Im November sollte man diesen Wein allerdings nicht trinken; er ist ein Karaffenwein für den Sommer, ein Picknickwein, ein erfrischender Trunk für einen warmen Tag.

Italien

Gardasee

Der beste italienische Roséwein ist auch eher ein heller Rotwein als ein echter Rosé. Er heißt *Chiaretto* und wächst an dem stillen Südufer des Gardasees. Während die übrigen Ufer dieses großen Sees, der die Lombardei von Venetien trennt, von steilen, nebeldurchzogenen, olivenbestandenen Hügeln umsäumt werden, ist das Land im Süden flacher.

Der Wein, der an diesen sanften Hügeln wächst, ist kirschrot. In Ferien-stimmung, an einem warmen Tag, zur Pasta oder zu Salaten und auch zum Picknick ist der *Chiaretto del Garda* ein wundervolles Getränk. Der beste *Chia-retto* wird in dem kleinen Ort Moniga am Südwestzipfel des Sees von der Firma Nino Negri hergestellt. Moniga, ein winziges Städtchen mit Stadtmauern, ist nicht größer als ein Landgut und liegt inmitten von Rebgärten. Der Wein kommt als *Moniga del Garda* in den Handel; den Namen *Chiaretto* hat man hinzugefügt, so als wäre er dem Hersteller noch nachträglich in den Sinn ge-kommen.

Südtirol

In Südtirol wird ein blasser, delikater und ansprechender Roséwein ge-wonnen, der den Namen seiner Traube trägt: *Lagrein Rosato*. Die italieni-schen Rosés gehören zu den besten der Welt, und es sieht so aus, als eroberten die Roséweine den Markt allmählich immer mehr. Ein Großteil der Südtiro-ler Erzeugnisse wird nach Österreich und Deutschland exportiert.

Süditalien

Erwähnenswert sind noch zwei weitere »rosatos«, die aus dem äußersten Süden Italiens stammen. *Ravello* ist der bekanntere von beiden. Man kennt ihn in drei Farbnuancen. Der rosafarbene ist der beliebteste, wenn auch nicht der beste. Auch liegt sein Alkoholgehalt ziemlich hoch. Von der wenig besuchten adriatischen Küste bei Bari stammt der andere ausgezeichnete Rosato, der *Ri-vera*.

SCHWEIZ,
DEUTSCH-
LAND

Die Weinberge um den Neuenburger See produzieren gute Roséweine. In Deutschland wird ebenfalls Rosé, hier Weißherbst oder Rotling, bereitet.

Rotling ist ein Wein mit blaß- bis hellroter Farbe, der durch Verschneiden von weißen mit roten Trauben oder deren Maische hergestellt wurde. Fertiger Weiß- oder Rotwein darf nach dem deutschen Weingesetz nicht miteinander verschnitten werden. Schillerwein ist ein im Weinbaugebiet Württemberg hergestellter Rotling, der mindestens als Qualitätswein b. A. eingestuft wurde. Weißherbst dagegen ist ein echter Roséwein, das heißt er stammt aus dem hellgekelterten Most von Rotweintrauben, und er muß den Anforderungen eines Qualitätsweines b. A. entsprechen. Außerdem darf er nur von einer einzigen Traubensorte stammen, die auf dem Etikett angegeben sein muß. Die Bezeichnung Weißherbst ist den Anbaugebieten Ahr, Rheingau, Baden, Franken, Rheinhessen, Rheinpfalz und Württemberg vorbehalten.

UNGARN,
JUGO-
SLAWIEN

Der ungarische Rosé ist blaß mandarinenfarbig, der jugoslawische dagegen hat das dunkle Rosa einer Pflaume, ähnlich wie ein leichter Rotwein. Beide besitzen so viel Charakter, wie ihn ein Rosé überhaupt erreichen kann. Dabei ist der ungarische Rosé leicht und erfrischend, der jugoslawische warm und fruchtig. Der jugoslawische ist unter dem Namen *Ruzica* bekannt.

PORTUGAL

Die Portugiesen haben mit ihrem Rosé erstaunliche Erfolge, obwohl er nicht so billig ist wie die französischen, ungarischen und jugoslawischen Roséweine. Ein Teil der hohen Kosten ist auf den Versand in Flaschen — und zwar in auffälligen Bocksbeuteln — zurückzuführen. Andererseits sind die verschiedenen Verfahren, durch die der Wein seine rosa Farbe, die leichte Süße und das feine Perlen erhält, kostspielig.

USA

Kalifornien

Wie zu erwarten war, haben sich die Roséweine besser in die Neue Welt verpflanzen lassen als die meisten anderen Weine. Es besteht kein großer Unterschied zwischen kalifornischen und europäischen Rosés, weil eigentlich keiner einen ausgeprägten Charakter geltend machen kann. Wo die Traube des berühmtesten französischen Roséweines, des *Tavel*, verarbeitet wird, was immer häufiger der Fall ist, reichen die Ergebnisse mitunter an das Niveau französischer Weine heran. Diese Traube heißt Grenache, und ihr Name erscheint auf den Etiketten der besten kalifornischen und auch australischen Rosés. Auch aus der Beaujolaistraube, der Gamay, wird ein guter Rosé bereitet.

Die meisten großen kalifornischen Weinfirmen stellen Rosés her, die bei einem Vergleich mit französischen Weinen nicht schlecht abschneiden. Boordy in Maryland liefert einen Qualitätsrosé, und Widmers im oberen Staat New York stellt einen *Finger-Lakes-Rosé* her.

Maryland
New York
AUSTRALIEN
SÜDAFRIKA

Es ist eigentlich unklar, warum Australien nicht mehr Rosé produziert; auch in Südafrika scheint diese Sorte vernachlässigt zu werden.

Die roten Tischweine

WÄHREND WEISSWEIN AUSSCHLIESSLICH aus dem Saft der Trauben gewonnen wird, verwendet man für die Rotweinherstellung auch die Schalen. Weißwein kann aus dunklen und aus hellen Trauben bereitet werden, während sich für die Herstellung von Rotwein nur dunkle Trauben eignen. Das Farbpigment der Schale liefert die rote Farbe, einige andere ihrer Bestandteile verändern den Geschmack. Im Grunde ist Rotwein ein Weißwein mit Zusätzen. Die Schalen üben jedoch einen so entscheidenden Einfluß aus, daß der Rotwein ein völlig anderes Getränk zu sein scheint.

Rotweine sind fast nie süß. Weißweine können herb, aber auch sehr süß sein, bei Rotweinen gibt es diese Extreme nicht. Manche roten Bordeauxweine sind ausgesprochen trocken. Andere wieder, die aus dem tiefen Süden stammen, sind extraktreich. Hin und wieder können Rotweine bitter sein. Einige von ihnen rufen ein pelziges Gefühl im Mund hervor. Im Prinzip aber schmecken sie alle appetitanregend.

Rotweine kommen im allgemeinen aus wärmeren Gegenden als Weißweine, wenn auch die meisten Anbaugebiete beide Sorten liefern. In Deutschland, dem nördlichsten Weinland, wird wenig Rotwein produziert, der aber oft zur Spitzenklasse gehört. Im südlichen Italien dagegen ist der Rotwein viel weiter verbreitet als der Weißwein und im allgemeinen auch besser.

Daß Rotwein niemals flach und langweilig schmecken kann, bewirkt der ausgleichende Faktor Tannin (Gerbsäure), ein Stoff, der in der Gerberei Verwendung findet. Es kommt in Baumrinden, im Tee und in den Schalen, Stielen und Kernen der Traube vor. Tannin schmeckt hart und herb, aber gerade das ist seine wichtigste Funktion. Ohne Tannin wäre Rotwein schal.

Der Alkoholgehalt eines roten Tischweines liegt zwischen acht und achtzehn Prozent, im Durchschnitt bei zehn oder elf Prozent. Unter den besten Weinen der Welt befinden sich rote ebenso wie weiße; man kann nicht sagen, der eine sei besser als der andere. Allerdings ist fast jeder »vin ordinaire« rot.

Die Rotweine
Frankreichs

BORDEAUX UND BURGUND sind unbestreitbar die größten Rotweingebiete der Welt. Selbst in Frankreich reicht kein anderes an sie heran. Hierauf folgt das Rhonetal, dessen Weine, wenn sie auf der Höhe sind, sich meist mit allen anderen Qualitätsweinen der übrigen Länder messen können. Daneben gibt es noch vier oder fünf ausgezeichnete kleinere Gebiete und zahlreiche Rebengelände, wo einfacher und einfachster Wein erzeugt wird.

Man braucht nur einmal zu sehen, wieviel Raum die Burgunder und Bordeauxweine auf einer Getränkekarte einnehmen; alle übrigen Weine der Welt zusammen können sich in der Auswahl und in der Sorgfalt, mit der die einzelnen Weingüter durch individuelle Etikettierungen und Bezeichnungen auseinandergehalten werden, nicht damit vergleichen. Überall sonst — mit Ausnahme von Deutschland — genügt die Angabe des Herkunftsortes, der Gemeinde oder auch nur des Landes; bei Bordeaux und Burgunder erfährt man das Weingut, selbst die jeweilige Lage auf diesem Weingut, wer den Wein bereitet, wer ihn abgefüllt hat und wann er abgefüllt wurde.

Das bedeutet also, daß in Bordeaux vielleicht zweitausend verschiedene Bezeichnungen existieren, mehr als fünfhundert in Burgund und weitere fünfhundert im übrigen Frankreich. Man kann mit Sicherheit behaupten, daß niemand sie alle kennt. Ein Mensch, der regelmäßig Wein trinkt, lernt im Lauf der Zeit vielleicht drei- oder vierhundert davon kennen, die übrigens auch auf den Weinlisten der USA erscheinen. Mindestens ebensoviele Namen müssen ihm von den übrigen Weinen der Welt bekannt sein. Auf den folgenden Seiten sollen vor allem die bekanntesten und meistexportierten Rotweine besprochen werden.

Bordeaux

Bordeaux ist das größte Anbaugebiet der Welt für edle Rotweine. Fast die Hälfte der Gesamtproduktion besteht aus Rotweinen, die heute zu den beliebtesten und

teuersten gehören und mit »Tischwein« bezeichnet werden, da sie ein gutes Essen in vollendeter Weise abrunden.

Der Geschmack

Der rote Bordeaux gehört zu den leichten trockenen Rotweinen. In einem so ausgedehnten Gebiet gibt es natürlich große Stilunterschiede, nicht nur von einem Jahr zum anderen, sondern auch von einem Ort zum anderen, doch das ausgeprägte Kennzeichen dieser Weine ist, daß sie den Mund ganz leicht austrocknen und gleichzeitig nach frischem, weichem Obst schmecken. Dabei sind es keine »fruchtigen« Weine. Edle alte rote Bordeauxweine geben manchmal zu erkennen, daß sie immer noch ein Restchen Zucker in sich haben — so als lächelten sie nach Jahrzehnten tiefen Ernstes. Doch Milde — außer im Charakter — wird von solchen Weinen nicht verlangt. Mitunter bringen sie eine Würze mit, die dem Duft in einer Zigarrenkiste vergleichbar ist, und ziemlich häufig auch eine leichte Härte und den Geschmack nach Traubenstielen. In schlechten Jahren kann roter Bordeaux dünn, sauer und wäßrig sein, aber nie verliert er seinen typischen, erfrischenden, individuellen Geschmack.

Das Land

Bordeaux liegt in einer Landschaft, deren Gesicht von den Flüssen und dem Meer geprägt ist. Die Dordogne, die von Osten kommt, und die Garonne, die von den Ausläufern der Pyrenäen nach Norden fließt, treffen sich etwa fünfundsiebzig Kilometer vor ihrer Einmündung in den Golf von Biskaya. Das Land rund um diesen Zusammenfluß heißt Bordelais.

Die Weinberge

Die Weinberge überziehen das ganze Gebiet — stromauf, stromab. Von Süden her reichen sie bis fast in die Stadt Bordeaux hinein. Sie erstrecken sich über Entre-Deux-Mers, den Keil, der die beiden Flüsse daran hindert, schon früher zusammenzufließen, und auf der anderen Seite des Flusses über die Hügel, östlich von Bordeaux. Reben bedecken das gesamte Departement der Gironde — so heißt der Fluß, nachdem Garonne und Dordogne sich vereinigt haben. All diese Gebiete bringen echte Bordeauxweine hervor. Stromaufwärts, nach Süden hin, gedeihen die Weißweine: in Graves, wo der beste Wein zwar rot ist, das jedoch wegen seines halbtrockenen Weißweins Berühmtheit erlangt hat, und in Sauternes, wo überhaupt kein Rotwein bereitet wird. Beide liegen im Garonnetal oberhalb der Stadt. Auch der Distrikt Premières Côtes de Bordeaux auf der gegenüberliegenden Flußseite bringt guten, jedoch keinen erstklassigen Rotwein hervor. Die Spitzengewächse gedeihen im Médoc, in Saint-Émilion, Pomerol und Graves. Der Landschaftscharakter des Médoc ist stark von der Meeresnähe geprägt. Die Gegend ist nicht nur fast völlig flach, sondern die Luft riecht auch nach Meer, und das Licht hat eine eigenartige Leuchtkraft.

Saint-Émilion ist eine Stadt zwischen Hügeln, und nichts läßt darauf schließen, daß es dem Meer näher liegt als Burgund.

Château

Überall in Bordeaux heißt ein Weingut, gleich welcher Größe, »château«. Château darf im Zusammenhang mit Bordeaux nicht mit Schloß übersetzt werden. Es entspricht vielmehr dem deutschen Weingut, also Weinbergen mit den entsprechenden Gebäuden. Ein typisches Château besteht aus einem Wohn-

◁ Alter provenzalischer Bauernhof mit Weingarten in der Nähe von Arles

haus, das selten das ganze Jahr über bewohnt wird, und aus einem weiteren, mindestens ebenso großen Gebäude, dem »chai«. Chai ist die Bordelaiser Bezeichnung für die Kellerei, wo der Wein bereitet und gelagert wird. Der wichtigste Mann hier ist der »maître de chai«, der die Verantwortung für den Wein vom Beginn der Bereitung bis zum Verkauf trägt. Er ist in manchen Fällen einem Verwalter, manchmal dem Besitzer selbst unterstellt.

Viele »maîtres de chai« in Bordeaux sind bekannte, unabhängige Respektspersonen. Sie übernehmen auch die Rolle des Gastgebers, wenn jemand dem Château einen Besuch abstattet. Teils stolz, teils argwöhnisch bieten sie ihren jungen Wein, der kalt und hart aus dem Faß kommt, zum Verkosten an.

Zur Zeit der Traubenlese macht der Chai den Eindruck einer gut organisierten kleinen Fabrik. Die Trauben werden vom Weinberg in Kippkarren, die wie große Kohlenkästen aussehen, oder in brusthohen, trommelförmigen Holzbutten hereingebracht. Eine Kettenwinde zieht die Butten hoch und kippt die Trauben in eine Schüttelrinne. Die leeren Butten werden zum Weinberg zurückgebracht und neu gefüllt. Die Trauben gelangen nun in den »égrappoir«, eine Raspel, wo sie entstielt und aufgerissen werden. Den so entstandenen Fruchtbrei pumpt man zur Gärung in große Holztrommeln oder -bottiche

(heutzutage meistens in nüchtern aussehende Betonbehälter). Sobald die Gärung beginnt, erwärmen sich die Wände der Behälter, und die Luft ist erfüllt von einem berauschenden, leicht widerlichen Geruch. Bei warmem Wetter legt man zur Kühlung der Bottiche große Eisbarren bereit.

Im Gärbehälter verbleibt der Most, der bald zu Wein wird, ungefähr zwei Wochen lang; zuerst gärt er stürmisch, dann beruhigt er sich. Die Traubenschalen und -kerne, die zuerst an die Oberfläche gestiegen waren und auf dem Behälter eine Schicht gebildet hatten, sinken zu Boden, wenn die Hefe nicht mehr arbeitet. Der nächste Arbeitsgang besteht in der Trennung des Weines vom »marc«, dem festen Rückstand (Trester). Das »marc« wird ausgepreßt, denn es enthält noch viel Wein. Der »vin de presse« — Preßwein — kann von großem Nutzen sein, denn dank seines hohen Tanningehaltes genügt oft nur ein kleiner Zusatz, um den »vin de goutte«, den nicht ausgepreßten Wein, entscheidend zu verbessern, wenn dieser im Geschmack schal ist. Im übrigen wird der Preßwein als einfacher Wein von den Arbeitern getrunken.

Der junge Wein befindet sich jetzt in Fässern, die in langen Reihen in niedrigen Lagerhäusern etwas unter der normalen Erdhöhe liegen. Zwei-, drei- oder auch vierhundert Fässer — der Ertrag zweier oder dreier Jahre — werden auf diese Weise gelagert. Im Spundloch eines jeden Fasses befindet sich ein Glasstopfen, um das Eindringen von Luft zu verhindern. Einmal in der Woche wird der Stopfen herausgenommen und das Faß mit der gleichen Weinsorte aufgefüllt. Dieses Verfahren bezeichnet man als »ouillage«. Der Inhalt bleibt somit stets gleich, die Luftblase oben so klein, daß der Sauerstoff dem Wein kaum schaden kann.

In diesen Lagerhäusern lagert der Wein etwa zwei Jahre. Dann reisen die »courtiers« (Makler), die »négociants« (Händler) und andere interessierte Kunden aus dem Ausland an, verkosten den Wein und versuchen sich ein Bild von dem endgültigen Resultat zu machen. Einige finden sich bereits im Februar oder März nach der Lese ein, in der Hoffnung, das Beste der Ernte zu ergattern; dabei ist es im Chai noch so kalt, daß man den Wein kaum probieren kann. Dennoch versuchen sie, einen Blick in die Zukunft dieser unerfreulichen, fast schwarzen Flüssigkeit, die einmal Wein werden soll, zu tun. Traditionsbewußtere und nicht so übereifrige Händler warten bis zum Sommer, bis der Wein sich schon fast ein wenig gesetzt hat, ehe sie sich ihre Meinung bilden.

Leider spielt beim Einkauf der Wein selbst nicht immer die Hauptrolle, immer häufiger wird hierbei spekuliert. Die Händler kaufen bereits, wenn die Trauben noch nicht reif sind, nur um sich ihren Anteil zu sichern. Bei einem Kauf »sur souche« – auf der Rebe – bleibt dem Händler keine Möglichkeit, den Wein zurückzuweisen, falls er nicht gut genug ist, um ihn dem Konsumenten wirklich zu empfehlen.

Auf welche Weise der Wein auch immer eingekauft wird – am Ende bereitet man ihn für den Versand vor. Hier unterscheidet man drei Methoden: Die erste, die bei den meisten Weinen der großen klassifizierten Gewächse angewendet wird, besteht darin, daß der Wein im Château selbst auf Flaschen gezogen wird. Die zweite, immer weniger verbreitete Methode, ist die Flaschenabfüllung durch einen Händler in Bordeaux. Die dritte Methode ist der Versand in Fässern, wobei die Flaschenabfüllung an den Bestimmungsorten erfolgt.

Für die erste Methode spricht die absolute Echtheitsgarantie, das Gegenargument sind die dadurch entstehenden höheren Lager- und Versandkosten. Bei der zweiten Methode darf vorausgesetzt werden, daß der Winzer zugleich Weinhändler ist. Auch dieses Verfahren ist kostspieliger, doch mitunter haben aktive Händler die Chance, günstige Geschäfte abzuschließen. Der Wert der dritten Methode hängt von der Vertrauenswürdigkeit Ihres Weinhändlers ab. Außerdem gilt, wie bereits auf Seite 55 erwähnt, für den Handel mit Deutschland die Erfahrung, daß Rotwein in hanseatischen Kellereien hervorragend reift.

Alle französischen Weingebiete wurden irgendwann einmal offiziell in bessere und weniger gute Bezirke eingeteilt, aber Bordeaux ist das einzige Gebiet, in dem man die besten Weine in der Reihenfolge ihrer Qualität in einer Liste zusammengefaßt hat. Das geschah 1855 anläßlich der Großen Internationalen Ausstellung in Paris. Die Tatsache, daß diese Liste auch heutzutage noch weitgehend gültig ist, beweist die Sorgfalt, mit der man damals vorging.

Die Bordelaiser Weinhändler betrachteten als Qualitätsmaßstab für jeden Wein die Summe der Preise, die dieser Wein in den vorangegangenen Jahren erzielt hatte. Die fünfundsechzig teuersten teilten sie in fünf Klassen ein, wobei sich die Unterteilung auch hier wieder durch natürliche Preisunterschiede ergab. Die fünf Klassen entsprechen fünf »Gewächsen« oder »crus«.

Abgesehen davon, daß diese Klassifizierung mehr als ein Jahrhundert alt ist, läßt sich manches dagegen einwenden. Erstens sind darin nur Spitzenweine erfaßt, obwohl eine Reihe von guten (mitunter großen) Weinen ebenfalls ein Recht auf Klassifizierung hätte. Es gibt nämlich einige hundert Bourgeois-Gewächse — so bezeichnen die Händler gute Weine, die nicht mehr in die Kategorie der großen klassischen Weine fallen — und noch bedeutend mehr Artisan-Gewächse, die von kleinen Weinbergen mittlerer Qualität stammen. Der zweite Einwand ist, daß die Klassifizierung in bezug auf die einzelnen Gebiete unvollständig ist. Die Bezirke Médoc und Sauternes werden in einer gesonderten Unterklassifizierung berücksichtigt. Eine Ausnahme wird für das Château Haut-Brion in Graves gemacht, das außerhalb des Gebiets liegt; man reiht es unter die Premiers Crus ein, obwohl andere Gravesweine gar nicht erwähnt sind. Saint-Émilion und Pomerol, beides rote Bordeauxweine von der anderen Seite des Flusses, werden in der Klassifizierung nicht erwähnt.

Das erste Problem wurde im Jahr 1932 zum Teil beseitigt, indem die Bourgeois-Gewächse als »Crus Exceptionnels«, »Crus Bourgeois Supérieurs« und »Crus Bourgeois« eingestuft wurden. Es kamen in der ersten Kategorie sieben, in der zweiten etwa siebzig und der dritten Hunderte hinzu. Eine Stufe tiefer rangierten die »Crus Artisans« und noch tiefer — obwohl sie selten in Betracht kommen — die »Crus Paysans«. Wie man sieht, herrscht im Bordelaiser Weinhandel das hierarchische Prinzip.

Die Klassifizierungen von Graves und Saint-Émilion

Erst 1953 und 1954 erhielten Graves und Saint-Émilion jeweils eigene örtliche Klassifizierungen. Leider basiert jede von ihnen auf völlig verschiedenen Maßstäben. Die Gravesweine sind ohne Hinweise auf ihre Qualität aufgezählt; die zehn roten Weine dürfen nur mit »Cru Classé« (klassifiziertes Gewächs) auf dem Etikett bezeichnet werden. Die Weine aus Saint-Émilion hat man in »Premiers Grands Crus Classés«, in »Grands Crus Classés« und in »Grands Crus« eingeteilt. Die Weine aus Pomerol dagegen, die allerdings niemals offiziell klassifiziert worden sind, nennen sich »Premiers Grands Crus«, »Premiers Crus«, »Deuxièmes Premiers Crus« und »Deuxièmes Crus«. Große Weine des Pomerol, wie *Château l'Evangile*, deren Preise häufig über denen der »Deuxièmes Grands Crus Classés du Médoc« liegen, tragen auf dem Etikett die einfache Bezeichnung »Grand Cru«.

Im Médoc gibt es lediglich drei Premiers Crus: *Lafite-Rothschild*, *Latour* und *Margaux*. In Pomerol beanspruchen rund siebenundzwanzig Châteaux den Titel »Premier Grand Cru« oder »Premier Cru«, und weitere siebenundzwanzig, die den Titel »Deuxième Cru« zurückweisen, mit dem das berühmte Château Mouton-Rothschild im Médoc zufrieden sein muß, bezeichnen sich als »Deuxièmes Premiers Crus«. Ganz allgemein sollte man also den Begriff »Cru« mit Vorsicht betrachten. Immer wieder wird eine neue Klassifizierung der Bordeauxweine vorgeschlagen. Sicherlich wäre sie interessant und zweifellos auch gerechter als das derzeit gültige Dokument, aber der Sinn ist nicht recht einzusehen.

246

In Bordeaux spielen die Bestimmungen der »Appellation Contrôlée« keine so ausschlaggebende Rolle wie in Burgund. Sie sind eigentlich nur für den Käufer billiger Weine interessant. In Burgund haben die großen Weingüter ein gut ausgearbeitetes eigenes Benennungssystem, doch in Bordeaux kann keine Appellation Contrôlée mehr einschränken als ein Ortsname. Château Lafite und die Keller der Winzergenossenschaften in Pauillac, der umliegenden Gemeinde, gehören gleichermaßen zur Appellation Pauillac Contrôlée.

Man darf mit Sicherheit annehmen, daß ein Bordeauxwein immer unter der höchsten — mit anderen Worten: engsten und spezifischsten Bezeichnung, die ihm zusteht, in den Handel kommt. Jeder Wein, der als einfacher Bordeaux verkauft wird, hat also etwa 10,5 Prozent Alkohol. Bei höheren Alkoholgraden und bei guter geographischer Lage kann er *Bordeaux Supérieur* genannt werden. Ein Wein, der als *Bordeaux Supérieur* angeboten wird, stammt nicht von einer der besseren Parzellen der Gegend, die ihre eigenen speziellen Bezeichnungen führen, sondern aus den unbekannten Grenzgebieten der Bordelaiser Rebgärten.

Ein Wein mit einem der mannigfachen Gebietsnamen — Médoc, Saint-Émilion oder Côtes de Fronsac zum Beispiel — ist in irgendeiner Lage dieses Gebiets zu Hause, kann aber auch ein Verschnitt der Weine aus dieser Gegend oder ein Wein der örtlichen Winzergenossenschaft sein. Wäre die Berechtigung für eine spezifischere Benennung seiner Herkunft gegeben, so hätte man ihn mit Sicherheit entsprechend bezeichnet. Über den Bezirksbezeichnungen stehen die Gemeindenamen. Gesetzlich geschützt sind *Listrac, Moulis, Margaux, Saint-Julien, Pauillac* und *Saint-Estèphe,* die alle innerhalb des Haut-Médoc-Gebiets liegen. Die Orte um Saint-Émilion, denen die Bezeichnung *Saint-Émilion* nicht unbedingt zusteht, führen ihre eigenen Namen in Verbindung mit dem Namen Saint-Émilion.

Die Qualitätsgrade, die man aus den Etiketten entnehmen kann, staffeln sich folgendermaßen: *Bordeaux, Bordeaux Supérieur,* der Gebietsname, ein Gemeinde- oder Ortsname. Manche Bezirke sind besser als andere; manche Gemeinden sind besser als andere. *Haut-Médoc* zum Beispiel, ist besser als nur *Médoc. Pauillac* ist im allgemeinen besser als *Listrac.*

Es gibt an die zweitausend verschiedene Weingüter, die ihren Wein mit dem Namen des jeweiligen Gutes verkaufen, um dem Konsumenten einen Anreiz zu bieten. Auf den Etiketten dieser Weine erscheint die offizielle Bezeichnung, welchen Grad sie auch immer haben mag, nur klein gedruckt; das Wichtigste ist der Name des Château. Wohl kaum ein Mensch wird sie alle kennen, aber gerade unter ihnen hält der Händler Ausschau nach preiswerter Qualität. Immer häufiger findet er diese Art von Weinen unter den Crus Bourgeois. Daß die Bezeichnung unangenehm nach Bürgertum klingt, sollte niemanden abschrecken, denn hier liegt die Zukunft des Bordeaux-Liebhabers, der nicht zu den oberen Tausend gehört.

In Bordeaux gibt es, wie auch in Burgund, verschiedene Weingesellschaften, »Commanderies« genannt. Im Médoc heißt eine solche Bruderschaft »Commanderie de Bontemps du Médoc«; entsprechende Namen tragen die Gesellschaften von Sauternes und Barsac, die neue Mitglieder meist im Innenhof des berühmten Château d'Yquem aufnehmen, wozu der Kellermeister in goldgelber Robe und die anwesenden Mitglieder zwölf dumpfe Hammerschläge auf einem großen Faßboden erklingen lassen. In Saint-Émilion gibt es die »Jurade de Saint-Émilion«, die in einer Klosterruine der Cordeliers ihre Mitglieder feierlich aufzunehmen pflegt. Die Oberen tragen bei dieser Gelegenheit feuerrote Roben mit Hermelinbesatz und überreichen den neuen Mitgliedern als Abzeichen die Nachbildung eines alten Siegels und eine Hermelinepaulette. Diese beiden Zunftsymbole müssen die Mitglieder dann zu den gemeinsamen Veranstaltungen tragen.

DER MÉDOC

Der Médoc ist das langgestreckte Flachland zwischen der Gironde und dem Meer. Seine westliche Hälfte besteht aus Pinienwäldern, Sanddünen und langen, einsamen Küstenstreifen. Hier leben nur Jäger und Holzfäller. Es ist das Land der Lerchen und Tauben. Das Weinland befindet sich im östlichen Teil des Landes, an der Flußseite. Doch selbst die Orte an der Gironde, deren Namen jedem geläufig sind — Margaux, Saint-Julien, Pauillac, Saint-Estèphe — liegen elf Monate des Jahres schläfrig und verloren da. Ihre steinigen, rebenbedeckten Hänge breiten sich gleichmäßig aus, lediglich den Veränderungen der Jahreszeiten, nicht der Jahre unterworfen. Auf dem flachen Uferstreifen gedeihen keine Reben mehr; hier wächst nur struppiges Gras, vermischt mit Brombeersträuchern. Die langen Angeln der Fischer baumeln über dem braunen Flußlauf, Kiebitze streifen das Wasser und kreisen in der stillen Luft.

Der Médoc bringt mehr rote Spitzenweine hervor als alle Weingärten der Welt zusammen. Die überragenden Lagen befinden sich in dem Gebiet, das in den Appellations Contrôlées als Haut-Médoc geführt wird. Mit Médoc wird heute die Gegend bezeichnet, die einst Bas-Médoc hieß: das Nordende des Landstrichs, wo nicht ganz so hervorragende, aber immer noch ausgezeichnete Weine bereitet werden.

Bas-Médoc

Die meisten Weinnamen des Bas-Médoc sind nur in ihrer unmittelbaren Umgebung bekannt. In den besten Jahren allerdings können manche dieser Weine das Niveau der nicht ganz großen Gewächse des Haut-Médoc in normalen Jahren erreichen. Ihre Preise halten sich dabei immer in vernünftigen Grenzen. Wenn Sie auf einer Getränkekarte einen Bas-Médoc sehen — hinter dem Namen steht lediglich Appellation Médoc Contrôlée —, können Sie sich darauf verlassen, daß der Händler ihn auf Grund seiner guten Qualität ausgesucht hat. Er ist fast immer, sogar für einen roten Bordeaux, verhältnismäßig leicht, was den Vorteil hat, daß er nicht länger als drei oder vier Jahre lagern muß, bevor er trinkfertig ist.

Haut-Médoc

Der Haut-Médoc beginnt nördlich von Saint-Seurin-de-Cadourne. Von hier aus bis hinunter nach Blanquefort, das fast an die nördlichen Vororte von Bordeaux angrenzt, erstreckt sich auf etwa fünfundvierzig Kilometern Luftlinie eine lange Reihe guter, feiner und großer Lagen, die den wundervollen Côtes in Burgund in nichts nachstehen.

Saint-Seurin-de-Cadourne

Man kann nicht einmal die Hälfte der Châteaux im Haut-Médoc beim Namen nennen. Hier können nur die größten Weine und einige andere, die man häufig im Ausland findet, erwähnt werden. In Saint-Seurin-de-Cadourne sind bekannte Crus Bourgeois die *Châteaux Coufran, Verdignan* und *Bel-Orme-Tronquoy-de-Lalande*. Dort gibt es keine Crus Classés.

Saint-Estèphe

Der nächste Ort ist Saint-Estèphe. Hier befindet man sich plötzlich inmitten des berühmten Haut-Médoc mit seinen überragenden Kreszenzen und Namen, die man auf der ganzen Welt kennt. Fünf der großen klassifizierten Gewächse kommen aus Saint-Estèphe. Von allen Médocweinen haben sie die ausgeprägtesten Duft- und Geschmackstoffe; sie sind vielleicht die weniger delikaten, dafür aber im Charakter vollendet, warm und groß. Die *Châteaux Montrose* und *Cos d'Estournel* sind Deuxièmes Crus, stehen also nur eine Stufe unter den Spitzenreitern. Beide haben ihren eigenen Charakter — es ist eine der hervorstechenden Eigenschaften der Weine, die man als groß bezeichnen darf, daß sie gleichsam eine Persönlichkeit haben, daß man mit ihnen Freundschaft schließen und endlos über sie diskutieren kann.

Château Cos d'Estournel

Das Château Cos d'Estournel sieht sehr merkwürdig aus. Irgendwann im letzten Jahrhundert erhielt das Château eine Außenmauer mit chinesischen Pagoden. Die Familie d'Estournelle war mit ihrem Vermögen am Handel mit China beteiligt, was auf nicht unbedingt künstlerische Weise im Médoc verewigt wurde. Der hier gezogene Wein ist fülliger als die meisten anderen Médocs und muß dementsprechend länger ausbauen. In seinen ersten Jahren kann er ziemlich hart und ungestüm sein, doch im Verlauf seiner späteren Entwicklung wird er zu einem der feinsten aller roten Bordeauxweine. Das ist nicht überraschend, wenn man bedenkt, daß sein südlicher Nachbar unmittelbar hinter der Gemeindegrenze *Château Lafite-Rothschild* ist.

Château Montrose

Mit dem Montrose hat es eine ganz eigene Bewandtnis. Die Besitzerin des Château ist Madame Charmolue, für das Weingeschäft aber zeichnet ihr Sohn, der mit seiner Frau auf dem Château lebt, verantwortlich. Das Weingut selbst besteht nur aus einem kleinen Gebäude im viktorianischen Stil, das außerordentlich bescheiden über seinen illustren Besitzer Auskunft gibt. Von den Fenstern aus hat man einen Blick auf die weiten Rebenhügel, die sich zu dem breiten braunen Fluß hinunterziehen.

Die Weine von den Châteaux Calon-Ségur, Rochet und Cos-Labory sind jeweils Troisièmes, Quatrièmes und Cinquièmes Crus. Der erste ist ein wirklich feiner, zuverlässiger Wein; die beiden anderen sind nicht so bekannt wie die zwei oder drei Bourgeois-Supérieur-Gewächse, die tiefer eingestuft sind. Die *Châteaux Tronquoy-Lalande, Meyney, Phélan-Ségur, Pomys, Marbuzet,*

Beausite, Capbern, Houissant, La Haye, Fatin, Fontpetite, Le Boscq rangieren unmittelbar unter den klassifizierten Kreszenzen. Hierauf folgen die *Châteaux Les Ormes de Pez, Beauséjour, Ladouys, MacCarthy-Moula, Morin, Andron-Blanquet, de Pez* und *Le Roc*. Neben all diesen Châteaux stellt die Winzergenossenschaft in Saint-Estèphe einen der besten Genossenschaftsweine des Médoc her.

Pauillac

Saint-Estèphe grenzt im Süden an Pauillac, die berühmteste aller Bordelaiser Gemeinden. Pauillac liegt, genau wie Saint-Estèphe, am Fluß.

Vertheuil
Cissac
Saint-Sauveur

Im Hinterland von Pauillac und Saint-Estèphe gedeiht guter Wein, wenn auch die Namen hier neben den Großen vom Flußufer wenig Bedeutung haben. Die weiter im Land liegenden Orte heißen Vertheuil, Cissac und Saint-Sauveur. Die Châteaux du Breuil und Larrivaux in Cissac, Fontesteau, Peyrabon und Liversan in Saint-Sauveur sind die wichtigsten. Mit Ausnahme von Liversan, das Crus Bourgeois Supérieurs hervorbringt, liefern sie alle Crus Bourgeois. Wie wenig attraktiv diese Bezeichnung doch ist! Für eine Bourgeois-Lage ist die Produktion von Liversan groß, das heißt, man findet diese Weine oft auf guten Getränkekarten.

Pauillac ist die einzige Stadt überhaupt, die innerhalb ihrer Grenzen drei der größten Rotweine der Welt hervorbringt: *Château Lafite-Rothschild, Château Latour* und *Château Mouton-Rothschild. Lafite* und *Latour* nahmen in der Klassifizierung von 1855 die erste und dritte Stelle unter allen Bordeauxweinen ein. *Mouton* erhielt den vierten Platz und rangierte somit als erster unter den Deuxièmes Crus. Heutzutage hätte man diesen Wein unbedingt unter die Premiers Crus eingereiht; manche Weinkenner geben ihm sogar den Vorrang vor seinen Nachbarn.

Bei einer Charakterisierung der drei sehr unterschiedlichen Weine ließe sich folgendes sagen: *Lafite-Rothschild* ist der schönste, *Latour* hat den meisten Stil und *Mouton-Rothschild* ist der eindrucksvollste. Und doch sind sie alle drei unverkennbare Pauillacs. Die Pauillacs sind typische rote Bordeauxweine: stark und sauber, trocken und bukettreich, unvergleichlich subtil und delikat, doch beständig und vollmundig.

Château Lafite-Rotschild

Lafite liegt abseits der Straße auf einem kleinen Hügel an der Nordgrenze von Pauillac. Es ist kein sehr imposantes Gebäude, doch immer noch einem Schloß ähnlicher als die meisten Châteaux im Médoc. Die Inneneinrichtung entspricht dem Stil des späten neunzehnten Jahrhunderts und trägt den Stempel der Familie Rothschild. Lafite ist eines der beiden großen Weingüter der Rothschilds, die zu den besten der Welt gehören. Der Wohnraum ist in Rot und Weiß gehalten, die kleine Bibliothek in dunklem, besinnlichem Grün, Öllampen dienen hier als Beleuchtung, und zur Zeit der Traubenlese steht eine Schale mit Dotterblumen auf dem Tisch. Durch die Fenster blickt man auf eine Terrasse und einen ständig berieselten Rasen, einen der wenigen in Bordeaux, die man wirklich als Rasen bezeichnen kann. Die Rebengelände von Lafite breiten sich weit aus, sie bedecken sechzig der rund hundertzwanzig Hektar des Weinguts, doch nur der beste Wein kommt als *Château Lafite-Rothschild* auf den Markt. Der übrige Wein, und auch nur der bessere Teil davon, wird als *Les Carruades de Château Lafite* verkauft. Jeder Wein, der dem Ruf des Château schaden könnte, wird als »vin rouge« eingestuft. Der Preis, den der Wein in einem großen Jahrgang erzielt, läßt die Frage aufkommen, wie ein solcher Wein wohl in einem mittleren oder schlechten Jahr sein mag. Die Antwort ist, daß er mit ziemlicher Sicherheit zu den überragenden Kreszenzen eines jeden Jahrgangs gehört und vielleicht sogar noch groß ist, wenn weniger gute Gewächse indiskutabel sind. Er behält seine Finesse selbst dann noch, wenn sein Alkoholgehalt nicht den Erfordernissen entspricht. Professor Roger sagt in seinem Buch »Die Weine von Bordeaux«: »Der Mensch, der niemals eine Flasche edlen Lafite probiert hat, weiß nicht, welche Vollkommenheit ein roter Bordeaux erreichen kann.«

Château Latour   Château Latour stellt einen weniger sinnlichen, maskulineren Wein her, der den Ruf größter Beständigkeit genießt. In großen Jahren ist er überragend, in schlechten Jahren, wenn viele ausgezeichnete Châteaux ihren Standard nicht halten können, ist er immer noch überragend. Manche Menschen halten ihn sogar noch in einem nicht anerkannten Jahrgang, wie zum Beispiel 1960, für ausgezeichnet. Der Turm, der dem Wein seinen Namen gibt, ist nicht mehr als ein zinnengekrönter Taubenschlag zwischen Reben. Das Château selbst ist ein einfaches, quadratisches Gebäude, umgeben von einem Wäldchen. Das Interessante an Latour sind seine Chais, die abseits vom Wohnhaus im Weinberg um einen von gestutzten Platanen überschatteten Hof liegen. Hier wurde zum erstenmal eine Kellerei für Spitzengewächse modernisiert und die alten Gärbehälter aus Eichenholz durch rostfreie Stahlbehälter ersetzt. Der Raum, in dem sich die Gärung vollzieht, sieht anders aus als bei der Konkurrenz, doch die langen Fässerreihen, in denen der Wein der letzten drei Lesen lagert, sind gleich geblieben. Noch vor ein paar Jahren, als der alte Monsieur Brugière — er muß über achtzig gewesen sein — das Château Latour im Auftrag der Familie Beaumont leitete, lag das alte Gebäude wie ein ländliches Pfarrhaus da, blinzelte durch die geschlossenen Fensterläden auf die sonnenbeschienenen Reben und den Fluß, und die Sonnenstrahlen fielen auf die Spinnweben im dämmrigen Chai. Heute herrscht hier emsige Betriebsamkeit, die Fensterläden stehen offen, und leitende Herren in dunklen Anzügen bevölkern die Szene; man kann sich kaum vorstellen, daß der Wein noch der gleiche ist wie früher. Doch diese Weingärten haben zweihundert Jahre lang viele Generationen geprägt, und daran können nicht einmal rostfreier Stahl und dunkle Anzüge etwas ändern.

Château Mouton-Rothschild   Mouton-Rothschild, das dritte Château der großen Drei von Pauillac, liefert, wie bereits erwähnt, den eindrucksvollsten Wein. Er ist hoch im Alkoholgehalt, sehr haltbar, anfänglich hart, jedoch reich im Aroma. Auf jedem Etikett

251

ist die Gesamtproduktion des Jahrgangs, die Zahl der Flaschen, Magnumflaschen, Doppelmagnumflaschen und so weiter eingetragen, und jede dieser Flaschen trägt ihre eigene Nummer. Der heutige Mouton ist das Werk einer der interessantesten Persönlichkeiten in Bordeaux, des Barons Philippe de Rothschild. Schon als junger Mann erbte er das kleine Gut mit seinen berühmten Weingärten. Unter seiner Kontrolle wurde der Wein immer besser, daneben aber hat der Baron den gesamten Médoc außerordentlich gefördert.

Vor nicht langer Zeit eröffnete Baron Rothschild in Mouton ein Museum für Kunstgegenstände, die eine Beziehung zum Wein haben: alte Trinkgefäße, mittelalterliche Wandteppiche mit Szenen aus der Traubenlese, wundervolle Glaswaren. Außerdem hat dieser erstaunliche Mann die Stücke Christopher Frys für die Bühne ins Französische übertragen. Das kleine Weingut hat er in einen schönen Besitz verwandelt, dort pflegt er eine geschmackvolle Vornehmheit, die der technische Fortschritt aus anderen Teilen dieses stillen Landes verbannt.

Die Pichon-Longuevilles

Pauillac hat neben Mouton zwei Deuxièmes Crus: die *Châteaux Pichon-Longueville* und *Pichon-Longueville-Lalande*. Beide Weingüter liegen wie Märchenschlösser südlich von Pauillac an der Straße. Der erste Wein wird mitunter ein wenig höher eingestuft, doch gehören beide zu den edelsten Rotweinen überhaupt.

An diesem Punkt müssen die Fachleute, die vor Zeiten die Weine einstuften, das Gefühl gehabt haben, Pauillac dürfe nun nicht länger mit derart hohen Ehren bedacht werden; zwölf weitere Châteaux wurden als Cinquièmes Crus und eines, *Duhart-Milon*, als Quatrième Cru klassifiziert. Unter den Cinquièmes Crus von Pauillac sind mindestens zwei, die bei einer Revision der alten Klassifizierung wahrscheinlich in die zweite Kategorie aufrücken würden: *Lynch-Bages* und *Pontet-Canet*, die auch in Deutschland sehr beliebt sind.

Château Lynch-Bages

Lynch-Bages gehört Monsieur Cazes, dem Bürgermeister von Pauillac, und der Wein dieses Namens ist voll und fruchtig. Auf geheimnisvolle Weise läßt auch in schlechten Jahren seine Qualität in keiner Weise nach.

Château Pontet-Canet

Pontet-Canet ist im Besitz der Familie Cruse, der auch eines der großen Weinhandelshäuser in Bordeaux gehört. Seine Lagen — es sind die größten aller »crus classés« — grenzen an die Weingärten des Château Mouton-Rothschild. Es ist bekannt, daß das Château Pontet-Canet ebenso ausgezeichnete Weine hervorbringen kann wie der Nachbar; besonders der 1929er ist einer der edelsten roten Bordeauxweine. Seltsamerweise wird der *Pontet-Canet* nie auf dem Château abgefüllt. Man bekommt ihn oft in den französischen Speisewagen.

Weitere Cinquièmes Crus gedeihen auf den Châteaux Grand-Puy-Ducasse, Grand-Puy-Lacoste, Mouton-Baron-Philippe, Batailley (recht gut und zunehmend beliebt), Haut-Batailley, Lynch-Moussas, Haut-Bages, Pédesclaux, Croizet-Bages und Clerc-Milon. Auch die Namen einiger Crus Bourgeois aus Pauillac sind häufig auf den Weinlisten zu finden. Die prominentesten sind die *Châteaux Haut-Bages-Averous*, und *Haut-Bages-Drouillet, La-Tour-Milon, La Tour-Pibran, d'Anseillan, Bellegrave, Colombier-Monpelou* und *Constant-Bages-Monpelou, Daubos-Haut-Bages, Duroc-Milon, Malécon, Desse, Fonbadet, Pibran* und *La Couronne*.

In diese Klasse gehört auch *Mouton Cadet*, der jüngere Vetter des *Mouton-Rothschild*, obwohl eigentlich keine Blutsverwandtschaft besteht. Er soll der meistverkaufte rote Bordeaux überhaupt sein. Als Verschnitt nicht so vollwertig wie einige der Crus Bourgeois, für die keine Reklame gemacht wird, doch von Jahrgang zu Jahrgang konsistenter; zwar uninteressanter, aber deshalb in gewissem Sinn auch zuverlässiger.

Saint-Julien

Saint-Julien ist die nächste bedeutende Gemeinde im Girondegebiet. Pauillac bietet mehr überragende Weine, die länger ausbauen müssen, doch Saint-Julien hat vielleicht das höchste Durchschnittsniveau von allen Gemeinden. Selbst die Weine seiner Winzergenossenschaften, die einfach als *Saint-Julien* verkauft werden, haben einen hohen Standard und bringen einen relativ hohen Preis. Hier gibt es zwar keine Premiers Crus, aber fünf Deuxièmes, zwei Troisièmes und fünf Quatrièmes Crus. Zwei Weine der letzteren Klasse gehören seit einer Reihe von Jahren sogar zu den besten Bordeauxweinen.

Dem Saint-Julien wird oft eine frühe Reife zugeschrieben. Dennoch verbessern sich diese Weine über längere Zeit hin, und man könnte sie als die stabilsten Weine des Médoc bezeichnen. Die Nachfrage ist verhältnismäßig groß.

Die Léovilles

Die Spitzenweine der Gemeinde gedeihen nahe Pauillac. Die drei Châteaux teilen sich in den Namen Léoville: *Léoville-Las-Cases, Léoville-Poyferré* und *Léoville-Barton*. Das erste Château hat den besten Namen.

Château Langoa-Barton

Besitzer der Lage, mit dem Troisième Cru *Langoa-Barton* nebenan, ist die englische Familie Barton, die seit dem Beginn des vorigen Jahrhunderts im Weinhandel tätig und in Bordeaux ansässig ist. Der gegenwärtige Besitzer heißt Ronald Barton. Er lebt im Château Langoa, einem typischen Bordelaiser Landhaus aus dem achtzehnten Jahrhundert. Es ist ein elegantes, wenn auch kleines Gebäude hoch über den Rebengärten und durch seine Bauweise — alle Haupträume liegen in einer Reihe hintereinander und haben somit zwei Außenwände — während der langen Winter der kalten Luft vom Meer her ausgesetzt. In einem der Chais gibt es eine überdimensionale Küche, die nur während der Traubenlese in Funktion tritt; über dem Holzfeuer in einem großen Kamin wird in Kesseln die »soupe de vignerons« für die Pflücker gekocht — die Szene gleicht einem Bild aus einem mittelalterlichen Jahrbuch.

Château Ducru-Beaucaillou, Château Gruaud-Larose, Château Talbot

Das Château Ducru-Beaucaillou stellt einen köstlichen Wein her, der mit jedem Lagerungsjahr besser zu werden scheint. Château Gruaud-Larose bringt ausschließlich großen, wundervollen Rotwein der Klasse Deuxième Cru hervor. Dieses Château und das Château Talbot, das als Quatrième Cru eingestuft ist und eigentlich in eine höhere Klasse gehört, befinden sich im Besitz des großen

253

Bordelaiser Handelshauses Cordier. Die Cordiers besitzen ein schönes Haus in der Stadt Bordeaux: La Bottière. Alle drei Gebäude sind Attraktionen der Gegend. Die geschmackvolle Eleganz dieser Häuser ist als Studienobjekt ebenso interessant wie die herrlichen seidigen Weine ihrer Keller.

Château Beychevelle steht an der Spitze der restlichen Quatrièmes Crus, zu denen außerdem *Saint-Pierre-Bontemps*, *Saint-Pierre-Sevaistre* und *Branaire-Ducru* gehören.

Château *Beychevelle* **[margin]**

Château Beychevelle ist eines der schönsten Châteaux, ein richtiges Schloß im deutschen Sinne. Die weitausladenden Terrassen und klassizistisch verglasten Prunkräume liegen auf der Flußseite und werden beschützt durch große Sphinxfiguren. Die Weine von Beychevelle gehören zu den hervorragendsten des Médoc. Den Namen verdankt das Weingut folgendem Ereignis: Vorbeifahrende Matrosen grüßten immer den französischen Marineminister, den Duc d'Epernon, der in diesem Château lebte, durch Herablassen eines Segels. Der Befehl lautete also: »Baisse les voiles.« Daraus wurde »Beychevelle«. Heute lebt hier die Familie Achille Fould. In schlechten Jahren kann der Wein allerdings ziemlich dünn und sauer sein, doch in warmen Sommern übertrifft er jeden anderen Saint-Julien an Harmonie und Finesse.

Der Spitzenreiter der Crus Bourgeois von Saint-Julien würde bei einer Neueinteilung des Systems unbedingt unter den höchstklassifizierten Gewächsen zu suchen sein. Zum Château Gloria, dem wahrscheinlich am wenigsten imposanten Gebäude, gehört eine der besten Lagen des Bezirkes. Das ist Henri Martin, dem Besitzer, zu verdanken, der auch großen Einfluß auf die Organisationen zur Förderung und Zusammenarbeit der Winzer im Médoc hat. Er hat sein Weingut aus kleinsten Anfängen heraus entwickelt. Der Grund gehörte früher zu *Gruaud-Larose*, *Duhart-Milon* und anderen klassifizierten Gewächsen. Sein Nachbar im Norden, *Château Glana*, ist im Niveau gesunken. Die *Châteaux Grand-Saint-Julien*, *Médoc*, *Moulin-de-la-Rose*, *des Ormes* und *Bontemps-Dubarry* sind ebenfalls bekannte Crus Bourgeois.

Im Hinterland von Saint-Julien liegt die Gemeinde Saint-Laurent, die trotz der einfachen Bezeichnung *Haut-Médoc* einen guten Quatrième Cru erzeugt, *Château La Tour-Carnet*, dazu einen bekannten Cinquième Cru — *Château Belgrave* —, und mehrere weniger bekannte Crus Bourgeois. Es gibt ein erstaunliches, kaum beachtetes Anbaugebiet auf der Insel Patiras in der Gironde vor Saint-Julien und Pauillac, das Château Valrose.

Südlich von Saint-Julien befinden sich die besten Weingärten nicht mehr unmittelbar am Flußufer, sondern auf den kiesigen Hügelketten, die sich landeinwärts erstrecken. Die nächsten beiden Orte mit eigenen Benennungen, Moulis und Listrac, liegen westlich der Straße, die von Bordeaux der Gironde entlang nach Norden führt. Keiner von beiden hat klassifizierte Gewächse aufzuweisen, wenn auch die *Châteaux Chasse-Spleen* und *Poujeaux-Theil* in Moulis und die *Châteaux Fourcas-Dupré* und *Fourcas-Hostein* in Listrac eigent-

Château Gloria **[margin]**

Saint-Laurent **[margin]**

Château Valrose **[margin]**

Moulis, Listrac **[margin]**

254

lich in die Klassifizierung gehören müßten. Auch *Château Villegeorge* in der benachbarten Gemeinde Avensan ist bekannt. All diese Weine besitzen gemeinsame Eigenschaften; sie sind ziemlich voll und kräftig und vielleicht eher den Saint-Estèphes als den Weinen aus Margaux oder Saint-Julien, ihren beiden großen Nachbarn, ähnlich. Die Châteaux Bibian, Clarke, Duplessis, Dutruch-Grand-Poujeaux, Fonréaud, Lafon, Lestage, Maucaillou, Moulis, Gressier-Grand-Poujeaux, de Peyrelebade, Pomeys, Semeilland und du Testeron befinden sich alle in diesem Distrikt. Sie bringen durchwegs Crus Bourgeois hervor. Weniger bedeutend sind die Orte an der Straße von Saint-Julien flußaufwärts bis Margaux und Cantenac, zwei Orte, die eigentlich zusammengehören.

Cussac, Lamarque, Arcins und Soussans verfügen über keine eigenen Benennungen: alle bezeichnen ihre Weine mit *Haut-Médoc*. In Cussac (nicht zu verwechseln mit Cissac bei Saint-Estèphe) liefert das Château Lanessan den bekanntesten Wein, gefolgt von den Châteaux La Chesnaye und Beaumont. In Lamarque, dem stillen alten Städtchen, wo die Fähre regelmäßig nach Blaye hinüberfährt und damit unter Umgehung von Bordeaux eine Abkürzung von etwa achtzig Kilometern zur nördlichen Straße hin ermöglicht, bereitet das alte wehrhafte Château de Lamarque einen guten Wein.

Die besten Weine von Arcins werden seit jeher von den Winzern des reichen Margaux weiter südlich mehr oder weniger unter der Hand verkauft. Es ist seltsam, daß ein Ort wie Arcins, der so nahe bei Margaux, einer der reichsten Gemeinden von Bordeaux liegt, bei etwa den gleichen Bodenverhältnissen und Voraussetzungen für den Weinbau derart armselig wirken kann.

Der Grund liegt teilweise in den veralteten Erbgesetzen, wonach bei einem Todesfall — außer die Familie kann sich einen guten Anwalt leisten — das Land unter sämtliche Verwandte aufgeteilt werden muß, so daß es zu einer der Bewirtschaftung sehr hinderlichen Zersplitterung der Weinberge kommt.

Ein junger Engländer, Nicolas Barrow, der das kleine Château Courant in Arcins gekauft hatte, arrangierte zwei Jahre lang Familienzusammenkünfte, um von seinen Nachbarn die Zustimmung für eine Flurbereinigung zu erhalten, damit jeder in den Besitz einer zusammenhängenden Parzelle gelangte. Bis dahin mußte Barrow mit einem Lageplan in seinen Weingarten gehen, um nicht aus Versehen den Rebstock eines anderen zu schneiden.

Trotz der großen Nachfrage nach feinen Bordeauxweinen geben eine Anzahl von Besitzern hervorragender Lagen den Kampf auf und pflanzen Kohl an. Ihnen fehlen die Mittel, um eigenen Wein zu bereiten. Also schicken sie ihre Trauben zur örtlichen Winzergenossenschaft, wobei die Herstellungsverfahren nicht unbedingt sorgfältig sind: Trauben, die vielleicht besser als alle übrigen waren, geraten in die große Masse und werden dort verarbeitet. Man verlangt lediglich, daß sie reif sind, um den nötigen Alkoholgrad des Weines zu gewährleisten. Der Winzer bekommt seinen Anteil am Jahreswein erst Jahre nach der jeweiligen Ernte — wirklich ein entmutigendes Geschäft.

Immerhin ist es jedoch ein erfreuliches Zeichen, daß die Händler wegen der steigenden Nachfrage nach gutem und preisgünstigem Bordeaux ständig auf der Suche nach neuen Namen sind. Dadurch konnte so manches gute Rebengelände davor bewahrt werden, in Zukunft Kohl zu produzieren.

Soussans

Soussans, das im Norden an Margaux grenzt, hat drei Lagen aufzuweisen, die den Standard von Margaux erreichen: die *Châteaux La Tour-de-Mons, Paveil-de-Luze* und *La Bégorce-Zédé*. Sie alle dürfen die Benennung *Margaux* tragen.

Margaux

Margaux ist die letzte der überragenden großen Gemeinden des Médoc und wohl auch die berühmteste. Das ist sicher zum Teil auch darauf zurückzuführen, daß der Premier Cru, der *Château Margaux*, den Namen des Ortes trägt. Viele Käufer verwechseln die beiden Namen und glauben, sie hätten einen der berühmtesten Weine der Welt erworben, während sie in Wirklichkeit nur den Verschnitt der Winzergenossenschaft von Margaux bekommen haben.

Die gleiche Verwechslung gibt es auch immer wieder mit *Chambertin* und *Gevrey-Chambertin* in Burgund. Man muß eben darauf achten, welches der Star und welches die zweite Besetzung ist. Das läßt sich ohne weiteres aus dem Preis ersehen: *Château Margaux* kostet immer mindestens viermal soviel wie ein einfacher *Margaux*.

Château Margaux

Das Château Margaux ist ein schloßähnliches großes Herrenhaus mit klassizistischer Fassade und einem Park. Der Wein, der hier gedeiht, ist so unverwechselbar wie die Säulen mit dem Giebel darüber, nur um vieles schöner. Von allen Premiers Crus hat der *Château Margaux* den großartigsten Duft: ein blumiges, faszinierendes Bukett. Der Wein ist leicht und seidig, dabei aber hat er die ruhevolle Macht eines edlen Tropfens; nicht scharf und flüchtig, sondern langsam durchläuft er seine Entwicklungsstadien von der Härte und Feinheit zur Geschmeidigkeit und köstlichen Delikatesse.

Einige andere Châteaux in Margaux, vor allem Palmer und Rausan-Ségla, manchmal auch die Châteaux Lascombes, Rauzan-Gassies, Kirwan, Cantenac-Brown und Boyd-Cantenac bereiten ähnliche, doch selten so edle Weine. Die *Châteaux Brane-Cantenac, Malescot-Saint-Exupéry, d'Issan, Marquis-d'Alesme-Becker, Marquis-de-Terme, Pouget* und *Prieuré-Lichine* sind klassifizierte Gewächse. Lascombes und Prieuré sind in amerikanischem Besitz und stehen unter der tatkräftigen Leitung von Alexis Lichine, der in den USA für seine Auswahl an Weinen bekannt ist. Rausan-Ségla gehört der englischen Firma Holts, die Handelsbeziehungen zu Afrika unterhält.

Château Palmer

Die Flaggen der englischen, holländischen und französischen Eigentümer des Château Palmer wehen von dem reizvoll-malerischen Dachfirst des Gebäudes. Palmer ist vielleicht das außergewöhnlichste dieser Châteaux. Selbst in schlechten Jahren behält der Wein von Château Palmer seine lieblich-weiche Qualität und sein blumiges Bukett — auch er sollte nicht als Troisième Cru, sondern als Deuxième Cru eingestuft werden.

256

Die besten Crus Bourgeois von Margaux sind die *Châteaux Bel-Air, Marquis-d'Aigre, Labégorce-de-Lamouroux* und *Angludet*. Eine Reihe von Châteaux am Südrand von Margaux und Cantenac, die unter dem Namen Margaux zusammengefaßt sind, dürfen ebenfalls die Benennung *Margaux* führen. Sie liegen in den Gemeinden Arsac und Labarde, die selbst nur die Benennung *Haut-Médoc* führen. *Château Giscours* in Labarde ist hier das beste (Troisième Cru), gefolgt von *Château du Tertre* in Arsac; beide liegen auf einer für den Médoc hohen Bodenwelle. Ihre Nachbarn, die *Châteaux Monbrison, Dauzac, Siran* und *Rosemont* gelten ebenfalls als sehr gut.

Arsac, Labarde

Im übrigen Médoc gilt nur die Bezeichnung *Haut-Médoc*, obwohl es auch hier noch einige überragende Gewächse und zwei berühmte Gemeinden, Ludon und Macau, gibt. Macau ist der nördlichere Ort. Es hat einen Cinquième Cru aufzuweisen, der heute auf dem gleichen Niveau steht wie die Deuxièmes oder Troisièmes: *Cantemerle*. Das schöne Château liegt hinter Bäumen versteckt, und man glaubt die Merles — die Amseln — singen zu hören. *Cantemerle* hat vielleicht weniger Kern als die großen Margauxweine, dabei aber eine feine, volle, ganz eigene Geschmeidigkeit. Ein nicht so guter Wein dieses Weinguts wird unter dem Sortennamen *Royal Médoc* verkauft. Die Châteaux des Trois Moulins, Constant-Trois-Moulins, Maucamps, Cambon-la-Pelouse, Priban und Larrieu-Terrefort-Graves liefern die Crus Bourgeois Supérieurs von Macau.

Macau

Château Cantemerle

In Ludon gibt es ebenfalls einen Cru Classé, *Château La Lagune*, mitunter auch *Grand La Lagune* genannt. Er gilt als alkoholreicher, solider, sich langsam ausbauender Wein mit charakteristischer Weichheit und Blume. Das Château ist klein, aber schön, der Überlieferung nach das Werk des bedeutendsten Bordelaiser Architekten Louis, der auch die Fassade des Theaters in Bordeaux — eines der schönsten öffentlichen Gebäude in Frankreich — entworfen hat. Die Chais in La Lagune sind ebenfalls bemerkenswert — sie wurden vor kurzem mit modernsten kellertechnischen Apparaten ausgestattet. Diese Crus Classés des Médoc liegen der Stadt Bordeaux am nächsten, nur etwa fünfzehn Kilometer entfernt; Besucher sind hier gern gesehen, sie sind eine bessere Reklame für das Château als seine Etikette, die keine so zugkräftigen Namen wie Margaux aufweisen. Die *Châteaux d'Agassac, Pompiès-Agassac, Ludon-Pompiès-Agassac* und *Nexon-Lemoyne* sind Ludons Crus Bourgeois Supérieurs.

Ludon, Château La Lagune

Zu erwähnen sind noch die Gemeinden Le Pian, Parempuyre und Blanquefort an der Straße nach Bordeaux und westlich davon, abseits von der Gironde, die Gemeinde Le Taillan. Bekannt sind in Le Pian das Château Sénéjac, in Parempuyre die Châteaux Parempuyre, Ségur und Ségur-Fillon und in Le Taillan das Château du Taillan, auch ein Besitz der Weinhandelsfamilie Cruse. Das großzügige Gebäude hat zwei Fassaden von gleicher Vornehmheit. Sicher ist es das einzige Haus der Welt mit zwei verschiedenen Namen, denn die eine Fassade erscheint auf den Rotweinetiketten als *Taillan*, die andere auf den Weißwein-Etiketten als *La Dame Blanche*.

Le Pian, Parempuyre, Blanquefort, Le Taillan

257

Der Name *Graves* findet sich nur auf Weißweinetiketten. Die meisten Menschen sind höchst erstaunt, wenn sie hören, daß es in Graves auch Rotwein gibt; der rote ist sogar der weitaus beste Wein dieses Gebiets und macht mehr als ein Viertel der Gesamtproduktion aus. Das Wort *Graves* bezeichnet heute Weißwein. Das kommt daher, daß die Châteaux in Graves die Namen ihrer Orte, nicht so häufig die des Gebietes, auf den Etiketten führen.

Pessac, Château Haut-Brion

Graves beginnt vor den Toren von Bordeaux. Eigentlich liegt die Stadt Bordeaux in Graves, wo sich auch der Bordelaiser Flugplatz, Mérignac, befindet. Der vornehmste Vorort der Stadt ist heutzutage sicher Pessac, denn hier liegt, noch bevor die kleinen Villen zu Ende sind, das Château Haut-Brion an der Straße, die aus Bordeaux herausführt. Die Händler, die die Klassifizierung von 1855 ausklügelten, haben zwar Graves nicht berücksichtigt, *Haut-Brion* jedoch konnten sie nicht übergehen. Für diesen Wein gab es nur einen Platz — an der Spitze unter den ersten vier. *Haut-Brion* ist Premier Grand Cru Classé, doch keines der anderen Châteaux von Graves bringt überhaupt numerierte Gewächse hervor, sondern lediglich Crus Classés.

Auch das Château Haut-Brion befindet sich in amerikanischem Besitz. Es gehört Clarence Dillon, dem früheren US-Botschafter in Frankreich. Die hier bereiteten Weine unterscheiden sich beträchtlich von den Spitzengewächsen des Médoc. Sie sind wuchtiger, haben Nerv, sind reich an Duft- und Geschmackstoffen und brauchen lange Zeit auf der Flasche, um das zu entwickeln, was man als himmlisches Bukett bezeichnen könnte.

Château La Mission Haut-Brion, Château Pape Clément

Genau gegenüber der Straße liegt das Château La Mission-Haut-Brion, das oft einen ebenso guten Wein wie der Nachbar hervorbringt. Das zweite große Château von Pessac ist Pape Clément, dessen Weinberge durch den Bischof von Bordeaux angelegt wurden, der im vierzehnten Jahrhundert als Papst seinen Sitz nach Avignon verlegte — so groß, heißt es, war seine Liebe zum französischen Wein. Es ist erstaunlich, daß der päpstliche Sitz nicht in Bordeaux errichtet wurde. Das Château Latour-Haut-Brion liegt neben La Mission, das Château Fanning-La-Fontaine nicht weit davon.

Léognan

Der größte Teil der Spitzengewächse in Graves gedeiht jedoch in den Gemeinden Léognan und Martillac, sechs Kilometer südlich von Pessac in dem typischen Sand- und Kiefernland, in dem Weinbau harte, unerbittliche Arbeit mit geringem Lohn bedeutet. Der Ertrag ist niedrig und der Wein daher relativ teuer. Er muß gut sein, um auf dem Markt zu bestehen. Die Grands Crus Classés von Léognan sind die *Châteaux Haut-Bailly, Domaine de Chevalier* und *Malartic-Lagravière*, gefolgt von den *Châteaux Carbonnieux, Fieuzal, La Louvière, Le Pape, Olivier, Larrivet-Haut-Brion*. Viele dieser Châteaux sind ebenso bekannt für ihren Weißwein wie für den Rotwein. Graves ist das einzige große Weinbaugebiet Frankreichs, in dem rote und weiße Rebanlagen unmittelbar nebeneinanderliegen.

Martillac

Die besten Kreszenzen von Martillac sind die *Châteaux Smith-Haut-La-*

Rebgarten in der Nähe von Beaune in der Côte d'Or ▷

fite, *La Garde, Latour-Martillac,* wovon das erste die besten Weine liefert. Der *Château Bouscaut* aus der benachbarten Gemeinde Cadaujac ist ausgezeichnet, und auch *Château Couhins* in Villenave-d'Ornon ist bekannt.

Rote Gravesweine stellen fast immer etwas ganz Besonderes, Ungewöhnliches dar, nichts Alltägliches. Sie sind sehr charaktervoll, sogar in weniger guten Jahren (schlechte Jahrgänge sind selten in Graves), und sie haben ihren bestimmten Platz im Menü; am besten schmecken sie zu gebratenem Fleisch oder Wild. Besonders eignen sie sich zu einem Abendessen im Freundeskreis.

Auch Bordeauxweine sind der Mode unterworfen. Es gab eine Zeit, in der nur vom roten Graves gesprochen wurde. Dann wieder mußte es Médoc sein. Im Augenblick sind die Bezirke Saint-Émilion und Pomerol sehr beliebt.

SAINT-
ÉMILION

Heutzutage sind die Weine aus Saint-Émilion auf den meisten Getränkekarten stärker vertreten als die übrigen Bordeauxweine. Das ist vielleicht nicht so erstaunlich — schließlich ist Saint-Émilion das größte Gebiet. Doch Pomerol, die kleinere Region, bringt fast ebenso viele Weine hervor. Die Erklärung für ihre weite Verbreitung liegt wohl darin, daß Weine dieser beiden Gebiete weniger Zeit zum Ausbau brauchen als die großen Médocs, und schon nach etwa vier Jahren gut, wenn auch noch nicht auf ihrer Höhe sind. Sie sind weniger trocken und blumig als die Médocs, dabei aber körperreicher und zeichnen sich eher durch den pikanten Reiz eines Burgunders aus. Es wird so oft behauptet, der Saint-Émilion sei der Burgunder von Bordeaux, daß man am Ende noch erwartet, daß diese Weine wirklich wie Burgunder schmecken. Das trifft nicht zu; sie schmecken wie roter Bordeaux mit einer Tendenz zum Burgunder hin: voll, prägnant, alkoholreich.

Die Stadt
Saint-Émilion

Saint-Émilion ist nach Beaune das interessanteste und reizvollste Weinstädtchen Frankreichs. Überall wachsen Reben. Ob man nun nach oben, nach unten (es liegt an einem Steilhang) oder zur Seite schaut — immer hat man einen Weingarten im Blickfeld. Die Stadt liegt am schmalen Ende eines keilförmigen kleinen Tales, das in die Rebhügel hineinragt. Die Straßen der Stadt mit ihrem Kopfsteinpflaster und die ebenso buckligen Dächer, die nach römischem Muster mit gewölbten Ziegeln gedeckt sind, weisen den Weg hinauf zu der alten Kirche, die am Berghang aus dem gewachsenen Felsen herausgehauen wurde. Diese Kirche dürfte einmalig in ihrer Art sein. Sie hat einen Chorgang, Seitenschiffe, Hauptschiff und Kanzel in normaler Größe, doch alles ist ausgemeißelt, nicht gebaut — eine Höhlenkirche also. Der Glockenturm steht oberhalb der Kirche auf einer Plattform. Der Blick schweift über Dächer und Reben hinweg zur Dordogne unten im Tal hin mit dem besten Restaurant des Ortes, zu dem eine der schönsten Terrassen Frankreichs gehört.

Saint-Émilion liegt etwa fünfundvierzig Kilometer östlich von Bordeaux am Nordufer der Dordogne. Seine Weinberge überziehen nicht nur den Hang, der zur Stadt hinaufführt, sondern dazu noch ein weites Hochplateau hinter der Stadt. Zwischen den Weinen vom Hügel und den Weinen aus der Hochebene be-

261

steht ein Unterschied. Die Hügelweine sind bekannt als *Côtes-Saint-Émilion*, die anderen als *Graves(Kies)-Saint-Émilion*. Ein drittes Gebiet, Sables(Sand)-Saint-Émilion am Fuß des Hügels in Flußnähe, produziert ebenfalls Wein, aber von geringerer Qualität. Diese Termini sind nur im lokalen Sprachgebrauch üblich, erscheinen jedoch nicht auf den Etiketten.

Die Côtes-Weine sind die vollsten und großartigsten aller Bordeauxweine.

Château Ausone ist der berühmteste davon. Weingut und Rebhänge sollen einst dem römischen Dichter Ausonius gehört haben, der im vierten Jahrhundert den Weinbau in diesem Gebiet und an der Mosel verherrlichte. Wenn das zutrifft, handelt es sich hier um einen der ältesten Weingärten von Bordeaux. Seine Lage unter dem Hügelkamm, gegen den Nordwind geschützt und der Sonne zugewandt, gleicht eher Corton oder einem der burgundischen Weinberge als den übrigen Lagen in Bordeaux. Weitere illustre Namen der Côtes sind die benachbarten Châteaux Bélair, Magdelaine, Canon und Beauséjour, die Châteaux La Gaffelière-Naudes und Pavie gegenüber, Clos Fourtet, das fast schon in der Stadt liegt, mit Château Trottevieille auf der anderen Seite. Sie alle wurden 1955 als Premiers Grands Crus Classés eingestuft.

Die bekanntesten der zweiten Kategorie, der Grands Crus Classés, sind die *Châteaux Curé-Bon-La-Madeleine, Grand-Mayne, Troplong-Mondot, Canon-La-Gaffelière, Laroze, L'Angélus, Balestard-La-Tonnelle, Cap-de-Mourlin, Tertre-Daugay* und einige andere mehr.

In der Gegend südlich von Saint-Émilion gibt es fünf Orte, die ebenfalls den großen Namen beanspruchen dürfen. Ihre Weine fallen zwar nicht unter die gleiche Klasse wie die besten Côtesweine, doch die Nachfrage steigt, und sie werden entweder unter der einfachen Bezeichnung *Saint-Émilion* als Verschnittweine oder, obwohl sie keine Berühmtheiten sind, unter ihren eigenen Namen verkauft, denn für ihre Qualität sind sie absolut preiswert.

Ein Name ist allerdings bekannt: Château Monbousquet. Das Weingut besteht aus einem wunderschönen, weißen und geräumigen Gebäude, das inmitten einer großen Baumgruppe liegt. Sein feiner gehaltvoller Wein gehört zur Klasse der anspruchsvolleren Weine für Kenner und wird auch in Deutschland lebhaft gehandelt. Besitzer des Weinguts ist der gesellige Daniel Querre, Ordensherr der Saint-Émilion-Weinbruderschaft. Auf vielen offiziellen Veranstaltungen wird Daniel von seinem Sohn, einem Rechtsanwalt, vertreten, der eine Österreicherin zur Frau hat. Im Château Monbousquet sind Weinfreunde stets willkommen.

Seltsamerweise gedeiht der berühmteste Wein von Saint-Émilion gerade noch am Rande des Gebiets. Der Weingarten grenzt bereits an Pomerol. *Château Cheval-Blanc* wird allgemein im gleichen Atemzug mit *Châteaux Lafite-Rothschild, Haut-Brion* und *Latour* als einer der edelsten Bordeauxweine genannt. Ab und zu gebührt ihm sogar der Ruhm, der beste Bordeaux eines Jahrgangs überhaupt, wie zum Beispiel im Jahr 1947, zu sein. Der *Cheval-Blanc* auf

Château Ausone

Château Monbousquet

Château Cheval-Blanc

seiner Höhe — 1955 war ebenfalls ein klassisches Beispiel — hat mehr Kraft und Gediegenheit, als sie der Médoc, selbst ein *Mouton-Rothschild*, jemals erreichen kann. Jemand bezeichnete ihn einmal als monolithischen Wein, eine einsame, aufrechte Säule aus poliertem Stein, monumental, unnachgiebig, vollendet in der Proportion. Der allgemeine Eindruck mag so sein, doch der Vergleich mit Stein trifft nicht zu. Dieser Wein hat ausgesprochen samtigen Charakter, der mit kaltem Stein in keiner Beziehung steht. Außerdem zeichnet sich der *Cheval-Blanc* durch mehr Aroma aus als die meisten anderen Weine von Saint-Émilion, er hat jenen dezenten Duft nach Himbeeren, der auch den Spitzengewächsen des Médoc eigen ist.

Graves-Saint-Emilion

Dieser entfernte Winkel von Saint-Émilion, der aussieht, als gehöre er schon zu Pomerol, ist der Bezirk Graves-Saint-Émilion. Hier wird viel weniger Wein erzeugt als in den Côtes, doch dafür sehr guter. Auf *Cheval-Blanc* folgen die *Châteaux Figeac, Corbin* und *Chauvin*. Die *Châteaux Ripeau, La-Tour-du-Pin-Figeac, Corbin-Despagne, Corbin-Michotte* und *Grand-Barrail-Lamarzelle-Figeac* würden im Médoc als Quatrièmes oder Cinquièmes Crus klassifiziert. Alle diese Weine haben etwas von der Samtigkeit, die charakteristisch für Pomerol ist, und dabei die für Saint-Émilion typischen ausgeprägten Duft- und Geschmacksstoffe. Die Landschaft hier hat nichts von dem Großartig-Pittoresken der Côtes — es ist ein reiches, aber eintöniges Gebiet.

POMEROL
Libourne

Pomerol setzt das Plateau oberhalb von Saint-Émilion nach Nordwesten fort. Es liegt in unmittelbarer Nähe von Libourne, einem Städtchen, das selbst durch seine Bedeutung als Weinzentrum nicht vor der vollkommenen Eintönigkeit gerettet werden konnte. Man hat es die typischste aller französischen Provinzstädte genannt, was bei der starken Konkurrenz immerhin eine Auszeichnung bedeutet. Der Name Libourne stammt von Sir Roger de Leyburne, dem Haushofmeister Eduards I. von England.

In keiner Gemeinde drängen sich so viele Châteaux zusammen wie in dem kleinen Pomerol; daher gleicht es eher einem Vorort als einem Land. Wohin man auch blickt, überall steht eine Villa, manchmal auch nur ein besserer Schuppen, die sich alle stolz als Château bezeichnen. Jeder Meter dieses sanft gewellten Plateaus scheint mit Reben bedeckt zu sein.

Die besten Weine von Pomerol wachsen an der Grenze nach Saint-Emilion, genau wie die besten Weine von Saint-Émilion in der nächsten Nähe von Pomerol gedeihen. Der mit Ton gemischte Kiesboden, der den *Château Cheval-Blanc* hervorbringt, liefert auch die fast gleichwertigen *Châteaux Pétrus, La Conseillante, L'Evangile, Vieux-Certan, Petit-Village, Lafleur, Gazin, Certan,* und *La Fleur-Pétrus*. All diese Weine wurden als Premiers Grands Crus klassifiziert.

Château Pétrus

Château Pétrus wird mitunter als Premier des Grands Crus bezeichnet, um ihn aus der Masse herauszuheben; dieser Wein bringt normalerweise einen weit höheren Preis als jeder andere Pomerol, 1962 übertraf er sogar *Mouton-*

Rothschild, Latour und *Margaux.* Er ist vielleicht der gefälligste der großen roten Bordeauxweine, ist weich, rund und doch kräftig, und zeichnet sich durch ein edles Bukett aus.

Château Trotanoy

Nur eines der Châteaux, die als Pomerol Weltruf genießen, liegt außerhalb des Wunderstreifens zwischen dem Ort Pomerol und der Grenze nach Saint-Émilion. Es ist das Château Trotanoy, das einen sehr feinen Wein hervorbringt, der unter diesen wenigen absolut eigenständig ist. Fast alle Weine der nächsten Klasse, die Premiers Crus, gruppieren sich um den Ort und seine südlichen Ränder. Die bekanntesten sind die Châteaux La-Croix-de-Gay, La-Grave-Trigant-de-Boisset, Clos l'Église und Domaine de l'Église, die Châteaux Beauregard, Certan-Marzelle, Clinet, Nénin, La Pointe, Le Gay und Rouget. Es gibt noch etwa vierzig weiter Châteaux, deren Namen auch im Ausland bekannt sind.

Der Pomerol ist sehr zuverlässig, was das Niveau seiner Kreszenzen wie auch die Gleichmäßigkeit seiner Jahrgänge anbetrifft. Wenn andere Bordeauxweine ein schlechtes Jahr haben, sind die Pomerols zwar ziemlich leicht und weich, doch haben sie genügend Frucht und nicht zuviel Tannin. Pomerols gehören nicht einmal wenn sie jung sind zu den Weinen, die zu hart und zu gerbstoffreich sind. Gerade ihre zarten Eigenschaften machen sie wohl so populär. Es gibt allerdings noch einen weiteren Grund für ihre Beliebtheit: niemand lagert seinen Wein gern jahrelang ein, und der Pomerol benötigt die geringste Einlagerungszeit von allen Bordeauxweinen. Das bedeutet indessen nicht, daß er wie der Beaujolais so jung wie möglich getrunken werden kann; doch vier oder fünf Jahre sind ein respektables Alter für einen Pomerol, selbst für einen guten Jahrgang, und für einen schlechten genügen schon drei bis vier Jahre.

Zu Bordeaux gehören noch acht weitere Rotweingebiete, die durch die Bestimmungen der Appellation Contrôlée genau festgelegt sind. In keinem von ihnen gedeihen so hervorragende Weine wie in den oben erwähnten, doch in jedem Gebiet finden sich immer einige gute, und die Weinhändler verlegen ihr Interesse mehr und mehr auf die Weine außerhalb der klassischen Bezirke.

Blaye, Bourg

Dem Médoc gegenüber auf dem anderen Gironde-Ufer liegt in dem großen Bezirk Blaye, nach dem hübschen alten befestigten Hafen in seiner Mitte benannt, der kleinere Bezirk Bourg. Hier werden Weiß- und Rotweine in großen Mengen produziert, doch der Weißwein ist weniger gut und auch weniger bekannt.

Der rote *Bourgeais* ist dem Saint-Émilion nicht unähnlich, obwohl er dessen Qualität nicht erreicht. *Blayais* ist im allgemeinen nicht ganz so gut. In beiden Gebieten liegen so viele Châteaux, daß sie hier nicht aufgezählt werden können, und nur wenige sind interessant. Andererseits jedoch dürfte ein Weinhändler wohl in der Lage sein, auch von diesen Weingütern einen ausgezeichneten Wein zu empfehlen, den man ihm in Bordeaux angeboten hat. Der Bordelaiser Weinhandel ist begreiflicherweise vor allem an ausländischen Märkten interessiert.

Im Norden und Westen von Pomerol — also an den Saint-Émilion abgewandten Seiten — liegen die Gemeinden Néac, Lalande de Pomerol und Fronsac. In den beiden ersten werden Weine produziert, die man als Sub-Pomerol bezeichnen könnte: sie sind nicht ganz so gut wie echter Pomerol, aber auch billiger. *Château Bel-Air* in Lalande de Pomerol ist bekannt. Die Côtes de Fronsac mit ihrem höher gelegenen Zentralgebiet, den Côtes de Canon-Fronsac, liegen auf den schönen Hügeln westlich von Libourne in einem Knie der Dordogne. Ihre Weine sind ausgeprägt im Aroma, eher wie die Weine weiter südlich, sie haben Charakter und Blume, aber trotzdem wenig Reiz. Hier haben die Weingüter Vrai Château Canon und Château Canon die besten Namen.

Dem Südende der Côtes de Fronsac gegenüber liegt der Bezirk, der verwirrenderweise Graves de Vayres heißt; er hat nichts mit Graves zu tun, sein Name stammt aber, wie auch bei einem Teil von Saint-Émilion, von seinem Kiesboden.

Auch Saint-Émilion hat seine Satelliten: die Orte Saint-Georges, Montagne, Lussac, Puisseguin und Parsac, die sich an seiner nördlichen Grenze zusammendrängen. Sie hängen die Bezeichnung *Saint-Émilion* an ihre Namen an. Die Weine sind gut, entsprechen etwa den mittleren Sorten von Saint-Émilion und gelangen oft unter Château-Namen auf die ausländischen Märkte.

Die Dordogne aufwärts, oberhalb von Saint-Émilion und Castillon am südlichen Ufer, liefert der Bezirk Sainte-Foy-Bordeaux Rot- und Weißweine. Schließlich gilt die Bezeichnung *Premières Côtes de Bordeaux* — so heißt der lange Landstrich am Ostufer der Garonne zwischen Bordeaux und Sauternes auf der anderen Seite des Flusses — für Rotweine wie für Weißweine.

Der Rotwein kommt hauptsächlich aus den Orten Bassens, Sainte-Eulalie, Yvrac, Carbon-Blanc, Lormont, Cenon, Floirac, Bouilac, Latresne, Camblanes, Quinsac und Cambes in der nördlichen Hälfte des Distrikts. Der größte Teil des Weines wird einfach als *Premières Côtes de Bordeaux* gehandelt. Als solcher ist er auch billig und gut.

Bordeaux liefert nicht nur die größten roten Spitzenweine, sondern auch die meisten Konsumweine, in keinem Fall jedoch den französischen »vin ordinaire«, der nur im Land getrunken wird. Im Vergleich zu einem »vin ordinaire« ist jeder Bordeaux, selbst noch der kleinste, ein sauberer, ausgeglichener, erfrischender und auch anregender Wein.

Als ein tägliches Getränk paßt Bordeaux auch tatsächlich zu fast allen Speisen. Wie alle Rotweine schmeckt er am besten zu Fleisch, Gemüse und Käse (dem pikanten Teil einer Mahlzeit), weniger gut dagegen zu Süßspeisen.

Abschließend ist noch festzustellen, daß heute fast alle Winzer in Bordeaux ihre Trauben entstielen (entrappen), so wie in Burgund, doch läßt man den Most länger auf dem Trester vergären. Man tendiert aber immer mehr zur burgundischen Methode.

1893 großer Jahrgang, es gibt noch heute Weine dieses Jahrgangs, die trinkbar sind

1899 sehr großer Jahrgang, körperreich, viel Eleganz und Bukett

1900 wieder sehr großer Jahrgang, erreichte jedoch nicht ganz die Qualität des Vorjahres

1901 da es während der Weinlese geregnet hatte, fiel der Wein wohl angenehm und geschmeidig, aber etwas zu leicht aus

1902 nichts Besonderes

1903 ohne Bedeutung, die Weine wurden schnell getrunken

1904 mußten ebenfalls nach einigen Jahren getrunken werden, da ihnen Körper fehlte, um sich länger zu halten

1905 erzeugte leichte Weine, die aber in den Unterregionen von Bordeaux verschieden ausfielen

1906 diese Weine hielten sich ziemlich lange, hatten aber zu wenig Zucker, zuviel Säure, zuviel Gerbstoff; die Farbe war besonders schön

1907 leichte, blumige Weine ohne Zukunft, mußten schnell ausgetrunken werden

1908 schlechter Jahrgang, ohne Bedeutung für den Weinfreund

1909 kleiner Jahrgang mit leichten, zu leichten Weinen

1910 schlechter Jahrgang

1911 diese Weine gibt es noch heute, sie bauten hervorragend aus; waren seitdem Glanzpunkte auf der Tafel

1912 kleiner, schlechter Jahrgang

1913 sogar minderwertig als Jahrgang

1914 mittelmäßige bis leichte, zum Teil gute Weine

1915 wegen Mehltau-Befall schlechter Jahrgang

1916 dieser Jahrgang erzeugte Weine mit viel Körper, doch zum Teil auch langweilige Weine

1917 wegen Mehltau wieder kleiner Jahrgang

1918 gute Weine, doch mit viel Gerbstoff, so daß sie eigentlich zu lange ausbauen mußten — von den Kriegsjahrgängen ist nichts mehr vorhanden

1919 die Spitzenlagen erzeugten großartige, die anderen Regionen eher mittelmäßige Weine

1920 Weine mit viel Körper, elegante, bukettreiche Weine

1921 großer Jahrgang mit körperreichen und blumigen Weinen

1922 gute bis mittelmäßige Weine

1923 ergab rassige Weine, die nicht schwer waren; alles in allem ein guter Jahrgang

1924 sehr guter Jahrgang; die Weinqualitäten waren gleichmäßig

1925 mäßiger Jahrgang mit kleinen Weinen, die jung getrunken wurden

1926 großer Jahrgang mit körperreichen Weinen, die aber zu wenig Säure hatten

1927 besonders schlechter Jahrgang

1928 sehr gute Weine, die gut reiften und später gut ausbauten

1929 einer der größten Jahrgänge; erbrachte Weine mit großem Bukett

1930 schlechte Weine

1931 schlechte Weine

1932 besonders schlechte Weine

1933 mäßige bis mittelmäßige Weine für kleine Ansprüche

1934 in allen Gebieten gute Resultate

1935 wieder schlechter Jahrgang

1936 wegen Mehltau schlechte Ernten, die keinen überdurchschnittlichen Wein brachten

1937 einer der ganz großen Jahrgänge, fast wie 1929. Die Weine sind jetzt auf ihrem Höhepunkt, weil dieser Jahrgang viel Säure mitgab und die Weine deshalb erst sehr spät trinkreif wurden

1938 nichts Besonderes, mittelmäßige Weine

1939 brachte elegante Weine, die sich rasch entwickelten, dafür begrenzt haltbar waren

1940 höchstens mittelmäßige Weine

1941 ohne Spitzenweine, Mittelmaß bis schlecht

1942 mittelmäßige bis bessere Weine, die verhältnismäßig gut ausbauen konnten

1943 ein großer Jahrgang mit eleganten Weinen

1944 ebenfalls gute Weine, die nicht an die des Vorjahres heranreichen, aber möglichst jetzt getrunken werden sollten

1945 auf der ganzen Welt einer der größten Jahrgänge der letzten Jahrzehnte. Trost für das Chaos. Geringe Erntemengen wegen des Kriegsendes. In Deutschland ist dieser Wein längst ausgetrunken, rote Bordeaux sind aber noch vereinzelt zu haben. Sofort zugreifen!

1946 kleiner Weinjahrgang

1947 großer Jahrgang, der sich aber jetzt voll entwickelt hat und nicht mehr besser werden wird

1948 guter Jahrgang mit Weinen, die sich erst spät entwickelten

1949 großer Jahrgang in verschiedenen Teilen von Bordeaux, so in Saint-Émilion und im benachbarten Pomerol. Jetzt trinken!

1950 Weine sind noch in der Entwicklung, haben aber gezeigt, daß sie nicht zu den ganz großen gehören werden, weil meist zu hart, obgleich kraftvoll

1951 nichts Besonderes

1952 gut, wenn man davon einen Vorrat im Keller hat; bei den bekannten Weinschlössern große Weine, sonst einfache Weine

1953 etwa wie Vorjahr, doch teilweise noch besser, bukettreicher und gleichmäßiger als das Vorjahr

1954 kleiner bis mittelmäßiger Jahrgang

1955 guter Jahrgang bei bekannten Schlössern; kann noch mehrere Jahre warten

1956 sehr trockener, sonnenarmer Herbst – nichts für Bordeaux

1957 Jahrgang mit viel Gerbstoff im Wein, der dadurch langsamer reift

1958 keine körperreichen Weine; sollten jetzt getrunken werden

1959 wie in Deutschland nach dem langen Sonnensommer schwere, gehaltvolle Weine; ein großer Jahrgang mit Weinen, die Körper und Charakter haben

1960 mittelmäßige Weine

1961 wieder einer der großen Jahrgänge, die teuer bezahlt werden müssen. Sofort zugreifen!

1962 mittelmäßig bis gut

1963 nichts Besonderes

1964 fruchtige, körperreiche Weine; wie in anderen Weinbaugebieten, auch elegante Weine, die noch Zukunft haben

1965 mittelmäßig bis schlecht

1966 wieder ein sehr guter Jahrgang, der sich gut entwickelt hat

1967 mittlerer Jahrgang

1968 mittelmäßiger bis schlechter Jahrgang

1969 ein mittlerer Jahrgang von durchschnittlichen Weinen, die sich jedoch noch angenehm entwickeln können

1970 fast ein Traumjahrgang mit großen Weinen, die sich halten werden

1971 gute Weine, körperreich, ausgewogen, haltbar

1972 ein mittlerer Jahrgang

Burgund

Die Burgunder wurden allgemein bereits im Kapitel »Weißweine« vorgestellt. Die wesentlichen Faktoren des besonderen Benennungssystems und des Verschnitts sowie die Probleme, die sich dem Konsumenten bei der Weinwahl stellen, sind dort behandelt, und man sollte die Einführung zum Abschnitt »Burgunder« auf Seite 155 ff. unbedingt lesen, bevor man sich eingehender mit rotem oder weißem Burgunder beschäftigt.

Sehr häufig werden Bordeaux und Burgunder im Gespräch über Weine wie Gegenpole behandelt, zwischen denen die gesamte Skala aller Rotweine liegt. Nach landläufiger Meinung ist der Burgunder fruchtig, dunkelfarbig, körperreich und fast süß, der rote Bordeaux dagegen wegen des Tanningehalts herb, kräftig und würzig. Alle anderen Rotweine werden, diesen theoretischen Charakteristiken nach, in Bordeaux- oder Burgundertypen eingeteilt. Selbst bei den deutschen Rotweinen ertappt man sich häufig dabei, daß man sie unwillkürlich entweder mit Burgunder oder Bordeaux vergleicht, obwohl sie zum Teil gar nicht zu dem Vergleich herausfordern, da sie völlig anders geartet sind.

In Wirklichkeit befinden sich die Burgunder- und Bordeauxweine in ihrer Farbe eher in der Mitte der Skala. Es gibt hellere und dunklere Rotweine, besonders wenn man an die afrikanischen Weine denkt. Betrachtet man alle Rotweine der Welt, verbindet die beiden großen französischen Rotweintypen doch viel. Beiden sind Delikatesse und Harmonie gemeinsam, die sie zu den besten Rotweinen der Welt machen. Allerdings werden sie aus verschiedenen Rebsorten hergestellt, in Burgund herrscht der Pinot noir vor, in Bordeaux der Cabernet Sauvignon, auch Klima, Böden und Kellertechniken sind verschieden, obgleich sich gerade auf dem letzten Gebiet die Unterschiede langsam verwischen.

268

Bei dem Versuch, einen Wein wirklich genau zu beschreiben, stößt man immer wieder auf die gleichen Schwierigkeiten. Man muß Burgunder, echten Burgunder, einfach probieren, dann weiß man auch, wie er schmecken muß. Es ist sinnlos, ins Leere hinein Bemerkungen zu machen, wie etwa: im Duft ist er süß und erinnert doch ein wenig an grünen Saft; oder: er ist voll, jedoch nicht aufdringlich im Geschmack; oder: er ist pikanter als Bordeaux und trotzdem etwas milder. Die Frage »Was für eine Art von Wein ist Burgunder?« kann man etwa so beantworten: Burgunder ist ein üppiger einladender Wein, so verlockend wie die Düfte aus einer Küche. Ein vollkommen ausgebauter Burgunder ist weich und mild — schön wie ein sanftes, gutgeschnittenes Gesicht.

Auf keinen Fall ist Burgunder jedoch gehaltvoll, schwer, plump, alkoholreich und wärmend. Diese schlechten Attribute treffen hauptsächlich auf die zahlreichen Nachahmungen zu, deren sich der echte Burgunder erwehren muß. Es gibt viele schwere alkoholreiche Rotweine mit spitzem scharfem Geschmack, ohne Duft und von tiefroter Farbe, die man in bauchige Burgunderflaschen abfüllt und deren Etikette gewisse Burgunderweine imitieren. Dabei ist es gleichgültig, aus welchem Land diese Weine kommen — wir wollen keinen Stein auf die Importeure werfen —, aber diese »Holzhammerweine« verderben den Ruf des echten guten Burgunders.

Burgunderweine wachsen nicht in der prallen Sonne wie die Bordeaux. Deshalb sind sie in großen Jahrgängen für ihre körperreiche Fülle und Ausgeglichenheit berühmt, in kleinen Jahrgängen fallen sie dagegen schnell ab, es sei denn sie werden entsprechend stark gezuckert.

Abgesehen vom Beaujolais, der glücklicherweise in großen, wenn auch noch immer nicht in genügenden Mengen produziert wird und der ziemlich billig ist, kosten die preiswertesten Verschnittweine, die als Gemeindeweine bekannt sind (zum Beispiel Pommard), fast fünfzig Prozent mehr als der entsprechende Wein in Bordeaux, als ein einfacher Saint-Julien oder Margaux. Niemand wird behaupten, daß dieser hohe Preisunterschied durch einen ebenso großen Qualitätsunterschied gerechtfertigt wäre.

Sobald man jedoch die klassifizierten Châteauweine aus Bordeaux, die etwa das Doppelte der Gemeindeweine kosten, mit Burgunder vergleicht, muß man feststellen, daß die burgundischen Äquivalente, die Premiers Crus, preisgünstiger sind. Ungefähr auf gleicher Höhe bewegen sich die Preise der Premiers Crus aus Bordeaux und der Têtes de Cuvée aus Burgund. Der teuerste Bordeaux kann etwa zehnmal soviel kosten wie der billigste; der höchste Preis in Burgund ist nur etwa sechsmal so hoch wie der niedrigste.

Allerdings sind diese Preisrelationen nicht für alle Jahre verbindlich; es kann auch umgekehrt oft ein mittlerer Bordeaux bereits ein Mehrfaches von einem mittleren Burgunder kosten. Die Preisbewertung findet beim Importweinhandel statt, der sich an Hand von Qualität und Preis seine Marktchancen ausrechnet.

Echter Burgunder kann und darf nicht so alt werden wie Bordeaux. Er wird meistens zimmertemperiert getrunken. In Deutschland trinkt man ihn leider oft zu warm, da man der irrigen Meinung ist, ein weicher Wein verlange mollige Temperaturen. Eine Ausnahme macht der Beaujolais, der zwar geographisch zu Burgund gehört, aber einen völlig anderen Weintyp darstellt. Er wird am besten jung und kellerkühl getrunken.

Im nördlichsten Distrikt von Burgund, in Chablis, gedeiht kein Rotwein. Das ein paar Kilometer südlich gelegene Irancy in der Nähe der neuen Autobahn nach Paris ist bekannt für seinen »vin du pays«, *Irancy Rouge*, der jedoch nicht in die Klasse gehört, die man sich unter dem großen Namen Burgund vorstellt.

Côte d'Or ist sowohl der Name des Departements als auch der Hügelkette, die nördlich von Dijon beginnt. Die beiden Weinbauregionen heißen Côte de Nuits und Côte de Beaune, deren Namen man auf den Weinkarten aller Nobelrestaurants und -hotels der Welt findet. Die Rebhänge tragen fast ausschließlich Rotweintrauben. Südlich von Dijon beginnt die Côte de Nuits. Auf einer Strecke von fünfundvierzig Kilometern mit nur einer Unterbrechung liefern die Weinbergsparzellen auf den mittleren Hängen, die nie breiter sind als fünfhundert Meter, den Wein, der allgemein als der feinste Rotwein der Welt bezeichnet wird. Die großen Lagen beginnen unmittelbar südlich von Dijon an der Straße nach Beaune, die ständig an den Côtes entlangführt. Der erste vertraute Name

ist *Fixin;* er ist berühmt, wenn auch nicht weltberühmt, für ausgezeichneten Rotwein. Der zweite Name jedoch ist *Chambertin.*

Der Ort heißt Gevrey-Chambertin. Im Kapitel »Weißweine« wurde bereits erklärt, wie man an die alten einfachen Ortsnamen die illustren Namen ihrer bekanntesten Weingärten angehängt hat, um sich gegen die Konkurrenz auf dem Markt zu behaupten. Gevrey zeichnet sich vor allem durch eine Lage aus:

Chambertin – daher der Doppelname. Die nächste Lage gleicher Qualität auf dem Hügel in nördlicher Richtung heißt *Clos de Bèze.* Beide Namen waren in Ruhm und Qualität durch Jahrhunderte hindurch gleichwertig. Beide sind Têtes de Cuvée. Die Tatsache, daß *Clos de Bèze* seinen Namen nun auch der Bezeichnung Chambertin vorausgestellt hat, soll nicht bedeuten, daß es schließlich doch seinem großen Nachbarn und Rivalen den Vortritt gelassen hat. Die Tradition hatte sich in der ganzen Nachbarschaft derart durchgesetzt, daß auch *Clos de Bèze* sich ihr kaum widersetzen konnte. Alle Premier-Cru-Weine haben heute den Namen Chambertin mit ihrem eigenen verbunden: *Charmes-Chambertin, Chapelle-Chambertin, Griotte-Chambertin, Latricières-Chambertin, Ruchottes-Chambertin, Mazis-Chambertin, Mazoyères-Chambertin.* Alle Weine, die auf den Etiketten ihren Namen in Verbindung mit Gevrey-Chambertin zeigen, können als Deuxièmes Crus betrachtet werden — das ist reichlich verwirrend, denn eigentlich sind sie Troisièmes Crus. Der bekannteste von ihnen ist *Clos Saint-Jacques.* All diese Weine gehören noch zu den ganz großen

Burgundern. *Chambertin* und *Clos de Bèze* werden oft als die edelsten des ganzen Gebiets bezeichnet. Selbst die einfache Gemeindebenennung *Gevrey-Chambertin*, die dem Händler wenig Beschränkung auferlegt, bedeutet im allgemeinen einen sehr guten Wein. Wenn man bedenkt, wie weit nördlich diese überragenden Rotweine gedeihen, und daß die Weingärten für die Côtes von Burgund verhältnismäßig flach liegen, ist es erstaunlich, daß der Wein hier der robusteste von allen Burgundern ist. Er zeichnet sich durch enormes Durchsetzungsvermögen, große Beständigkeit und eine nahezu eichene Festigkeit aus. Chambertin schmeckt am besten zu einem saftigen Stück Roastbeef am Knochen und zu Speisen, die selbst viel Aroma, Charakter und Würze mitbringen. Es wird erzählt, daß Napoleon ausschließlich diesen Wein auf seine Feldzüge mitgenommen habe. Es gab sogar einmal einen Chambertin, der unter der Bezeichnung *Zurück von Moskau* verkauft wurde.

Morey-Saint-Denis

Der Name der nächsten Gemeinde, Morey-Saint-Denis, ist weniger bekannt. Hier hat man dem alten kurzen Namen Morey den Lagenamen *Clos Saint-Denis* hinzugefügt, jedoch falsch kalkuliert; der *Clos Saint-Denis* ist klein und gehört nicht einmal zu den besten Lagen der Gemeinde. Dabei wird der Ort fast erdrückt von seinen berühmten Namen. Kaum jemand weiß, daß die überragenden Lagen *Clos de Tart*, *Clos des Lambrays*, *Bonnes-Mares* und *Clos de la Roche* überhaupt zu Morey-Saint-Denis gehören. *Bonnes-Mares* allerdings liegt zum größten Teil bereits in der Nachbargemeinde Chambolle-Musigny.

Die obengenannten fünf Rebengelände rangieren in Burgunds Spitzenklasse. Alle liefern große starke Weine, fast so groß wie Chambertin und auch so kräftig, jedoch zeigen sie etwas mehr Grazie und Geschmeidigkeit. Insbesondere die Lage *Clos de Tart*, die sich in der in Burgund seltenen Situation befindet, einem einzigen Mann, Jean Mommessin, zu gehören, liefert einen lieblichen, weichen, dabei vollen und geschmackreichen Wein. Der *Clos de Tart* hat eine lange Lebensdauer und ist dennoch schon als junger Wein überraschend trinkfertig. Alle diese Weine sind für große Gelegenheiten bestimmt — wie ihre Preise bereits andeuten. Der übrige Wein aus Morey-Saint-Denis, der den Ortsnamen trägt, wird selten exportiert. Falls man ihm dennoch einmal im Ausland begegnet, kann man ziemlich sicher sein, daß der Weinhändler sich nach der Qualität und nicht nach der Mode gerichtet hat, denn kaum jemand hat je etwas von diesen Weinen gehört.

Chambolle-Musigny

Gleich neben Morey-Saint-Denis, mit dem er die große Bonnes-Mares-Lage teilt, liegt der berühmtere Ort Chambolle-Musigny. Die Tête de Cuvée von Chambolle-Musigny heißt *Musigny*, mitunter auch *Le Musigny*, aber niemals anders. Der Ort wird beherrscht von einem der größten Grundbesitzer des Landes, Graf Georges de Vogüé, dessen Familie auch die meisten Anteile an den beiden größten und besten Champagnerkellereien besitzt. In den herrlichen, luftigen Kellern, die an die Krypta einer großen Kathedrale erinnern, lagern die edelsten Weine der Gemeinde — nach der Meinung mancher Weinkenner sogar die besten von ganz Burgund. Ein Premier Cru mit dem reizvollen Namen *Les Amoureuses* befindet sich auf dem Niveau einer Tête de Cuvée.

Ein anderer, *Les Charmes*, ist nicht weit davon entfernt. De Vogüé geht noch einen Schritt weiter und bereitet eine Tête de Cuvée der Tête de Cuvée, eine Auswahl aus dem Besten vom Besten, die er *Musigny Vieilles Vignes* nennt — womit er sich auf alte Weinstöcke bezieht, die die feinsten Beeren tragen.

Der *Musigny* ist eine Idee delikater als der *Chambertin*. Der weiche Wohlgeschmack des Burgunders kommt hier mehr zur Geltung als bei jedem anderen Wein. Er verweilt im Mund, er dehnt sich aus und entwickelt mit seinem Bukett aus sich überlagernden Düften einen Pfauenschweif, wie die französischen Weinschmecker sagen.

Chambolle-Musigny, der Verschnittwein aus verschiedenen Lagen innerhalb der Ortsgrenzen, ist oft einer von den besten Burgundern, die fast alle Weinhändler der Welt auf Lager haben. Er fällt natürlich von Händler zu Händler unterschiedlich aus, denn in ihren Mischbottichen erhält er seine endgültige Gestalt, doch im allgemeinen ist er nicht so schwergewichtig wie fast alle anderen Weine mit Ortsnamen, die nach diesem Verfahren bereitet werden. Er bleibt eher zart im Charakter.

Clos de Vougeot Südlich von Chambolle-Musigny liegt der Clos de Vougeot, ein weitläufiger, von einer hohen Steinmauer umgebener Rebgarten, der von dem eindrucksvollsten Gebäude Burgunds beherrscht wird, das die Bevölkerung als ihr Symbol betrachtet. Es wurde vom Zisterzienserorden erbaut. Heute ist es der Sitz der »Confrérie des Chevaliers du Tastevin«, der Weinbruderschaft Burgund.

Als Weinbergsgelände hat der Clos de Vougeot seine Mängel. Er besteht aus einer arrondierten Lage, jedoch von einer ganzen Gemeinde. Die Produktion von *Clos de Vougeot* beträgt etwa 150 000 Flaschen im Jahr. Im Vergleich dazu produziert ein Bordeauxweingut wie Château Lafite 250 000 bis 350 000 Flaschen. Die Qualitätsunterschiede der Weine sind hier ebenso groß wie in anderen Gemeinden. Auf den Hängen gedeihen gute, sogar überragende Gewächse. Der höchste Teil des Weinbergs liegt unmittelbar neben Musigny. Im Flachland, am Fuß des Hügels, ist der Wein nicht besser als in jedem anderen Rebengarten gleicher Situation. Die unterste Lage wäre wahrscheinlich ein Deuxième Cru, wenn man sie gesondert von der höchsten Lage klassifizieren würde. Der Wein mit dem berühmten Namen muß also nicht unbedingt groß sein.

Clos de Vougeot wird mitunter der Bordeaux von Burgund genannt. Er ist bedeutend kräftiger als die meisten anderen Burgunder; die Weinhändler der Gegend bezeichnen ihn, vielleicht ironisch, als feminin. Der beste *Clos de Vougeot* hat die herrlichste Blume von allen Burgundern, vermischt mit einem Hauch von feuchter Herbstluft, der typisch burgundisch ist.

Die Chevaliers Die Chevaliers du Tastevin, die, wie bereits erwähnt, im Clos de Vougeot
du Tastevin ihren Sitz haben, sind Mitglieder einer Zunft, die von den bekanntesten Winzern und Händlern zur Förderung des Weinabsatzes gebildet wurde. In der großen

Halle des festungsartigen Gebäudes auf dem Clos de Vougeot werden häufig Diners für dreihundert Gäste gegeben. Neuaufnahmen in die Bruderschaft erfolgen nach strengen Maßstäben. Jedes burgundische Weinhandelshaus kann pro Jahr zehn neue Mitglieder einführen und das Gebäude für ein eigenes Diner mieten. Die Mitglieder des Vorstandes tragen anläßlich dieser Festlichkeiten mittelalterliche rote Roben. Es wird viel gesungen, und man spendet den Burgunderweinen im allgemeinen und speziell den Weinen in den Gläsern der Anwesenden großes Lob. Auch in den übrigen Teilen Frankreichs, wie auch in Deutschland, existieren ähnliche Vereinigungen, die die Ehre der jeweiligen Weine verteidigen und hochhalten sollen.

Flagey-Échezeaux

Der Name des nächsten Ortes, Flagey-Échezeaux, erscheint nie auf Weinetiketten, obwohl es sich hier um eine ausgesprochene Weinbaugemeinde handelt. Der Ort liegt in einem Tal ohne direkte Verbindung zu seinen besten Lagen. Der einfache Wein dieser Gegend kommt unter dem Namen des unmittelbaren Nachbarn auf der anderen Seite, *Vosne-Romanée*, auf den Markt. Flagey bringt andererseits in der Lage *Grands-Échezeaux* auf der Südseite der Höhe von Clos de Vougeot einen der besten roten Burgunder hervor, der in die Klasse Tête de Cuvée gehört. Vielleicht findet man ihn nur wegen seines seltsam klingenden Namens nicht auf ausländischen Getränkekarten, was ihm den Vorteil eines niedrigen Preises sichert. *Grands-Échezeaux* und *Bonnes-Mares* sind wahrscheinlich von den größten Weinen der Welt die am wenigsten bekannten.

Weine der Premier-Cru-Klasse aus den Flagey-Lagen um *Grands-Échezeaux* kommen unter der einfachen Bezeichnung *Échezeaux* auf den Markt.

Vosne-Romanée

Der Wein aus der winzigen Romanée-Conti-Lage auf dem Hügel oberhalb des Ortes Vosne, die nicht einmal ganz 1,8 Hektar bedeckt, bringt den höchsten Preis, den ein Rotwein überhaupt erreichen kann. Die Lage gehört zu dem Weingut Domaine de la Romanée-Conti, das auch die Weinberge von *La Tâche*, den größten Teil von *Richebourg* und Teile von *Grands-Échezeaux* bewirtschaftet.

Romanée-Conti

André Simon, der große alte Mann der Weinliteratur, hat einmal gesagt, der *Romanée-Conti* habe etwas fast Orientalisches in seinem Bukett. Auf jeden Fall hat er die gewisse Würze, die ihn und die anderen Weine dieser Domäne kennzeichnen. Auch eine Besichtigung des dumpfen, vielbesuchten Kellers, der den Wein beherbergt, hat etwas Orientalisches an sich: es überkommt einen unwillkürlich das Gefühl, als solle man die Schuhe an der Tür ausziehen.

Ob nun die Domäne bei der Weinbereitung ein besonderes Verfahren anwendet oder nicht — es geht das Gerücht, man setze einen Schuß Kognak zu oder konzentriere einen kleinen Teil des nicht gegorenen Saftes —, trägt der Wein den Stempel von purem Luxus, der ihn zusammen mit seinem erstaunlichen Preis in den Augen vieler Konsumenten unwiderstehlich macht. Der kleine Hof und die Keller sind ständig voll von amerikanischen Besuchern, die dieses Gelände und Montrachet als die wichtigsten Sehenswürdigkeiten von Burgund betrachten. Die Gerüchte stammen, nebenbei bemerkt, sicherlich von neidischen Nachbarn. Auf jeden Fall zeigen die Kellermeister der Domäne ihren Besuchern Fotos, auf denen sie selbst die geernteten Trauben mit bloßen Füßen — und bloßem Körper — herunterstampfen. Durch dieses »zarte« Verfahren werden die Trauben nicht grob zerrissen, es gerät nicht so viel Gerbsäure in den Most und der Wein wird dadurch weicher und voller. Unter der Mitwirkung der anderen Wertfaktoren, wie Boden und Klima, entstehen so alle die Eigenschaften, die diesen Wein so wertvoll machen. Auf jeden Fall gehören die *Romanée-Conti* und insbesondere *La Tâche* zu den Spitzenweinen der Welt, die in alten Filmen und Romanen von Grafen und Baronen so lässig beim Kellner bestellt werden.

Vosne-Romanée hat nicht weniger als fünf Tête-de-Cuvée-Lagen aufzuweisen; allerdings sind sie alle nicht sehr groß. Außer *La Romanée-Conti* gibt es *La Romanée-Saint-Vivant*, die größte der fünf, die einen nicht ganz so gehaltvollen, doch köstlichen Wein liefert; ferner *La Romanée*, die kleinste, deren Wein vielleicht um eine Nuance leichter ist, und *La Tâche*, von der mitunter behauptet wird, ihr Wein sei besser als der teuerste; schließlich noch *Le Richebourg*, eine Lage, die ebenfalls ihre Anhänger hat.

La Romanée-Saint-Vivant, La Romanée La Tâche, Le Richebourg

Auch die zweitrangigen Weine von Vosne-Romanée dürfen nicht übersehen werden. Sie tragen auf dem Etikett den Ortsnamen und auch ihre eigenen Lagenamen. *La Grande-Rue,* der aus einem Weingarten kaum breiter als eine Straße seitlich von Romanée-Conti stammt, *Les Gaudichots, Les Suchots, Les Malconsorts* und *Les Beaux-Monts* sind alle bekannt und werden als Qualitätsweine häufig exportiert. *Vosne-Romanée* ist oft ein ausgezeichneter Tropfen, ein mittelgewichtiger Burgunder, der sich zum Sonntagsessen eignet.

Nuits-Saint-Georges Prémeaux

Les Saint-Georges

Die Stadt Nuits-Saint-Georges liegt am Ende der Côte de Nuits, dem Hügelland mit den besten roten Burgundern. Nuits und, südlich davon, Prémeaux, deren Weine als *Nuits* verkauft werden, erzeugen zwar nicht die edelsten Burgunder, immerhin jedoch typische, weiche, schmackhafte Weine mit großem Körper. Allerdings fehlt es ihnen an Bukett. *Les Saint-Georges* an der Grenze von Prémeaux ist die Lage, nach der sich die Stadt Nuits genannt hat. Von den übrigen Lagen sind die besten *Les Boudots, Les Cras, La Richemone* und *Les Murgers* bei Vosne-Romanée und *Les Cailles, Le Clos de la Maréchale, Les Didiers, Les Porets, Les Pruliers* und *Les Vaucrains* im Süden. Der Gesamtertrag von Nuits-Saint-Georges liegt zum Teil wegen des Zusammenschlusses mit Prémeaux für eine burgundische Lage hoch; zu dieser Gemeinde gehört ein fast sechs Kilometer langer Rebenhang. Oft wird der Wein hier mit einem billigeren, alkoholhaltigeren Wein »gestreckt«.

CÔTE DE BEAUNE

Corton, der Wein von den nördlichsten Lagen der Côte de Beaune, soll den Weinen der Côte de Nuits in Charakter und Qualität am ähnlichsten kommen. Im allgemeinen werden die Weine der Côte de Beaune, des südlichen der beiden wundervollen burgundischen Anbaugebiete, nicht ganz so hoch bewertet wie die Weine von Chambertin, Musigny und Romanée. *Corton* wird als einziger im gleichen Atemzug genannt.

In der zweiten Klasse behaupten sich die Côte-de-Beaune-Weine gut. Für sie spricht der große Vorteil der Quantität. Beaune hat etwa tausend Hektar Rebengelände; Pommard über sechshundert; Volnay über vierhundert. Rund die Hälfte davon ist mit Edelreben für erstklassigen Wein bebaut. Chambolle-Musigny, eine für die Côte de Nuits typische Gemeinde, hat 173 Hektar.

Beaune (538 Hektar), Volnay (215 Hektar) und Pommard (340 Hektar) haben sich daher vor allem durch große Mengen eines absoluten Qualitätsweines, den man regelmäßig und oft trinken kann, einen Namen gemacht. Die Weine der Côte de Beaune bauen rascher aus, brauchen im Durchschnitt etwa sechs oder sieben Jahre im Gegensatz zu den Weinen der Côte de Nuits, die zehn oder mehr Jahre benötigen. Sie sind leichter, doch nicht in dem Sinn, wie ein Bordeaux leichter als ein Burgunder ist. Sie sind nicht trockener oder saurer. Sie haben einfach weniger Körper. In Burgund läßt man die Trester nur kurze Zeit mitgären und entstielt die Trauben vor dem Keltern, so daß auch von Anfang an wenig Tannin in den Most gelangt. Deshalb ist der Wein schneller trinkfertig.

Corton

Hinter Nuits-Saint-Georges, immer an der gleichen Straße nach Süden, erhebt sich nach einer Lücke in der Hügelkette der Corton-Weinberg über Aloxe, das seinen Namen auf die in Burgund übliche Weise mit der Lage verknüpft hat. Es wurde bereits auf Seite 163 erwähnt, daß der Hügel in Weiß- und Rotweingelände aufgeteilt ist. Es läßt sich schwer sagen, welches von beiden das bessere ist. Wahrscheinlich ist *Corton* der einzige überragende Weinberg der Welt, auf den diese Tatsache zutrifft.

Neben dem *Corton*, der wie *Chambertin* und *Montrachet* mitunter ein »Le« vor dem Namen trägt, um seine Echtheit zu demonstrieren und um ihn von seinen Verwandten zu unterscheiden, gibt es hier noch die Lagen *Corton-Clos du Roi* und *Corton-Bressandes*. Ein weithin bekannter Händler, Louis Latour, hat einen Markennamen geschaffen, der ebenfalls wie eine Cortonlage klingt: *Corton-Grancey*. In Wirklichkeit ist das eine eigene Wortschöpfung, unter der er einige seiner besten Cortonweine verkauft.

Corton-Grancey

Der Name *Aloxe-Corton* ist außerordentlich bekannt für rote Burgunder-Verschnittweine vom Händler. Das kommt zum Teil daher, daß die Orte zu beiden Seiten sich ebenfalls dieses Namens bedienen. Der eine, Ladoix-Serrigny, verkauft seine Weine niemals unter eigenem Namen; der andere, Pernand-Vergelesses, bringt den größten Teil seiner Rot- und Weißweine unter den Bezeichnungen *Aloxe-Corton* und *Corton-Charlemagne* auf den Markt (ein Teil der ausgezeichneten Charlemagne-Weißweinlage befindet sich innerhalb dieser Gemeinde). Daneben verkauft der Ort aber auch sehr guten und vom Handel stark vernachlässigten Wein unter seinem eigenen bescheidenen Namen *Pernand-Vergelesses*. Seine beste Lage heißt *Ile des Vergelesses*.

Ladoix-Serrigny, Pernand-Vergelesses

275

Wenn Sie einmal in Pernand nach der Lage *Aux Vergelesses* Ausschau halten sollten — in diesem Ort finden Sie sie nicht.

Savigny-lès-Beaune

Sie gehört zu dem nächsten Ort in südlicher Richtung, Savigny-lès-Beaune. Savigny grenzt im Norden an die Weingärten von Beaune. Die Weine hier sind den Beauneweinen sehr ähnlich; ziemlich hell in der Farbe, leicht und weich im Geschmack, jedoch zeigen sie eine Andeutung von Stärke im Hintergrund, die den guten Burgundern eigen ist. Die Blume dieser Weine ist fruchtartiger und nicht so pikant wie bei den Weinen der Côte de Nuits. Alkoholgehalt und Beständigkeit in Maßen werden bei den Lagen von Beaune und Savigny angestrebt. In guten Jahrgängen ist beides vorhanden, in schlechten dagegen bleiben diese Eigenschaften mitunter ganz aus.

Beaune

Die Stadt Beaune und ihr Hospiz gehören zu den Attraktionen Burgunds. Dijon ist zwar die ehemalige Hauptstadt, es hat herrliche Kirchen und einen alten Herzogspalast, jedoch liegt es nicht im Mittelpunkt des Weinlandes. Beaune lebt vom Wein und atmet Wein.

Les Hospices de Beaune

Die Hospices de Beaune, wo heute noch das städtische Krankenhaus untergebracht ist, gehören zu den bemerkenswertesten und schönsten Gebäuden in der gesamten Welt des Weines. Es kommt einem merkwürdig vor, daß ein Krankenhaus so stark auf Wein ausgerichtet ist. Die Entstehung der Hospitien ist einem Werk der Nächstenliebe durch einen Staatsmann des fünfzehnten Jahrhunderts zu verdanken. Nicolas Rolin, Kanzler des Herzogs Philipp des Guten von Burgund, und seine Frau Guigonne de Salins gründeten das Hospiz im Jahre 1443. Sie stifteten Rebengelände dazu, um ihm Einnahmen zu garantieren. Später folgten andere ihrem Beispiel, und auch heute noch bestreitet das Krankenhaus seine Unkosten aus dem Ertrag seiner Weingärten, die zu den besten der Côte de Beaune gehören.

Zu jener Zeit lag der künstlerische und kommerzielle Schwerpunkt Burgunds, dessen Hauptstadt eigentlich Dijon war, in den flämischen Provinzen. Rolin holte Rogier van der Weyden, den bedeutendsten flämischen Maler seiner Zeit, aus Brüssel, und ließ von ihm ein Altargemälde für seine neue Stiftung anfertigen. Van der Weydens »Jüngstes Gericht« hängt immer noch dort, allerdings nicht mehr in der Kapelle, sondern in einem der oberen Räume.

Heute zeigt das Hospiz eine erstaunliche Mischung von Alt und Modern. Wenn man den gotischen Hof betritt, mit den steilen Dächern, deren bunte Ziegel wie das geschenkte Kostüm eines Clowns aussehen, mit den Krankenschwestern in den langen Ordensgewändern und wehenden Schleiern, und dem Brunnen mit seiner sorgfältig gearbeiteten alten Einfassung aus Schmiedeeisen, oder wenn man die Küche betritt, wo große Feuer die Kupferkessel zum Strahlen und Leuchten bringen und der Duft echter burgundischer Hausmannskost jeden Gedanken an gedünsteten Fisch und Krankenhausessen verdrängt, würde man es nie für möglich halten, daß dieselben ehrwürdigen Mauern Operationssäle mit allen technischen Errungenschaften der Medizin beherbergen.

Im November eines jeden Jahres finden in der Markthalle die Weinauktionen statt. Händler und Weinkenner kommen zu diesem bedeutenden Ereignis aus allen Teilen der Welt; hier bietet sich die Gelegenheit, einige der besten Burgunder zu kaufen und gleichzeitig ein Werk der Nächstenliebe zu tun.

Die bei diesen Auktionen gültigen Preise entsprechen den allgemeinen Richtlinien des Weinhandels in dem jeweiligen Jahr in Burgund. Die Hospices-Weine selbst sind normalerweise etwas teurer, nicht nur weil sie gut sind, sondern weil der Erlös einer guten Sache dient; alle übrigen Burgunder stehen in einer festen Relation zu den öffentlich festgelegten Hospices-Preisen. Das Wochenende der Auktion zieht eine geschäftige Woche im ganzen burgundischen Land nach sich, weil die ortsansässigen Großhändler bei dieser Gelegenheit ihre Lager auffüllen.

Die Hospices-de-Beaune-Weine führen auf ihren Etiketten den Namen des Wohltäters, der einst dem Hospital die Weingärten stiftete. Es gibt zweiundzwanzig rote und sieben weiße Lagen (alle Weißweine außer einem sind Meursaults). Die bekanntesten Rotweine sind die Lagen in Beaune, die noch von Nicolas Rolin und seiner Frau gestiftet worden waren und die ihre Namen tragen; außerdem die Cortonweine, von Charlotte Dumay und einem Arzt mit dem unglücklichen Namen Peste gestiftet. Die Hospices-Weine sind auf den besten Getränkekarten jedes Landes zu finden; man sollte sie unbedingt versuchen, wenn man Gelegenheit dazu hat.

Die Weinbergslagen von Beaune

Die Weinbergslagen von Beaune sind weitläufig und variieren von mittelmäßig bis überragend. Die besten heißen *Les Marconnets, Les Fèves, Les Bressandes, Les Grèves, Les Theurons, Les Cras* und *Les Champspimonts.* Die Liste könnte beliebig fortgesetzt werden. Die Namen *Le Clos des Mouches, Clos du Roi, Les Cent-Vignes, Les Toussaints, Clos de la Mousse, Les Avaux, Les Vignes-Franches, Les Epenottes* gehören alle erstklassigen Weinen, die häufig exportiert werden.

Es wurde schon erwähnt, daß *Beaune,* außer in besonders guten Jahren, ziemlich blaß und leichtgewichtig ist. Bei den obenerwähnten Weinen mit Lagenamen dagegen darf man großen Charakter und die echte burgundische Geschmacksfülle erwarten. Die Weine mit der einfachen Bezeichnung *Beaune* auf dem Etikett sind von Händler zu Händler sehr unterschiedlich. Ein Händler kann einen recht guten Wein gefunden haben und ihn unter diesem Namen verkaufen, aber er kann auf diese Art auch einen ganz gewöhnlichen Wein anbieten. In jedem Fall ist ein Wein mit der Aufschrift *Beaune* immer noch etwas

Côte de Beaune

besser als einer mit der einfachen Bezeichnung *Côte de Beaune. Beaune* muß aus Beaune stammen; *Côte de Beaune* kann von irgendwoher zwischen Aloxe-Corton und Santenay, von den Hügeln oder aus dem Flachland kommen. Der Unterschied zwischen den Benennungen ist der gleiche wie etwa zwischen *Margaux* und *Haut-Médoc* in Bordeaux.

Das burgundische Benennungssystem erscheint im ersten Augenblick ver-

277

wirrend. Die Bezeichnung *Côte de Beaune* ist in zwei weiteren Fällen gesetzlich anerkannt: in dem einen Fall geht ihr der Ortsname voraus (wie zum Beispiel bei Santenay-Côte-de-Beaune). Es ist die ortseigene Benennung; sie deutet an, daß dieser Wein Beachtung verdient, auch wenn der Ort selbst nicht bekannt ist. Im zweiten Fall steht auf dem Etikett *Côte de Beaune-Villages*, das heißt, daß der Wein ein Verschnitt aus den Weinen von zwei oder mehreren der weniger bekannten Orte der Côte — also nicht Aloxe-Corton, Beaune, Pommard oder Volnay — ist.

Die Bezeichnungen der Côte de Beaune sind, ihrer Qualität nach von oben nach unten folgende: Ganz oben steht die überragende Lage mit eigener Benennung, die keine weitere Qualifikation braucht, zum Beispiel *Corton*. An zweiter Stelle folgen die Premiers Crus, wie etwa *Beaune Les Marconnets* oder *Beaune-Marconnets*. Darauf folgt die einfache Bezeichnung *Beaune*. An vierter Stelle steht der Ort, der Côte de Beaune als Verstärkung braucht (zum Beispiel *Santenay-Côte-de-Beaune)*, darauf folgt die einfache Bezeichnung *Côte de Beaune*, und am Schluß stehen die *Côte de Beaune-Villages*. Alle Weine, die nicht für eine dieser Benennungen ausreichen, können immer noch in ein anderes, niedrigeres System eingestuft werden. Die Hügel hinter den berühmten Côtes in westlicher Richtung haben ihre eigene Klasse, entweder *Hautes-Côtes-de-Beaune* oder *Vin Fin des Hautes-Côtes-de-Nuits* (»Hautes« zeigt in diesem Fall nichts anderes als die geographische Höhe an). Jeder Wein, der irgendwo in Burgund aus der richtigen Traube, der klassischen Pinot, hergestellt wird, darf sich einfach *Bourgogne* nennen. Jeder Wein, der zu einem Drittel aus den klassischen Trauben und zu zwei Drittel aus der einfachen Gamaytraube gewonnen wird, darf sich als *Bourgogne Passe-Tous-Grains* bezeichnen. Es gibt noch eine unterste Sammelklasse: *Bourgogne Grand Ordinaire* für alkoholarme Weine, die wenigstens in Burgund bereitet wurden und wirklich auch oft so schmecken.

An der südlichen Grenze der Gemarkung von Beaune wendet sich die Straße, die uns ab Dijon an all den berühmten Orten vorbeigeführt hat, von der Côte weg. Um die illustren Gemeinden Pommard und Volnay zu erreichen, muß man nach rechts in eine Nebenstraße abbiegen. Hier befindet man sich dann unmittelbar zwischen den Steinmauern, die zwei der Pommardlagen von der Straße abschirmen. Zur Linken liegt zwischen der Haupt- und der Seitenstraße das flache Rebengelände von Les Perrières und daneben das Château de Pommard. Keines von beiden ist sonderlich sehenswert. Zur Rechten, wo das Land allmählich ansteigt, befinden sich die *Petits* und *Grands Épenots*. *Grands Épenots* liefert einen der beiden besten Pommards. Die einzige Pommardlage außer dieser mit wirklich hohem Niveau ist *Les Rugiens-Bas* am entgegengesetzten Ortsende, wo die Gemeinde Volnay beginnt.

Pommard ist der am wenigsten reizvolle und zugleich der bekannteste von den burgundischen Orten. Die besten Weine in seiner Umgebung haben einen guten, unkomplizierten Charakter, verfügen jedoch selten über die Bedeutung und Subtilität eines edlen Weines. Es gibt zwar überragende *Pommards Rugiens-Bas*, aber im allgemeinen tendiert der Pommard zur Schwerfälligkeit, was besonders auffällt, wenn man ihn nach den Weinen der umliegenden Orte probiert, von denen jeder seine eigene Vitalität hat.

Volnay

Die anschließende Gemeinde Volnay gehört zu den Lieblingen vieler Weinkenner. Hier gedeiht der delikateste rote Burgunder. Die Lagen *Caillerets*, *Champans* und *Fremiets* sind alle Têtes de Cuvée. *En Chevret, Les Angles, Les Clos des Chênes, Carelle-sous-la-Chapelle* und fünf oder sechs weitere sind ausnahmslos hervorragend und erscheinen auch hin und wieder auf Getränkekarten.

Volnay Santenots

Der Rotwein des benachbarten Ortes Meursault wird übrigens unter dem ebenfalls sehr bekannten Namen *Volnay Santenots* verkauft. Meursault ist eigentlich nur für Weißwein berühmt. Dennoch ist dieser Rotwein einem Volnay sehr ähnlich und außerordentlich gut.

Oft ist ein Volnay mit Lagenamen ein Wein von ausgesprochener Schönheit. Er hat ein ausgeprägtes Bukett — mehr als Beaune, auf jeden Fall mehr als Pommard — und ist in gewissem Sinn köstlich frisch und lebendig, ohne dabei an Extraktreichtum einzubüßen, der einen guten Burgunder auszeichnet. Wenn man ihn probiert, wundert man sich nicht, daß er der letzte große rote Burgunder ist, bevor man in das weiße Burgunderland von Meursault und Montrachet kommt.

Volnay sollte man nicht zu den schweren und geschmacklich sehr konzentrierten burgundischen Gerichten, wie »Coq au vin« oder »Bœuf Bourguignon« trinken, sondern zu gebratenem jungem Lamm oder zu einem nicht zu lange abgehangenen Fasan.

Einfacher, nicht qualifizierter *Volnay* ist oft nicht so leicht, wie er sein sollte; die Händler setzen ihm gern etwas zu, um ihm mehr Gewicht und Farbe zu verleihen. Ein Wein mit der simplen Bezeichnung *Volnay* wird kaum so viel Mühe rechtfertigen. Der Preis für einen spezifizierten Lagenwein, bei dem man sogleich spürt, was mit »Charakter« gemeint ist, liegt nur wenig höher.

Monthélie,
Auxey-Duresses

Chassagne-
Montrachet

Die roten Rebhalden Burgunds werden nun allmählich seltener. Im Westen verbirgt der Hügel oberhalb von Volnay zwei kleine Orte, Monthélie und Auxey-Duresses, deren Rotwein selten auf Weinlisten geführt, aber der Beachtung wert ist, wenn man ihm einmal begegnen sollte. In Puligny-Montrachet gedeiht kein Rotwein mehr. Chassagne-Montrachet dagegen hat bedeutende und hervorragende Rotweinlagen: *Clos Saint-Jean, La Maltroie, La Boudriotte* und *Morgeot*. Es wird all diejenigen überraschen, die den Namen Montrachet nur in Verbindung mit Weißwein kennen. Wie in Meursault findet der Übergang von Weiß zu Rot mitten im Ort statt; südlich der Montrachetlage ist der Hügel unterbrochen. Hier beginnt der Rotwein. Der *Clos Saint-Jean* ist kein extrem leichter Volnaytyp, wie man es erwarten würde. Seltsamerweise hat er Ähnlichkeit mit den größeren Weinen der Côte de Nuits. Er ist reich an Duft- und Geschmackstoffen, hat eine ausgeprägte Blume, ist tiefrot und baut langsam aus, außerdem ist er eine Idee süßer als die meisten anderen — alle Voraussetzungen für eine spätere Popularität sind also gegeben.

Santenay

Der letzte Ort der Côte de Beaune ist Santenay. Hier werden rote und weiße Weine hergestellt, der Rotwein ist jedoch besser. Das beste Rebengelände ist *Les Gravières; Santenay-Gravières* unterscheidet sich nicht sehr stark von *Chassagne-Montrachet:* er ist gut und stark, dabei von einer sanften Weichheit.

SÜD-BURGUND

Es gibt in Burgund noch drei berühmte Weingegenden südlich der Côte de Beaune, den letzten Hügeln der Côte d'Or. Sie heißen Côte Chalonnaise, Mâcon und Beaujolais.

Beaujolais ist bei weitem der beliebteste und bedeutendste der drei. Die Nachfrage nach Beaujolais ist derart groß, daß alle Arten von Wein aus der näheren und weiteren Umgebung dazugenommen werden, um den Bedarf zu decken. Die Schweiz oder Paris allein würden bedeutend mehr als die Gesamtproduktion des Gebietes konsumieren, wenn nicht andere Weine zur Unterstützung herangezogen würden.

CÔTE CHALON-NAISE

Die Côte Chalonnaise und Mâcon bringen zwar in vielen Fällen Weine hervor wie Beaujolais, nur ist ihre Kapazität wesentlich geringer. Zwei Weine von der Côte Chalonnaise findet man mitunter auf Weinlisten, bei deren Auswahl mehr Gewicht auf vollwertige Weine als auf gängige Namen gelegt wird. Sie heißen *Givry* und *Mercurey*. Man könnte sie in die Klasse der *Côte de Beaune-Villages* einstufen, jedoch sind sie bedeutend leichter und weniger extraktreich.

MÂCON

Der Spitzenwein von Mâcon ist weiß und heißt *Pouilly-Fuissé*. Der *Mâcon Rouge* ist ein guter »vin du pays«, mindestens so gut wie die meisten Marken-Beaujolais, wenn auch nicht so gut wie ein erstklassiger Beaujolais, neben dem er ziemlich leblos und schwerfällig wirkt. Doch wenige Weine sind so lebendig und süffig wie der Beaujolais.

BEAUJOLAIS

Um dem Mâcon Gerechtigkeit widerfahren zu lassen, muß man erwähnen, daß der beste Beaujolais unmittelbar von der Grenze der beiden Bezirke kommt und zwar aus einem Ort mit dem hübschen Namen Romanèche-Thorins. Der Wein heißt *Moulin-à-Vent*. *Moulin-à-Vent* ist kein typischer Beaujolais. Das Merkmal des Beaujolais ist, daß man ihn schon nach kurzer Zeit trinken kann. *Moulin-à-Vent* ist fast wie ein Côte de Beaune; er erreicht erst nach fünf oder sechs Jahren seine Höhe. Nach dieser Zeit gehört er eigentlich in die Klasse der feinen, fast sogar der Spitzenweine. Die Lagen *Rochegrès, Carquelin* und *Château des Jacques* sind die besten.

Der englische Autor dieses Buches hat einmal im »Chapon Fin« in Thoissey bei Pontanevaux in Beaujolais einen *Château des Jacques* 1959 zu einem himmlischen »Volaille de Bresse aux morilles« getrunken (Bresse, wo die berühmten Hühnchen herkommen, liegt nur dreißig Kilometer entfernt), gefolgt von den köstlichen Eierkuchen aus Kartoffelmehl, den »Crêpes Parmentier«. An jenem Tag gab es folgende Gerichte: Kalte Cavaillon-Melone, Langusten »à la nage«, das Hühnchen in Sahnesoße mit Morcheln, die Crêpes Parmentier und »tartelettes aux framboises«, wobei die Himbeeren auf der herrlichen leichten Vanillecreme thronten, so daß man ohne weiteres zwei bis drei Törtchen nach diesem opulenten Mahl vertragen konnte, das für ein ganzes Wochenende ausgereicht hätte.

Überraschenderweise wurde der *Moulin-à-Vent* in riesigen Gläsern serviert, die ganz bestimmten Rotweinen vorbehalten sind — sie waren ideal.

Die übrigen Orte in Beaujolais drängen sich an den Ausläufern der Beaujolaisberge zusammen, die zu Frankreichs unbekanntesten und lieblichsten Landstrichen gehören. Das Hochland, mitunter bis auf tausend Meter ansteigend, ist bis zu den Kämmen bewaldet. Die Kiefern- und Kastanienwälder neigen sich ungegliedert in alle Richtungen und erheben sich wie von ungefähr zwischen Wiesen und Bächen. An den Flüssen weidet das Vieh; sonst liegt das Land leblos da. Meilenweit trifft man auf kein Haus. Die weit verstreuten Ortschaften wirken alle wie »Clochemerle«.

Beaujeu Beaujeu, der Ort in den Ausläufern der Berge, hat der Gegend und dem Wein seinen Namen gegeben. Die folgenden Weine heißen ebenfalls wie der dazugehörige Ort: *Juliénas, Saint-Amour, Brouilly, Chénas, Chiroubles, Fleurie* und *Villié-Morgon*. Diese und verschiedene andere Orte dürfen ihre Weine *Beaujolais-Villages* nennen. *Beaujolais Supérieur* kann irgendwoher aus diesem Gebiet stammen, aber er muß zehn Prozent Alkoholgehalt haben. Einfacher *Beaujolais* ist einen Alkoholgrad schwächer als *Beaujolais Supérieur*.

Der Beaujolais, der als Schankwein in den Lyoner und Pariser Restaurants serviert wird, ist häufig der »vin de l'année«, der Wein der letzten Lese. Er ist sehr leicht, durchscheinend purpurn wie manche Kirschsorten und riecht eher nach frischen Trauben als nach Wein; manchmal prickelt er leicht auf der Zunge — das sind die letzten Spuren der Gärung. Dieser Beaujolais ist ein wenig süß und auffallend weich im Mund. Seine hervorstechendste Eigenart: eine Flasche reicht nicht weit — zwei Personen brauchen zwei Flaschen.

Der Beaujolais im Ausland ist oft ganz anders. Er wurde mit intensiver schmeckendem Wein angereichert und ist daher dunkler, herber und im ganzen nicht so leicht und süffig. Im Weinhandel wird gern behauptet, daß der Konsument ihn so haben möchte, sonst sei er angeblich zu wäßrig.

Erst seit kurzer Zeit bringen verschiedene Weingüter in Beaujolais ihre Weine unter ihren eigenen Namen in den Handel und füllen sie sogar selbst ab, obwohl die zusätzlichen Versandkosten in der Flasche im Vergleich zum Wert des Weines hoch sind. Heutzutage sieht man häufig Domänen-, Château- oder Closnamen, manche authentisch, manche erfunden, in Verbindung mit Beaujolais. Einige Händler bringen den Beaujolais »de l'année« sogar schon im März nach der Lese zum Versand.

281

Beurteilung der Jahrgänge von Burgunderweinen

Weil Burgunderweine schneller getrunken werden müssen als Bordeauxweine, reicht die Liste nur bis 1920 zurück — das ist der früheste Jahrgang, der äußerstenfalls heute noch getrunken werden sollte.

1920 mittlerer Jahrgang

1921 für viele der größte Jahrgang des Jahrhunderts

1922 schlechter Jahrgang

1923 überdurchschnittlicher Jahrgang. Hervorragende Weine, die auch spät noch sehr gut schmecken

1924 mittelmäßige Weine

1925 schlechter Jahrgang

1926 Weine über dem Durchschnitt, recht gut haltbar

1927 schlechte Weine

1928 sehr gute Weine mit viel Körper

1929 einer der Spitzenweine überhaupt; auch in Bordeaux und in Deutschland überragende Weine mit hervorragendem Bukett und viel Körper, lange haltbar

1930 schlechter Weinjahrgang

1931 schlechter Weinjahrgang

1932 schlechter Weinjahrgang

1933 guter Durchschnitt mit einzelnen Spitzen

1934 weiße Weine durchschnittlich, rote darüber, besonders lange haltbar durch den höheren Säureanteil

1935 schlechter Jahrgang

1936 mindere Weine, kleiner Jahrgang

1937 guter Durchschnitt

1938 schlechter Wein

1939 mittlerer Jahrgang

1940 fast schlechter Jahrgang mit leichten harmonischen Weinen

1941 schlechter Jahrgang

1942 guter Durchschnitt, rote Weine etwas unter den weißen, im ganzen jedoch befriedigend, feine, distinguierte Weine

1943 knapp durchschnittlich; alles in allem jedoch ein Jahrgang mit ausgeglichenen Weinen

1944 mittelmäßige Weine, eher klein

1945 wie überall auf der Welt war dieser Jahrgang auch in Burgund, trotz der kleinen Erntemengen, ganz hervorragend

1946 durchschnittliche Weine, vereinzelt etwas besser

1947 sehr guter Weinjahrgang mit großen Spitzen

1948 gute bis mittlere Rotweine

1949 sehr guter Weinjahrgang mit Spitzengewächsen von ganz großer Qualität

1950 so gut wie die Weißweine waren, so schlecht waren die roten Burgunder; manchmal bis durchschnittlich

1951 schlechter Jahrgang

1952 passabler Jahrgang, der sich auch lange hält, gesunde Weine

1953 in Deutschland ein Sonnenjahrgang, in Burgund gut bis sehr gut, delikate Weine, die sich rasch entwickelten

1954 kleiner Wein

1955 in Bordeaux einer der besten Jahrgänge, in Burgund hervorragende Weine mit viel Bukett, Körper und Finesse

1956 mittelmäßige bis gute, befriedigende Weine, keine Spitzen

1957 gute, solide Weine mit langsamer Entwicklung

1958 magere Weine, aber mit nettem Bukett

1959 sehr gute, runde und körperreiche Weine, die jedoch wenig typisch sind

1960 guter Jahrgang mit Spitzenweinen

1961 recht guter Jahrgang ohne Spitzen, aber im ganzen befriedigend, viel Körper und Säure, so daß dieser Jahrgangswein größere Zukunft hat als andere

1962 mittelmäßiger bis guter Wein

1963 mittelmäßiger Wein

1964 guter bis sehr guter Wein

1965 guter Durchschnitt

1966 guter Jahrgang mit Spitzenweinen in den guten Lagen

1967 kleiner bis mittelmäßiger Wein

1968 kleine Weine

1969 bei den Rotweinen ein hervorragender Jahrgang mit vollen Weinen, die sich lange halten werden; bei den Weißweinen Burgunds geringe Qualitätsabweichungen

1970 die Rotweine liegen über dem Durchschnitt, haben Fülle und angenehme Säure; die weißen Burgunder sind allgemein etwas besser

1971 großer Jahrgang mit sehr körperreichen Weinen; die weißen Weine liegen etwas darunter

1972 durchschnittlicher Jahrgang bei roten und weißen Weinen, zum Teil wird der Durchschnitt nicht erreicht

Die Rhone

Die Weine von der Rhone sind im allgemeinen auf Getränkekarten schlecht vertreten. Die einzigen Vertreter sind oft ein ungenau bezeichneter *Côtes-du-Rhône*, der von überall aus dem hundertfünfzig Kilometer langen Bereich des Rhonetals stammen kann, und ein fast ebenso vager *Châteauneuf-du-Pape*.

Der Geschmack Beide sind stark in Alkohol und Geschmack, fast schwarz in der Farbe und billig. Dies sind die Eigenschaften eines großen Teils der Rhoneweine, die nichts mehr von der Delikatesse der Burgunder und Bordeaux besitzen. Hier im Süden trocknet die Sonne den Boden aus. Die Trauben werden überreif — daher der hohe Alkoholgehalt. Außerdem gibt die große, sehr dunkle Traube der Rhone, die Syrah, dem Saft einen Stich Bitterkeit, so daß ihm oft eine geringe Menge von hellem Traubensaft zugesetzt werden muß.

Das Ergebnis ist ein Wein, der sehr lange ausbauen muß. Wenn er jung abgefüllt wird, bildet er fast so viel Rückstand in der Flasche wie Portwein. Im letzten Jahrhundert bot man diesen Wein häufig nach dem Essen als Alternative zum Portwein an. Einen dreißig oder vierzig Jahre alten *Hermitage* betrachtete man damals als jedem anderen Wein der Welt ebenbürtig.

Heute wird Rhonewein nicht mehr auf diese Weise bereitet. Moderne Verfahren haben die Reifezeit verkürzt. Es würde sich bei diesem Wein tatsächlich lohnen, ihn sehr jung einzukaufen — und zwar zum halben Preis eines vergleichbaren Burgunders — und ihn fünfzehn bis zwanzig Jahre einzulagern. Das Ergebnis wäre ein unbezahlbarer und einmaliger Tropfen, den man sogar auf Auktionen schicken könnte. Er wäre dann vollendet weich, bukettreich, vollmundig und warm im Charakter.

Im Rhonetal muß man sich nur wenige Namen merken, obwohl das Anbaugebiet fast von Lyon bis Avignon hinunter reicht. Wie die Weißweine konzentrieren sich auch die Rotweine auf drei Stellen. Die erste und — zumindest dem Renommee nach — die beste, nördlich der Weingärten des schönen weißen Château Grillet in Condrieu, ist die *Côte Rôtie*. Anbaufläche und Produktion sind klein, doch der Wein ist ausgezeichnet; er ist dunkelpurpur in der Jugend, im Alter geht er etwas ins Braun über, er steigt leicht zu Kopf, ist kräftig im Geschmack und voller Leben, und er hat das Aroma köstlicher weicher Früchte, das sich mit zunehmendem Alter immer deutlicher ausprägt. Man könnte ihn den älteren Bruder des Beaujolais nennen. Die Côte Rôtie zerfällt in zwei Teile, die — so geht die Sage — nach den beiden Töchtern eines der früheren Besitzer Côte Brune und Côte Blonde benannt wurden. Der Boden ist, dem jeweiligen Namen entsprechend, dunkler beziehungsweise heller, und seltsamerweise sind es auch die Weine. Normalerweise wird auf einer Weinkarte nicht angegeben, aus welcher Hälfte der betreffende Wein kommt. Die Weingutsbesitzer, die — wie in Burgund — im allgemeinen mehrere kleine Parzellen besitzen, mischen bei der Weinbereitung die Trauben beider Teile.

Zu beiden Seiten des Flußknies, wo Tain und Tournon einander gegenüberliegen, also fünfundvierzig Kilometer südlich von der Côte Rôtie, gedeiht Rotwein. *Saint-Joseph* ist der Dachname für die Weine aus verschiedenen Orten des westlichen Ufers. Die Weine können gut sein, doch sind sie nicht so zuverlässig wie der *Hermitage* vom anderen Ufer der Rhone. Der Hügel von Hermitage sieht so aus, als sei er eigens dafür geschaffen, den Sonnenschein des ganzen Jahres auf sich zu konzentrieren: der Südhang erhebt sich über dem Fluß fast wie der Felsen von Gibraltar über der Meerenge.

Professor Saintsbury, der erste, der ein Buch ausschließlich über den Wein in seinem Privatkeller schrieb, nannte den *Hermitage* den männlichsten Wein auf Erden. Dr. Johnson vertrat die Ansicht, Männer sollten Portwein trinken (und Knaben roten Bordeaux). Die Nebeneinanderstellung von Portwein und *Hermitage* deutet wiederum auf den mächtigen Charakter dieses Rhoneweines hin. Wenn man ihn vorgesetzt bekommt, ist er jedoch selten alt genug, um seinen Charakter richtig zeigen zu können. Dieser Wein wäre viel populärer, wenn man ihn richtig behandeln würde.

Crozes-Hermitage liegt unmittelbar nördlich von Hermitage selbst. Der Wein dieses Ortes darf nicht als *Hermitage* in den Handel kommen, doch findet

Côte Rôtie

Saint-Joseph

Hermitage

Crozes-Hermitage

man *Crozes-Hermitage* häufig. Er ist etwas billiger, vielleicht nicht ganz so gut, aber dennoch ein ausgezeichneter Ersatz.

Normalerweise wird zum *Hermitage* und den übrigen Rhoneweinen Wild empfohlen. Gut abgehangenes Wildbret und Wildschwein laufen einem allerdings nicht täglich über den Weg, und kurz abgehangenes Wildgeflügel schmeckt besser mit einem leichteren Wein. Die Rhoneweine sind im Grunde das richtige Getränk für Winterabende, wenn selbst das Feuer im offenen Kamin und das Kerzenlicht die Kühle im Raum nicht ganz verdrängen können. Dann schmecken sie hervorragend zu Leber mit Speck oder gebratener Lende, zu Käseomelette oder Ente.

Cornas

Auf dem Westufer, südlich von Saint-Joseph, erhebt sich bei Cornas abseits vom Fluß und vom Ort ein Hügel. Der Wein, der hier gedeiht, hat nicht die Qualitäten des *Hermitage;* neben den besten Rhoneweinen wirkt er uninteressant — sauber, aber nicht subtil. Der *Cornas* wird jedoch in den hervorragenden Restaurants der Gegend als Spezialität angepriesen.

Châteauneuf-du-Pape

Châteauneuf-du-Pape ist der weitaus berühmteste Tropfen des Rhonetals. Die Schloßruine, die dem Wein den Namen gibt, liegt nicht weit nördlich von Avignon. Sie ist von Rebgärten umgeben, die die Rhone auf einer Strecke von neun bis zehn Kilometern begleiten und sich landeinwärts bis fast zur alten Römerstadt Orange ausdehnen.

Châteauneuf-du-Pape bildet eine Ausnahme unter den französischen Weinen, denn er wird aus vielen verschiedenen Traubensorten bereitet, die der Winzer zum Teil selbst auswählen darf, die zum anderen Teil aber vorgeschrieben sind, wenn die spezielle Benennung beibehalten werden soll. Das Ergebnis ist ein Wein, der sprichwörtlich für seine Fülle ist, obwohl sein Alkoholgehalt nicht unbedingt höher liegen muß als bei anderen Rhoneweinen — mitunter erreicht er sechzehn Prozent.

Der *Châteauneuf-du-Pape* verdankt seinen Ruf nicht so sehr seiner Stärke, durch die er zu Kopf steigt und in die Knie geht, sondern der Wärme und Intensität seines Aromas. Ohne den harten und fast überwältigenden Geschmack des jungen *Hermitage,* kann er in bezug auf Aroma fast mit Portwein Schritt halten, und doch ist er nicht süß.

Billiger *Châteauneuf-du-Pape* verdient solches Lob nicht — bei welchem billigen Wein ist das schon der Fall? —, doch die besten Gewächse, die immer mehr Anhänger finden, können nach fünf oder sechs Jahren unübertreffliche Duft- und Geschmacksstoffe entwickeln und zu absolut vollwertigen Weinen werden. Sie reichen dann fast an feinen Burgunder heran, sind aber billiger.

Château Fortia, Chante Perdrix (Rebhuhnruf), *Domaine de la Nerthe, Château Rayas* und *Château Vaudieu* gehören zu den Spitzenweinen. Auch sie werden oft als das richtige Getränk zu Wild bezeichnet, aber sie passen auch zu anderen Gerichten. Man sollte sie einmal als ideale Weine zum Steak empfehlen, dann erst würden sie ihrem Verdienst entsprechend konsumiert.

285

Châteauneuf-du-Pape wird normalerweise in Burgunderflaschen abgefüllt. Manche Winzer benützen Flaschen aus rauhem Glas, die Handarbeit und Alter vortäuschen sollen, so als hätten sie ein bis zwei Jahrhunderte unter Spinnweben gelegen. Wenn der Wein so alt wäre, wie die Flaschen aussehen, wäre er viel zu alt. Dieser Reklametrick mindert den eigentlichen Wert der Umhüllung samt Inhalt herab. Der Wein in solchen Flaschen kann gut sein oder auch nicht, jedenfalls ist es vernünftiger, nach einer normalen Flasche Ausschau zu halten.

Gigondas

Fünfzehn Kilometer von Orange landeinwärts liegen die Weinberge von Gigondas. Sie gehören im Grunde zum gleichen Komplex; der *Gigondas* ist seinem berühmteren Nachbarn sehr ähnlich, obwohl er weniger Kraft und Körper besitzt, mit anderen Worten: nicht so gut ist.

Der Süden Frankreichs

»Vin du Midi« — der Wein aus Südfrankreich — bedeutet für den Franzosen etwas ganz Bestimmtes: die niedrigste Kategorie von Weinen überhaupt, die mit einem bestimmten Preis pro Alkoholgrad gehandelt werden und deren Preis täglich, wie die Aktienkurse, in der Zeitung notiert wird.

Rhonedelta

Der Weinbau ist in dem ganzen Gebiet zwischen der italienischen und der spanischen Grenze ein Haupterwerbszweig. Die bekannteste Gegend ist das eintönige Flachland westlich des Rhonedeltas. Hier kann man eine konstante Überproduktion von schlechtem Rotwein feststellen. Falls die Regierung nichts unternimmt, um den Absatz des Weines zu unterstützen, sind die Winzer zum Streik gezwungen. Manchmal läßt die Regierung den Wein zur Gewinnung von denaturiertem Sprit destillieren, manchmal wird er auch der Armee zugeteilt.

Früher baute man in Südfrankreich die Reben in den Ausläufern der Berge, also nicht unmittelbar an der Küste, an; die alten, mächtigen Rebstöcke lieferten einen charaktervollen, wenn nicht sogar einen Qualitätswein. Die Reblaus, die seinerzeit alle Reben in Frankreich zerstörte, zwang die Winzer, sich ins Flachland zu den reblausfreien Sandböden der Küste zurückzuziehen, wo der Wein nie mehr als mittelmäßig sein kann.

In der Zeit nach der Plage, als der Wein rar war, ließen die Winzer ihre alten Weinberge brachliegen und bebauten große Felder, die ohne Schwierigkeiten bearbeitet werden konnten; hier pflanzten sie Traubensorten, die das Maximale an Quantität, ohne jede Rücksicht auf Qualität, hervorbrachten.

Côtes de Provence

In diesem trostlosen Landstrich gibt es dennoch ein paar Lichtblicke. Östlich der Rhone in den Hügeln hinter der mondänen Küste zwischen Marseille und Nizza ist die Situation viel günstiger. Dieses Gebiet wird als Côtes de Provence bezeichnet. Hier gedeihen fast ausschließlich Rosé und Weißwein. Zwei oder drei Weingüter produzieren guten Rotwein. Die bekanntesten kom-

Bandol

men aus Bandol östlich von Marseille an der Küste und aus dem mehr im Landesinneren gelegenen La Palette, östlich von Aix-en-Provence. Zwei Bandol-Weine werden exportiert: *Domaine Tempier*, der für einen so südlichen Wein sehr leicht ist, und *Château Pradeaux*, der seine ganze südliche Farbe, Stärke und Mächtigkeit zeigen darf.

La Palette

Der Wein aus La Palette heißt *Château Simone*. Auf den Getränkekarten aller Restaurants der Gegend wird er als bester Wein der Provence aufgeführt. Um Aix ist das Land dicht mit Pinien bewachsen. Wo keine Bäume stehen, wuchern Rosmarin, Thymian und andere Gewürzkräuter. Man sagt, beim *Château Simone* könne man von all dem etwas herausschmecken. In den weit

Apt

hingestreckten roten Sandsteintälern von Apt ist der »vin du pays« ebenfalls gut. Das Château de Mille in Apt liefert einen recht angenehmen, ziemlich dünnen Rotwein.

Lirac

Westlich der Rhone, im Tal gelegen, hat sich der Distrikt Lirac von seinem reichen Nachbarn, dem für seinen Rosé berühmten Tavel, losgesagt und seinem Wein den eigenen Namen gegeben. *Lirac* kann rot und auch rosé sein. Der rote ist dem *Châteauneuf-du-Pape* sehr ähnlich. Im Gebiet der Costières du Gard

Costières du Gard

wird Wein in großen Mengen produziert, jedoch gibt es auch ein oder zwei Weingüter, die Weine über dem allgemeinen Standard herstellen, dabei aber den starken, dunklen Charakter der Gegend beibehalten.

Die Loire

Das Loiretal ist eher ein Weißwein- als ein Rotweingebiet. Die Aufzählung der Rotweine nimmt nicht viel Platz in Anspruch. Sie haben die Fruchtigkeit und den deutlichen Traubengeschmack des Beaujolais, sind jedoch etwas trockener als junger Beaujolais. Der Unterschied ergibt sich aus der Traubensorte, die zur Bereitung von roten Loireweinen verwendet wird: der Bordeauxtraube Cabernet. Diese Weine erhalten dadurch etwas von dem Tannin, das dem roten Bordeaux eine so intensive Farbe und ein langes Leben garantiert. Sie haben die purpurne »robe« — ein hübsches französisches Wort für die Farbe des Weines —, doch nicht die harte Säure, die dem jungen Bordeaux eigen ist.

Chinon, Bourgueil

Zwei Städte beiderseits der Loire produzieren buchstäblich identischen Rotwein; Chinon und Bourgueil. Diese Weine haben einen anderen Platz im Menü als der Beaujolais, sie werden kühl zu einer einfachen Mahlzeit, zu Salat und einem köstlichen »croque-monsieur«, getrunken, bei dem der geschmolzene Käse Blasen wirft und sich mit dem Schinken auf einer sehr dicken, in Butter gerösteten Scheibe Brot vermischt.

Die Champagne

Bouzy

Die Weinproduktion der Champagne für die Schaumweinverschnitte ist so kostbar, daß man kaum Trauben für andere Weine erübrigen kann. In Bouzy, im Gebiet der blauen Traube, wird jedes Jahr ein geringer Prozentsatz Rotwein, hauptsächlich für die Familien der Weingutsbesitzer, hergestellt. Einen Teil mischt man mit Weißwein, um Rosé-Champagner zu färben. In ganz geringen Mengen kommt *Bouzy Rouge* in den Handel.

Dieser Wein hat alle Voraussetzungen, um ein erstklassiger französischer Rotwein zu sein. In seiner Art ist er ein leichter, delikater Burgunder mit der Finesse eines Spitzenweines und der Blume eines Champagners.

Bouzy wird nie ein populärer Wein werden und immer eine Rarität bleiben. Es ist jedoch ein schönes Gefühl, ihn in Reserve zu haben. Wenn man tatsächlich eine Flasche davon im Keller hat, kann man sich immer überlegen, für wen man sie einmal öffnen wird — was ebensoviel Vergnügen macht, wie ihn dann wirklich zu trinken.

Der Jura

Arbois

Im Hügelland des Jura, dem letzten Ausläufer der Alpenkette in Richtung Burgund, ist man auf gelbe und Roséweine spezialisiert. Der rote Jurawein hat keinen großen Ruf. Das einzigartige Unternehmen von Monsieur Henri Maire in Arbois bietet jedoch neben den vielen Tönungen auch Rotwein an. Monsieur Maire hat aus dem früher unbedeutenden Weinbau im Jura eine Industrie geschaffen. Drei Viertel der Gesamtproduktion der Gegend liegen in seiner Hand. Die Kellereien auf freiem Gelände in der Nähe der alten Stadt Arbois sind einmalig in Frankreich. Mehr als zwanzig verschiedene Weinarten werden hier von der Traube bis zum versandfertigen Produkt bearbeitet.

Monsieur Maire hat eine besondere Art, seinen Weinen romantische Namen zu geben, unter denen man sich nichts Konkretes vorstellen kann. Seine Etikette zeugen von einer unerschöpflichen Erfindungsgabe: immer wird auf Geschichte, Geographie oder Folklore angespielt. Von seinen Rotweinen sind die zwei besten, die weite Verbreitung finden — obwohl sie möglicherweise in verschiedene Länder unter verschiedenen Namen exportiert werden —, der

Tervigny,
Frédéric
Barberousse

Tervigny, ein weicher, ziemlich süßer und sanfter Wein, und der *Frédéric Barberousse*, ein stärkerer Tropfen von der Art eines mächtigen Burgunders.

Es gibt noch eine ganze Reihe »vins de pays«, die hier nicht näher beschrieben werden, weil sie unbekannt sind; sie gedeihen hier und da an den einsamen Hängen Frankreichs, das nach europäischen Maßstäben immer noch ein wenig bevölkertes Land ist. Frankreich hat nur etwa vierzig Millionen Einwohner, in England zum Beispiel leben ebenso viele Menschen auf einem Gebiet, das ein Viertel so groß wie Frankreich ist. In vielen Gegenden erfolgt der Weinbau planlos, und was bei sorgfältiger Bereitung ein hervorragender Wein werden könnte, bleibt auf diese Weise das einfache Getränk der einheimischen Bauern und kleinen Geschäftsleute. Es gibt Weine, die schon fast zur Legende geworden sind: der Schwarze Wein von Cahors zum Beispiel, vom Oberlauf des Lot, einem Nebenfluß der Garonne, oder der berühmte *Saint Pourçain-sur-Sioule* vom Oberlauf des Allier, einem Nebenfluß der Loire.

Im allgemeinen spricht man von diesen Weinen, wie man von den Weinen Griechenlands spricht; es sind elysäische Erinnerungen, die jemand aus einem zauberhaften Urlaub mit nach Hause bringt. Trinkt man sie außerhalb ihres Ursprungslandes, sind sie enttäuschend, und doch kann man die Geschichten über ihre wundersamen Kräfte, von vielen Generationen Reisender liebevoll erfunden, nicht einfach zurückweisen. Die Dordogne, das Baskenland (*Irouléguy* ist einer seiner ausgefallenen, fröhlich klingenden Namen), das Hochland um Vichy, die Hügel um Poitiers und die wenig besuchten Orte Lothringens haben alle ihre Weinmythen. Selbst Paris hat seinen eigenen Wein, den *Suresnes*, in diesem Fall ein Deckname für Säure.

Die Rotweine
Italiens

ZWEI GEBIETE IN ITALIEN bringen Weine der internationalen Spitzenklasse hervor: Piemont im Nordwesten des Landes und Chianti. In beiden Fällen ist der beste Wein rot. Zwar können die durchschnittlichen Barolos und Chiantis kaum jemanden davon überzeugen, daß es sich lohnen würde, sich näher mit diesen Weinen zu befassen. Es gibt jedoch ausgezeichnete Tropfen, die jedem Vergleich, außer mit den Spitzengewächsen aus Bordeaux und Burgund, standhalten. Durch ihren Charakter liegt natürlicherweise der Vergleich mit den Rotweinen der Rhone nahe, denn sie sind ebenso dunkel, ausgeprägt im Geschmack und stark wie diese.

Piemont

Piemont ist das Rhonetal, Burgund und die Champagne Italiens in einem. Sein schäumender *Asti* ist der Champagner. Seine *Grignolino* und *Dolcetto* entsprechen dem Beaujolais. Seine *Barolo* und *Gattinara* sind die Premiers Crus, sein *Barbaresco* der Deuxième Cru, sein *Barbera* der Côtes-du-Rhone. *Nebbiolo* ist ein guter Allerweltswein und *Freisa* der perlende Rotwein, ohne den nicht einmal Burgund auskommt.

Natürlich sollte man diese Weine eigentlich nicht mit den französischen vergleichen. Sie sind ihnen im Grund gar nicht ähnlich und brauchen auch nicht den Vergleich wie so manche andere Weine, die sich mit fremden Federn schmücken. Doch Piemont spielt in Italien die gleiche Rolle wie die obengenannten Gebiete in Frankreich.

Das Land   Piemont ist eine große Provinz. Es reicht von der französischen Grenze ostwärts bis fast nach Mailand, im Süden bis fast an die italienische Riviera und im Norden über den Lago Maggiore hinaus bis zum Simplonpaß der Alpen. Turin, die Stadt des Wermuts, ist die Hauptstadt. Der beste Wein Italiens stammt aus dem Gebiet südlich und östlich von Turin, zwischen Cuneo in den

Ausläufern der Meeralpen, fünfundvierzig Kilometer von der französischen Grenze entfernt, und Novara unmittelbar südlich des Lago Maggiore. Das ganze Gebiet ist vom Norden nach Süden über hundertfünfundvierzig Kilometer lang.

Nebbiolo

In Piemont gedeiht die Nebbiolotraube, die ebenso überragend ist wie die Pinottraube in Burgund. Wein mit dem Namen *Nebbiolo*, ohne einen Ortsnamen, ist ein guter leichter einfacher Tischwein. Am besten ist der *Nebbiolo* aus dem Gebiet um die drei Städte Alba, Asti und Alessandria am Tanaro. Die großen Namen sind hier *Barolo* und *Barbaresco*. Merkwürdigerweise beginnen hier sehr viel Weinnamen mit »Bar«, was leicht zu Verwechslungen führt. *Barbera* wird weiter unten besprochen und, um jeder Verwechslung vorzubeugen, auch der *Bardolino*, obwohl er nicht in diesen Landstrich gehört.

Barolo

Barolo und Barbaresco sind Ortsnamen und zugleich die Namen der beiden klassischen Nebbioloweine. Der *Barolo* ist schwerer und besser und muß auch länger ausbauen. Ein alter *Barolo* hat ein nahezu grotekes Aroma — einen unerhört reichen und würzigen, herbstlich anmutenden Duft, der an tote Blätter und Pilze erinnert, obwohl der Wein selbst alles andere als tot ist. Ein zehn Jahre alter *Barolo* von einem der bedeutenden Weingüter, zu denen die Besitztümer der Marchesi di Barolo und Franco Fiorina gehören, ebenso wie das Istituto Tecnico Agrario Viticolo Enologico Statale in Alba, ist fast ziegelrot, leicht süß, doch intensiv in Duft- und Geschmacksstoffen, und nachhaltig am Schluß. Er gehört zu den Spitzenweinen der Welt. Auf dem ehemaligen königlichen Jagdsitz Fontanafredda in Barolo, in lieblichem Hügelland gelegen, ist eine großzügige moderne Kellerei entstanden, die die kurze Fahrt von Turin herüber lohnt, falls man sich gerade in der Gegend befindet. Leider wird in Fontanafredda neben *Barolo* und *Asti Spumante* ein Aperitif aus dem *Barolo* und Chinin hergestellt — man kann sich kaum eine absurdere Verwendungsmöglichkeit für guten Wein denken.

Barbaresco

Barbaresco ist nicht so schwer, blumig und eindrucksvoll wie der *Barolo*. Er hat, bevor er auf seiner Höhe ist, nicht die für Rotwein typische Härte, die mit der Zeit abklingt. Deshalb kann man mit diesem Wein kein großes Risiko eingehen. Beide Weine gehören zu den sogenannten Bratenweinen — wie man in Italien sagt; das bedeutet, daß man sie zum guten Braten trinkt.

Barbera

Barbera ist nicht der Name des Ortes, obwohl man mit einigem Recht annehmen dürfte, daß es sich um einen Nachbarn von *Barbaresco* handle. Barbera ist eine Traube. Der aus ihr gekelterte Wein hat nicht den Körper oder das ausgeprägte Aroma des *Nebbiolo;* er ist gut, aber keine Spitzenklasse. Obwohl er zur Schärfe tendiert, ist er ein annehmbarer Schankwein. Man kann ihn zum Beispiel zu der »fonduta« trinken, einem köstlichen gehaltvollen Gemisch aus geschmolzenem Käse, Eiern und Butter, über das man die intensiv schmeckenden weißen Piemonteser Trüffeln reibt. *Barbera* und »fonduta« ergeben eine äußerst glückliche Kombination.

291

Im eigenen Land könnte man Käsefondue nach Neuchâteler Art, die häufigste Variante dieses beliebten Gerichtes, hierzu essen. Normalerweise empfiehlt man allerdings ausschließlich herbe Weißweine zu dieser Spezialität.

Bardolino

Der *Bardolino* wird lediglich deshalb an dieser Stelle erwähnt, weil er immer mit den ähnlich klingenden Piemonteser Weinen verwechselt wird; es handelt sich bei ihm um einen köstlichen leichten Rotwein von den Ufern des Gardasees.

Dolcettotrauben werden überall dort in den Langhehügeln angebaut, wo auch *Barolo* und *Barbaresco* gedeihen. Aus diesen Trauben gewinnt man den »Beaujolais« der Gegend: einen leichten, mitunter etwas fruchtigen Rotwein, der sehr jung getrunken wird. Aus der Grignolinotraube bereitet man einen besseren Wein mit höherem Alkoholgehalt, der aber recht selten ist.

Unser Weg endet im Norden, in Richtung Lago Maggiore, bei Novara und Vercelli, einer Gegend, die für ihren Reis bekannter ist als für ihren Wein. Hier heißt die Nebbiolotraube Spanna. Sie ergibt einen Wein, der fast nie exportiert wird, jedoch ebenso gut ist wie *Barolo*.

Gattinara, Ghemme

Gattinara und *Ghemme* heißen die beiden Weine, die nach ihren Hauptproduktionsgebieten benannt sind; in manchen Fällen tragen sie die einfache Bezeichnung *Vino Spanna*. Die Firma Antonio Vallana stellt einen hervorragenden Spannawein her; er hat selbst noch im Alter von zehn Jahren eine herrliche Farbe und den gleichen würzigen Duft wie der *Barolo*.

Auf *Gattinara*- und *Ghemme*-Etiketten sollte vermerkt sein, daß der Wein aus Spannatrauben hergestellt ist. Das ist allerdings keine Vorschrift wie beim *Barolo*. Stammen sie von anderen Trauben, handelt es sich um sehr einfache Weine.

Die Lombardei

Der beste Wein der Lombardei, die im Osten an Piemont angrenzt, gedeiht im äußersten Norden der Provinz, in einem Einschnitt in die ansteigenden Alpen, durch die der Fluß Adda sich seinen Weg gebahnt hat und auf diese Weise das schmale, sehenswerte Veltlin entstehen läßt.

VELTLIN

Der Nordhang des Veltlin ist dem schweizerischen Rhonetal nicht unähnlich, wo die Alpen der Macht des Wassers weichen müssen, was den Rebenanbau erst ermöglicht. Oberhalb des Veltlin verläuft die Schweizer Grenze, und dahinter liegt, von hier aus allerdings nur zu Fuß erreichbar, Sankt Moritz. Der gegenüberliegende Südhang kann nicht genutzt werden; er ist so steil, daß ihn die Sonne fast nie erreicht.

Die Veltliner Weine gedeihen auf Rebhängen, die von der Talsohle her gesehen senkrecht anzusteigen scheinen. Die besten Weine hier haben die

292

reizvollen Namen *Sassella*, *Grumello* und *Inferno*. Alle drei werden aus der hervorragenden Nebbiolotraube bereitet, die hier Chiavennasca heißt; allerdings erhalten sie einen kleinen Zusatz aus dem Wein zweier oder dreier anderer Sorten. Sassella, Grumello und Inferno sind verschiedene Talabschnitte zwischen Sondrio und Chiuro. Wenn man einen bekannten Weinhersteller der Gegend, zum Beispiel Nino Negri, nach dem Unterschied zwischen den dreien fragt, wird er sagen: »Es gibt keinen; sie sind alle gleich.« Er arbeitet nach folgender Methode: er legt den jeweils besten Wein eines guten Jahres beiseite und läßt ihn als Reserve sechs oder sieben Jahre im Holz, bevor er ihn auf Flaschen füllt. Zu Beginn ist der Wein hart und gerbstoffreich. Nach der langen Zeit im Holz und nach drei bis vier Jahren zusätzlicher Lagerzeit auf der Flasche gehört er mit zu den Spitzenweinen Italiens. Er hat den Körperreichtum eines *Barolo*, daneben vielleicht sogar ein delikateres Aroma, jedoch nicht ganz soviel Blume. Dieser köstliche Tropfen wird als *Castel Chiuro* verkauft, ist daher leider eine Rarität.

Der einfache *Inferno* und auch die übrigen Weine können nicht so behandelt werden. Sie kommen im allgemeinen nach vier Jahren auf den Markt. Zwar würden sie von einem längeren Ausbau profitieren, aber man läßt ihnen nur selten Zeit dazu. Es sind sehr saubere, ziemlich harte und dunkelfarbene, sorgfältig bearbeitete Weine.

Das Veltlin hat noch eine weitere Spezialität, die allerdings vielleicht nicht jedermanns Geschmack ist: den eigentümlichen, starken Rotwein *Sfursat*. Man hängt die Trauben bis zum Januar nach der Lese in einem Raum auf, um ihren Zucker zu konzentrieren. Dieses Verfahren wird normalerweise nur bei Süßweinen angewendet. Dann verarbeitet man die Trauben auf die für Rotwein übliche Art weiter, und sie gären, bis der Wein trocken und sehr stark ist. *Sfursat* hat ein sonderbar intensives Aroma, das eigentlich nicht appetitanregend wirkt, das jedoch viele Menschen in Verbindung mit ihrem Sonntagsbraten schätzen.

Die südliche Lombardei versucht, die nördliche in ihren Bezeichnungen zu übertreffen. So eindrucksvoll *Inferno* auch sein mag — die Namen *Buttafuoco* (Hitzkopf), *Sangue di Giuda* (Judasblut) und *Frecciarossa* (roter Pfeil) sollen offensichtlich dem Konsumenten sofort ins Auge fallen. Die beiden ersten sind die üblichen Namen für die Rotweine aus der Gegend von Pavese in der Po-Ebene, der letzte ein Markenname für einen ansprechenden leichten Rotwein aus Casteggio. *Frecciarossa* nennt sich auf dem Etikett Château-Abfüllung, Jahrgangs-Bordeaux. Wäre dieser Wein mit seinem Anspruch nicht so weit gegangen, hätte er vielleicht besser eingeschlagen.

Ein roter Schaumwein aus der Lombardei, *Lambrusco di Sorbara*, hat sich einen eigenen Namen geschaffen. Es ist gar nicht so einfach, mit dem *Lambrusco* Bekanntschaft zu schließen. Selbst in dem nahegelegenen Modena erhält man selten einen echten. In den schäbigen kleinen Osterias in Sorbara

295

kann man die Einstellung des Italieners zum Wein kennenlernen. Dem Gast passiert zum Beispiel folgendes: Die bestellte Flasche ist als *Lambrusco* etikettiert. Darunter steht in winziger Schrift ein Text, den man erst versteht, wenn man den Wein probiert hat. Der dicke rosa Schaum an der Oberfläche und der äußerst unangenehme Geschmack sind das Werk eines chemischen Zusatzes. Wenn man sich beschwert, nimmt die Kellnerin die Flasche wortlos fort und bringt eine neue mit dem Etikett *Il Vero Lambrusco*. Dabei sieht sie einen an, als wolle sie sagen: Warum haben Sie denn nicht gleich den echten Lambrusco verlangt? Der echte ist wirklich köstlich, was man ja auch erwartet. Der andere schmeckt wie ein durch einen Sodasiphon gejagter junger Beaujolais mit einem Schuß Johannisbeersaft. Die Moral von der Geschichte: Nehmen Sie italienischen Wein niemals zu ernst. Wenn er zufällig gut ist, seien Sie dankbar dafür. — Es gibt noch einen süßen perlenden Rotwein aus Valpolicella, *Recioto* genannt, der gut sein kann — verlassen sollte man sich allerdings nicht darauf.

Il Vero Lambrusco

Venetien

Venetien zeichnet sich mehr durch seinen Weißwein als durch seinen Rotwein aus. Der *Bardolino* vom lieblichen Ufer des Gardasees wurde bereits erwähnt — es ist ein sehr heller, kaum mehr als roséfarbener Rotwein von weichem, sanftem und angenehmem Charakter. *Valpolicella*, sein Nachbar weiter im Landesinnern, ist anspruchsvoller, er hat mehr Farbe, mehr Blume und auch mehr Geschmack. Er gehört zu den leichten Weinen, die man eher wie Beaujolais trinken sollte, also lieber kühl als zimmertemperiert, so wie er auch oft als Schankwein in Verona und Venedig serviert wird. Er ist allerdings trockener als Beaujolais und hat einen leichten Nußgeschmack, der einen zum Weitertrinken verleitet. *Valpantena* ist dem *Valpolicella* ähnlich und stammt aus derselben Gegend.

Valpolicella

Valpantena

Trentino und Südtirol

Die Rotweine aus dem Trentino und Südtirol sind nicht zu Unrecht in Deutschland und Österreich außerordentlich beliebt. Wo die Etsch südlich von Meran ein breites Tal bildet und sich glatte Granitwände über dem grünen Talgrund erheben, beherrschen die Reben das ganze Landschaftsbild. Sie stoßen wie eine Flutwelle gegen die Klippen und rollen gleich Wellen über die alten Felsenhänge, die das Gesicht der Landschaft prägen. Jede Rebe ist an einer Pergola hochgebunden, wodurch die Rebzeilen wie Gräben in grüner Erde aussehen, deren Dächer durch lange Reihen von Verstrebungen gehalten werden; das Licht sickert durch ein Filigran aus Grün, Purpur und Gold — die Blätter und die schweren Traubenbündel.

Die alte Straße von Rom über Florenz nach Deutschland über den Jaufen- und Brennerpaß führt durch dieses Tal. In Bozen zeugt ein herrlicher Medici-palast von dem Interesse der damaligen Bankiers an dieser bedeutenden Handelsroute über die Berge. Heutzutage nimmt der größte Teil des Weines, der hier erzeugt wird, denselben Weg.

Teroldego

Teroldego ist der Rotwein des Trentino, der Provinz um Trient. Für den täglichen Konsum der einheimischen Bevölkerung wird er sehr leicht bereitet — er ist das universelle Getränk im Trentino —, doch der beste *Teroldego*, der auf Flaschen abgefüllt wird, hat einen beachtlichen Alkoholgehalt und viel Charakter. In Südtirol werden in der Gegend von Bozen zwei gute Rotweine erzeugt: *Sankt Magdalener* und *Kalterer See*. *Sankt Magdalener* ist weich und stark. Der *Kalterer See* ist delikater, trockener, blumiger und interessanter.

St. Magdalener, Kalterer See

Die Kalterer Weingärten überziehen die Hügel rund um den idyllischen See. Die bebauten Hügel wirken zwar niedrig, im Hintergrund jedoch erheben sich kahle Felsen und schneebedeckte Berge. Sogar im Sommer sind die Abende hier kühl.

Ostvenetien, Friaul

Das gesamte übrige Nordost-Italien ist mehr oder weniger Weinland, doch der Rotwein aus Ostvenetien und Friaul ist nicht besonders interessant. *Cabernet* und *Merlot* sind nach den gleichnamigen französischen Traubensorten aus Bordeaux benannt. Keiner von beiden bleibt unbedingt im Gedächtnis haften, denn sie schmecken ziemlich ausdruckslos. Aus Gorizia an der jugoslawischen Grenze kommt der angenehme *Colfortin Rosso*, der an einen leichten, eher süßen Bordeaux erinnert.

Colfortin Rosso

Die Toskana

Erst jenseits des Apennins, in der Toskana, gedeiht wieder ein wirklich guter Rotwein. Es ist der »Chianti«, der bekannteste italienische Wein, sozusagen das Weinsymbol Italiens, der in den markanten Flaschen mit Strohhülle in den Handel kommt. Den Charakter des Chianti kann man nicht genau festlegen. Er ist einfach der Rotwein aus den Hügeln zwischen Florenz und Siena. Die Skala des Chianti reicht vom leichten, herben Konsumwein, den man zwischen zwei

297

Spielchen trinkt, bis zum geschmeidigen, blumigen Tropfen, der den französischen Weinen gar nicht unähnlich ist. Der Winzer bereitet seinen Wein immer noch aus Anlagen, die in Mischkultur stehen. Die Reben wachsen wahllos zwischen Olivenbäumen, Kohlköpfen, Walnußbäumen — was eben immer in der fruchtbaren, sonnenheißen Erde Wurzel geschlagen hat. Die großen Weingüter roden und pflügen das Land, entfernen die hinderlichen Felsbrocken, legen Bodensenken trocken, dezimieren das Waldland und ziehen die Rebzeilen von Kuppe zu Kuppe. Der Weinbauer schüttet seine Trauben mit Stielen, Kernen und Hülsen zur Gärung in einen Bottich und kümmert sich nicht weiter darum. Der fortschrittliche Winzer aber vergleicht sorgfältig verschiedene Qualitäten, sortiert die schlechten aus, entfernt die Stiele und überwacht ständig die Entwicklung des Weines. Diesen Kontrast findet man in jedem Weinland: überall gibt es noch ein paar alte Winzer, die bei den traditionellen Methoden geblieben sind. In Chianti jedoch ist diese Tatsache besonders augenfällig. Die Ergebnisse beider Verfahren heißen *Chianti*, und doch sind die Weine so verschieden wie algerischer Rotwein und Chambertin.

Die Rebgärten

Baron Ricasoli

Brolio

Um die Mitte des vorigen Jahrhunderts experimentierte Baron Bettino Ricasoli (ein echter Mann seiner Zeit, Premierminister von Italien, Kunstsammler, Architekt und seinem eigenen Chianti äußerst zugetan) in seinen Kellereien mit neuen Verfahren der Weinbereitung in der Toskana. Sein Schloß Brolio, der letzte Vorposten auf Florentiner Territorium an der Grenze von Siena durch all die Jahrhunderte, in denen die beiden Städte sich ständig befeindeten, befindet sich im Herzen von Chianti. Von seinen hohen Zinnen kann man deutlich die Mauern von Siena erkennen. Viele Belagerungen gingen schon über das Schloß hinweg. Die Ricasolis leben seit neunhundert Jahren oder sogar noch länger dort; der Baron Bettino hat den Wohntrakt des Schlosses mit dem roten Backstein von Siena neu gestalten lassen, und heute sind nur die alten Brustwehren und Türme erhalten, die nicht einmal die Arbeiter des neunzehnten Jahrhunderts niederreißen konnten. In den Schloßkellern führte der Baron die Versuche durch, die dann zu der klassischen Formel für die Chiantibereitung führten. Dieses Verfahren ist recht sonderbar: man mischt vier verschiedene Traubensorten, die zuerst zusammen auf die übliche Art gären. Wenn die Gärung langsam abklingt, fügt man noch einmal die gleichen Traubensorten, jedoch ungegoren und nur leicht in der Sonne getrocknet, hinzu. Nun setzt die Gärung erneut ein und geht recht langsam voran, was dem Wein in seiner Jugend ein nur angedeutetes Moussieren verleiht. So findet man den typischen Chianti in den florentinischen Restaurants.

Der beste Chianti jedoch wird nicht so jung getrunken. Er baut sich außerordentlich lange — mitunter sieben bis acht Jahre — in Eichenfässern aus. Bei der Flaschenabfüllung ist er, im Gegensatz zu den französischen Weinen, trinkfertig. Das Ergebnis ist ein perfekter Verschnitt aus den vier Traubensorten unter Zusatz von leicht gerösteten Extraktstoffen, die von den getrockneten Trauben herrühren. Diese Weine werden »Reservas« genannt. Man füllt sie nicht in die üblichen Chiantiflaschen ab, sondern in braune Flaschen nach Art der schmalen Bordeauxflaschen mit abgesetztem Hals. Verkauft werden sie normalerweise in einem Alter von acht bis neun Jahren.

Ein guter Reserva wird von keinem anderen italienischen Wein übertroffen; er hat alle Eigenschaften eines Spitzenweines: Blume, Alkoholgehalt, Charakter und Delikatesse. Leider findet man ihn, genau wie die besten *Barolos*, selten auf den Listen der Weinhändler. Der *Brolio Reserva* des Barons Ricasoli ist wahrscheinlich am weitesten verbreitet. Dieser köstliche Wein allein schon verschafft dem Namen Chianti wieder Achtung, die er wegen all der sauren, dünnen Weine, die unter dieser Bezeichnung gepanscht werden, einbüßen kann. Die Weingüter der Marchesi Antinori, Marmoross Sergardi, Serristori-Macchiavelli und Badia a Coltibuono stellen hervorragende Chiantis her.

Außerhalb des klassischen Gebiets werden von anderen Firmen Chiantiweine in nicht ganz so originellen Verfahren bereitet und sind anerkannt: *Chianti dei Colli Aretini*, *Chianti Rufina* (nicht zu verwechseln mit Ruffino, einem Händler), *Chianti dei Colli Fiorentini* (der Wein aus Florenz), *dei Colli Pisani* und *dei Colli Senesi* (aus den Sieneser Hügeln). Diese Weine werden selten wie Reservas behandelt, doch in den Literflaschen in den Restaurants von Florenz und Siena können sie ausgezeichnet sein. Zur Zeit der Traubenlese ist das Angebot an Wild in der Toskana erstaunlich vielseitig und reichlich. Vor allem kleine Vögel werden in verschiedenen Abwandlungen serviert.

Abends kann man auf einem kleinen Platz in Siena, wo die Backsteinmauern rundherum sich im Dunkel verlieren und das Flackern einer düsteren Straßenlaterne der Szene etwas Theatralisches verleiht, ungestört eine Mahlzeit einnehmen: dünne, über Holzkohle gebratene Vogelkörper und dazu aus einer dickbauchigen Flasche Chianti von den Sieneser Hügeln.

Es gibt noch einen völlig unbekannten toskanischen Wein, der sich zwar nicht *Chianti* nennen darf, jedoch an die Spitzen-Chiantis heranreicht. Er wird nur in Montalcino von der Firma Biondi-Santi bei Siena hergestellt und trägt

den Namen seiner Traube, Brunello. *Brunello di Montalcino* hat eher die Wuchtigkeit und Fülle eines Barolo als eines Chianti. Er besitzt die Sauberkeit und den Charakter eines erstklassigen Tropfens — dabei ist er stark und doch wundervoll delikat. Nach zehn Jahren hat er das richtige Alter erreicht. Man sollte ihn zu Rebhuhn trinken — die Kombination ist ideal.

Süditalien

Kein Wein aus dem Süden kann im gleichen Atemzug mit den hervorragenden Weinen aus Chianti oder Piemont genannt werden. Die meisten süditalieni-

schen Weine müssen mit leichterem Wein verschnitten werden, damit sie für
die Konsumenten, die nicht daran gewöhnt sind, ansprechender werden.

Apulien

Apulien, der »Stiefelabsatz« der Halbinsel, produziert von allen Provinzen den
meisten Wein, doch sind diese Weine nicht unter ihren Ursprungsbezeichnun-
gen bekannt. Sie dienen meist dazu, den Weinen der nördlicheren Gebiete
aus schlechten Jahrgängen die fehlende Substanz zu geben und gelangen von
Brindisi aus per Schiff zu den Häfen des Nordens. Auf dem Weg nach Süden

Kampanien

allerdings, besonders in Kampanien in der Nähe des Vesuvs, gedeiht ein voll-
wertiger Rotwein. Der rote *Lacrima Christi* stammt von den Lavahängen dieses Vulkans, oder sollte zumindest von dort stammen. Vom Vesuv ins Landesinnere, in der wenig besuchten Gegend um Avellino, hat der *Taurasi* einen guten Namen. Auf der Halbinsel Sorrent ist die Nachfrage nach Rotwein wegen
des Klimas weniger groß als nach Weißwein, doch *Ravello Rosso* ist wahrscheinlich der beste der Weine, die auf dem lieblichen Hügel gedeihen.

Noch weiter südlich, im Gebiet von Potenza, wächst ein Wein mit dem
recht abschreckenden Namen *Aglianico del Vulture*, der typisch ist für die an-
sprechenderen südlichen Weine. Er ist mit seinen fünfzehn Prozent Alkoholgehalt sehr stark. *Aglianico* hat mehr Blume als die meisten Weine aus dem Süden.

Sizilien

Der sizilianische Rotwein hat im Grunde die gleiche problematische Eigenschaft wie der apulische Wein: voll und schwer. Die besten Sorten sind der
Corvo vom Weingut des Duca di Salaparuta bei Palermo und der *Etna Rosso*
aus den Kellereien des Barons di Vallagrande. *Faro* ist der Rotwein Messinas
und *Eloro* wird in Syrakus produziert. Bei all diesen Weinen darf man nichts
Besonderes erwarten.

Sardinien

Die Rotweine Sardiniens sind schwer und süß. *Oliena* und *Cannonau*, zwei der
bekanntesten, haben ihre Mängel. Sie sind sonderbarerweise nicht annähernd
so gut wie der schwere, trockene, ziemlich sherry-ähnliche weiße *Vernaccia*.

Die Rotweine
Deutschlands

DIE DEUTSCHEN ROTWEINE stehen — international gesehen — im Schatten ihrer weißen Brüder. Das gleiche ist auch in Deutschland selbst der Fall, wenn man einmal von den Weinbauregionen absieht, in denen das Weinverständnis so viel stärker ausgeprägt ist als im übrigen Deutschland. Rotwein wird in Baden, Württemberg, an der Ahr und im Rheingau angebaut, seltener in der Rheinpfalz, in Rheinhessen und in Franken. Überhaupt keinen Rotwein gibt es an Mosel, Saar und Ruwer und an der Hessischen Bergstraße. Nur wenige Leute wissen, daß Baden und Württemberg jeweils mehr roten als weißen Wein hervorbringen, denn in der Vorstellung der »Normalverbraucher« rangieren die Weißweine immer an erster Stelle. Deutsche Rotweine sind den Burgundern ähnlich und kommen meist in den bauchigen Flaschen des Burgund in den Handel. Sie sind jedoch keine Imitationen des Burgunders, was auf einige der südeuropäischen Rotweine zutrifft. Die Rotweinetikette in Deutschland tragen die gleichen Lage- und Jahrgangsbezeichnungen, Weingüteradressen und Ortsbezeichnungen wie die weißen Weine. Die Rotweine unterliegen — man braucht es wohl kaum zu betonen — den gleichen Bestimmungen des Weingesetzes wie weiße Weine. Von der Art des jeweiligen Bodens hängt die Rotweinqualität auch weitgehend ab. In Württemberg zum Beispiel sind die Rotweine herber und breiter als etwa im Ahrtal, auf dessen steilen Terrassen aromatische, feinfruchtige Rotweine geerntet werden. Bei der Erörterung von geschmacklichen Unterschieden kann man natürlich nur vom Originalwein ausgehen. Gerade Rotwein eignet sich nämlich zum Verschneiden.

Die Ahr

Das Ahrtal ist das nördlichste Weinbaugebiet Westdeutschlands und auch das kleinste. Es unterscheidet sich von anderen deutschen Weinbauregionen vor allem dadurch, daß hier hauptsächlich Rotweine (57 Prozent) angebaut werden.

Die Ahr ist ein Nebenfluß des Rheins und schlängelt sich durch die Eifel, ein vulkanisches Mittelgebirge, wobei die an den Berghügeln wachsenden Reben viele Mineralstoffe des Bodens mit aufnehmen und in den Trauben speichern. Etwa 30 000 Hektoliter Ahrwein werden durchschnittlich im Jahr geerntet. Diese Menge reicht nicht aus, so daß kleine Ahrweine mit anderen deutschen Rotweinen verschnitten werden und auch mit ausländischen Farbweinen. Die Rotweinreben sind hier der Spätburgunder (25 Prozent) und der Portugieser (31 Prozent). Bekannte Ahrweinorte sind Altenahr mit der Lage *Eck*, Walporzheim mit den Lagen *Domlay* und *Pfaffenberg*, Mayschoß mit der Lage *Mönchberg*, Dernau mit der Lage *Hardtberg*, Marienthal mit den Lagen *Klostergarten* und *Trotzenberg*, Ahrweiler mit den Lagen *Riegelfeld*, *Daubhaus* und *Rosenthal*.

Altenahr, Walporzheim, Mayschoß, Dernau, Marienthal, Ahrweiler

Der Mittelrhein

Hönningen

Am benachbarten Mittelrhein ist der Weinort Bad Hönningen mit der Lage *Hönninger Schloßberg* erwähnenswert.

Der Rheingau

Aßmannshausen

Zu den Hochgewächsen des Rheingaus gehört zum Beispiel der *Aßmannshäuser Höllenberg*, Deutschlands Parade-Rotwein aus dem Rheingau. Er wird aus Spätburgundertrauben gewonnen, ist rubinrot und zeichnet sich durch ein edles Bukett und eine samtig herbe Art aus.

Rheinhessen

Ingelheim

In Rheinhessen ist der Rotwein selten. Nur in Ingelheim wird Rotwein in größerem Maße angebaut. Der *Oberingelheimer Sonnenberg* aus Spätburgundertrauben ist besonders bekannt. Sonst dienen die rheinhessischen Rotweine hauptsächlich als Schank- und Schoppenweine.

Die Rheinpfalz

In der Rheinpfalz wird zu 16 Prozent Rotwein angebaut. Herxheimer, Bocken-heimer, Schweigener, Birkweilerer und Maikammerer gelten als überdurch-schnittlich in ihrer Art. Erwähnenswert sind außerdem Bad Dürkheim, Königs-bach, Kallstadt, Leistadt, Mußbach und Weisenheim.

Baden

In Baden gibt es mehr roten als weißen Wein. Bekannt sind hier die Orte Achkarren und Ihringen mit der Lage *Ihringer Winklerberg*. Aus dem Achertal stammt die Lage *Hex vom Dasenstein*, ein milder, glatter Rotwein, der auf der Zunge bleibt. Er wurde 1958, obwohl er keine Spätlese war, sogar mit dem Bun-dessiegerpreis ausgezeichnet.

Ferner liegen in diesem Gebiet Sasbachwalden, Waldulm mit *Pfarrberg*, Durbach, Schloß Staufenberg, Rammersweier, Zell-Weierbach und Fessenbach, Schloß Ortenberg, Oberschopfheim, Friesenheim und das Gräflich Wolff-Metter-nich'sche Weingut. Diese Orte sollen hier nur kurz erwähnt sein, man muß sie selbst erleben, und die Weine müssen erkostet werden. In der Ortenau wird bis zu 50 Prozent Rotwein angebaut.

Württemberg

In der Qualität halten sich die weißen und roten Weine Württembergs die Waa-ge. Man kann ehrlicherweise nicht von einem Schwerpunkt der einen oder ande-ren Weinart sprechen, wenn man Württemberg als Gesamtheit betrachtet. Wohl

aber gibt es Rotweinorte, wie beispielsweise Flein bei Heilbronn, Weinsberg, Lauffen, Oberderdingen und Cannstatt. 26 Prozent aller Reben sind Trollinger, deren reife kernige Traube dem Wein rubinroten Glanz verleiht. Die übrigen Rotweinreben setzen sich zusammen aus 6 Prozent Lemberger, die dunkle Weine liefert, und 11 Prozent Portugieser, jener vieltragenden Rebe, die man überall antrifft und die den Grundwein für viele Mischsätze liefert.

Württembergs Rotweine werden kellerkühl getrunken, nicht so warm wie Burgunder und Bordeaux oder die Ahrburgunder. Sie trinken sich oft leichter als sie sind. Ihrer Schwere, ihres Körpers und ihrer Fülle wird man sich oft erst nach dem dritten Glas bewußt. Trollinger-Rotweine zeigen sich erst roh und ein-fach und entfalten erst nach einer gewissen Lagerung ihre Spitzenqualität.

Kenner schätzen die württembergischen Rotweine insbesondere als Begleiter zu Wild, zu sahnigen Rahmbraten und Spätzle, zu Ragouts und Pfannengerichten.

Große Jahrgänge halten sich auf der Flasche gut acht bis zehn Jahre. Mittlere Rotweine sollte man nicht mehr als drei bis fünf Jahre alt werden lassen, wenn man ihre Blüte erleben will. Kleine Weine gelangen im allgemeinen gar nicht erst in den Versand, sie werden meistens im eigenen Lande als Viertele getrunken.

Franken

Miltenberg,
Wertheim,
Klingenberg

Kaum bekannt, jedoch von guter Qualität ist der fränkische Rotwein. Er macht etwa 2 Prozent des Gesamtertrages aus und wird bei Miltenberg, Wertheim und Klingenberg aus der Burgundertraube gewonnen.

Spanische
Rotweine

Rioja

Die Rioja Reservas ähneln weder dem Bordeaux noch dem Burgunder und auch sonst keinem der übrigen französischen Weine — sie erheben diesen Anspruch gar nicht. Sie haben ihren eigenen Stil, ein sehr warmes und geschmeidiges, samtiges, leicht brandähnliches Aroma. Die leichteren Sorten reagieren wie ein Bordeaux nach etwa fünfzehn Jahren: sie werden etwas dünner, verlieren an Intensität und gewinnen dafür an Delikatesse. Die schwereren bleiben ausgeprägter in ihren Duft- und Geschmackstoffen, sie verbreiten Behaglichkeit und Wärme wie heiße Maroni. Allen Riojas gemeinsam ist der zarte, frische und auf irgendeine Weise typisch spanische Duft. Die Riojas kann man absolut zu den besten Rotweinen der Welt rechnen. Nur der traditionelle Hang zu den französischen Weinen hält uns davon ab, sie ebenso unvoreingenommen und häufig zu trinken wie etwa roten Bordeaux. Während die besten alten Reservas einen Vergleich mit französischen Spitzenweinen nicht zu scheuen brauchen, profitiert der billige rote Konsum-Rioja bei einem Vergleich mit seinem Gegenstück in Frankreich sogar noch. In jeder Hinsicht ist er ein besseres und erfreulicheres Getränk für alle Tage als der französische »vin ordinaire«. Er bietet viel mehr Frische und sogar Delikatesse als der plump schmeckende »pinard« — so nennt ihn die französische Armee —, den die Werbung als Frankreichs Lieblingswein anpreist. Der einfache französische Wein wird derart verschnitten, daß nicht einmal durch das Alter eine Verbesserung eintritt. Der natürliche, billig hergestellte, doch ehrliche Wein aus Rioja dagegen kann von einem bis zwei Jahren auf der Flasche enorm profitieren.

Das Riojagebiet Das Riojagebiet liegt im Norden des ehemaligen Königreichs Kastilien, in einem Territorium, das im Lauf der Zeiten abwechselnd zu Kastilien und Navarra gehörte. Das nicht alltägliche Städtchen Najera in Rioja war verschiedentlich die Hauptstadt beider Königreiche und beherbergt auch heute noch einige der unbekanntesten Sehenswürdigkeiten des mittelalterlichen Spaniens aus der Zeit, als die Mauren von Süden her das Land überfluteten. Die maurisch inspi-

305

rierte Gotik der Kreuzgänge und die aus dem Fels gehauene Gnadenkapelle Na-
jeras werden selten besucht. Wie ganz Rioja gehören sie der Vergangenheit Spaniens an, nicht dem Spanien der Orangen und Mantillas, sondern dem Land
der kriegerischen historischen Geschehnisse.

Haro

Haro, die Hauptweinstadt Riojas, ist ein kleiner öder Ort auf einem
schmutzigen schroffen Felsenufer über dem Ebro. Von hier aus sieht man gegen Norden eine große Bergwand, die Kantabrische Sierra. Selbst im heißen
Sommer hängen die Wolken über den Bergkuppen. Das melancholische Haro
zeigt das wahre, staubige, triste Gesicht Spaniens mit den bröckelnden Terrassen und den ausgebesserten Mauern. Oben auf dem Hügel, der unmittelbar hinter der hübschen alten Kirche ansteigt, hausen ein paar Zigeuner in Erdlöchern in
der kahlen Wüste aus Staub und Disteln und suchen in den Abfallhaufen aus der
Stadt nach Heizmaterial für ihre übelriechenden Feuer. Das neue Hotel scheint
aus Pappe zu bestehen: wenn jemand im Haus eine Tür schließt, wackelt das
ganze Gebäude. Das Essen ist bereits kalt, wenn es serviert wird, und schmeckt
nach nichts. Jedoch die großen Bodegas am Fuß des Hügels bieten ein anderes
Bild — sie machen nicht unbedingt den Eindruck, als seien sie gerade frisch ge-
strichen worden, aber sie strahlen Ruhe, Kühle und Ordnung aus. Die verschlossenen Häuser sind von großen staubigen Gärten mit Alleen, Eichen und Buchs-
baumhecken umgeben. Der Wein in Fässern, Bottichen und Flaschen füllt die
höhlenartigen Scheunen — die Bodegas.

Die Weinberge

Die Weinberge reichen bis an die Wände der Bodegas. Es sind keine so
ordentlich abgegrenzten Rebgärten wie in Frankreich. Hier gibt es weder Draht-
spalier noch Zeilen aus grünen Rebstöcken. Jede Rebe ist ein einzelner kleiner
Busch, der in der blassen steinigen, ausgedörrten Erde für sich allein steht.

Es gibt aber auch wunderschöne Rebanlagen in Rioja. An manchen Stellen reichen sie von unterhalb der braunen schroffen Felsklippen bis zu den Pap-
pelreihen am Ufer des Ebro hin. Mitunter überziehen sie einen ganzen Hügel,
so daß aus der Entfernung der Eindruck einer getupften Bettdecke entsteht.
Dann wieder füllen sie die Zwischenräume in Obstgärten und Waldungen neben den Straßen aus, wo gigantische Eukalyptusbäume Alleen bilden.

Zwar bringen der Ebro und der Rio Oja Fruchtbarkeit in das Tal, jedoch
sind die Höhen der Umgebung braun und kahl. Rioja Alta — das Obere
Rioja — und Rioja Alavesa auf der anderen Flußseite nach Norden sind die
besten Weingegenden. Einige Weingüter verkaufen den Wein unter ihren
eigenen Namen oder unter den Namen bekannter Lagen, die zu ihnen gehören.
Viña Pomal ist eine der besten Rotweinlagen, *Viña Paceta* eine der besten für
Weißwein. Im allgemeinen bezeichnen diese Namen jedoch nur die besten Gewächse einer Firma und nicht den Wein einer bestimmten Parzelle.

Ungefähr zehn der führenden Riojafirmen haben ihren Sitz entweder in
Haro oder Logroño, der größten Stadt des Tals, die allerdings nicht unmittelbar im besten Weingebiet liegt. Die Compañia Vinicola del Norte de España

(die Nordspanische Weinfirma, auch C. V. N. E. genannt) wird häufig als die beste Firma bezeichnet. Ihr Reservawein heißt *Viña Real*, entweder *Plata* (Silber), der leichtere, oder *Oro* (Gold), der schwerere Wein. Die Bodegas Bilbainas, das größte Weinhandelshaus, hat zwei entsprechende Weine: *Villa Paceta* und *Pomal*. Die Bodegas des Marqués de Murrieta nennen ihre Spitzenweine nach seinem Schloß *Ygay*. Marqués de Riscal, Federico Paternina, Vega Sicilia und die Bodegas Franco-Españolas, La Rioja Alta und die Bodegas Palacio sind gute Firmen; es gibt aber noch einige mehr.

Der Jahrgang wird auf den Etiketten der Riojaweine als »cosecha« (Ernte) vermerkt. Das bedeutet in jedem Fall keine Gütebezeichnung, denn Jahrgangsweine werden je nach Laune herausgegeben. Jüngere Jahrgänge sind selten, denn der Wein muß lange im Holz und auf der Flasche ausbauen. Selbst der Nicht-Konsumwein ohne Jahrgang, der leider im Ausland immer noch als *Rioja-Bordeaux* oder *-Burgunder* auf den Markt kommt, war vorher zwei bis drei Jahre im Holz.

Andere Rotweingebiete

La Mancha

Der Rotwein aus den übrigen spanischen Weinbaugebieten braucht uns hier nicht näher zu beschäftigen. Rioja gilt allgemein als der beste. Der größte Weinproduzent ist das Gebiet La Mancha, die Heimat des Don Quixote, südöstlich von Madrid. Der bekannteste Wein aus La Mancha heißt *Valdepeñas*, den man häufig als Schankwein in den Restaurants vor allem in Südspanien vorgesetzt bekommt. Er ist leicht und dünn und wird wie Beaujolais jung getrunken, jedoch verfügt er nicht über den Charme, das Bukett und den Traubengeschmack eines guten Beaujolais. Am besten trinkt man den *Valdepeñas* im Sommer auf andalusische Art: dort serviert man ihn in einem Krug mit Eis und einem Spritzer Zitronen- oder Orangensaft, kleingeschnittenen Orangen und einer Handvoll weißen Zuckers. Dieses Getränk heißt Sangria.

Tarragona, Alicante

Die süßen Rotweine aus Tarragona und Alicante kommen im allgemeinen als spanische *Burgunder* in den Handel. Sie sind nie lange genug ausgebaut und schmecken plump und herb, wenn auch nicht so unangenehm wie manche süditalienischen und nordafrikanischen Weine.

Navarra

Der Wein aus Navarra, vom Südrand der Pyrenäen, ist merkwürdigerweise, obwohl er aus dem Norden Spaniens stammt, der stärkste und schwerste spanische Wein. Ein Teil davon wird dazu verwendet, dünnen Weinen aus anderen Gegenden mehr Gehalt zu geben.

307

Portugiesische Rotweine

DER NIEDRIGE PREIS, die Güte und das ausgefallene Benennungssystem der portugiesischen Weine wurden bereits in dem Kapitel »Weiße Tischweine« auf Seite 220 f. ausführlich erläutert. Portugiesischer Weißwein ist gut, doch der Rotwein ist noch besser. Man findet ihn nicht leicht, und der Tourist hat unter der brennenden Sonne dieses Landes viel mehr Lust auf eine Flasche Weißwein als auf Rotwein, doch der billigste portugiesische Konsumwein kann wirklich mit billigsten roten Riojas aus Spanien in der Qualität wie auch im Preis konkurrieren. Er erscheint einfach unter der Bezeichnung *Dão* oder *Serradayres* und stellt eines der vorteilhaftesten Getränke für den täglichen Konsum dar. Wie der Rioja übertrifft er den französischen »vin ordinaire« bei weitem.

Der Charakter   Alle portugiesischen Rotweine haben eine Eigenschaft mit dem Bordeaux gemeinsam — was nicht heißen soll, daß sie dem Bordeaux ähnlich sind: eine gewisse Härte, solange sie jung sind. Die Ursache dafür sind die dicken dunklen Traubenschalen, die viel Tannin enthalten. Hier scheint der Einfluß des Atlantiks auf das Klima Westfrankreichs und ganz Portugals eine Rolle zu spielen. Auf jeden Fall haben die Rotweine Westfrankreichs, ob aus dem Loiretal, aus Bordeaux oder dem westlichen Teil des Zentralmassivs, wo der Schwarze Wein von Cahors bereitet wird, den gleichen reichen Tanningehalt wie die Rotweine Portugals. »Schwarzer Wein« wäre auch die passende Definition für *Colares*, der als der beste portugiesische Rotwein gilt.

Härte und Schwärze — diese Charakteristik klingt nicht besonders attraktiv. Rein wirtschaftlich gesehen ist damit kein Geschäft zu machen. Andererseits sollte man sie als gutes Zeichen werten. Weine dieser Art sind jahrelang haltbar und werden mit der Zeit wahrscheinlich, jedoch nicht unbedingt, viel besser, als ein weicherer und blasserer Wein es je werden kann. Der Weinhandel möchte diese Eigenschaften gern ausschalten, wenn das so leicht ginge. In Portugal werden heutzutage weiße Trauben mit den roten gemischt, um den Wein von Anfang an weicher und milder zu machen, wie das auch beim Wein der Côte Rôtie an der Rhone der Fall ist. Auf diese Weise kann ein Wein bereits nach vier Jahren — was immer noch eine lange Zeit ist — in den Handel kommen,

308

der früher sechs bis acht Jahre hätte ausbauen müssen. Selbst nach zwölf Jahren — in diesem Alter verkauft eine der Dãofirmen normalerweise ihre Reservas — ist der Wein noch sehr dunkel, herb und ungebärdig wie ein junger Wolf. Nach zwanzig bis fünfundzwanzig Jahren wird er wahrscheinlich auf seiner Höhe sein. Da diese Weine sehr billig sind, bieten sie sich zur Einlagerung in großen Mengen an, wenn genügend Raum vorhanden ist. Die Investition würde in keinem Verhältnis zum Ergebnis stehen.

Dão

Dão ist die bekannteste Rotweingegend Portugals, so genannt nach dem gleichnamigen Fluß im Hochland, nicht weit südlich des Douro, jedoch in beträchtlicher Entfernung vom Meer. Die Hauptstadt dieses Gebiets heißt Viseu.

Das Land Dão ist ein reizvolles Land, nicht unähnlich der Provence. Der Boden ist sandig, und Pinienwälder wechseln mit Rebengärten auf riesigen, steil abfallenden Sanddünen ab, die sich plötzlich zum felsigen Bett des Flüßchens hinunterneigen.

Es gibt nur wenige große, modern angelegte Weinberge. Man kann hier einem Mann mit zwei kleinen Kindern und einem Hund begegnen, die mitten in einem Wald Trauben von einer Art Wäscheleine pflücken und dabei anscheinend ebenso viele essen, wie sie zum Keltern mit nach Hause nehmen. Die großen Firmen von Viseu kaufen die Trauben der ganzen Umgebung auf und bereiten den Wein nach modernen Verfahren.

Douro

Der Rotwein aus dem Dourogebiet wird mit gutem Grund zu Portwein verarbeitet. Als Tischwein bietet er nur wenige Vorzüge. Der Norden Portugals ist lediglich wegen seines roten »vinho verde« unter den Rotweinen bemerkenswert, der eher eine Kuriosität als ein Vergnügen darstellt. Sehr junger, schäumender, apfelweinartiger und oft trüber Rotwein — der zugegebenermaßen fruchtig schmeckt — sieht immer ein wenig merkwürdig aus und schmeckt auch so.

Estremadura

Die Provinz Estremadura mit der Hauptstadt Lissabon, zwischen dem Tejo und dem Meer, liefert neben Dão den besten portugiesischen Rotwein. Lissabon ist außer Wien die einzige Hauptstadt, die von Rebgärten umschlossen ist.

Lisboa

Lisboa gab es früher als sehr süßen Rot- und Weißwein. Auf Dekantier-Etiketten aus dem achtzehnten Jahrhundert kann man diesen Namen noch finden. Heute stellt nur noch eine Firma einen ausgezeichneten, billigen, starken und extraktreichen roten *Lisboa* her.

Colares

Colares hat, wie bereits erwähnt, den besten Ruf unter den Estremaduraweinen. Die Anbaubedingungen dieses Weines sind ungewöhnlich, haben jedoch den Vorteil eingebracht, daß die Lage als eine der wenigen in Europa von der Reblaus verschont blieb; die Reben für den *Colares* brauchen nicht auf amerikanische Unterlagen aufgepropft zu werden, denn sie wachsen im tiefen Sand, dem einzigen reblaus-immunen Boden.

Die Weinberge

Die Weinberge von Colares befinden sich nicht, wie oft behauptet wird, am Strand, sondern im Dünenland auf den niedrigen Klippen westlich von Lissabon am Atlantik. Colares ist der nächste Ort nach Sintra — Byrons »Glorious Eden« —, wo sich Paläste um den grünen, nebligen Berg gruppieren, auf dem das Königsschloß lag. So viel Moosgrün gibt es nirgendwo zu sehen. Hier hat das Meer, ähnlich wie in San Francisco, einen mildernden Einfluß auf das Klima. Nach Norden zu stehen braune Höfe in der dürren Ebene, doch wo der Hügel von Sintra sich erhebt, bleiben die Meeresnebel hängen und üben ihre fruchtbare Wirkung auf das Land aus, das sich wie ein Smaragd auf einem abgetragenen Kleidungsstück von der Umgebung abhebt.

Unten am Meer in Colares und in den winzigen Weindörfern der Umgebung bieten die Reben einen seltsamen Anblick. Sie wachsen in kleinen Einfriedungen von aufgeschichteten Steinen, die an Schafhürden erinnern. In jeder dieser Abteilungen stehen nur zwei bis drei alte, knorrige Büsche im Sand, die vom Gewicht der blauen Früchte niedergedrückt werden. Die Trauben werden in große Körbe gepflückt, die genau den Flanken eines Esels angepaßt sind und mit Säcken bedeckt werden, wenn der Esel sich seinen Weg über den Sand die Straße hinunter zu einem Bauernhof sucht. Dort wiegt man dann die Körbe aus und schüttet die Trauben in große Eichenbottiche, in denen sie im Freien gären.

Der echte Colareswein wird aus der Ramiscotraube gewonnen, einer kleinen, blauen, staubig aussehenden Beere, die dem Wein die intensive Färbung gibt. Neuerdings bauen die Winzer auch andere Sorten an, die einfacher zu kultivieren sind und weicheren, schon früher genießbaren Wein liefern.

Der neue *Colares* hat jedoch nicht das Besondere, nicht den Charakter des echten Colaresweines. Im Jahre 1965 konnte man in dem vornehmen alten Hotel Palacio Seteais in Sintra noch den 1931er *Colares* der Firma Tavares &

Rodrigues bekommen. Es war ein herrlicher Wein, einem starken, weichen, roten Bordeaux vergleichbar, der trotz seines Alters noch ganz dunkelrot war. Dieser Wein wird auch heute noch hergestellt, er muß immer noch sehr lange ausbauen — allerdings nicht unbedingt vierunddreißig Jahre —, aber Sie bekommen ihn nicht, wenn Sie einfach *Colares* verlangen.

Auch weiter nördlich in Estremadura gibt es Rotweine, doch sind sie nicht nach ihrem Ursprungsgebiet benannt. Man braucht tatsächlich die Spürnase eines Detektivs, um ihren Herkunftsort herauszufinden. Zu diesen Weinen gehört der *Serradayres*. Der Name ist Eigentum der Firma Carvalho, Ribeiro und Ferreira. Der Wein stammt wahrscheinlich aus Torres Vedras. Der Konsumwein der Firma mit der Bezeichnung *Serradayres* ist recht angenehm, ziemlich leicht und von leuchtend rubinroter Farbe. Der Garrafeira von der gleichen Firma — ein spezieller Jahrgang — würde jedoch einer der illustren französischen Lagen alle Ehre machen. Es ist ein schöner, weicher, blumiger, lebendiger Tropfen.

Ein Wein, der ebenfalls zu den besten Sorten gehört — er ist etwas lebendiger und gerbstoffreicher — heißt *Evel*. Der Name gehört der Companhia Vinicola do Norte do Portugal, obwohl der *Evel* nicht im Norden hergestellt wird, sondern in der Gegend der alten Universitätsstadt Coimbra in Mittelportugal.

Alianca, Arealva, Fonseca, Messias, Palmela, Periquita, Quinta d'Aguieira sind alle für ihre Jahrgangsweine bekannt, das heißt, ihre Reservas oder Garrafeiras, die das Datum der »colheita« oder Lese tragen. Man muß sich darunter die Luxusausführungen der jeweiligen einfachen Weine vorstellen und nicht Jahrgangsweine nach französischem Muster, die man am Herstellungsjahr erkennt. In Portugal gibt es keine gravierenden Unterschiede von Jahr zu Jahr. Wichtig ist nur das Alter des Weines. Ein portugiesischer Rotwein kann eigentlich gar nicht zu alt sein, im Gegensatz zu einem portugiesischen Weißwein. In Portugal werden keine leichten Rotweine bereitet, jedoch sehr beliebte Roséweine, wie allgemein bekannt ist. Die festen soliden Rotweine aus Portugal — bei denen man, solange sie jung sind, das Gefühl hat, sie verfärbten Zähne und Zunge — schmecken ausgezeichnet zu geschmorten Speisen und geräucherten Braten, zu scharfem Käse und Pflaumen. In reifem Alter werden sie als Begleiter zu Rahmsoßen und zartem Fleisch mit wenig Eigengeschmack geschätzt. Gut schmecken sie allerdings auch zu ländlicher Hausmannskost, in deren Zubereitung Portugal zusammen mit Frankreich in Westeuropa führend ist.

313

◁ Vollreife Weißweintrauben bei Levante in Cinqueterre, dem italienischen Musterrebenland

Schweizer und österreichische Rotweine

Schweiz

In der Schweiz wird wesentlich mehr Rotwein getrunken als Weißwein. Da aber hauptsächlich Weißwein im Lande erzeugt wird (etwa 60 Prozent der Rebfläche), muß ein Großteil der Rotweine importiert werden. Um die Anpassung der Inlandproduktion an den Konsum zu verbessern, fördert der Bund mit öffentlichen Zuschüssen die Anpflanzung von Rotweinreben.

Die Trauben-
sorten

Die Traubensorten für die Rotweinbereitung variieren je nach Landesgegend: In der Westschweiz (Kantone Wallis, Waadt, Genf und Neuenburg) herrschen die Sorten Pinot noir (Blauburgunder) und verschiedene Selektionen von Gamay vor; in der Ostschweiz (deutschsprachiger Landesteil) wird ausschließlich der Blauburgunder (Clevner) angepflanzt; in der Südschweiz (Tessin und Misox) ist der Merlot als Qualitätssorte empfohlen, während die ursprünglich einheimischen Rebsorten (Nostrano) wie Bondola, Dolcetto, Croeto immer mehr an Bedeutung verlieren.

Groß sind im ganzen Lande die Bestrebungen zur Förderung und zur Sicherung der Qualitätsproduktion beim Rotwein: Weinlesekontrolle und Bezahlung der Trauben nach Qualität werden allgemein durchgeführt. Daneben sollen staatlich geregelte Schutzmarken beste Rotweine garantieren.

Wallis

Im großen Weinland des Wallis sind die bekanntesten Marken der berühmte *Dôle* und der *Pinot noir pur.* Der *Dôle*, ein massiger, warmblütiger und körperreicher Rotwein, besteht aus einer Mischung von nur im Wallis geernteten Pinot- und Gamaytrauben, die eine Mindestgradation von 85° Öchsle als Most ausweisen müssen. Posten mit geringerer Qualität werden als *Goron* im Literausschank verwertet. Der Rotweinanteil im Wallis ist in den letzten Jahren stark angehoben worden und beträgt heute etwa ein Drittel der Gesamtproduktion. Der Anbau von Direktträgersorten ist verboten.

Waadt

Am Genfer See hat der Kanton Waadt im *Salvagnin* ebenfalls eine Schutzmarke für Rotweine geschaffen, welche durch neutrale Degustationskommissionen im Charakter und in der Qualität geprüft und garantiert werden.

Im Kanton Genf, mit einem Rotweinanteil von etwa einem Fünftel, haben die verschiedenen Gamayselektionen einen bekannten Namen erhalten. Diese bekömmlichen Rotweine sind wegen ihrer marktkonformen Preise gesucht.

Alten Ruhm haben die Grands Crus von Pinot noir am Neuenburger See, wie zum Beispiel *Cortaillod*, *Auvernier* und *Cressier*.

Die Ostschweiz mit den Rotweinzentren im Zürcher Weinland, im Kanton Schaffhausen, im Sankt Galler Rheintal und am jungen Rhein von Chur bis Bad Ragaz liefert Weine von besonderem Charakter: blumig, bekömmlich, süffig. Sie werden meistens jung abgefüllt und im ersten Jahr nach der Lese getrunken. Die Nachfrage nach diesen ausschließlich aus der Edelsorte Blauburgunder gewonnenen Weine ist wesentlich größer als das Angebot. Sie werden fast alle unter ihrer Ursprungsbezeichnung auf den Markt gebracht. Eine Spitzengruppe bilden die sogenannten Föhnweine aus der Bündner Herrschaft (Graubünden), dem Sankt Galler Rheintal und dem rechten Zürichseeufer.

Die Rotweine aus der Südschweiz (Tessin und Misox) stellen eine besondere Klasse dar und unterscheiden sich deutlich von den übrigen Rotweinen der Schweiz. Die Traubensorte Merlot spielt dort in der Qualitätsweinherstellung eine immer größere Rolle und ihr Anbau wird staatlich gefördert. Die reingehaltenen und qualitativ hochstehenden Merlotweine werden unter der staatlich garantierten Qualitätsbezeichnung VITI-Weine in den Handel gebracht. Im Gegensatz zu den übrigen Rotgewächsen der Schweiz brauchen diese Weine eine längere Lagerung und gelangen meistens erst nach zwei bis drei Jahren Faßlagerung zur Abfüllung und in den Konsum. Sie entsprechen einem gehaltvollen, gerbstoffreicheren Tropfen, welcher namentlich die Liebhaber von älteren Weinen begeistern kann. Die Nostrani verlieren immer mehr an Bedeutung.

In der Südschweiz spielt auch der Anbau von Amerikaner- oder Direktträgerreben noch eine wesentliche Rolle. Rund 98 Prozent der Gesamtfläche sind mit Rotweinsorten bepflanzt. Davon sind rund 30 Prozent Amerikanerreben der Sorten Isabella und Clinton. Diese Trauben werden fast ausschließlich als Eßtrauben, zum Beispiel für Traubenkuren, angeboten.

Österreich

Die Rotweine Österreichs stehen hinter den weißen weit zurück und werden auch auf deutschen Weinkarten kaum angeboten. Der Vöslauer und der Retzer aus Niederösterreich sowie der Schilcher von der steirischen Weinstraße sind wohl die bekanntesten von ihnen. Abgesehen von der Wachau und dem Leithagebiet werden überall neben den weißen auch rote Weine angebaut. Ihre Qualität ist oft mehr als einfach. Sie werden in den Heurigengaststätten schoppenweise ausgeschenkt. Die Rotweinrebe Österreichs ist der Blaufränkisch.

Ost- und südosteuropäische Rotweine

Ungarn

Kadarka

Von den zahlreichen ungarischen Rotweinen kommen der *Kadarka* und der *Erlauer Stierblut* auf deutschen Weinlisten zu größeren Ehren. Alle Rotweine Ungarns sind alkoholhaltiger als vergleichbare aus anderen Ländern. Sie passen gut zu den ungarischen Paprikagerichten mit gewürzten Soßen und geschmalzten Nudelflecken. Die Rotweintraube Ungarns ist die Kadarka, und die besten ungarischen Gewächse tragen auch normalerweise ihren Namen. Sie verleiht dem Wein zwar wenig Farbe — er sieht eher aus wie ein dunkler Rosé —, jedoch einen beachtlichen Alkoholgehalt und im allgemeinen mehr

Stierblut

Süße, als den meisten Menschen bei einem Rotwein lieb ist. *Stierblut* besteht aus einer Traubenmischung, wobei die Cabernet aus Bordeaux diesem Wein mehr Farbe und Aroma gibt, als die übrigen ungarischen Rotweine aufzuweisen haben. Der Kadarkawein, den Monimpex, das Staatliche Ungarische Export-Monopol, herstellt, heißt *Nemes Kadarka*. Er erreicht nicht die Qualität eines Roséweines, der aus den gleichen Trauben leichter und trockener bereitet wird.

Jugoslawien

Kavadarka

In Jugoslawien gedeiht ebenfalls die Kadarkatraube, doch hier heißt der entsprechende Wein *Kavadarka*. Auch er ist blaßrot, jedoch trockener und gehaltvoller — ein ansprechendes, wenn auch nicht gerade aufregendes Getränk für den »Familientisch«. Der *Kavadarka* stammt aus Mazedonien, wo es auch eine Stadt namens Kavadarci gibt, nach der er möglicherweise benannt ist. Der

Prokupac

Prokupac ist eigentlich viel reizvoller. Man kann ihn als den Beaujolais Jugoslawiens bezeichnen. Es ist ein leichter, pflaumenfarbener Wein mit einer Spur Süße und dem frischen Geschmack jungen Weines. Der *Prokupac* stammt aus den serbischen Weingärten südlich von Belgrad und aus Mazedonien.

An der jugoslawischen Küste wird ziemlich süßer Rotwein gewonnen; die bekanntesten sind hier *Dingac*, *Plavac* und *Refoško*. Sie sind vor allem den Reisenden vertraut, die lieber an der Küste bleiben und nicht in das triste Landesinnere vordringen. Die zahlreichen Balkan-Spezialitätenrestaurants in Westeuropa bieten eine Anzahl echter Weine aus dieser Gegend an. Großer Beliebtheit erfreut sich hauptsächlich der *Plavac*, der in Bordeauxflaschen verkauft wird und nicht zu süß schmeckt, so daß man ihn gut zum Essen trinken kann.

Plavac

Bei allen unbekannten ausländischen Weinen hüte man sich vor zu auffälligen Flaschen. Das gilt selbstverständlich auch für die jugoslawischen. Im *Wein* muß die Qualität stecken, nicht im Etikett oder in der Bastumkleidung.

Griechenland

In Griechenland gibt es zwar keine roten Spitzengewächse, jedoch ist der rote Landwein ein angenehmes Getränk, vor allem in Verbindung mit den Spezialitäten der griechischen Küche. Rotweinreben gedeihen praktisch im ganzen Land, jedoch gelten die Weine von Rhodos, Nemea, Kreta und Achaia als die besten. Auch von dem ehemals königlichen Weingut Tatoi bei Athen stammt ein angenehmer, weicher Rotwein, der etwa einem Beaujolais zu vergleichen wäre. Auf der Insel Leukas wächst ein fast schwarzer Wein. Früher brachte die Insel Santorin einen ausgezeichneten Rotwein hervor, den *Camarite*. Leider haben in den zwanziger Jahren dieses Jahrhunderts die Händler die Bauern dazu überredet, Tomaten zu pflanzen, da Tomatenmark zu jener Zeit ein wertvoller Exportartikel war. Dieses Geschäft hat sich jedoch als unrentabel erwiesen, da andere Länder Griechenland durch billigere Erzeugnisse vom Markt verdrängten. Heute bauen wieder einige wenige Bauern Wein an, aber es dauert lange, bis eine Kultur wie der Weinbau wieder richtig Fuß fassen kann. Es gibt auch eine rote Version des *Retsina*, des geharzten Weißweines, mit dem Namen *Kokkineli*.

Camarite

Kokkineli

Das Schwarze Meer

Die Rotweine aus den Gebieten um das Schwarze Meer sind weitaus vielfältiger und interessanter als die Weißweine. Bulgarien, Rumänien und die Sowjetunion exportieren verschiedene Sorten. Sie alle sind wie üblich standardisierte Produkte, doch ihre Skala ist beachtenswert. Es gibt immerhin Rotweine verschiedener Typen, da die Eigenschaften der einzelnen Traubensorten bei der Weinbereitung nicht unterdrückt werden.

BULGARIEN

In Bulgarien zum Beispiel variieren die Gewächse nach Farbe und Substanz von fast rosé bis dunkel und von leicht bis voll-aromatisch. Sie heißen *Trakya*, *Cabernet*, *Gamza*, *Melnik* und *Mavrud*.

RUMÄNIEN

In Rumänien gibt es *Sadova, Cabernet, Segarcia, Kadarka* und *Pinot noir* und außerdem sicherlich noch eine Reihe anderer. Der Besucher wird erstaunt sein, wie gut und billig diese Weine sind. Eine Zeitlang können sie wahrscheinlich eine willkommene Abwechslung darstellen, jedoch nach wochenlangem täglichem Genuß bekommt man wohl bald wieder Lust auf den vertrauten französischen Geschmack.

SOWJET-UNION

Mukuzani und *Saperavi* sind die Rotweine Georgiens (ihre Hersteller würden es sicherlich nicht gerne hören, wenn man diese Weine als »russisch« bezeichnen würde — die Etiketten tragen sogar georgische Schrift). *Mukuzani* ist der trockenere Wein mit den ausgeprägteren Duft- und Geschmackstoffen; der *Saperavi* dagegen hat eher die Zartheit des Beaujolais, wenn auch nicht dessen Charme.

Afrikanische Rotweine

Nordafrika

Algerien, Marokko und Tunesien produzieren zwar viel Wein, keiner jedoch ist wirklich ansprechend. Es gibt immerhin Weinhändler, die begeistert über ihre neuen Entdeckungen aus Nordafrika zurückkommen. Sie behaupten dann, etwas Revolutionierendes auf dem Gebiet des Weines gefunden zu haben, Qualität und niedrigen Preis in einem. Wirklich, man kann unter den nordafrikanischen Weinen billige und auch gute finden; beide Eigenschaften zugleich jedoch in einem einzigen Wein vereint — das ist unmöglich. Warum sollte man also für einen dunklen, schwerfälligen afrikanischen Wein das gleiche bezahlen wie für einen einfachen, leichten und angenehmen Bordeaux — bezahlt man weniger, ist der Wein ziemlich unerfreulich.

Der nordafrikanische Wein wurde hauptsächlich zur »coupage« verwendet, das heißt, man besserte damit nach schlechten Ernten schwache französische Weine auf. Heute gewinnt der Rotweinimport aus Italien immer mehr an Bedeutung.

Südafrika

Die Rotweine Südafrikas werden eingeteilt in die beiden großen Gruppen: *Claret*, das sind leichtere Konsumweine vom Niveau der »vins ordinaires« in Frankreich, und *Burgunder*, das sind tieffarbene, schwere und gehaltvolle Rotweine. Eine ähnliche Einteilung gibt es auch in Australien und Kalifornien.

In Südafrika werden für die Gewinnung von Rotwein hauptsächlich Cabernet aus Bordeaux und Shiraz oder Syrah aus dem Rhonetal und der südfranzösische Cinsault, hier als Hermitage bekannt, angebaut. Pinot-Burgunder und Gamay aus Beaujolais trifft man weniger an; sie dienen zum Verschnitt.

Die Cabernet ergibt in Südafrika den bordeaux-ähnlichen Wein, den man

319

nach der Herkunft dieser Rebe erwartet. Hier sind die Cabernetweine ausgeprägt in Duft- und Geschmackstoffen, schwer und für kalte Wintertage geeignet. Die meisten Firmen produzieren neben dieser schweren Sorte noch eine leichtere Claret-Art aus der Hermitagetraube. Diese Weine sind in Südafrika erstaunlich billig – die *Hermitages* noch billiger als die *Cabernets* –, sie eignen sich also vorzüglich als tägliches Getränk für jedermann. Der Konsum an Tischweinen steigt ständig. Sicherlich wird Südafrika eines Tages ein echtes Weinland sein, wo Wein gleichzeitig das nationale Getränk und das beste Erzeugnis des Bodens ist. Dazu wäre allerdings noch die überlegene Könnerschaft der Franzosen notwendig, die im Augenblick auf dem Gebiet des Rotweinbaus führend auf der ganzen Welt ist.

Südafrikanische Rotweine haben schon heute den Charakter billiger Partyweine für junge Leute verloren. Meistens kommen sie unter burischen Phantasienamen auf den Markt, wie zum Beispiel *Boerebloed, Druiwebloed, Voortrekker* und dergleichen. Sie haben wegen ihrer Fülle und ihres Duftes gute Chancen, auch in die mittleren Preislagen vorzustoßen und als Gegengewicht zu den einfachen Burgunderweinen zu wirken.

Amerikanische Rotweine

Kalifornien

So gut die besten kalifornischen weißen Tischweine auch sein mögen — ein bestimmter Rotweintyp wird diesem Land dazu verhelfen, in Zukunft zu den bedeutendsten Weinbaugebieten der Welt zu gehören. Die besten Rotweine Kaliforniens gehören zu den großen Kreszenzen. Die feinsten Rotweine werden, wie auch die besten Weißweine, sortenrein ausgebaut.

Cabernet

Im Napatal, einem fast paradiesisch anmutenden, noch sehr ursprünglichen Landstrich, wird hauptsächlich der Cabernet Sauvignon, die wichtigste Rotweintraube aus Bordeaux, angebaut. Was die helle Pinot Chardonnay auf dem Gebiet des Weißweines bedeutet — der aus ihr gewonnene Wein kann sich mit feinem weißen Burgunder messen —, ist die Cabernettraube für die Rotweinerzeugung. Einige der kalifornischen *Cabernets* sind den guten Rotweinen aus Bordeaux gleichwertig, andere wieder sind besser als die meisten ihrer französischen Partner, und ganz wenige sind fast ebenso abgerundet, subtil, bukettreich und überdurchschnittlich wie ein roter Bordeaux, Premier Cru, aus einem überragenden Jahrgang.

Auf die kalifornischen Rotweine treffen allerdings die gleichen Bedingungen zu wie auf die französischen: nur durch die sorgfältige Arbeit eines erfahrenen Weinherstellers kann ein Wein dieses Niveau erreichen. Außerdem brauchen die Gewächse genügend Zeit zum Ausbau. Das ist der Grund für den chronischen Mangel an kalifornischen roten Spitzenweinen im richtigen Reifestadium, und leider erreicht der größte Teil dieses Stadium überhaupt nicht.

Pinot noir

Seltsamerweise ergibt die berühmte Burgundertraube, Pinot noir, in Kalifornien einen ziemlich gewöhnlichen Wein. Er liegt immer noch über dem Durchschnitt, ist möglicherweise der nächste nach dem *Cabernet*, doch erreicht er nie die Qualität eines feinen Burgunders, so wie ein *Cabernet* dem Bordeaux ganz nahe kommt. Im günstigsten Fall ergibt die Pinot noir einen recht weichen Wein mit einem dezenten Aroma.

Der kalifornische *Pinot noir* ist einem leichten Rhonewein ähnlicher als einem Burgunder. Natürlich bringt jeder Hersteller ihn verschieden heraus, genau wie jeden anderen Wein, doch bis heute gibt es noch keinen wirklich erstklassigen. Allerdings gibt es auch hier Ausnahmen: ein Hersteller hatte mit einem Burgunder Erfolg, den er aus einem Verschnitt aus drei oder vier Traubensorten gewann. Es kann sein, daß Kalifornien eines Tages eine Kombination mehrerer Traubensorten entwickelt, die diesen Weintyp interessanter machen kann, als er es heute ist. Schließlich hat es keinen Sinn, an einer einzigen Traubensorte nur um ihrer selbst willen festzuhalten.

Zinfandel

Zinfandel ist eine kalifornische Rotweintraube, die alle anderen an Beliebtheit und Wuchsfreudigkeit übertrifft, in Europa jedoch unbekannt ist. Der Name ist offensichtlich von der österreichischen Rebe Zierfandler abgeleitet, obgleich es sich hierbei um eine weiße Traube handelt. Der *Zinfandel* ist sozusagen Kaliforniens eigener Beaujolais. Er ist nicht teuer, kann jung getrunken werden und ist überall zu haben. Wie der beste Beaujolais profitiert auch der beste *Zinfandel* vom Alter — höchstwahrscheinlich lohnt sich jedoch eine Einlagerung nicht. Die Anhänger des *Zinfandel* finden sämtliche Tugenden in diesem Wein vereint. Für den Unvoreingenommenen ist er ein angenehmer, hellroter, leicht würziger Tropfen, manchmal ein wenig ungebärdig, was ja kein Nachteil sein muß. Zu einem großen Abendessen ist er nicht unbedingt das richtige Getränk, zu kaltem Fleisch oder Salat jedoch paßt er ausgezeichnet.

Gamay

Die Gamaytraube des Beaujolais wird weniger angebaut. Der *Gamay* aus Kalifornien hat nichts von der Leichtigkeit des Beaujolais. Dennoch wird aus dieser Traube einer der besten kalifornischen Roséweine gewonnen. Den italienischen Einwanderern ist es zu verdanken, daß Reben aus Italien nach Kalifornien gelangten und heute hier angebaut werden. Die erfolgreichste ist die Barbera aus Piemont, aus der in der Neuen Welt ein ebenso guter Wein wie in ihrem Ursprungsland bereitet wird. Es ist ein starker, purpurfarbener und extraktreicher Wein, der ein wenig zur Herzhaftigkeit hin tendiert — also ideal zu gehaltvollen italienischen Gerichten. Der Grignolino, ebenfalls eine italienische Rebe, wird hauptsächlich aus Gründen der Tradition angebaut.

Barbera

Grignolino

Grenache

Die meisten der anderen Rotweinsorten dienen zum Verschnitt. Die Grenache wird vor allem für einen recht guten Roséwein verwendet. Nach der Petite Syrah ist eine Weinsorte benannt, vor allem aber verleiht diese Traube einem Verschnitt, der als *Burgunder* etikettiert wird, Stärke und Farbe. *Burgunder* ist übrigens der in Kalifornien am häufigsten vorkommende Gattungsname. Die einfachen, billigen kalifornischen *Burgunder* sind nicht, wie so viele Weine, die unter diesem Namen gehandelt werden, Nachahmungen des Originals, sondern einfache, saubere, trockene Rotweine, die zumindest die Qualität des französischen »vin ordinaire« haben, meistens jedoch besser sind.

»Burgunder«

Chile

Chile, das außergewöhnlich langgestreckte schmale Land an der südlichen Pazifikküste Südamerikas, ist trotz seiner entfernten Lage einer der größten Lieferanten von billigen Tischweinen in der Welt. Die Weinherstellung ist in kommerzieller Hinsicht wenig organisiert, untersteht jedoch strenger Überwachung von seiten der Regierung. Die Preise sind niedrig und das Niveau hoch.

Die besten Weinbaugebiete sind die Aconcagua-Ebenen nördlich von Santiago, der inmitten des Landes gelegenen Hauptstadt, und die Maipo-Ausläufer der Anden südlich von Santiago. In einem von der Firma Wagner-Stein in Chile veröffentlichten Artikel heißt es unter anderem: »In den ›caveaux‹ mancher Weinhandlungen lagern ehrwürdige Flaschen *Romanée*, die angenehme Erinnerungen heraufbeschwören.« In dem gleichen Artikel wird das Gebiet von *Aconcagua* beschrieben: »Von San Felipe bis Calera staffelt sich am Südufer des breiten Aconcaguaflusses, der von Osten nach Westen fließt, eine Reihe geschützter malerischer Hänge, deren Hügelkette Santiago von den Provinzen Valparaiso und Aconcagua trennt. In dieser wunderschönen Umgebung bringen die Pinotreben herrlichen Wein hervor. Er ist von leuchtender Farbe, ölig und mild und hat einen sanften, vornehmen Duft.«

Maipo Ähnlich liegen die Verhältnisse südlich von Santiago, wo der Maipofluß ebenfalls von Osten nach Westen, also von den Anden zum Meer hin fließt. Seine Ufer eignen sich ausgezeichnet zum Weinanbau. Auf dem kiesigen Unterboden wird wie in Bordeaux Cabernet mit Merlot zusammen angebaut. Die Weine aus dem Maipogebiet müssen am längsten ausbauen und werden als die besten des Landes bezeichnet.

Die meisten Exportweine tragen die Namen der Traubensorten, wobei die Rotweine dominieren. Die Cabernettraube ergibt einen recht angenehmen, dunkelfarbenen, trockenen Wein, ein ebenso ansprechendes Getränk für jeden Tag wie der einfache rote Bordeaux. Unter den Weißweinen hat der *Riesling* den besten Namen.

Argentinien

Dieses Land gehört zu den größten Weinproduzenten der Welt, bringt jedoch wenig qualitativ erstklassigen Wein hervor. Im allgemeinen sind argentinische Weine frisch und angenehm blumig. Möglicherweise wurde die jugoslawische Žilavka, die einen ausgezeichneten, sehr charaktervollen Wein mit einem freesien- oder aprikosenähnlichen Duft ergibt, von jugoslawischen Emigranten nach Argentinien eingeführt.

323

Australische Rotweine

BEI DEN AUSTRALISCHEN ROTWEINEN ist die Auswahl größer und die Qualität im allgemeinen besser als bei den Weißweinen. Die Benennung *Claret* verwendet man für einen leichteren, rubinroten Weintyp und den Namen *Burgunder* für schwerere, dunkelrote Weine. Es ist schwer zu verstehen, warum man in Australien diese berühmten Namen verwendet. Die Traubensorte wird auf den Etiketten der Rotweine öfter angegeben als bei Weißwein — was gewöhnlich ein Zeichen für bessere Qualität ist. Hochwertige Weine liefern Cabernet, die Bordeauxtraube, und Shiraz, die Hermitagetraube aus dem Rhonetal. Es gibt eine Reihe von Weinsorten mit dem Namen *Hermitage*, aber ob er tatsächlich den Saft der Shiraztraube enthält, hängt anscheinend von der Laune des Herstellers ab. Jedenfalls werden Hermitage- wie auf Shirazweine allgemein als Rhoneweintyp klassifiziert.

Die Gebiete, in denen die besten Rotweine gedeihen, sind auch die besten Weißweingebiete — also verhältnismäßig kühle und feuchte Gegenden. Im Hunter-River-Tal in Neu-Süd-Wales, mit den bekannten Weingütern Ben Ean und Mount Pleasant, Bellevue, Oakvale und Dalwood, wird ein Wein bereitet, der zu Schwere und Härte tendiert und stark in Farbe und Aroma ist. Fachleute sind der Meinung, daß ein längerer Ausbau, zu dem man ihm fast nie genügend Zeit läßt, eine latente Delikatesse zum Vorschein bringen würde.

Das Château Tahbilk in Victoria bereitet einen sehr guten Cabernetwein. In Süd-Australien, südlich des Hauptweingebiets, stellt Coonawarra einen roten *Bordeaux* her, den viele als den besten Rotwein Australiens bezeichnen. In der Gegend um Adelaide und im nordöstlich gelegenen Barossatal wird ebenfalls guter roter Tischwein gewonnen — er ist viel besser als der süße *Burgunder* in den runden Flaschen, den die meisten Menschen für den typisch australischen Wein halten.

Claret,
Burgunder

Hermitage

Shiraz

Cabernet

Bordeaux

Weine nach dem Essen

WENN DIE MAHLZEIT beendet ist und sich eine behagliche, gesättigte Stimmung ausbreitet, kommen die Weine auf den Tisch, die man nur in kleinen Mengen, gewissermaßen als Nachklang zur großen Symphonie eines vielgestaltigen Menüs, zu Kaffee oder Nachspeise genießt.

Immer wieder muß man allerdings feststellen, daß eine gewisse Verwirrung im Hinblick auf die drei Begriffe Dessertwein, Süßwein und Südwein herrscht. Um gleich zu Anfang dieses Kapitels diesbezügliche Unsicherheiten zu beseitigen, seien sie im folgenden kurz erläutert:

Dessertwein
Als Dessertwein bezeichnet man alle hochwertigen süßen Weine, die zum oder als Dessert, oft auch zum Kaffee, gereicht werden, die also die Mahlzeit beschließen. Typische Vertreter dieser Art sind Madeira, Portwein und Samos.

Süßwein
Süßwein ist der verdeutschte Ausdruck für Dessertwein, schließt aber in der Umgangssprache auch alle einfacheren süßen Weine wie Marsala, Zypernwein, Málaga und so weiter mit ein.

Südwein
Südweine schließlich sind wohl meistens süß, müssen es aber nicht unbedingt sein. Südweine kommen lediglich aus südlichen Ländern, und man versteht pauschal Weine wie Portwein, Sherry, sizilianische Weine und Madeira darunter. Ein Südwein kann also ein Dessertwein sein, wie Portwein oder Madeira, kann aber auch ein trockener Aperitifwein sein, wie trockener Portwein, Sherry und so weiter.

Diese verschiedenen Ausdrücke haben keine gesetzliche Gültigkeit, sondern sie beziehen sich im wesentlichen auf die sogenannte Verbrauchererwartung.

Nicht nur aus Gründen der Konvention werden Süßspeisen und süße Getränke am Schluß einer Mahlzeit gereicht. Zucker hemmt den Appetit, er bewirkt ein Gefühl der Sattheit. Weine, die man nach dem Essen oder zum Dessert kredenzt, enthalten aus verschiedenen Gründen noch eine Menge Zucker von den Trauben. Ihre Süße bildet, in relativ kleinen Dosen genossen, den besten Abschluß eines Menüs. Jedoch sollte man sich auch hier — wie auf allen Gebieten des Lebensgenusses — nicht unbedingt den Regeln unterwerfen: die Franzosen trinken süße Aperitifs, aber man hat absolut nicht den Eindruck, daß ihre

327

Eßlust darunter leidet. Doch das sei nur nebenbei bemerkt. Im allgemeinen genießt man das Süße zum Schluß, und davon gehen wir in diesen Kapiteln aus.

Zuckerüberschuß im Wein nach Abschluß der Gärung ist normalerweise keine natürliche Erscheinung. Meistens gärt der Wein weiter, bis der Zucker vollständig in Alkohol umgewandelt ist. Die Hefe kann jedoch auf einfache Weise am fortschreitenden Gärungsprozeß gehindert werden, indem man künstlich den Alkoholspiegel erhöht. Dessertweine werden auf diese Art bereitet. Sie sind so unterschiedlich wie jede andere Weinsorte. Ihr einziger gemeinsamer Faktor ist ihr hoher Süßegrad. An dem einen Ende der Skala steht der süße Sauternes, dessen Zucker auf natürliche Weise durch Fäule in den überreifen Trauben konzentriert wird, am anderen Ende der Portwein, dessen Zucker im Wein erhalten bleibt, da man durch eine massive Dosis Weinsprit die Gärung beendet.

Die meisten Süßweine kommen aus den heißesten Weinländern, wo die Trauben sehr reif werden. Seltsamerweise jedoch stammen die teuersten und nach der Meinung vieler Weinkenner köstlichsten Süßweine, die Beeren- und Trockenbeerenauslesen, aus Deutschland, dem nördlichsten Weinbaugebiet.

Die deutschen Auslesen, die zusammen mit dem Sauternes in diese Kategorie gehören, sind nur die besten der jeweiligen Gebiete. Die meisten Menschen verstehen unter Rheinwein-Auslesen und Sauternes Tischweine, da sie süß, aber nicht plump sind. Nur der edelste Tropfen aus den besten Lagen in überragenden Jahren erfüllt die besondere Bedingung, daß der Most konzentriert wird und der Restzucker den Gärungsprozeß überdauert.

Süßspeisen

Es bleibt dem individuellen Geschmack überlassen, ob man nun einen Süßwein zur Süßspeise oder zu frischem Obst trinkt oder ob man damit wartet, bis der Tisch abgeräumt ist. Sauternes schmeckt zum Beispiel gut zu einem Pfirsich oder sogar zu einer Sahneeisbombe. Einen edlen süßen Rheinwein dagegen trinkt man besser für sich allein.

Madeira paßt großartig zu einer Himbeertorte oder einer üppigen Nachspeise aus Sahne, Mandeln, Nüssen und kandierten Früchten. Schokolade jedoch gehört zu den wenigen Dingen, die den Geschmack eines jeden Weines verderben.

Portwein verträgt sich nicht so gut mit Süßspeisen. Sein bester Partner ist Käse. Hat man einen guten Portwein, sollte man einmal einen Apfel, vor allem einen Cox Orange oder Pippin, dazu versuchen. Es gibt ein Sprichwort im Portweinhandel: man soll »mit einem Apfel einkaufen und mit Käse verkaufen«. Ein Apfel deckt, mit anderen Worten, jeden Mangel im Wein auf; Käse verbirgt ihn. Kann man also einem Portwein vertrauen, dann bildet er zusammen mit Äpfeln und Nüssen den köstlichen Abschluß eines winterlichen Festessens.

Temperatur

Im Prinzip serviert man Süßweine genauso wie alle anderen Weine: die weißen am besten kalt, die roten mit Zimmertemperatur. In die Klasse der Dessertweine gehören allerdings auch jene Sorten, die man nur als »braun« bezeichnen kann. Das sind die Muskateller, Málagas, Marsalas und Madeiras, die alle süß und stark sind und die man eiskalt reichen sollte. Sollten Sie jedoch zufällig einmal auf einen der ganz seltenen, ganz großen Madeiras stoßen — einen Jahrgangswein aus dem letzten Jahrhundert (einige Händler haben sie noch auf ihrer Liste), servieren Sie ihn am besten mit Zimmertemperatur. Jüngerer Madeira dagegen profitiert von einer halben Stunde im Kühlschrank.

Von einem süßen Dessertwein braucht man nie so viel wie von einem Tischwein. Die Zeiten sind vorüber, in denen man einem englischen Edelmann dazu gratulieren konnte, daß er drei Flaschen Portwein konsumiert hatte. Doch als besagter Edelmann gefragt wurde, ob es denn richtig sei, daß er sie alle ohne Hilfe getrunken habe, antwortete er: »Nicht ganz; ich habe das nur mit Hilfe einer Flasche Madeira geschafft.«

Portwein

PORTWEIN IST SOZUSAGEN eine englische Erfindung. Er wurde zwischen einer verzweifelten Maßnahme und einem kühnen Versuch »entdeckt«, portugiesischen Wein schmackhafter zu machen. Das geschah zu Beginn des achtzehnten Jahrhunderts, als England auf Grund kriegsbedingter Maßnahmen keine französischen Weine einführen durfte. Würde man Portwein auf die übliche Art wie Rotwein bereiten, wäre das Resultat ein stärkeres, dunkelrotes, sehr trockenes Getränk. Sein wahrer Charakter käme durch den strengen Geschmack niemals zum Vorschein, und er hätte keinerlei Chancen auf dem Markt. Er wäre ein Tischwein für Leute, die nichts Besseres zur Verfügung haben. Und so war es zu Anfang auch.

Die Anfänge des Portweins

Die Erfindung
Es war die brillante Idee irgendeines wahrscheinlich englischen Weinhändlers, der nach Portugal reiste, um die günstige Marktlage auszunützen, diese mißliche Situation grundlegend zu ändern. Ihm gebührt die Ehre, wie Dom Pérignon die Ehre der Erfindung des Champagners gebührt. Er kam auf die Idee, den reichen Zuckervorrat in den Trauben, der durch die Gärung umgewandelt wurde und einen Wein mit zu hohem Alkoholgehalt entstehen ließ, besser zu nutzen. Um die Gärung aufzuhalten und einen süßen Wein zu bekommen (denn die Engländer, das wußte er, haben etwas für Süßes übrig), setzte er reinen Weinsprit zu — und nach einer gewissen Zeit hatte er den ersten Portwein im Faß.

Das Verfahren
Das Prinzip der Portweinbereitung ist also ganz einfach. In dem Hochtal des Douro, zwischen den Bergen des inneren Portugal, wird Rotwein hergestellt. Hier achtet man sorgfältig darauf, daß der Wein aus den Schalen so viel Farbe wie möglich bekommt. Die Gärung beginnt auf die übliche Weise. Wenn dieser Prozeß zur Hälfte fortgeschritten ist und der Wein, jetzt zwar noch schwach

im Alkohol, eine große Menge unvergorenen Zuckers enthält, setzt der Winzer Weinbrand oder Sprit zu. Das Verhältnis beträgt ungefähr einen Teil Weinbrand auf viereinhalb Teile Wein. Diese Mischung ist so stark, daß die Hefe nicht weiterarbeiten kann; sie erstickt in dem Alkoholkonzentrat. Der Zucker bleibt erhalten. Portwein ist also eine Mischung aus Weinbrand und Wein mit hohem Alkohol- und Zuckergehalt. Genau das entsprach dem Geschmack der Engländer.

Das Altern
Portwein bietet nur ein Problem: er muß alt sein. Ein Wein, der auf diese höchst ungewöhnliche Weise bereitet wird, braucht lange, um sich zu beruhigen. Eine Mischung aus Weinbrand und Wein bleibt eben über lange Zeit lediglich eine Mischung. Die beiden Komponenten vermählen sich gewissermaßen nicht über Nacht. Hinzu kommt, daß durch den Weinsprit nicht nur die Gärung zum Stillstand gebracht wird, sondern daß auch der natürliche Alterungsprozeß des Weines sich verlangsamt. Wenn man den durch das Portweinverfahren entstandenen Wein wie andere Rotweine behandelt, also zwei Jahre auf dem Faß läßt und dann abfüllt, braucht er mindestens noch fünfzehn bis zwanzig Jahre, um trinkfertig zu sein oder auch nur angenehm zu schmecken.

Beim Jahrgangs-Portwein erhebt sich dieses Problem. Aus ihm wird am Ende der beste Portwein überhaupt — nur muß man bis dahin einfach Geduld haben. Die meisten Portweine können jedoch nicht so behandelt werden. Sie erreichen sowieso niemals die Qualität, die dieses Verfahren honorieren würde, also beläßt man sie zum Altern im Holz.

Die Portweinsorten

Ruby, Tawny
Portwein, der in Fässern gealtert ist und erst in trinkfertigem Zustand auf Flaschen gefüllt wird, heißt entweder Ruby (rubinrot) oder Tawny (gelbbraun). Ruby ist jung und intensiv in der Farbe, gehaltvoll, ein wenig herb zuweilen und der billigste Portwein überhaupt. Tawny hat wahrscheinlich zehn bis fünfzehn Jahre im Holz verbracht, bis er zum Gelblichbraun verblaßt ist, wie sein Name es andeutet. Wein altert im Faß viel schneller als in der Flasche. Deshalb hat er sich auch in dieser Zeit geschmacklich stärker verändert als ein Jahrgangs-Portwein im gleichen Alter. Er gewinnt dabei spürbar an Geschmeidigkeit und Bukett. Ein sehr alter Tawny ist für die meisten Weinkenner der köstlichste und vielseitigste aller Portweine. Er schmeckt, besonders im Winter, vor dem Abendessen ebenso gut wie danach. Seine Wärme und sein Nußaroma sind unvergleichlich.

Ruby und Tawny sind verschnittene Weine, das heißt, daß der Wein nicht aus Bestandteilen gleichen Alters oder aus dem gleichen Ort besteht. Der Portweinhändler legt ebenso wie der Sherryhändler Wert auf Kontinuität in seinem

Weintyp. Er mischt deshalb alten und jungen, süßeren und trockeneren Wein aus seinen Beständen, um das gewünschte Produkt zu erhalten. Er hat immer mehrere Sorten Ruby und Tawny auf Lager, und die Preise staffeln sich wie etwa vom billigsten spanischen Sherry bis zu einem sehr alten und edlen, der ungefähr das Doppelte kostet.

Jahrgangs-Portwein

Nur in besonderen Jahren, wenn die Reben keinen Schaden litten, das Wetter gut war und die Gärung ordnungsgemäß verlief, wird dieser Wein von den Portweinhändlern zum »Jahrgangs-Port« erklärt. In ganz wenigen Jahren, vielleicht dreimal in einem Jahrzehnt, entscheiden sie alle einstimmig. In anderen Jahren wiederum hat ein Händler mehr Glück als die übrigen und erklärt allein seinen Wein zum Jahrgangs-Portwein. Es gibt keine Regeln; die Entscheidung bleibt dem einzelnen Händler überlassen.

Der zum Jahrgangs-Portwein erklärte Wein wird von den übrigen Sorten abgesondert. Die verschiedenen Weine aus dieser Ernte werden gemischt und bleiben zwei Jahre in Portugal. Erst dann gelangen sie ins Ausland.

Jahrgangs-Portweine gelten, da sie nur aus den besten Ernten hergestellt werden, als Spitzenprodukte. Desgleichen sind die in Portugal auf Flaschen gefüllten und mit staatlichen Banderolen versehenen Portweine empfehlenswert. Das staatliche Portweininstitut achtet auf die Einhaltung der Qualitätsvorschriften. Diese Banderolen und auch die Tatsache, daß es sich um Jahrgangs-Portwein handelt, sagen aber nichts über die jeweilige Geschmacksrichtung aus.

Es gibt einen großen Nachteil beim Kauf eines ausgebauten Jahrgangs-Portweins: der gesamte Rückstand, der bei den meisten Weinen als Bodensatz im Faß verbleibt, befindet sich hier noch in der Flasche. Der Portwein hat, wie

Die »Tapete«

man es nennt, eine »Tapete« gebildet, eine rotbraune Kruste, die dünn an der Flaschenwand haftet, solange die Flasche nicht geschüttelt wird. Stellt man sie aber in einen Karton, packt sie achtlos in einen Lieferwagen und holt sie am Ziel wieder heraus, dann löst sich der Rückstand, vermischt sich mit dem Wein und macht ihn trüb und unansehnlich. Noch ist nicht alles verloren: man kann ihm Zeit lassen, sich zu beruhigen und kann ihn dann durch ein Musselintuch filtern, was natürlich umständlich ist. Am besten lagert man also den Portwein zu Hause ein und dekantiert ihn selbst sorgfältig, ohne ihn aufzurühren, oder man kauft ihn bei Bedarf und bittet den Händler, ihn am gleichen Tag zu dekantieren.

Wie man Portwein einlagert

Ein Großteil der Jahrgangs-Portweine wird jung verkauft, damit ihn der Konsument selbst einlagert. Dazu braucht man aber einen Keller oder einen geeigneten Raum. Kauft man Jahrgangs-Portwein gleich beim ersten Angebot (zwei bis drei Jahre nach der Lese), bekommt man ihn zu einem recht annehmbaren Preis, der dann ständig steigt. Vom Standpunkt der reinen Investition ist Portwein tatsächlich der einzige Wein, der die Einlagerung zu einem lohnenden Unternehmen macht. Die Geldanlage verdoppelt sich innerhalb von etwa fünfzehn Jahren oder sogar schon früher.

Die Anhänger des Jahrgangs-Portweins schwören darauf, daß ihm kein anderer Wein der Welt, was Aroma, Öligkeit, Delikatesse und Stärke betrifft, auch nur vergleichbar ist. Sicherlich kann er bei entsprechender Reife ein herrlicher Tropfen sein, er reicht jedoch niemals an einen edlen roten Bordeaux oder Burgunder heran.

Spät abgefüllter Jahrgangs-Portwein

Manche Händler bieten spät abgefüllten Jahrgangs-Portwein für diejenigen Konsumenten an, die ihn dem Tawny-Portwein vorziehen, jedoch keine Möglichkeit zur Einlagerung haben. Durch die späte Abfüllung auf Flaschen, also nicht nach zwei, sondern nach sechs bis zehn Jahren, wird der starke Rückstand an den Flaschenwänden vermieden, den Jahrgangs-Portwein ja nur in den ersten Jahren bildet. Das heikle Entwicklungsstadium spielt sich also im Faß ab, wie es auch beim Tawny der Fall ist. Der Wein ist insofern ein Jahrgangswein, als er aus einem guten Jahr stammt und kein Verschnitt ist, jedoch seine Entwicklung hat so begonnen, als handle es sich um einen Portwein »im Holz«. Der Reifeprozeß wird natürlich auf diese Weise beschleunigt, so daß er nach zehn bis fünfzehn Jahren trinkfertig ist. Man kann ihn unbesorgt wie einen normalen Wein behandeln, ohne den Rückstand fürchten zu müssen. Im Geschmack ist er immer etwas zu leicht für einen Jahrgangs-Portwein.

Heimat und Werdegang des Portweins

Der Douro Die rebenbedeckten Hänge an Rhein und Mosel sind steil. Steiler noch sind sie in der Schweiz, schöner noch, wo die Küste der Halbinsel Sorrent steil ins Meer abfällt. Doch nichts ist überwältigender als der erste Eindruck, den man am Douro empfängt.

Wenn man von Spanien her durch Bragança und das liebliche stille Land Tras-os-Montes kommt, wo die Täler grün und die Hügel und Heuhaufen goldfarben sind, wirkt diese Landschaft, die ganz plötzlich vor einem auftaucht, wie eine Offenbarung — so etwa mag man zum erstenmal den Grand Canyon erleben. Unvermittelt fällt das Land in schroffen Terrassen Hunderte von Metern ab. Ganz weit unten windet sich der Fluß kaum erkennbar zwischen den Felsen hindurch. Die Terrassen zu beiden Seiten sehen aus wie zahllose Festungen in zahllosen Kurven und graubraunen Steinstrudeln.

Den geringen Niederschlägen nach müßte das Land hier eigentlich Wüste sein. Sechs Monate im Jahr fällt kein Tropfen Regen. Die Hänge bestehen aus Granit, also hartem Felsen. Doch wie durch ein Wunder ist das, was eigentlich ein Geröllhaufen sein sollte, ein blühender Garten. Die besten Orangen, Gemüse, Oliven, Korkeichen und Reben von ganz Portugal wachsen in verschwenderischer Üppigkeit in diesem prachtvollen Tal.

Auf der Fahrt von den Hügelkämmen hinunter wird die Luft süß vom Duft nach Zedern und Harz. Silberoliven und grüne Reben wechseln sich ab. »Quintas«, große weiße Gutshäuser und staubige Dörfer mit vielen Eseln und vielen Kindern mehren sich am Rand der sich hinabwindenden Straße. Jede Kurve gibt den Blick auf neue Terrassen und neue Rebhänge frei; die Landschaft scheint aus Stein und Trauben zu bestehen — selbst die Pfeiler an den Enden der Rebzeilen sind aus grauem Schieferfels aufgeschichtet.

Im Talgrund ist es heißer als auf den Höhen. Dadurch beginnt die Traubenlese hier früher. Bereits Mitte September sieht man die Pflücker auf den Feldern. Der Fluß ist um diese Jahreszeit zwischen den Ufersteinen zusammengeschrumpft — er hat jetzt nur noch eine Breite von etwa fünfzig Metern und erinnert kaum noch an den dreihundert Meter breiten Strom, der in seinem schäumenden Frühlingshochwasser geknickte Bäume mit sich führte.

Die Weinlese

Die Weinlese ist immer noch eine Zeremonie, ein Ritual und ein Anlaß zur Freude im Dourogebiet. Das Leben in den hochgelegenen Bergdörfern, wo die Arbeiter leben, verläuft immer noch in sehr primitiven Bahnen. Die Pflücker legen zur Lesezeit kilometerlange Wege zurück, um ins Dourotal zu gelangen. Jede Gruppe von dreißig oder vierzig Bauern bringt ihre eigene Musik mit: immer eine Trommel, ein Akkordeon, manchmal auch einen Dudelsack. Wenn die Lesezeit naht, wandern sie bis zu fünfzig Kilometer weit über die Hügel — alte Männer und junge Mädchen, alte Frauen und junge Burschen; ihre Habe tragen sie in Bündeln auf dem Kopf. Jeden Morgen, wenn sie zur Arbeit aufbrechen, führen die Musikanten den Zug mit den immer gleichen lebhaften Melodien an. All ihre Wege legen sie in Prozessionen zurück und all ihr Tun wird von Musik begleitet. Abends, wenn die Männer in den »lagares« arbeiten, tanzen die Frauen und Mädchen nach den Melodien, die sie den ganzen Tag über auf den Feldern gehört haben.

Die Weinbereitung

Das Dourogebiet befindet sich, wie so viele Weinbaubezirke, in einem Übergangsstadium. Die alte Methode der Weinbereitung ist zwar noch die häufigste, doch die größten und besten Firmen gehen immer mehr zu modernen Verfahren über, die den Ablauf der Weinlese von Grund auf ändern.

Die alte Methode war folgende: man brachte die Trauben in die »lagares« hinunter und schüttete sie in riesige Steintröge, in denen spät abends Männer und Jungen sie stundenlang mit bloßen Füßen bearbeiteten. In den niedrigen, von Laternen erleuchteten »lagares«, die von den berauschend süßen Dünsten der Gärung und dem Gesang alter Lieder erfüllt waren, faßten sich die Männer unter und traten die knöcheltiefe purpurne Masse. Das pausenlose Stampfen der Füße preßte jeden Tropfen Farbe aus den Schalen und brachte die Gärung in Gang. Der Wein gärte dann in den »lagares«, bis man ihn durch eine Rinne in die bereitgestellten Fässer leitete, die bereits zu einem Viertel Weinbrand enthielten.

Nach den neuen Verfahren unterbleibt das Zertreten ganz. Die Trauben werden von Männern und Mauleseln auf dem Rücken von den Feldern hereingebracht und sofort in die Mühlen geschüttet, die sie zerquetschen und entstielen. Von dort pumpt man die Maische in große Zementbehälter, die erst nach zwei Tagen bis oben hin gefüllt sind. Während dieser Zeit hält man den Most kühl, um ein vorzeitiges Beginnen der Gärung zu verhindern. Erst wenn der Behälter voll ist, wird er verschlossen, und nach kurzer Zeit entwickelt sich genügend Wärme darin, die die Gärung auslöst. Das bei der Gärung freiwerdende Gas drückt durch eine Vorrichtung den Most durch ein Rohr an die Oberfläche des Behälters, von wo er dann wieder auf den Tresterhut zurückfällt. Die Zirkulation des Weines durch eigene Kraft hat die gleiche Wirkung wie das Zertreten: der gesamte Farbstoff wird aus den Schalen gepreßt.

Wenn der Zucker in der Masse zur Hälfte vergoren ist, das heißt, wenn der Wein einen Alkoholgehalt von etwa acht Prozent erreicht hat, wird er aus den Behältern in die bereitgestellten Fässer geleitet.

In den Dörfern bedienen sich die Bauern noch der alten Methode. In den großen »quintas«, die den Portweinhändlern gehören, wendet man bereits das neue Verfahren an. Jede Flasche Portwein enthält nach jeder dieser beiden Methoden bereiteten Wein. Die Händler stellen nur einen kleinen Teil der Menge her, die sie eigentlich benötigen. Den Rest Wein kaufen sie, oft auf Grund langfristiger Verträge, von den Bauern, die für diese Firmen arbeiten.

Oporto

Der beste Portwein gedeiht im Dourotal und seinen Seitentälern hoch über dem Nebenfluß Corgo. Von hier sind es achtzig bis hundert Kilometer hinunter bis Oporto, der Stadt, die dem Wein seinen Namen gibt. Die offizielle Definition für Portwein lautet: »Wein, der über Oporto versandt wurde.« Das bedeutet, daß der Wein erst zum echten Portwein wird, wenn er sein Land verläßt. Hier zeigt sich einmal deutlich die Bedeutung des Exporthandels, denn in Portugal selbst wird kaum Portwein getrunken.

Die Firmen haben ihre Lager nicht unmittelbar in Oporto, sondern auf der anderen Seite des Douro, über eine Brücke erreichbar — es sind weitläufige Hallen, in denen die Weine altern und verschnitten werden.

Die Reise flußabwärts

Der junge Wein wird im Frühjahr den Fluß hinunter in die Lager gebracht, wo er etwa zwei Jahre bleibt, wenn es ein Jahrgangs-Portwein ist, oder zwanzig bis dreißig Jahre, wenn es ein Tawny werden soll. Die Fahrt flußabwärts wurde früher auf schönen Booten, den »barcos rabelos«, zurückgelegt, die heute untätig an den Quais vor Anker liegen, denn die Eisenbahn hat sie verdrängt. Die Reise im Frühling den reißenden Douro hinunter war ein gefährliches und erregendes Erlebnis. Lange, wie Wikingerboote aussehende Schiffe, mit viereckigen Segeln und sechs Mann mit langen Rudern, beförderten ein Dutzend großer Fässer, von denen jedes fast fünfhundert Liter Wein enthielt. In einigen Schluchten, wo der Fluß sich zu einer schmalen Rinne verengt, stürzen die Wasser in Stromschnellen drei bis vier Meter tief hinunter. Die Bootsleute mußten den Bug des Schiffes genau auf den Wasserfall hin ausrichten. Dann schossen sie wie in einem Lift, von einer Gischtfontäne eingehüllt, abwärts.

Ein paar kleinere Schiffe verkehren noch heute auf dem Fluß, aber die Zeiten, in denen sie die einzige Transportmöglichkeit für den Wein aus dem Hochland ins Tal boten, sind vorbei. Auch müssen die Händler nicht mehr über die Berge reiten, um zu ihren Weinbergen zu gelangen. Als die Eisenbahn kam, wurden die Schiffer aufsässig, tranken den Wein und füllten die Fässer mit Flußwasser auf. Dennoch ist noch etwas von dem harten Leben übriggeblieben, das früher unmittelbar mit der Portweinerzeugung zusammenhing, ein wenig von dem Nervenkitzel »den Douro hinab«.

Die Weinlager Die Weinlager von Vilanova de Gaia, der Weinvorstadt von Oporto auf dem gegenüberliegenden Flußufer, erinnern in ihrer Atmosphäre an die spanischen Sherrybodegas. Es sind langgestreckte dämmrige Gebäude, in denen die Sonnenstrahlen den ganzen Tag über die alten rohen Balken und die endlosen Reihen der Fässer wandern. Die Luft ist erfüllt von dem schweren Duft des Weines, der in ungeheuren Mengen in den Eichenfässern reift. Während die Bodegas typisch spanisch sind, sind die Weinlager von Oporto in keiner Weise charakteristisch für Portugal. Sie könnten Teil einer englischen Brauerei sein; die meisten Firmennamen sind übrigens englisch: Cockburn, Taylor, Graham, Croft, Sandeman, Dow, MacKenzie, Offley, Warre, Delaforce.

Das Verkosten und Mischen nimmt kein Ende. Die Direktoren, in weißen Mänteln, müssen einen konstanten, unveränderten Vorrat von mindestens einem Dutzend verschiedener Sorten in unterschiedlichen Preislagen auf Lager haben. Die Kunst des Mischers besteht darin, unter Hunderten von leicht differierenden Fässern Qualität und Preiswürdigkeit auf dem entsprechenden Niveau zu halten, sie zu ordnen und aufeinander abzustimmen.

Fast der gesamte Portwein wird in Fässern, die nahezu fünfhundert Liter Wein fassen, zur Flaschenabfüllung in die jeweiligen Länder verschickt.

Wann trinkt man Portwein? Die Trinkgewohnheiten sind in allen Ländern verschieden, denn sie hängen unmittelbar mit den Eß- und Tischgewohnheiten zusammen. In England wird Portwein beispielsweise als Dessertwein nach einem reichhaltigen Essen gereicht, während man in Deutschland — entgegen jeder kulinarischen Sitte — Portwein vor dem Essen kredenzt. Vom deutschen Standpunkt aus hätte Portwein also eigentlich viel weiter vorn in diesem Buch behandelt werden müssen.

336

Besser ist es jedoch, Portwein zwischen den Mahlzeiten zu trinken, vielleicht am späten Vormittag, wenn man Besuch hat, oder am späten Nachmittag nach Büroschluß als Dämmerschoppen oder »sundowner«. Der Grund dafür ist, daß Portwein wegen seines Zuckergehaltes unmittelbar vor dem Essen den Appetit nicht fördert, sondern eher zügelt, ganz im Gegensatz zum Sherry.

Auf keinen Fall sollte man sich zu streng an alte Regeln halten; man kann einen Jahrgangs-Portwein in einem bequemen Sessel ebenso genießen wie am Eßtisch. Es gibt ja auch wundervolle Tawny-Portweine, die manchen Menschen besser schmecken als Jahrgangs-Portwein. Ihre Leichtigkeit und Geschmeidigkeit kann man angenehm nach einem Kaffee genießen — viel besser jedenfalls als die dickflüssigen pompösen Liköre.

Portweinähnliche Weine

AUSTRALIEN WALTER JAMES SCHREIBT in seinem interessanten Buch »Wein in Australien«: »Der Portwein bildet zusammen mit süßem Sherry und Muskateller das schreckliche Dreigestirn des australischen Weinhandels.« Ein Großteil der australischen Süßweine wird rasch und ohne Sorgfalt für einen anspruchslosen Markt produziert.

SÜDAFRIKA Die südafrikanischen Tawny-Portweine reichen näher an die portugiesischen heran, obwohl ihnen immer ein gewisses Rosinenaroma eigen ist, das dem echten Portwein fehlt. Einige der Tawny-Portweine sind so hell, daß man sich kaum vorstellen kann, daß sie wie Portwein von roten Trauben stammen.

Die Hermitage-Sorte aus Südfrankreich wird in Südafrika auch zur Herstellung eines süßen, dunklen Weines verwendet, den man nach dem Essen trinkt. Dieser Wein hat beachtlichen Portweincharakter und einen leicht rosinenartigen, kaum spürbar bitteren Geschmack.

KALIFORNIEN Kalifornische Weinhersteller dürfen die Bezeichnung *Portwein* genauso wie *Sherry* oder *Champagner* verwenden. Die gleichen Probleme, die sich beim australischen Portwein erheben, gibt es auch bei den meisten kalifornischen Portweinen, doch in einigen Ausnahmen entstehen wirklich feine Dessertweine durch fachgerechte Weinbereitung. Ein sehr guter kalifornischer *Portwein*, allerdings in einer überaus häßlichen rosa Flasche in Herzform, wird von Paul Masson hergestellt. Ficklin ist die renommierteste kalifornische Firma auf diesem Gebiet, die ihren Ruf vor allem einem Wein, der nach der Traube *Tinta Madeira* benannt ist, verdankt.

Madeira

IM LAUF DER ZEIT hat der Madeira seinen Platz abwechselnd vor dem Essen, dann nach dem Essen und später wieder vor dem Essen gehabt. Seine passionierten Anhänger trinken ihn zu jeder Zeit gern. Manche erwarten etwas sehr Süßes und sind erstaunt, daß er nicht so ist, andere meinen, er sei trocken, und wundern sich, daß er doch ziemlich süß ist. Das kommt daher, daß es Madeira in sämtlichen Spielarten gibt.

Der Geschmack   Charakteristisch für alle Madeiraweine ist zunächst einmal ein leicht gebrannter, rauchiger Karamelgeschmack, der zwar sehr fein ist, jedoch den ganzen Wein durchdringt. Weiterhin hat Madeira eine leicht angedeutete Säure. Er ist niemals honigsüß, sondern läßt immer einen Hauch Säure spüren, den er auch nicht verliert. Üppigkeit und Strenge sind in vollkommener Weise gegeneinander abgewogen. Schon der Duft des Madeira ist reizvoll: zuerst ist er fruchtig und schwer, dann folgt ein Anflug von Rauchigkeit. Dieser Wein überrascht immer wieder und vermittelt in einem einzigen Glas eine Vielzahl von Eindrücken.

Die Madeiras, die man nach dem Essen trinkt — im Grunde eignen sich alle dafür — sind vor allem *Boal* (oder *Bual)* und *Malmsey (Malvasier)*, die süßeren von den vier Sorten, die im Handel sind. Früher fand noch eine Traube Verwendung, die dem Wein den Namen *Terrantez* gab, jedoch heute tragen nur sehr alte Flaschen noch diesen Namen. *Terrantez* war ein mittelsüßer Madeira. Ab und zu findet man alte Flaschen (sie müssen hundert Jahre alt sein und werden immer noch auf einigen Weinlisten geführt) mit den Bezeichnungen anderer Traubensorten, vor allem *Tinta* und *Bastardo* manchmal auch mit dem Ortsnamen wie *Cama de Lobos* oder *Campanario*. Tinta- und Bastardotrauben werden noch heute angebaut, ihre Weine dienen als Verschnittweine für Madeira, und sie erscheinen deswegen nicht mehr auf den Etiketten. Nur die vier Edelsorten Sercial, Verdelho, Bual und Malvasier werden für so gut erachtet, daß
Malvasier   man Madeira nach ihnen benennt. *Malvasier* war der erste und bekannteste Madeirawein. Der Name der Traube stammt von der Stadt Monemvasia auf dem Peloponnes; daraus wurde Malvasia, im Englischen Malmsey.

In der Geschichte gibt es oft seltsame Zufälle: So wurde der Herzog von Clarence, dessen Titel sich von Glarentsa ableitet, einem Gerücht zufolge auf Betreiben Richards III. in einem Bottich mit *Malvasier* ertränkt. Sowohl Glarentsa wie auch Monemvasia sind Städte in demselben wilden Gebiet Griechenlands.

Malvasier ist schon immer der seltenste und kostbarste Madeira gewesen, der üppigste, süßeste und bukettreichste seiner Art, dessen Reben äußerst schwierig zu ziehen sind. Im allgemeinen ist er dunkler, dickflüssiger und voller im Aroma als alle übrigen Madeiras, die man auch ohne weiteres vor dem Essen trinken kann. *Malvasier* jedoch ist auf jeden Fall ein Wein für nach dem Essen. In all seinen Eigenschaften ist er dem Portwein und dem Cream-Sherry vergleichbar. Es ist merkwürdig, daß all diese Weine, die in relativ hohem Alter getrunken werden, einerseits starke Unterschiede aufweisen, andererseits aber gerade im Alter auch sehr viele gemeinsame Eigenschaften entwickeln. Es kann einem passieren, daß man einen fünfzig Jahre alten Cream-Sherry trinkt in der Meinung, es sei ein Madeira.

Boal

Boaltrauben ergeben einen blasseren, goldfarbenen Wein von weicher, zarter Qualität. *Boal* hat mehr Rauch- und weniger Honiggeschmack als *Malvasier*. Beide schmecken gut zum Kaffee nach dem Essen. Ausgezeichnet, wenn auch ungewöhnlich, ist ihre Verbindung mit Cremespeise, Kuchen oder auch Himbeeren mit Sahne.

Andere schwere
Süßweine

DIE KLASSE DER DESSERTWEINE scheint mitunter der Platz für hoffnungslose Fälle zu sein, für Weine also, die nach kurzer Glanzzeit vergessen auf irgendwelchen Regalen ihr Dasein fristen, weil niemand das Herz hat, ihnen den Todesstoß zu versetzen. Das Schlimmste ist, daß man sie als Kochweine betrachtet. Einer Madeirasoße kann man ebensooft begegnen wie dem Madeira selbst. Marsala ist, außer im Schaum der »zabaglione«, gänzlich unbekannt. Und wo sieht man schon den armen Málaga?

Der Madeira steht noch am höchsten im Kurs, und die Zahl seiner Bewunderer steigt wieder. Dennoch ist er nicht mehr der Wein von einst, als er alle Rivalen bei abendlichen Essenseinladungen ausstach.

Marsala, im ausgehenden achtzehnten Jahrhundert in England noch ein starker Konkurrent des Sherry, hatte seine große Chance, als Nelson fünfhundert Fässer dieses Weines für die Flotte bestellte, erlangte um die Mitte des neunzehnten Jahrhunderts außerordentlich große Beliebtheit, doch schon gegen Ende des Jahrhunderts wurde er in Karaffen auf die Büfetts kleinbürgerlicher Haushalte verbannt.

Málaga, dessen Name einst stolz auf silbernen Karaffenschildern prangte, ist nicht einmal mehr auf den Listen der Weinhändler — wo der Marsala immerhin noch als Kochwein geführt wird — zu finden.

Jedoch werden diese Weine immer noch für einen begrenzten Käuferkreis hergestellt, und sie lassen mit dem Alter nicht nach. Weder Málaga noch Marsala werden jemals eine Renaissance erleben, doch lohnt es sich, sie zu versuchen und auf sie zurückzukommen, wenn man einmal etwas anderes trinken möchte. Da sie außer Mode sind, ist ihr Preis außerordentlich günstig. Der feinste *Virgin Marsala* kostet zum Beispiel ebensoviel wie ein zweitklassiger Sherry und ist in der Qualität genauso gut wie ein erstklassiger.

Marsala

Der Geschmack Marsala ist im Geschmack einem alten Sherry nicht unähnlich, hat dabei aber etwas von dem Karamelaroma des Madeira. Er wird auf ähnliche Weise hergestellt wie Sherry und Madeira. John Woodhouse, der Engländer, dem der Marsala zu verdanken ist, scheint von den Herstellern der beiden anderen Weine viel gelernt zu haben. Das Verfahren, durch das er die Weine aus Westsizilien für den englischen Markt akzeptabel machte, richtet sich unverkennbar nach den beiden älteren für Sherry und Madeira.

Die Heimat des Marsala Die Stadt Marsala macht alles andere als einen paradiesischen Eindruck. Sie liegt in einer unfruchtbaren Ebene an der Westküste Siziliens, in einer Gegend, die wegen ihrer Gewalttaten und ihrer Unsauberkeit berüchtigt ist. Partinico ist der Name eines Ortes im Weinbaugebiet, und er hat einen höchst unangenehmen Ursprung. In römischer Zeit lautete er Pars Iniqua, was sich mit »Abfallhaufen« übersetzen ließe.

Die Bereitung Woodhouse erkannte jedoch, daß man in dieser Gegend eine Konkurrenz zum Sherry produzieren könnte. Er verfuhr bei der Weinbereitung nach folgendem Prinzip: ein Teil des Traubenmostes wurde gekocht, ein anderer Teil aufgespritet, um die Gärung zu unterbrechen und den Wein süß zu erhalten. Dann setzte man den einfachen, jedoch stark alkoholhaltigen weißen Landweinen des Gebiets verschiedene Anteile dieser gekochten oder süßen Weine zu, wie die Spanier dem Sherry süßende oder färbende Weine zusetzen. Da der Wein, wie auch der Sherry, natürlich trocken war, konnte man ihm jeden gewünschten Süßegrad geben. Heute wird er in drei Klassen hergestellt. *Virgin* hat die beste Qualität, ist am wenigsten gesüßt und auch am teuersten. Er kann wie ein alter Olorososherry sein: trocken, mit leichtem Nußaroma, ausgeprägt in Duft- und Geschmacksstoffen. Die zweite Klasse ist unter dem Namen *Garibaldi* (nach dessen Landung in Marsala) oder auch als *Colli* (Hügelwein) bekannt. Die dritte heißt *Italia* und wird im allgemeinen zum Kochen verwendet. Die Firma Ingham Whittaker, die zweite der drei Marsalafirmen, stellt einen *Colli* her, der ein ausgesprochenes Backaroma hat und im Duft an eine gute Fleischbrühe erinnert. Er ist zwar viel süßer als *Virgin*, aber immer noch nicht süß. Als Zutat zu klaren Suppen und Consommés eignet er sich übrigens viel besser als Sherry. *Virgin Marsala* ist ein Wein, den man zur Suppe trinken sollte — auch hierzu schmeckt er besser als der bekanntere Sherry.

Außerdem gibt es noch den *Marsala all'uovo*, einen süßen Marsala, der, mit Eiern gemischt, eine zähe gelbe Mixtur ergibt. Auch auf Mallorca wird ein ähnliches Produkt hergestellt, das völlig klar ist, angenehm schmeckt, aber nicht zu den Weinen, sondern eher zu den Likören gerechnet werden muß.

Obwohl der Marsala hier unter den Dessertweinen aufgeführt ist (weil man ihn immer für einen Süßwein hält), liegt seine Zukunft wahrscheinlich in seiner Rolle als wirklich köstlicher Aperitif.

Málaga

Die Stadt
Málaga

Málaga ist von ähnlicher Beschaffenheit wie der Marsala, hat jedoch eine längere Geschichte. Zum Teil wird er aus der Pedro-Ximénez-Traube hergestellt, die auch zum Süßen von Sherry Verwendung findet. Es gab eine Zeit, in der er ebenso bekannt war wie Sherry, doch erwies sich die Nachfrage nach erstklassigem Sherry, der Vielfalt, Delikatesse und andere hervorragende Qualitäten bietet, schließlich als stärker.

Der Hafen von Málaga liegt nicht weit von Gibraltar entfernt und zwar östlich davon, also in entgegengesetzter Richtung zu Jerez. Die Spezialität Málagas ist heute ein verhältnismäßig alkoholarmer, gespriteter und teilweise gekochter Wein, teils süß, teils halbsüß, von dunkelgoldener oder brauner Farbe, der aus Pedro-Ximénez- und Muskatellertrauben gewonnen wird. Er kostet etwa die Hälfte eines guten Portweines. Der beste Málaga, unter dem Namen *Lágrima* bekannt, wird nicht exportiert.

Commandaria

Commandaria ist der Marsala aus Zypern: der charakteristische, starke Originalwein. Während der Marsala jedoch vor weniger als zweihundert Jahren zum ersten Mal bereitet wurde, stammt der Name des Commandaria von dem zyprischen Distrikt, den die Tempelritter verwalteten, nachdem sie ihr Land 1191 Richard Löwenherz abgekauft hatten. Der Wein existiert seit mindestens tausend Jahren, wenn er auch vielleicht nicht immer den gleichen Namen trug. Heute noch verfahren einige Bauern in den für ihren Commandaria bekannten Bergdörfern — Kalokhorion, Zoopiyi und Yerasa — nach derart antiquierten Methoden, um ihren Wein altern zu lassen (sie vergraben ihn in irdenen Krügen in der Erde), daß man sich unwillkürlich in die Zeit Homers zurückversetzt fühlt.

Keo

Der so behandelte Commandaria gelangt nicht in den Export. Keo, die zyprische Weinfirma, die angeblich die Hälfte des gesamten Weinertrags der Insel aufkauft, wendet ganz andere Verfahren an. In Limassol, dem Sitz der Firma, wurden die Amphoren durch Betonbehälter ersetzt. Was immer der Commandaria zur Zeit der griechischen Helden dargestellt haben mochte — heute ist er ein ziemlich charakterloser, dunkler Süßwein, die Spezialität Zyperns, aber nicht sein bestes Produkt. Sicher könnten die Winzer in den Bergen einen ganz anderen Tropfen bereiten, jedoch ist die beste Reklame für den heutigen Commandaria nur sein niedriger Preis.

Cream-Sherry

Wann trinkt man süßen Sherry?

Die süßesten Sherry-Sorten, die *Creams* und *Browns,* werden selten nach dem Essen getrunken. In den USA empfiehlt man Cream-Sherry zum Kaffee. Doch sollte man sie nicht zum Kaffee, sondern vorher oder nachher trinken. Die beiden Geschmacksrichtungen vertragen sich nicht.

Wenn man nach dem Essen gern Nüsse knabbert, empfiehlt sich auch einmal ein süßer Sherry dazu oder, falls man ihn bekommt, ein ungesüßter, alter Oloroso an Stelle von Portwein. Süße Sherrys werden auch oft von Menschen, die trockenen Sherry ablehnen oder ihn noch nicht versucht haben, als Aperitif getrunken.

Nicht-spanische Sherrys

Wir wollen uns hier nicht weiter bei den nicht-spanischen Sherrys aufhalten, sondern nur erwähnen, daß es mehr süße als trockene darunter gibt und daß Zypern viele Sherrys dieser Art herstellt. Sie werden, wie die Süßweine und »Portweine« Australiens und Südafrikas, mehr im Winter zum Aufwärmen getrunken.

Samos und Mavrodaphne

Samos, aus der Muskateller- und Fukianotraube gekeltert, und Mavrodaphne gehören mit 12—18 Prozent Alkohol zu den schweren Süßweinen. Guter Samos unterscheidet sich von billigen Nachahmungen im Handel durch den Zusatz *Insel Samos.* Wie alle griechischen Weine ist er besonders preiswert. Man trinkt ihn gekühlt zwischen den Mahlzeiten oder an Stelle von Likör zum Kaffee.

Leichte Süßweine

DAS GRUNDPROBLEM bei der Süßweinbereitung besteht darin, daß die Zuckermenge im Most jenen Organismen Widerstand leistet, die den Zucker in Alkohol umwandeln. Bei gespriteten Weinen erhält man den Zuckergehalt durch Zusatz von Weinbrand aufrecht. Ein anderes Verfahren beruht auf der Konzentration des Saftes in der Traube, wodurch der Wasseranteil in der Zukker-Wasser-Mischung des Traubensaftes verringert wird. Die Hefen werden durch die hohe Zuckermenge unterdrückt, wie es auch bei der Marmeladeherstellung der Fall ist.

In warmen Ländern führt man diese Konzentration dadurch herbei, daß man die Trauben zum Trocknen aufhängt oder sie in die Sonne legt. Ob nun in der Sonne oder im Schatten — sie werden zu Rosinen. Erst wenn sie den entsprechenden Grad an Trockenheit erreicht haben, werden sie gekeltert und angegoren.

In feuchten und in nördlichen Ländern ist diese Methode nicht möglich. Die Trauben können nur an den Reben richtig reifen. Es gibt jedoch eine Art Fäule, die sie unter bestimmten Voraussetzungen befällt und etwa die gleiche Wirkung hat.

Edelfäule (Pourriture noble)

Der unschön aussehende Schimmelbelag, der dem Winzer so wertvolle Dienste leistet, heißt Edelfäule, im Französischen »pourriture noble«, im Ungarischen heißen die von der Edelfäule befallenen Beeren »aszú«. Diese Art Fäule tritt in guten Jahren im Sauternesgebiet, in Deutschland und Ungarn auf. Läßt man die Trauben so lange an den Reben, bis sie überreif sind, bildet sich auf ihren Schalen eine häßlich aussehende Schicht, die die Schale aufbricht und sich im Saft festsetzt, während der Zuckergehalt der Traube ständig steigt. Zum Zeitpunkt der Lese sind die Beeren süß wie Honig, und alle Elemente, alle Spuren von Säuren, Ölen und Mineralen, die ihnen Geschmack und Aroma verleihen, konzentrieren sich zu einer Quintessenz reifen Traubensaftes, aus dem der Wein bereitet wird.

Der Wein aus diesen geschrumpften Beeren ist intensiv süß und extrem aromatisch. All seine Grundeigenschaften treten verstärkt hervor. Die Bereitung

345

ist mühevoll, denn die Trauben schrumpfen nicht alle gleichzeitig. Die Pflücker müssen den Weinberg immer wieder durchkämmen und nur die Trauben auswählen, die schon das richtige Stadium erreicht haben. Fritz Hallgarten erzählt in seinem Buch »Rheinland — Weinland« von einem Fall, in dem hundert Pflücker zwei Wochen brauchten, um auf einer nur drei Hektar großen Parzelle genügend Beeren für dreihundert Liter Most zu sammeln. Der Wein mit dem höchsten Süßegrad, der in Deutschland erreicht wurde, war ein 1920er *Steinberger* aus dem Rheingau, von dem jede Flasche ein Pfund Zucker enthielt.

Trockenbeeren-auslesen

Man nennt diese Art von Weinen Trockenbeerenauslesen, da sie aus separat gekelterten, vollreifen, edelfaulen, rosinenartig geschrumpften Beeren gewonnen werden. Beerenauslesen dagegen sind Weine, deren Trauben sorgfältig aus überreifen und edelfaulen Beeren guter Lagen aussortiert und unmittelbar nach der Ernte gesondert gekeltert werden. Im Gegensatz zu den Trockenbeerenauslesen sind sie jedoch nicht so stark rosiniert.

Zu den französischen Weinen dieser Kategorie gehören die mit Châteaux-Namen bezeichneten Spitzengewächse aus Sauternes und der benachbarten Gemeinde Barsac. Der ungarische Wein dieser Klasse heißt Tokajer.

Sauternes und seine angrenzenden Gebiete

Der Preis

DIE SAUTERNES ODER HAUT-SAUTERNES werden auf recht mühsame Weise bereitet. Nur die edelsten Gewächse, die genau wie die roten Bordeauxweine unter den Namen ihrer Châteaux bekannt sind, verdienen einen solchen Aufwand. Sie gehören zum Besten was man auf einer Weinliste zu einem erschwinglichen Preis finden kann. Während die deutschen Gewächse dieser Art sehr teuer sind, kostet ein hervorragender Sauternes von einem der besten Châteaux nur etwa das Doppelte eines einfachen Weines, der lediglich mit *Sauternes* etikettiert ist. Das Preisverhältnis zwischen einem einfachen *Johannisberger* und einer *Schloß Johannisberger* Trockenbeerenauslese beträgt dagegen mindestens zehn zu eins. Allein der *Château d'Yquem* ist weitaus teurer als seine Mitbrüder. Er kostet normalerweise doppelt soviel wie sein nächster Rivale — ob er immer doppelt so gut ist, mag dahingestellt bleiben.

Die übrigen Sauterneskreszenzen dagegen gehören zu den am wenigsten bekannten Spitzenweinen der Welt. Das mag daran liegen, daß der Sauternes zur Zeit zwar ein beliebtes, jedoch kein Modegetränk ist. Der einfache Sauternes findet starken Absatz, während die Nachfrage nach den Hochgewächsen gering ist, obwohl sie, wie schon erwähnt, nur doppelt soviel kosten.

Es besteht zum Beispiel ein viel größerer Unterschied zwischen einem *Château d'Yquem* und einem einfachen Sauternes als zwischen einem *Château Lafite* und einem einfachen Pauillac. *Château Lafite* gehört zur gleichen Weinsorte wie der Pauillac, nur ist er viel besser. *Château d'Yquem* unterscheidet sich grundsätzlich vom einfachen Sauternes. Der Durchschnittswinzer in Sauternes kann es sich nicht leisten, seine Pflücker immer wieder in den Weinberg zu schicken, er muß seine Trauben auf einmal ernten. Deshalb wartet er, bis sie vollreif sind und hofft auf eine bestimmte Edelfäule; dann pflückt er sie und keltert sie alle zusammen. Der Wein hat zwar einen bestimmten Süßegrad, ist aber noch nicht süß genug. Er erreicht nicht von allein den Punkt, an dem Alkohol und Zucker zusammen die Fortsetzung der Gärung verhindern. Also muß sie künstlich durch einen Zusatz von Schwefel unterbrochen werden, der die Hefe betäubt. Auf diese Weise hat der Wein natürlich weder den Alkoholgehalt noch den Süßegrad der Edelgewächse. Er ist eigentlich überhaupt kein Dessertwein, sondern ein Tischwein, eine süße Alternative zum weißen Graves. Als Tischwein ist er ja auch sehr beliebt und bekannt. Einfachen Sauternes und die herrlichen Weine der Châteaux, die sich um Yquem scharen wie die Planeten um die Sonne, sollten nicht miteinander verwechselt werden.

Sauternes ist das südlichste Gebiet innerhalb des weitläufigen Weinlandkomplexes Bordeaux. Verglichen mit den benachbarten Landschaften ist es ein hügeliges Land, im Verhältnis zum Gravesbezirk ist es klein. Es reicht von seinen niedrigen Hügeln hinab bis zur Garonne, wo der Fluß auf seinem Weg von den Bergen nach Westen zum Meer hin eine Biegung in nördlicher Richtung macht und sich Bordeaux zuwendet. Wenn dieses Gebiet überhaupt einen Schwerpunkt hat, dann ist es das verträumte Städtchen Langon, das gerade außerhalb seiner Grenze liegt. Langon hat einen sehr sehenswerten Platz, wo dichtgepflanzte Platanen Schatten spenden, doch im ganzen ist es ein wenig einladender Ort.

Château d'Yquem   Das Hauptziel der »Pilgerfahrten« in Sauternes ist das Château Yquem, das sich auf seinen Etiketten aus irgendeinem Grund Château d'Yquem nennt. Es ist wohl das eindrucksvollste von allen Châteaux in Bordeaux, denn es ist eines der wenigen wirklichen Schlösser. Im Mittelalter stellte man es nüchtern auf einen Höhenrücken, im siebzehnten Jahrhundert wurde es bewohnbar — doch alles andere als luxuriös —, und erst im zwanzigsten Jahrhundert entstand die perfekte Symmetrie der Rebzeilen, die wie in einer endlosen Prozession hügelan ziehen.

Der Eingang von Yquem wird von furchterregenden dänischen Doggen in einem Zwinger bewacht, die gezückte Fotoapparate ebenso gewöhnt sind wie die Wachen vor dem Buckingham-Palast.

In Yquem geht jedes Stadium der Weinbereitung mit äußerster Genauigkeit vor sich, und diese Art von Akribie ist kostspielig. Der Wein wird mit der gleichen liebevollen Sorgfalt bereitet, die auf die Herstellung eines Rolls-Royce verwendet wird. Es heißt, dieser Ort sei der einzige, wo sämtliche Gerätschaften zur Weinbereitung ausnahmslos aus Holz bestünden, selbst die komplizierten beweglichen Teile der Keltern, damit der Wein niemals mit Metall in Berührung kommt und der Geschmack dadurch nicht beeinflußt wird. Hier entsteht — davon ist man in Yquem überzeugt — der beste Süßwein der Welt, und diese Tatsache wird kaum jemand leugnen. Man scheut keinerlei Mühe. Das Ergebnis ist selbst in schlechten Jahren — nicht in ganz schlechten, wenn kein Wein unter dem Namen des Château verkauft wird — ein erstaunlich gehaltvoller und frischer Wein. Er ist so schwer, daß er sich im Mund fast wie Sahne anfühlt, und doch widerstrebt er einem nicht — sein Bukett und Aroma sind so intensiv, daß man immer wieder daran schnuppert und einen Schluck nimmt.

Der Marquis de Lur-Saluces, Besitzer von Yquem und eine der distinguiertesten Persönlichkeiten von ganz Bordeaux, ist der Meinung, sein Wein passe zu den verschiedenartigsten Gerichten. Man kommt sich wie ein alberner Schmeichler ihm gegenüber vor — er ist über achtzig Jahre alt, ein seit zwei Generationen hochangesehener, gebildeter Mann und großer Gourmet —, wenn man ihm versichert, sein Wein sei überhaupt zu gut für irgendeine Mahlzeit, er dürfe nur für sich selbst getrunken werden. Der Marquis selbst trinkt ihn gerne zur »foie gras« (Gänseleber). Er empfiehlt ihn auch zu Hummer, und man kann nicht behaupten, daß er in diesem Punkt unrecht hat. Und doch sollte man diesen Wein nach — oder besser noch vor — allem anderen langsam, ohne irgend etwas dazu, genießen, nicht einmal mit einem Pfirsich oder mit Weintrauben, wie manche es empfehlen. Seine Ausgewogenheit ist vollkommen; warum also noch Säure hinzufügen, die selbst ein vollreifer Pfirsich besitzt? Der Wein allein ist so viel besser als irgendeine Obstsorte.

Barsac

Yquem ist der absolute Höhepunkt aller Sauternes, aber man sollte deshalb die anderen doch nicht übersehen. Mitunter kommen ihm die benachbarten Châteaux in ihrem Reichtum ganz nah. Die Namen der *Châteaux Climens* und *Coutet* gehören zu den bekanntesten dieser Art von Sauternes, obwohl sie streng genommen Barsacs sind, das heißt, sie stammen aus der nördlich an Sauternes angrenzenden Gemeinde Barsac. Sie dürfen sich entweder *Barsac* oder *Sauternes* nennen, wie es eben zweckmäßig ist. Der Unterschied zwischen beiden ist sowieso sehr gering. Der Barsac ist vielleicht nicht ganz so gehaltvoll und süß, hat eine nicht ganz so geschmeidige Struktur, die durch Glyzerin hervorgerufen wird und den Sauternes in guten Jahren auszeichnet. Ein Sauternes aus einem schlechten Jahr ist jedoch auf jeden Fall trockener als ein Barsac aus einem guten.

Climens ist oft eine Spur delikater und rassiger als *Coutet*, beide werden im Niveau einzig und allein vom *Yquem* übertroffen, und doch bringen sie nur den halben Preis. Die *Châteaux Doisy-Védrines*, *Doisy-Daëne*, *Doisy-Dubroca*, *Caillou*, *Nairac* und *Broustet* gehören alle zu den Barsacs der zweiten Klasse.

Sauternes

Sauternes selbst umfaßt vier Orte, die — ebenso wie Barsac — sich alle *Sauternes* nennen dürfen. Dazu gehören: Sauternes selbst, Bommes, Fargues und Preignac. Man kann nicht sagen, daß ein Ort bessere Weine hervorbringt als die anderen, mit einer Ausnahme: in Sauternes selbst steht das Château d'Yquem.

Neben Yquem gibt es in Sauternes die *Châteaux Guiraud* und *Filhot*, *Château d'Arche*, *Château Lamothe* und *Château Raymond-Lafon*. Filhot ist deshalb erwähnenswert, weil es zur Zeit — wie auch Yquem selbst — den Versuch unternimmt, in schlechten Jahren einen trockenen Sauternes zu bereiten. Der trockene Wein aus Yquem heißt *Ygrec*, zu deutsch: Ypsilon. Diese trockenen Sauternes sind feine, hocharomatische Weine, die viel von der samtigen Geschmeidigkeit des echten Sauternes haben, doch können sie, was Fülle und Delikatesse anlangt, nicht mit dem Original-Süßwein verglichen werden.

Bommes

Château Rayne-Vigneau

Die besten Kreszenzen von Bommes sind die *Châteaux Rayne-Vigneau*, *Lafaurie-Peyraguey* (auch ein imposantes Schloß), *Rabaud-Promis*, *Rabaud-Sigalas* und *La Tour-Blanche*. Im Jahre 1925 geschah auf Château Rayne-Vigneau etwas Außergewöhnliches. J. R. Roger schreibt darüber in seinem Buch »The Wines of Bordeaux«:

»Der glückliche Besitzer, Vicomte de Roton, der sich bereits einen Namen als Literat und begabter Künstler gemacht hatte, gab die Entdeckung einer großen Menge wertvoller Steine in seinem Weinberg bekannt. In kurzer Zeit wurden mehr als zwölftausend Steine gesammelt, unter denen sich Kostbarkeiten befanden, die sich mit den schönsten ihrer Art aus Brasilien, Peru, Madagaskar und Arizona messen konnten. Da gab es Achate, Opale, Saphire, Amethyste, Chalzedone, Jaspis, Onyx, Sardonyx, Karneol. Mehr als zweitausend dieser Edelsteine wurden geschliffen und sind heute in der Sammlung von Monsieur de Roton zu sehen. Karneole in schmelzenden Farben neben ungarischen Opalen, deren irisierendes Feuer im Mondglanz weißer Saphire flackert. Neben dem Nordlicht des kalten Chalzedons reflektieren Amethyste und Sardonyxe, die lohfarbene Flamme des Topas und der unstete Glanz ungeschliffener Steine die Strahlen der untergehenden Sonne.« Niemand konnte erklären, wie die Steine ausgerechnet in den Boden von Rayne-Vigneau kamen.

Preignac,
Château De-Malle

Die Weine von Preignac sind die am wenigsten süßen unter den Sauternes. *Château Suduiraut* ist hier der einzige große Name. Das Château De-Malle in Preignac ist wohl das schönste Gebäude der ganzen Gegend. Seit Jahrhunderten gehört es einem Zweig der Familie Lur-Saluces, den Bournazels. Es ist überhaupt eines der reizvollsten kleinen Châteaux in Frankreich, ein niedriges, stilles Gebäude, dessen Flügel einen Hof umschließen, um dann in zwei runden Türmen zu enden. Der Garten und die Räume scheinen im siebzehnten Jahrhundert stehengeblieben zu sein. Es ist, als gäbe es in Malle keine andere Jahreszeit als den Herbst — alles ist walnußfarben: die Fensterläden,

Fargues

die Blätter und das Moos auf den Statuen. In Fargues wiederum gibt es eine Lage, die an alle Sauternes außer Yquem heranreicht: *Château Rieussec*. Auch *Château Romer-Lafon* und *Château de Fargues* sind bekannt.

Sainte-Croix-du-Mont und Loupiac

Das Gebiet der sauternes-ähnlichen Weine ist hier nicht zu Ende. Genau gegenüber von Sauternes auf der anderen Flußseite bringen die Bezirke Sainte-Croix-du-Mont und das benachbarte Loupiac in guten Jahren ausgezeichnete Süßweine hervor. Man trifft selten Gewächse mit eigenen Namen aus dieser Gegend, doch im allgemeinen sind sie erstaunlich hochwertig. Ein alter *Sainte-Croix-du-Mont* ist unter Umständen von einem Spitzen-Sauternes kaum zu unterscheiden. Andererseits gibt es nicht viele gute Châteaux, auf die man sich verlassen kann, oder Namen, die auch auf Weinlisten erscheinen, also muß man diese Weine immer »auf Verdacht hin« kaufen.

Sainte-Croix-du-Mont

Loupiac

Bei Loupiac ist die Situation ähnlich; es hat auch seine eigene Appellation Contrôlée, jedoch wird der Wein dieser Gegend selten exportiert. Beide Bezirke liegen innerhalb des größeren Gebiets der Premières Côtes de Bordeaux, das sich vom Knie bei Sauternes das ganze Ostufer der Garonne bis hinauf zur Stadt Bordeaux auf dem anderen Flußufer erstreckt. Die Namen von einem oder zwei Orten der Premières Côtes werden gelegentlich auf Weinlisten geführt, obwohl sie keine eigenen Benennungen haben. *Capian, Cadillac, Langoiran* sind mitunter zu finden. Die Premières-Côtes-Weißweine sind eher den Graves als den Sauternes vergleichbar.

Cérons

Der Bezirk von Cérons schließlich liegt nördlich von Sauternes und Barsac; die Weine stehen im Charakter zwischen Sauternes und Graves, sie sind nie so süß wie ein guter Sauternes, doch gehören sie zu den süßesten Gravesweinen. Dessertweine werden sie in jedem Fall in ausgesprochen guten Jahren. Die Gemeinden Podensac und Illats sind in den Bezirk Cérons mit einbezogen, obwohl sie auch unter ihren eigenen Namen auf Weinlisten geführt werden. Alle drei — Cérons, Podensac und Illats — haben das Recht, sich *Graves* zu nennen, genau wie Barsac und Bommes sich *Sauternes* nennen dürfen. Da ihre Namen selten auf Etiketten erscheinen, kann man annehmen, daß sie dieses Vorrecht oft in Anspruch nehmen.

Podensac, Illats

Monbazillac

Obwohl der süße goldene Wein von Monbazillac bei Bergerac außerhalb des Bordeauxgebietes, etwa achtzig Kilometer von Bordeaux das Dordognetal hinauf gedeiht, ist er dem Sauternes nahe verwandt. Beim *Monbazillac* kommt das Muskataroma, das im Sauternes überhaupt nicht mehr spürbar ist, obwohl er einen kleinen Teil Muskatellertrauben enthält, etwas deutlicher heraus. Er ist zwar absolut kein Muskatellerwein, doch in Blume und Geschmack spürt man eine Andeutung von Moschus. Leider läßt man diesen Wein selten lange

Les Eyzies   genug altern. Das bekannte Hotel Le Cromagnon in Les Eyzies im oberen Dordognetal, wo die Felsen von den Höhlenwohnungen der Menschen aus prähistorischer Zeit durchsetzt sind, hat — oder hatte jedenfalls vor einigen Jahren — eine Auswahl dreißig bis vierzig Jahre alter *Monbazillacs*. Einige waren tiefgolden, andere fast braun, und die meisten zeigten, daß der Wein, der in jungen Jahren nicht mehr als angenehm ist, mit der Zeit zu einem edlen Tropfen werden kann.

Wann und wie trinkt man Sauternes?

Das richtige   Sauternes hat eine Eigenschaft mit rotem Bordeaux gemeinsam: je besser er
Alter   ist, desto haltbarer ist er auch; er verbessert sich sogar noch auf der Flasche und profitiert durch Einlagerung. *Château d'Yquem* bleibt ohnehin drei Jahre im Holz, da sein Ausbau erst nach dieser Zeit abgeschlossen ist. Er kommt also erst vier bis fünf Jahre nach der Lese auf den Markt. Dann ist er trinkfertig — gewissermaßen. Er ist zwar schon hervorragend, wird aber später noch besser. In diesem Alter ist er strohgolden, sehr alkoholhaltig und vital, intensiv und ausgeprägt in Duft- und Geschmacksstoffen, mit höherem Alter jedoch vertieft sich das Gold, am Ende spielt es ins Braun hinüber, doch lange davor schon leuchtet es wie das Gold eines wertvollen alten Ringes. Das Bukett scheint noch mehr Blumigkeit und Würze in sich zu bergen. Es lohnt sich also, einen guten Sauternes bis zu zwanzig Jahren einzulagern — eigentlich kann man ihn gar nicht zu lange lagern. Wenn man zwei gute Jahrgänge zur Auswahl hat, sollte man immer den älteren nehmen.

Temperatur   Die Bordeaux-Experten sind der Ansicht, daß der Sauternes sehr kalt serviert werden sollte — je besser und süßer, desto kälter. *Château d'Yquem* wird um einige Grade kälter kredenzt als die übrigen. Im allgemeinen soll man den Fachleuten nicht widersprechen, aber es gibt Weinliebhaber, die hier eine gegenteilige Ansicht vertreten: je besser ein Weißwein, desto weniger Kühlung ist notwendig. Der englische Autor dieses Buches trinkt den *Château d'Yquem* in der gleichen Temperatur wie den ebenbürtigen *Montrachet*: sehr kühl. Wenn er so kalt ist, daß das Glas beschlägt, verbirgt er seinen Adel. Das kann man übrigens leicht nachprüfen. Legen Sie eine Flasche in den Kühlschrank, bis sie wirklich kalt ist. Schenken Sie sich ein Glas davon ein. Prüfen Sie das Bukett des Weines und verkosten Sie ihn. Wärmen Sie dann das Glas eine Zeitlang in

Ihren Händen. Wenn der Wein wieder Kellertemperatur erreicht hat, zeigt er seine eigentliche Intensität und Harmonie. Jetzt treten all seine Qualitäten deutlich hervor. Einen *Yquem* in Eis stellen, heißt ihn vergeuden. Hat man allerdings einen nicht so wertvollen oder einfachen Sauternes, lassen sich seine Mängel verdecken, wenn man ihn mit Martini-Temperatur serviert.

Imitationen   Der Name Sauternes ist von vielen Ländern, jedoch ohne Erfolg, übernommen worden. Die geliehene Bezeichnung wird oft falsch, und zwar »Sauterne«, geschrieben, was den Vorteil hat, daß man die Imitation vom Original leicht unterscheiden kann. In Australien, Spanien und vielen anderen Ländern ist der sogenannte *Sauternes* einfach die süße Ausgabe des Weißweins der Gegend; die trockene heißt *Chablis*. Diese Bezeichnungen haben keinerlei Berechtigung. Das Produkt hat selten auch nur die entfernteste Ähnlichkeit mit Sauternes. Es mag seine eigenen Qualitäten haben, wobei es allerdings völlig unlogisch ist, warum es sich dann mit fremden Federn schmückt.

Deutsche Süßweine

Trockenbeeren-auslesen, Preis

DIE TEUERSTEN WEINE, die normalerweise — abgesehen von Versteigerungen alter Kellerbestände und großer Raritäten — auf den Markt kommen, sind die deutschen Trockenbeerenauslesen. Sie erzielen oft den doppelten Preis eines *Château Lafite* oder *Romanée-Conti* oder den drei- bis vierfachen Preis eines *Château d'Yquem*. Eine Flasche mit einem solch edlen Tropfen kann ohne weiteres 200 DM kosten.

Der Grund für diesen außerordentlich hohen Preis liegt zum Teil in der Seltenheit dieser Weine, denn sie können nur in geringen Mengen hergestellt werden, zum Teil aber auch in den ungeheuer hohen Herstellungskosten, von denen weiter vorne bereits gesprochen wurde.

Kostbarkeiten dieser Art werden nur auf den allerbesten Weingütern hergestellt, wo der Besitzer weiß, daß das Ergebnis den Aufwand lohnt, und auch hier nur in guten Jahren. Es ist allgemein üblich, daß die Trauben von den verschiedenen Teilen der Gemarkung, die an verschiedenen Tagen gepflückt werden, während des ganzen Bereitungsprozesses getrennt voneinander behandelt werden (falls in genügender Menge vorhanden), so daß der Käufer seinen Wein unter den verschiedenen Fässern und unter den zu verschiedenen Zeiten gelesenen Trauben auswählen kann. Im allgemeinen steigen die Preise mit der jeweils höheren Faßnummer, da die Trauben dann einen entsprechend höheren Reifegrad besitzen.

Grundsätzlich läßt sich sagen: Der Wein ist um so besser, je süßer er ist, unter der Voraussetzung, daß es sich um eine natürliche Süße handelt. Alle Bemühungen sind auf möglichst reife Trauben und möglichst süßen Wein ausgerichtet. Die besten deutschen Weine werden nach diesem Grundsatz bereitet, wodurch sie von vornherein eine besondere Art von Süße erhalten; sie sind also eher Dessertweine als Tischweine, wenn auch das nicht ganz zutrifft. Derart wertvolle Weine, das braucht man wohl kaum zu betonen, trinkt man nicht zum Essen; in schweigender Ehrfurcht nippt man daran und läßt auch die Nase mitgenießen — jederzeit, es muß auch nicht unbedingt nach dem Essen sein. Die ideale Gelegenheit wäre ein sonniger Morgen oder ein warmer Abend auf

einer der herrlichen Terrassen, die die Weinberge an Rhein und Mosel über-
blicken oder, wie ein dem achtzehnten Jahrhundert stark verbundener Herr
einmal bemerkte: Diese Weine sollte man auf einem Aussichtsturm aus goldenen Kelchen trinken. Wie dem auch sei — es sind Weine, die man um ihrer
selbst willen trinkt. Dabei ist ihr Alkoholgehalt nicht einmal besonders hoch.
Die süßesten unter ihnen haben oft die Hälfte des üblichen Prozentsatzes, doch
die Intensität des Aromas verpflichtet zu langsamem und bedächtigem Genießen.

Wir brauchen hier nicht noch einmal all die Hügel und Täler von Mosel,
Saar und Ruwer, des Rheingaus, Rheinhessens und der Pfalz aufzuzählen, die
uns diese köstlichen Auslesen schenken. Immer kommen sie von den bekanntesten Weingutsbesitzern und den besten Lagen (siehe Kapitel »Die Weißweine
Deutschlands«, Seite 120 ff.).

Eiswein   In guten Jahren sind alle edlen Weine, angefangen von der Spätlese über
die Auslese, die Beerenauslese und die Trockenbeerenauslese so süß, daß man
sie, wie gesagt, nicht zum Essen, sondern für sich trinken sollte. Es gibt jedoch
noch eine letzte Kategorie — eher eine Kuriosität als aus kommerzieller Überlegung entstanden: den Eiswein. Er wird aus Trauben gewonnen, deren Saft
noch an den Rebstöcken durch den Nachtfrost gefroren wurde. Die Trauben
müssen früh am Morgen gepflückt und in noch gefrorenem Zustand ins Kelterhaus gebracht werden. In diesem Fall findet die Lese erst Anfang Januar statt.
Der Sankt-Nikolaus-Wein wird um den 6. Dezember, der Silvester-Wein am
Neujahrstag bereitet. In letzter Zeit werden diese Weine häufiger hergestellt
als früher, vor allem in den Jahren 1962, 1965 und 1970, als die Winter streng
waren. Sie sind sehr ausgeprägt in Duft- und Geschmackstoffen, jedoch fehlt
ihnen die liebliche Samtigkeit einer Trockenbeerenauslese.

Solche Weine können nicht allzulange gelagert werden, obwohl das Alter
an sich ihnen nicht schaden kann. Sehr alte Kreszenzen sind außerordentliche
Raritäten, denn die Kosten der Einlagerung kann nur ein Multimillionär bezahlen. Die noch vorhandenen 1921er, 1937er, 1947er und 1949er sind heute
überragend. Kein Wein erinnert so an Blumen und Honig, wenn man von der
Strenge des Honigs absieht.

Der Tokajer

EINE ZEITLANG hat es so ausgesehen, als geriete der Tokajer unter jene legendären Edelweine, die es nicht mehr gibt. Der Name ist fast einem jeden von uns geläufig. Sein Ruf als Aphrodisiakum und als Getränk, das Menschen sozusagen vom Tode auferweckt, hat sicherlich dazu beigetragen, daß sein Name heute noch lebendig ist.

Essenz

Von allen Weinen wurde gerade dieser mit der größten Sorgfalt hergestellt, um ein optimales Resultat zu erzielen. Tokajer Essenz — ein Wein, der aus dem Saft überreifer, rosinierter Ausbruchstrauben gewonnen wird, also das Feinste vom Feinen — war, mehr noch als die deutschen Trockenbeerenauslesen, die Quintessenz von Reife und Süße; der Preis war natürlich dementsprechend märchenhaft hoch.

Heutzutage ist reine Essenz überhaupt nicht mehr zu bekommen. Sie wird lediglich zum Verschnitt verwendet. Die Spitze hat man zwar dem übrigen Niveau angeglichen, doch alle anderen Tokajer werden aus Prestigegründen so gut wie eh und je bereitet. Sie sind immer noch teuer, und der beste kostet so viel wie ein alter Jahrgangs-Portwein oder der beste Champagner.

Die Heimat des Tokajer

Das Tokajer Gebiet umschließt die Hänge vulkanischer Hügel, die sich hundertfünfzig Kilometer nördlich von Budapest nahe der tschechisch-ungarischen Grenze aus der Ebene erheben. Tokaj ist das Zentrum.

Die Traube

Die Traube des Tokajer ist der Furmint. Er gedeiht in verschiedenen Gegenden Ungarns, doch sonst in keinem anderen Land. Er ist die Grundlage für herrlichen weißen Tischwein. Sein Aroma ist unverkennbar und der Duft überaus intensiv. Man sagt dieser Traubensorte nach, sie verbinde die Düfte von Mehlkraut, Akazienblüte und Lindenblüte. Außerdem hat der Tokajer einen wundervollen Karamelgeschmack.

Szamorodni

Der beste Tokajer ist auch der süßeste. Der billigste, der etwa halb so viel kostet wie der beste, ist trocken und heißt *Tokaji Szamorodni*. Szamorodni ist der polnische Ausdruck für »wie es gerade kommt« (die Polen sind die größten Kenner von Tokajer). Dieser Wein wird auch tatsächlich weder nach einem speziellen Verfahren noch aus einzeln gepflückten edelfaulen Trauben hergestellt, sondern das gesamte Lesegut des Rebgartens wird normal gelesen und gekeltert. Der besondere Duft und Geschmack des Furmint sind zwar vorhanden, doch der Wein ist trockener; er eignet sich als Aperitif. Es gibt auch einen süßen *Szamorodni* — süß im Vergleich zum trockenen, aber immer noch trocken im Vergleich mit dem besten Tokajer, der als Aszú oder Ausbruch bekannt ist.

Aszú   Aszú ist das Äquivalent zu den großen Sauternes. Für ihn werden nach dem gleichen Verfahren nur edelfaule Trauben auf mühevolle Weise gepflückt. Bei der Bereitung des Tokajer wendet man allerdings eine ganz spezielle Methode an: normal reife Trauben werden wie üblich gekeltert und der Most in kleine Fässer, die sogenannten »gonci« geleitet; die Aszútrauben dagegen kommen gesondert in große offene Bütten, die »puttonyos«. Am Ende der Lese, und das ist oft erst Anfang Dezember — häufig sieht man die Pflücker auf den Tokaji-Hügeln durch den Schnee stapfen —, wird der Saft, der sich bereits durch das Eigengewicht der Beeren auf dem Boden der Bütten gesammelt hat, abgefüllt. Das ist die berühmte Essenz. Die Ausbruchstrauben werden dann in der Bütte zerstampft und bleiben darin, bis sich ein Brei aus Hülsen, Saft und Kernen gebildet hat. Bei den Trauben, die bis zur Edelfäule an der Rebe belassen werden, verschwinden die Hülsen beim Zerstampfen praktisch vollkommen, so daß eine teigige Masse entsteht. Die »puttonyos« mit der Maische werden daraufhin zu dem einfachen Saft in den »gonci« geschüttet. Der Wein ist süßer oder weniger süß, besser oder einfacher, je nachdem, wie viele »puttonyos« beigegeben werden. Deshalb sind auf einem Tokajeretikett hinter dem Namen immer drei, vier oder fünf »putts« (die Abkürzung für »puttonyos«) angegeben. Der Preis richtet sich nach der Anzahl der Bütten. Heutzutage gibt man kaum mehr als fünf hinzu. Ein fünfbuttiger Tokajer ist im Augenblick offiziell der beste.

Die Ausbruchstrauben bringen nicht nur Süße mit, sondern alle Duft- und Geschmacksessenzen in starker Konzentration. Die Zersetzung der Traubenschalen durch die Fäule ergibt einen hohen Gehalt an Säuren, Ölen und Glyzerin, der dem Wein eine weiche, cremige Struktur verleiht. Eben diese Struktur und der Geschmack werden bei allen so hergestellten Weinen — Tokajer, Sauternes und Trockenbeerenauslesen — besonders gerühmt.

Aszúweine werden natürlich nicht jedes Jahr bereitet.

Alter Tokajer   Das Altern geht beim Tokajer anfangs langsam vor sich. Durch die extreme Süße schleppt die Gärung sich zögernd dahin. Der Wein gärt im Faß sporadisch weiter, vor allem im Frühjahr (früher sagte man, er beginne seine Arbeit wieder aus Sympathie zu dem in den Rebstöcken aufsteigenden Saft), wenn sich das warme Wetter auf Kellertemperatur und Feuchtigkeit auswirkt. In dem berühmten Weinhandelshaus Fukier in Warschau, das noch in unserem Jahrhundert einen Tokajer aus dem Jahr 1606 führte, dem noch Dutzende von Jahrgängen aus dem siebzehnten und achtzehnten Jahrhundert folgten, stellte man fest, daß dieser sehr alte Wein noch nach vielen Jahren auf der Flasche im

Frühjahr leicht zu gären begann. Im Hause Fukier war es seltsamerweise üblich, nach jahrhundertelanger Erfahrung den Tokajer nicht liegend zu lagern wie alle anderen Weine, damit der Kork nicht austrocknet, sondern stehend. Der Korken einer jeden Flasche im Keller wurde alle sechs Jahre ausgewechselt, um das dem Wein schädliche Einschrumpfen zu vermeiden.

Tokajer, der große Wein Osteuropas, hat eine so faszinierende Geschichte, daß man nur zu gerne berichtet, daß ein eigener Einkäufer des Zaren sich ständig im Produktionsgebiet aufhielt und daß die gekrönten Häupter sich den Tokajer gegenseitig zum ganz persönlichen Geschenk machten. Franz Joseph pflegte der Queen Victoria zu jedem Weihnachtsfest einige Flaschen dieses kostbaren Weines zu schicken.

Temperatur   Es ist ein Fehler, den Tokajer vor dem Servieren allzu stark zu kühlen. Manche Menschen sehen es zwar gern, wenn ihr Sauternes das Glas beschlägt, und wahrscheinlich halten sie es mit dem Tokajer genauso. Beide verlieren jedoch etwas von ihrem Bukett und ihrem Charakter, wenn sie sehr kalt sind. Am vorteilhaftesten wirkt sich die Temperatur kühlen Brunnenwassers aus. Tokajer sollte im Mund nicht wie ein Schock wirken, sondern leicht und frisch wie Quellwasser. Außerdem sollte man den Tokajer »kauen«, damit man das Aroma des ungarischen Herbstes, der goldenen Tage, die schon die ersten Nachtfröste bringen, und den Hauch des ersten Schnees auf den Bergen wirklich intensiv spürt.

Die Muskateller

U<small>NTER ALLEN</small> T<small>RAUBENARTEN</small>, die zu Wein verarbeitet werden, hat eine ihren eigenen, unverwechselbaren Platz: der Muskateller. Die Traube selbst ist als die schmackhafteste unter den Tafeltrauben bekannt. Im gesamten Mittelmeerraum wird sie zur Weingewinnung herangezogen — in Spanien, Italien, Afrika, Griechenland mit seinen Inseln, in Portugal, jedoch auch in Rußland und Kalifornien.

Der Name »Muskateller« ist wahrscheinlich von dem italienischen »moscato« abgeleitet, was Moschusgeruch bedeutet. Moschus ist das Drüsensekret verschiedener männlicher Tiere, durch dessen Duft die Weibchen angelockt werden. Es findet unter anderem in Verbindung mit Alkohol bei der Parfümherstellung Verwendung. Daneben kommt dieser spezielle Duft außer in Trauben in vielen aromatischen Melonen, Äpfeln und Birnen, sogar Rosen vor.

Muskatweine haben verschiedene Bezeichnungen: *Moscato, Muskateller, Muscadelle* oder *Muscadine*. Wahrscheinlich sind die Weine, genau wie alle anderen, von Ort zu Ort verschieden, obwohl die ihnen gemeinsame Blume derart ausgeprägt ist, daß es sich schwerlich sagen läßt, ob der jeweilige Wein süßer oder trockener, stärker oder nicht so stark, mehr oder weniger delikat, besser oder schlechter ist. Die besten Muskateller stammen aus Portugal, aus Südfrankreich, den Inseln um Sizilien und von der Krim.

Setúbal

Portugal stellt wohl den besten Muskatwein her; er ist gespritet, dunkel und stark alkoholhaltig. Sein Name ist *Setúbal*.

Setúbal liegt unmittelbar südlich von Lissabon. Wenn man den Ort heutzutage von Lissabon aus erreichen will, überquert man den Tejo über eine Hängebrücke, eine der längsten der Welt, während man früher eine viel zu kurze Fahrt auf einem kleinen Dampfer zwischen den Fischerbooten mit ihren

359

großen Segeln machte und die Hügel und Kirchen von Lissabon kleiner und kleiner werden sah. Nach weiteren dreißig Kilometern über die Arrabidberge hinüber gelangte man schließlich nach Setúbal. Heute ist es vor allem eine Industriestadt. Die Rebgärten erstrecken sich entlang der Straße nach Lissabon und westlich entlang des Verbindungsweges zum Fischerhafen Sesimbra.

Der Ruf Setúbals beruht auf seinem süßen schweren Wein — dem Portwein unter den Muskatellern —, ein optimales Konzentrat des Traubengeschmacks, die Quintessenz aromatischer Tafeltrauben.

Setúbal ist ein goldbrauner Wein, der in sehr hübschen bauchigen Flaschen mit leuchtend blauen Etiketten angeboten wird. Man kann ohne weiteres zehn bis fünfzehn Jahre alten *Setúbal* kaufen — je älter, desto besser ist er; er verbessert sich ständig. Wie der Madeira wurde auch der *Setúbal* zuweilen den Schiffen als Ballast mitgegeben, damit er von der Erschütterung und der tropischen Hitze profitierte. *Torneviagem*-(Zurück-von-einer-Reise-)*Setúbal* ist heutzutage rar, aber es existieren immer noch einige sehr alte Flaschen, die wirklich exquisit sind. Im Alter ist der Wein nicht mehr so eckig wie in der Jugend, und er entwickelt neben dem Muskatduft ein erstaunlich subtiles, fast geranienartiges Bukett.

Setúbal ist ein gespriteter Wein. Der Zucker wird durch das gleiche Verfahren wie beim Portwein erhalten. Zusätzliche Duftstoffe werden aus den Schalen gewonnen — selbst die Schale der Muskatellertraube ist parfümiert —, indem man sie während der Gärung im Wein aufweichen läßt. Dadurch ist in diesem Wein das herrliche Aroma so ausgeprägt erhalten wie in keinem anderen.

Setúbal schmeckt am besten zu einem einfachen, ziemlich süßen Kuchen. Er ist viel preiswerter als die besten Cream-Sherrys. Er könnte jedoch dank der Qualität und seines Charakters zu einem allseits beliebten Getränk werden.

Französische Muskateller

Frontignan

Der bekannteste unter den vielen französischen Muskatellern kommt aus Frontignan an der Mittelmeerküste nicht weit nördlich der Pyrenäen. Er ist gewöhnlich unter dem Namen *Frontignac* im Handel.

In Frontignan wird eine besondere Muskatellertraube angebaut, die dem Wein eine ausgesprochene Delikatesse, aber auch eine intensive Süße gibt; man kann nicht mehr als ein Glas davon trinken. *Frontignac* ist nur so weit aufgespritet, daß er gerade fünfzehn Prozent Alkohol enthält, wodurch er in die offizielle Klasse der »vins de liqueur« (genau wie Portwein) gehört. Sein Alkoholgehalt liegt damit übrigens weit unter dem des Portweins.

Lunel, Rivesaltes

In Lunel und Rivesaltes werden ähnliche Weine hergestellt, die zwar auch bekannt sind, sich jedoch in der Delikatesse nicht mit einem fast unbekannten

Muskateller messen können, der nördlich von Châteauneuf-du-Pape in einem
Städtchen mit dem merkwürdigen Namen Beaumes-de-Venise bereitet wird.
Muscat de Beaumes-de-Venise ist nicht gespritet und daher auch weniger
stark und süß. Er besitzt neben dem Muskataroma die Ausgewogenheit eines
Loireweines, ist sanft und verlockend und steht in der Mitte zwischen süß und
trocken. Sein Aroma ist weniger aufdringlich und dafür interessanter, doch
leider ist er selten im Handel zu finden.

*Beaumes-de-
Venise*

Die Muskateller Siziliens und der benachbarten Inseln

Die Muskateller Siziliens und der umliegenden Inseln erinnern in ihrem Geschmack stark an Rosinen. Sie alle werden aus sonnengetrockneten Trauben
bereitet, in denen der Zucker sirupartig konzentriert ist. Der wohl bekannteste
dieser Weine kommt von der kleinen Insel Pantelleria.

Pantelleria

Syrakus und Noto auf Sizilien sind beide für ihre Moscatos berühmt. Der
Wein aus Syrakus ist der älteste, von dem überhaupt etwas überliefert ist. Er
wurde zum erstenmal im Jahre 700 v. Chr. bereitet, als Rom noch aus einer
Gruppe kleiner Ortschaften bestand. Syrakus bietet auch noch heute dieses
Bild. Man hat das Gefühl, es existiere schon seit Anbeginn aller Zeiten. Im
Geist ist es immer noch eine Metropole, eine der wichtigsten Städte der griechi-
schen Welt, wenn es auch inzwischen nur noch die Bedeutung eines kleinen
Hafens hat. Einst war die Einwohnerzahl zehnmal so hoch wie heute. Der
Wein, der damals getrunken wurde — einer der wenigen, die seit dem Altertum
gleichbleibend anerkannt sind — war Moscato.

Syrakus

Noto bietet ein völlig anderes Bild als Syrakus, obwohl es nur einige Kilometer entfernt liegt. Es ist ein merkwürdiges Miniatur-Rom, eine Stadt, die sich
aus wenigen gigantischen Barockgebäuden zusammensetzt, deren hohe zinnen-
bewehrte Mauern nur hier und da von einer reich verzierten Fassade unterbrochen werden — der Außenwand einer Kirche, denn die Mauern bergen Klöster.
Der Moscato aus Noto ist jedoch von dem aus Syrakus nicht zu unterscheiden. Offenbar hatten Heiden und Christen den gleichen Grund, diesen Wein nach dem
Essen zu trinken.

Noto

Die Krim

Die Krim scheint zunächst einmal eine ungewöhnliche Gegend für einen erstklassigen Muskateller zu sein, aber so merkwürdig ist sie eigentlich gar nicht. Edward
Hyams schreibt in seinem »Dyonisus«, Geschichte der Rebe, daß die Griechen im

361

sechsten Jahrhundert v. Chr. die ersten Weingärten auf der Krim anlegten. Natürlich lag es nahe, daß sie die Setzlinge ihrer Lieblingsrebe, die angeblich aus Byblia in Thrazien stammt, in ihrer Kolonie in Syrakus und ihrer Handelsniederlassung auf der Krim anbauten. Diese Lieblingsrebe scheint der Moscato gewesen zu sein.

Massandra

Ein Muskateller von der Krim, der *Massandra*, ist sicher einer der weichsten, delikatesten und besten seiner Art; er ist süß, erinnert ein wenig an den *Frontignac*, übertrifft ihn aber noch.

Auf dem deutschen Markt gibt es zwar kaum noch Krimweine, der Krimsekt jedoch ist ziemlich populär geworden. Sein Geschmack weist zweifellos auch auf Muskatellertrauben hin, er ist für deutsche Zungen betont wenig süß.

Andere Muskateller

Die Verwendung der Muskatellertraube bei der Bereitung anderer erstklassiger Weine wurde bereits an anderen Stellen dieses Buches besprochen. Sie liefert, wie erwähnt, den ausgezeichneten Schaumwein aus Asti in Italien und außerdem den delikaten Elsässer Muskateller — wohl der einzige wirklich trockene Wein, der aus dieser Traube gewonnen wird. Die Muskatellertraube spielt eine geringfügige Rolle bei der Sauternesbereitung, und man trifft sie überall in Italien unter dem »nom de guerre« *Aleatico* an. In Spanien liefert sie einen Bestandteil des Málaga.

In anderen Gegenden verwendet man sie hauptsächlich zur Herstellung unbekannter Süßweine.

Passiti

Die dritte Methode, die Süße eines Weines zu erhalten, ohne daß Weinbrand zugesetzt wird oder eine sich lang hinziehende Spätlese stattfindet, ist in Italien, in der Schweiz und in gewissem Umfang auch in Frankreich und Spanien verbreitet. Der Sammelname für diese in Italien hergestellten Weine dieser Art ist »vino passito« oder auch »vino santo«. Dieses Verfahren sieht vor, daß man die Trauben pflückt, wenn sie reif sind, und dann an einem trockenen Ort aufhängt, wo sie bis zur Kelterung schrumpfen und rosinieren.

In fast ganz Italien wird Wein auf diese Weise hergestellt, und zwar viele Moscatos und ihre nahen Verwandten, die Aleaticos (aus einer roten Muskatellertraube). Der *Caluso* aus Piemont, der *Sfursat* aus der Lombardei und die bekanntesten unter ihnen, die »vinsanti« der Toskana, sind »passiti«.

Sie sind alle süß, und das natürliche Traubenaroma wird durch den Geschmack der Rosine intensiviert und ein wenig überdeckt. Auf einer Reise durch Italien sollte man die örtlichen Dessertweine unbedingt probieren. Sie sind im allgemeinen viel besser als die Liköre aus den jeweiligen Gegenden.

»vins de paille«

In der Schweiz findet man ähnliche Weine unter dem Gattungsnamen »vin flétri« an; in Frankreich heißen sie »vins de paille« (Strohweine). Man breitet die Trauben auf Strohmatten entweder in der Sonne oder im Winter in einem geschlossenen Raum aus, damit sie trocknen.

Der bekannteste »vin de paille« wird im Jura bereitet. Die beliebteste Sorte wird unter dem Markennamen *Grange aux Ceps* verkauft. Auch diesen Wein sollte man nach dem Essen trinken, wenn man sich einmal in der Gegend aufhält; jedes Weingebiet hat eine Spezialität, die es für sich behält, und es lohnt sich immer, nach Neuigkeiten Ausschau zu halten.

Schaumweine
nach dem Essen

FRÜHER WURDE CHAMPAGNER ausschließlich nach dem Essen getrunken. Als jedoch die Industrie von Reims und Epernay am Anfang des neunzehnten Jahrhunderts zu wachsen begann, trank man Champagner auf Bällen, bei großen Abendessen und bei Festlichkeiten.

Süßer Champagner

Süßer Champagner einst...

Charles Dickens hat einmal gesagt, der Champagner habe seinen Platz »zwischen Federn, Gaze, Spitzen, Stickereien, Bändern, weißen Satinschuhen und Eau de Cologne als ein elegantes Zubehör des Lebens, die ein Kavalier in gehöriger Form und angemessenen Zeitabständen seiner Tänzerin offeriert«. Hier handelt es sich selbstverständlich um einen süßen Wein. Er wurde in seinen letzten Herstellungsstadien stark gezuckert. Vor allem die Russen, die die ersten großen Abnehmer für Champagner waren, tranken ihn am liebsten süßdickflüssig. Es heißt, daß sie ihn sogar mit Chartreuse versetzten.

...und heute

Süßer Schaumwein kam zu Beginn unseres Jahrhunderts völlig aus der Mode. Nicht aus Snobismus — wie viele Menschen glauben — entschied man sich für trockenen Schaumwein, sondern weil man feststellte, daß die Qualität des Weines, sein Bukett und seine Frische, seine Lebendigkeit und seine anregenden Eigenschaften, viel besser zur Geltung kommen. Auch in unseren Tagen krönt man noch gern ein festliches Essen mit nicht zu trockenem Champagner, der zur Eisbombe, zu Kuchen, Fruchtsalat oder Omelette surprise gereicht wird. Trockener Schaumwein ist zu herb in Verbindung mit einer gehaltvollen Süßspeise. Süßer Schaumwein dagegen schmeckt besser dazu. Es gibt keinen echten Champagner, der auf dem Etikett die Bezeichnung »süß« trägt. Entweder wird er »demi-sec« oder sogar »sec« genannt. Selbst »sec« ist noch süß im Vergleich zum normalen trockenen Schaumwein, der als »brut« etikettiert ist.

Süße Schaumweine

Sekt

Sekt hat in seiner süßen Version, die vor fünfzig Jahren noch außerordentlich beliebt war, jetzt kaum noch Freunde. Man strebt beim Kauf von Sekt immer mehr nach trockenen und herben Sorten, weil sie bekömmlicher sind. Der Sektindustrie ist diese Tatsache nur recht, denn von trockenen Sekten kann man mehr trinken, und man trinkt auch tatsächlich mehr davon. Trockene Sekte erfordern bessere Grundweine und sind daher teurer.

Asti Spumante

Das Ende einer Mahlzeit ist auch der rechte Augenblick für den *Asti Spumante*, den italienischen Schaumwein, der mehr oder weniger süß ist. Seine Honigsüße und sein Moschusduft vertragen sich besser mit Obst oder Eis als mit anderen Gerichten. Daraus könnte man vielleicht eine allgemeine Regel machen: Außerhalb der Essenszeit reiche man seinen Gästen zu süßem Schaumwein nicht die üblichen Canapés, Käsegebäck und Oliven, sondern kleine Makronen, süße Waffeln und Mandeln.

Zum Nach-
schlagen

Kleines Lexikon
der Fachausdrücke

Abbeeren ist das Abtrennen der Beeren von den Stielen vor der Kelterung, damit keine Gerbsäure in den Most gelangt.

Abfüllen wird das Füllen auf Flaschen genannt, wenn der Ausbau im Faß abgeschlossen ist.

Abgang ist die Nachhaltigkeit des Geschmackseindrucks, den der Wein beim Trinken hinterläßt. Abgang ist sehr begehrt.

Abgebaut hat ein Wein, wenn er seine Frische und Güte eingebüßt hat; er kann aber auch seine »Säure abgebaut« haben. Im großen und ganzen kein Kompliment für den Wein.

Abstich, auch Abzug, nennt man die Trennung des jungen Weines von der Hefe. Weine werden so oft abgestochen, bis sie klar bleiben, sich also keine Hefe mehr absetzt.

Adel hat ein großer und reifer Wein.

Adstringierend nennt man Weine, die ein zusammenziehendes Gefühl am Gaumen hinterlassen.

Äpfelsäure ist mit der Weinsäure ein Hauptbestandteil der geschmackbildenden Substanzteile des Weines.

Ätherische Öle bilden das besondere Bukett des Weines.

Alkohol · Der Gehalt an Alkohol ist bei Weinen sehr verschieden. In Deutschland beträgt er zwischen 9 und 12 Volumenprozent. Dessertweine (Südweine) haben bis zu 29 Volumenprozent. Alkoholzusatz ist bei deutschen Weinen verboten (Aufspriten).

Altern des Weines · Der Wein durchläuft je nach Güte eine kürzere oder längere Lebenszeit; wenn er seinen Höhepunkt überschritten hat, schmeckt er alt und firn (siehe *Firne*).

Amerikanerreben · Ein Sammelbegriff für Rebsorten amerikanischen Ursprungs, die gegen die Reblaus resistent sind; gilt auch für Kreuzungsprodukte dieser Rebsorten. Diese Reben werden als sogenannte »Unterlage« für die aufgepfropften edlen Europäerreben benutzt.

Anregend wirken Weine, die nicht zu schwer, nicht zu süß und nicht zu alkoholreich sind.

Aperitif ist ein appetitanregendes, häufig weinhaltiges Getränk, als Fertigprodukt in Flaschen erhältlich (zum Beispiel Picon, Martini, Cinzano, Cynar), in einigen Fällen jedoch auch ohne Weingehalt (Campari, Ricard).

Apfelwein ist ein weinähnliches Getränk aus Äpfeln, jedoch kein Wein im Sinne des Gesetzes. In Deutschland besonders in Frankfurt-Sachsenhausen beliebt, wo die Gaststätten selbst Apfelwein herstellen. In Frankreich wird Apfelwein Cidre, in England Cider genannt und zur Herstellung von Apfelbranntwein (Calvados) verwendet.

Aroma entsteht durch Stoffe, die einem Wein sein arteigenes Duft- und Geschmacksbild verleihen.

Art hat ein eleganter, lieblicher Wein mit Körper. »Dieser Wein hat Art« bedeutet, daß er für sein Anbaugebiet typisch schmeckt. Ist ein Kompliment.

Ausbau ist die Entwicklung des Weines, meistens im Faß, weniger und seltener in der Flasche. Ausgebauter Wein ist vollendet trinkfertig und trinkwürdig. Der Ausbau eines Weines ist seine Qualifikation für den Weinfreund.

Auslese · Für Ausleseweine werden nur gute, ausgereifte Beeren verwendet. Auslesen sind sehr begehrt. Das deutsche Weingesetz regelt die Bestimmungen der Auslesegewinnung.

Beerenauslese · Ausleseweine, die aus sorgfältig ausgelesenen, überreifen und edelfaulen Beeren nur guter Lagen gewonnen sind. Eine sehr hohe Qualitätsstufe. Neben der Süße erwartet man auch einen gewissen Anteil Säure, um den Wein harmonisch zu finden. Das deutsche Weingesetz regelt die Bestimmungen der Gewinnung.

Bissig nennt man Weine, bei denen eine spitze Säure dominiert.

Bitter bedeutet, daß der Wein zu herb schmeckt, er enthält zuviel Gerbstoff oder ist bakterienkrank.

Bitzler siehe *Federweißer*.

Blaß sind Rotweine mit wenig Farbstoff.

Blindprobe · Höchste Anforderung an einen Weinkenner, mit Hilfe von Zunge, Nase und Gaumen den Jahrgang und die Herkunft eines Weines zu erkennen, ohne das Etikett zu sehen.

Bocksbeutel · Besondere Flaschenform für Weine aus Franken und auch aus Baden und Portugal (Mateus Rosé).

Böckser · Unangenehmer Geruch und Geschmack nach Schwefelwasserstoff (faulen Eiern). Entsteht durch bakterielle Umsetzung und verschwindet meist mit der Entwicklung des Weines.

Bodengeschmack · Typischer Geschmack der Weine bestimmter Lagen oder Gemarkungen nach Schiefer, Keuper, Kies, Ton und so weiter. Gilt als Reinheitsmerkmal.

Bowle ist ein Getränk aus Wein mit Früchten oder Kräutern. Am beliebtesten sind Erdbeer-, Pfirsich-, Ananas- und Waldmeisterbowle.

Brandig bedeutet zu alkoholreich, nicht angenehm. Auch »heiß« genannt.

Bukett ist der Duft des Weines im charakteristischen Zusammenspiel der aromatischen Stoffe (Bukettstoffe). Zu vergleichen mit der Blume.

Bukett-Trauben · Rebsorten, die besonders duftreiche Weine hervorbringen, wie Müller-Thurgau, Morio-Muskat, Gewürztraminer, Ruländer.

Butte · Eimerartiges Gefäß zum Transport der Trauben bei der Lese auf dem Rücken.

Charakter · Die Summe aller Eigenschaften eines Weines, die von den Geruchs- und Geschmacksorganen wahrgenommen werden. Die Feststellung »der Wein hat Charakter« deutet auf einen herzhaften, kräftigen Geschmackseindruck hin.

Claretwein · Ein leichter französischer Wein aus roten Trauben, der ähnlich dem Südtiroler heller rot als der Burgunder ist. In Kalifornien, Australien und Südafrika werden Rotweine von lichter, heller Art ebenfalls *Claret* genannt.

Cuvée · Verschnitt verschiedener Weine bei der Sektherstellung. Auf diese Weise bleibt der Sekt über viele Jahre hinweg gleich, weil die Jahrgangsunterschiede durch die Kunst der Cuvéeherstellung nivelliert werden.

Deckweine sind meist ausländische Rotweine, die sich durch Farbintensität und Alkoholreichtum auszeichnen. Sie werden zum »Decken« den hellfarbigen Rotweinen zugesetzt, damit diese dunkler in der Farbe und kräftiger im Geschmack werden. Das deutsche Weingesetz untersagt in Zukunft dieses Verfahren für Qualitätsweine. Für Prädikatsweine bereits seit 1971 verboten.

Dekantieren ist das Abgießen des Weines von seinem Flaschendepot (siehe auch Depot), damit die Depotflocken nicht mitgetrunken werden. Dekantiert werden nur ältere Bordeauxweine, Portweine und einige Burgunder. Es hängt einzig vom vorhandenen Depot ab. Die Flasche wird gegen einen hellen Hintergrund mit vorsichtigen Bewegungen immer schräger gehalten, in eine Karaffe gegossen, bis sich am Flaschenhals die ersten Depotstücke (gegen den hellen Hintergrund, in dunklen Räumen auch gegen ein Kerzenlicht) zeigen. Der Rest in der Flasche geht zurück. Das Dekantieren von jungen Weinen oder solchen ohne Depot ist Unsinn, wie das Servieren in Rotweinkörbchen, die durch die Schräglage auch das Depot in der Flasche zurückhalten sollen.

Depot nennt man alle festen Bestandteile, die sich aus dem Wein in der Flasche absetzen. Da Rotweinflaschen liegend aufbewahrt werden, entsteht bei mehrjähriger Lagerung in der Flasche ein dunkler Depotstreifen. Das Depot muß beim Einschenken in der Flasche bleiben. Deshalb dürfen ältere Rotweinflaschen, etwa vom 5. Jahr auf der Flasche an, nur vorsichtig getragen und eingeschenkt werden, damit das Depot nicht aufgeführt wird. Dem

gleichen Zweck dienen die Rotweinkörbe, die die Flaschen schräg halten. In guten Restaurants werden die Weine aus alten Flaschen, meistens Bordeaux, bei denen durch den Gerbstoffgehalt das meiste Depot auftritt, vom Kellner in Karaffen umgefüllt.

Dessertweine sind Süßweine, die einen hohen Gehalt an Alkohol und Zucker haben (Málaga, Sherry, Portwein).

Diabetikerwein ist ein völlig durchgegorener Wein, der wegen seines Mangels an unvergorenem Zucker für Diabetiker geeignet ist. Das deutsche Weingesetz enthält die entsprechenden Bestimmungen.

Dick nennt man Weine mit großem Körperreichtum und hohem Gehalt an Restsüße.

Duft · Die Gesamtheit der Duftstoffe ist charakteristisch für den Wein und wird als zarte Blume bezeichnet.

Durchgegoren dürfen sich Weine nennen, die keinen unvergorenen Zucker mehr enthalten.

Edel nennt man einen besonders guten Wein. Es liegt im Ermessen der Winzer, ihren Wein zum Beispiel als Edelgewächs zu bezeichnen.

Edelfaul · Durch den Traubenschimmel *(Botrytis cinerea)* tritt bei überreifen Trauben die Edelfäule auf. Aus edelreifen Beeren dieser Art wird hochwertiger Wein erzeugt, dessen Mengenertrag jedoch gering ist. Der Edelfäulepilz läßt die Traubenschale porös werden, dadurch verdunstet ein Teil des Wassers und der Most wird somit konzentrierter. Diese dicken Moste geben höchste Weinqualität, die zum Beispiel als Trockenbeerenauslese hohe Preise bringt.

Edelreife, Edelsüße erreichen nur Weine aus besonders ausgereiften Trauben mit hohem Zuckergehalt.

Ehrlich sind Weine, die alle ihre Eigenschaften aufdecken (ein »grundehrlicher Tropfen«).

Einschwefeln dient der Gesunderhaltung des Weines und fördert die Klärung. Es wird schweflige Säure zugesetzt. Die Höchstmengen sind gesetzlich vorgeschrieben.

Eiswein · Hochwertiger Wein, der aus Trauben gewonnen wurde, die schon am Stock gefroren waren. Nur der nicht gefrierende Zuckersaft wird abgepreßt und vergoren. Das gefrorene Wasser bleibt im Rückstand. Eisweine müssen neben dem hohen Zuckergehalt auch einen harmonischen Säureanteil haben.

Elegant · Bezeichnung für reifen, aber doch nicht zu schweren, frischen Wein von harmonischer Art. Ein Kompliment für den Wein.

Entkeimung · Weine werden mit Hilfe von Entkeimungsfiltern von sämtlichen Kleinstorganismen befreit. Weine mit Restsüße müssen entkeimt werden.

Entrappen nennt man das Abtrennen der Beeren von den Stielen vor der Kelterung.

Entsäuerung nennt man den Abbau übermäßiger Säure mittels reinem kohlensaurem Kalk, der später als weinsaurer Kalk wieder ausgeschieden wird. Anwendung nur in besonders sonnenarmen Jahren.

Entwickelt ist ein Wein, wenn er Reife zeigt.

Erdig · Erdgeschmack kann durch Verschmutzung der Trauben bei der Lese oder durch Verwendung von schlechtem Filtermaterial entstehen. Erdgeschmack darf auf keinen Fall mit dem charakteristischen Bodenton eines Weines verwechselt werden.

Essigstich · Wenn der Wein nach Essigsäure riecht und schmeckt, ist er vom Essigstich, einer bakteriellen Weinkrankheit, befallen.

Etikett · Sozusagen die »Visitenkarte« des Weines, gibt meist Auskunft über die Herkunft und die Lage, die Traubensorte und ebenso den Jahrgang. Auch besondere Qualitätsmerkmale werden auf dem Etikett genannt. Durch das deutsche Weingesetz geregelt.

Extrakt · Gesamtheit aller im Wein gelösten Stoffe. Ein hoher Gehalt an Extraktstoffen macht einen Wein vollmundig und rund, er hat dann viel *Körper.*

Fade ist ein Wein mit zu wenig Säure; unharmonisch und langweilig.

Farbdepot ist eine bräunliche bis rötliche Farbschicht, die sich manchmal bei alten Rotweinen an den Flaschenwänden absetzt.

Farbe · Die Farbe eines Weines wird durch Alter, Reife, Anbaugebiet und Rebsorte bestimmt. An der Farbintensität kann der Fachmann auch eventuelle Behandlungsfehler oder gar Weinkrankheiten erkennen.

Faßblank ist ein Wein ohne jegliche Trübung.

Federweißer · Ein noch in Gärung befindlicher Most von prickelndem Geschmack. Weitere Namen: Sauser, Bitzler, Kretzer. Federweißer kann nur in kleinen Mengen getrunken werden, da er schnell zu Kopf steigt.

Fehler · Nachteilige Veränderungen der Weine, die durch Mikroorganismen, falsche Behandlung oder durch Einwirkung fremder Stoffe entstanden sind, lassen sich meistens durch entsprechende Kellerbehandlung beseitigen.

Fein · Bezeichnung für die Art eines überdurchschnittlichen Weines; hochfein bedeutet Eleganz und Finesse. Ein großes Kompliment für einen Wein.

Firne · Wenn Weine altern, nehmen sie Firngeschmack an; sie sind dann qualitativ im Abstieg begriffen. Viele Weinfreunde schätzen jedoch firne Weine wegen ihres intensiven Geschmacks, der Edelfirne, des Alterungstons.

Flach ist ein an Extraktstoffen armer Wein.

Flaschenreife · Der Wein ist in seinem Ausbau im Faß so weit gediehen, daß er auf Flaschen abgefüllt werden kann; er ist »füllfertig«.

Flüchtig · Kennzeichnung für einen Wein, bei dem das Bukett schnell vergeht. Meistens kleinere Weine.

Frisch ist ein spritziger, nicht zu säurearmer Wein.

Fruchtig · Ein fruchtiger Wein läßt den Geschmack der Traubensorte hervortreten; fast immer ein edler Tropfen.

Fruchtzucker · In der Weintraube ist zu fast gleichen Teilen Trauben- und Fruchtzucker enthalten. Durch die Gärung werden beide in Alkohol und Kohlensäure umgewandelt.

Frühlese · Durch Natureinflüsse bedingte frühzeitige Lese der Trauben, beispielsweise bei großer Nässe, wenn Gefahr besteht, daß die Trauben faul werden können.

Fuder · Faß mit ungefähr 1000 Litern Inhalt.

Fülle · Extraktreichtum des Weines.

Füllwein dient zur Auffüllung der Fässer, die durch Verdunstung Schwundverluste haben; er muß in der Qualität dem Faßinhalt gleichwertig sein.

Gärung · Der Mostzucker wird durch Hefe in Kohlensäure und Alkohol gespalten.

Gefällig nennt man einen ansprechenden, aber meist kleineren Wein. Ein mittleres Kompliment für einen Wein, den man den ganzen Abend trinken kann.

Gemarkung · Weinberggebiet einer Gemeinde. Dazu zählen mehrere Lagen, die durch verschiedene Namen gekennzeichnet sind.

Gerbstoff · Der Gerbstoffgehalt eines Weines bestimmt den Grad seiner Herbheit. Gerbstoff gelangt durch das Vergären der Stiele und Schalen von roten Trauben in den Most und danach in den Wein. Durch die Alterung der Weine wird der Gerbstoffgehalt gemindert.

Glanzhell sind bakteriologisch enttrübte, klare Weine.

Glas · Ein Glas soll »weingerecht« sein. Farbton und Klarheit des Weines müssen zu erkennen sein. Der Glasrand soll sich möglichst nach oben verengen (nicht umgekehrt), damit die Duftstoffe (die »edle Blume«) mitgenossen werden können.

Glatt sind Weine mit Körper, bei etwas milder Säure.

Glühwein · Erhitzter Rotwein mit Zucker, Zitrone, Nelken und ganzem Zimt. Das entsprechende Getränk aus Weißwein wird »Bischof« genannt.

Glyzerin macht den Wein rund, verleiht ihm eine gewisse Fülle. Auf 100 Teile Alkohol rechnet man 7–14 Teile Glyzerin. Es entsteht durch die alkoholische Gärung und ist ein natürlicher Bestandteil des Weines.

Große Weine sind erlesene Spitzenweine, die die Namen berühmter Lagen und Kellereien tragen. Bei Bordeauxweinen unterscheidet man sogar mehrere Abstufungen von großen Weinen, wie Grand Vin, Grand Cru, Grand Cru Classé.

Häcker · Die Winzer werden in Franken Häcker genannt, der Name stammt vom Hacken des Weinbergbodens.

Halbstück · Ein Weinfaß mit ungefähr 600 Litern Inhalt.

Harmonisch nennt man einen Wein, wenn

Zucker und Säure im richtigen Verhältnis zueinander harmonieren. Alle Geschmacksbestandteile, einschließlich Alkoholgehalt, sind gut aufeinander abgestimmt. Jeder gute Wein sollte harmonisch sein.

Hart ist ein Wein mit zuviel Säure bei hohem Extraktgehalt.

Harzwein ist griechischer Wein, bei dem einige Zeit eine Harzkugel ins Faß eingelegt wird. Geharzter Wein ist haltbarer. Er wird Retsina oder Rezina genannt.

Hauptlese · Der Zeitpunkt der Hauptlese wird von den einzelnen Gemeinden festgelegt. Die Hauptlese soll weitgehend hinausgeschoben werden, um durch Steigerung des Zuckergehaltes bessere Qualitäten zu erreichen.

Haustrunk wird im Eigenbetrieb des Winzers verbraucht. Es ist meistens Tresterwein, der durch das Nachpressen der Trauben entsteht. Kommt nicht in den Handel.

Hefe ist ein Mikroorganismus, der im Most enthalten ist und die Alkoholgärung hervorruft. Der Hefepilz spaltet den Zucker im Most in Alkohol und Kohlensäure.

Herb ist Wein mit hohem Gerbstoffgehalt und geringer Restsüße.

Herbst · Die Weinlese oder Weinernte wird in der Sprache der Winzer mit Herbst bezeichnet.

Herkunftsbezeichnung · Außer der geographischen Bezeichnung für den Ort der Traubenlese auch weitere Angaben. Das regelt das neue Weingesetz.

Heuriger · Begriff in Österreich für einen jungen Wein in allen Stadien, solange ihn noch kein neuer Jahrgang abgelöst hat. Der Name ist durch Weinorte wie Grinzing, Sievering und Nußdorf eng mit Wien verbunden.

Hochfarbig nennt man Weine, die nach Lagerung eine intensive Färbung erlangt haben, die von goldgelb bis bräunlich reicht. Oft auch eine Folge zu später oder zu geringer Schwefelung. Hochfarbige Weine haben meistens ihren Höhepunkt überschritten.

Hochgewächs · Bezeichnung für eine hochwertige Auslese oder Beerenauslese aus vollreifen oder edelfaulen Beeren.

Hybriden · Kreuzungen zwischen europäischen und amerikanischen Rebsorten, deren Anbau in Deutschland nur zu Versuchszwecken erlaubt ist.

Jahrgang · Das wechselnde deutsche Klima läßt jeden Jahrgang anders geraten. Deshalb sind die deutschen Weine mit den Jahrgängen auf den Etiketten versehen, was bei ausländischen — vor allem südlichen — Weinen häufig nicht der Fall ist.

Jungfernwein · Wein aus der ersten Ernte einer Neupflanzung von Reben.

Jungwein · Wein kurz nach beendeter Gärung; ist noch reich an Kohlensäure und sogenannten »Gärungsbuketten«. Nur kleinere und mittlere Weine werden so jung getrunken. Große Weine läßt man auf jeden Fall ausreifen.

Kabinettwein · Diese Bezeichnung darf nur Wein von besonderer Güte tragen; sie wurde ursprünglich für hochwertige Rheingauweine eingeführt, die in besonders abgesicherten Räumen (dem Cabinet) aufbewahrt wurden. Das deutsche Weingesetz regelt diese Qualitätsbezeichnung.

Kahm · Schleierartige Haut, die sich auf alkoholarmen Weinen bildet, wenn man sie längere Zeit der Luft aussetzt, und die aus Kahmhefen besteht. Der Wein wird dabei fade.

Kalte Ente · Weinhaltiges Getränk aus Weißwein, Sekt und Zitronensaft.

Kelterung · Abpressen des Traubenmostes in der Kelter.

Kernig nennt man einen Wein, wenn er körperreich, kräftig, nervig ist und einen gewissen Säureanteil besitzt.

Kirchenfenster · Unter Kirchenfenstern versteht man die Schlieren, die gehaltvolle Weine an den Glaswänden bilden, wenn der Wein im Glas geschwenkt wird. Kirchenfenster sind ein Zeichen von Glyzerin im Wein.

Klar ist ein Wein ohne jede Trübung.

Klein ist ein körperarmer Wein.

Körper · Hoher Gehalt an Extraktstoffen, vor allem Glyzerin, in Verbindung mit Alkohol. Körperreiche Weine sind vollmundig, kräftig, haben »Stoff« und »Fülle«. Ein Kompliment für den Wein.

Konsumweine sind einfache, saubere Tischweine der niedrigen Preisklasse, die man vornehmlich zum Essen trinkt.

Korkbrand · Stempel auf dem Korken; gibt über die Herkunft des Weines verläßliche Auskunft.

Korkgeschmack · Geschmack und Geruch eines Weines nach Korken. Eine solche Flasche dürfen Sie dem Händler oder dem Kellner zurückgeben und um Ersatz bitten.

Kräuterweine sind aus Wein und würzenden Stoffen hergestellte Getränke.

Kreszenz · Bezeichnung des Weines auf dem Etikett mit dem Namen des Winzers, der ihn erzeugt hat.

Kurz · Man bezeichnet einen Wein als »kurz«, wenn sein Geschmack auf der Zunge rasch vergeht. Dieser Wein bietet nur kurzen Genuß.

Lage · Name einer bestimmten Gruppe von Weinparzellen. Viele Lagen sind durch ihre Weine weltberühmt. Lagenamen müssen nach den Bestimmungen des deutschen Weingesetzes geregelt sein.

Landweine sind kleinere Weine, die sich als Tischweine eignen oder als Schoppenweine ausgeschenkt werden. Der Name kommt aus dem Französischen, wo man »vins du pays« sagt.

Leicht nennt man einen an Alkohol und Extraktstoffen armen Wein.

Lese, auch *Herbst* genannt, bezeichnet den Gesamtvorgang der Traubenernte, der Weinlese.

Lieblich · Ein lieblicher Wein läßt die Säure zugunsten einer leichten Süße zurücktreten, er soll aber auch gut zusammengesetzte Duft- und Aromastoffe aufweisen.

Mächtig ist ein schwerer Wein mit viel Körper.

Mäuseln · Unangenehmer Geruch und widerlicher Geschmack eines »kranken« Weines nach Mäusen. Ein solcher Wein muß zurückgegeben werden.

Maische · Gemahlene Trauben vor der Gärung und vor dem Keltern.

Maiwein, auch Maibowle genannt, ist die Waldmeisterbowle. Die Kräuter werden im Monat Mai gepflückt und müssen sofort verbraucht werden.

Markenweine kommen unter einem geschützten Namen in den Handel.

Matt ist ein alter und »lebloser« Wein.

Meßwein · Ein für das katholische Meßopfer bestimmter Wein, der Qualitätswein sein muß.

Milchsäure kommt im Wein vor und entwickelt sich aus der Äpfelsäure bei oder nach der Gärung.

Milchsäurestichig · Geruch nach Milchsäure, unangenehm.

Mild ist ein säurearmer, dennoch harmonischer Wein, meistens mit Restsüße.

Mollig · So bezeichnet man gehaltvolle, im Geschmack abgerundete Rotweine mit einem relativ hohen Zuckergehalt.

Most · Der Traubensaft vor der Gärung.

Mostgewicht · Das spezifische Gewicht des Mostes. Es werden die Anzahl der Gramm angezeigt, um die der Most schwerer ist als Wasser. Das geschieht durch die nach seinem Erfinder genannte Öchslewaage. Je höher der Zuckergehalt, desto höher auch das spezifische Gewicht, das in Öchslegraden gemessen wird (1 Gramm über dem Gewicht von Wasser = 1 Grad Öchsle). In guten Jahren steigt das Mostgewicht auf 140 und mehr Grad, während in normalen Jahren 80—100 Grad als gut gelten. Das deutsche Weingesetz regelt auch die Beziehungen zwischen Öchslegraden und Qualitätsstufen bei Wein.

Moussieren · Perlen von Schaumwein nach dem Öffnen der Flasche. Auch Jungwein moussiert oft.

Muffig ist ein Wein, wenn er nach dem Faß, nach Kork oder unsauberen Geräten schmeckt; dumpf, schimmelig.

Nachtrübung entsteht bei Flaschenweinen durch Ausfällen von Eiweißstoffen.

Naßzuckerung des Weines. Mosten mit zu geringem Zuckergehalt wird in Wasser gelöster Zucker zugesetzt. Durch die Wassermenge wird auch der Säurespiegel herabgesetzt (siehe *Trockenzuckerung*). Durch das deutsche Weingesetz in Zukunft verboten und nur noch in der Übergangzeit bis Mitte 1979 erlaubt.

Naturgewächse · Naturweine, auch verschnittene.

Naturrein · In Deutschland Bezeichnung für Weine, die auf Grund ihres guten Mostgewichtes keiner Verbesserung bedürfen. Wird nach dem neuen Weingesetz nicht mehr verwendet.

Nervig · Ein nerviger Wein hat deutlich wahrnehmbaren Säureanteil, der aber sympathisch ist. Ein nerviger Wein ist eine Vorstufe zum »stahligen« Wein.

Neuer Wein · Der junge, noch hefetrübe Wein nach der Hauptgärung, auch *Federweißer* oder *Sauser* genannt.

Obst- und Beerenweine zählen zu den weinähnlichen Getränken, sind also keine Weine im Sinne des Gesetzes. Selten auf Flaschen abgefüllt, mehr häuslich aus eigener Gartenernte hergestellt. Am bekanntesten sind Stachelbeer-, Erdbeer- und Blaubeerwein.

Öchsle siehe *Mostgewicht*.

Ölig ist ein glyzerinreicher Wein.

Önologie · Wissenschaft vom Wein

Offener Wein · Glasweise ausgeschenkter Wein in der Gaststätte.

Parfümiert nennt man Weine, die einen artfremden, aufdringlichen Geruch aufweisen.

Pepsinwein · Medizinalwein, der den Vorschriften des deutschen Arzneibuches entsprechen muß. Pepsinwein deutet auf die magenstärkenden Eigenschaften hin, die dem Wein durch bestimmte Zusätze verliehen werden.

Perlwein · Perlender Wein mit natürlicher oder künstlich zugesetzter Kohlensäure. Darf nicht in Sektflaschen angeboten werden, um Verwechslungen auszuschließen.

Pikant · Ein Wein mit feiner, aber spürbarer Säure und dezenter Art wird als pikant bezeichnet.

Rahn · Jungweine, die ohne genügende Schwefelung zu großer Luftzufuhr ausgesetzt sind, können rahn werden. Sie nehmen dann einen bräunlichen Ton an und schmecken oft nach frisch gebackenem Brot oder nach gedörrtem Obst.

Rassig ist ein Wein mit kräftiger Säure.

Reblaus (Phylloxera) · Ein aus den USA eingeschleppter Schädling, der die europäischen Rebsorten befällt und vernichtet. Die Rebenzucht hat reblausfeste Rebenunterlagen geschaffen, auf die die edlen Reiser aufgepropft werden, so daß die Reblausgefahr beseitigt wurde.

Rebsorten · Rebstöcke mit besonderen Eigenschaften hinsichtlich des Ertrages, der Beeren, des Geschmacks und so weiter, wie Riesling, Silvaner, Ruländer, Müller-Thurgau, Traminer, Spätburgunder, Portugieser, Siegerrebe, Scheurebe.

Reif ist ein Wein, der sich voll entwickelt hat.

Restsüße, Restzucker · Man versteht unter Restsüße (-zucker) den nach der Gärung verbliebenen Zuckerrest im fertigen Wein.

Römer · Weinglas mit bauchiger Form und einem nach unten verbreiterten Fuß. Vornehmlich in den Weinbaugebieten in Gebrauch.

Roséwein · Hellrot gefärbter Wein (siehe auch *Weißherbst* und *Schillerwein*). Er entsteht durch das Angären blauer Trauben, die dann abgepreßt und als Most wie Weißwein zu Ende gegoren werden.

Rotwein · Wein aus roten oder blauen Trauben, der seine hellrote bis tiefrote Farbe dadurch erhält, daß man die Beerenschalen eine Zeitlang im Most mitgären läßt.

Rund nennt man einen harmonischen, vollen Wein.

Säure · Gemeinhin ist der ganze Säureanteil im Wein gemeint. »Reife« Säure ist für die geschmackliche Harmonie des Weines und für seine Reifung und Konservierung über mehrere Jahre hinweg nötig. Der Weißwein Deutschlands ist durch seine fruchtige Säure weltberühmt. Auch der Säureanteil im roten Bordeauxwein ist nötig, um diese wertvollen Weine angenehm reifen zu lassen. Weine mit zu geringem Säureanteil halten sich nicht genügend und müssen schnell getrunken werden. Außerdem schmecken sie *fade*.

Sake ist ein japanischer Reiswein, der jedoch kein Wein in unserem Sinne ist, sondern ein schwach alkoholisches Getränk aus vergorenem Reis. Wird lauwarm in kleinen Schlucken getrunken. Sake hat nur geringen Eigengeschmack.

Samtig · Vorteilhafte Bezeichnung für einen Rotwein mit vollem, mildem Geschmack und dezenter Herbe.

Sauber · Bezeichnung für Wein, dessen Geruch und Geschmack keinen Fehler aufweisen.

Sauser · Regionale Bezeichnung in Deutschland für den gärenden Most, der gleich nach der Ernte entsteht und nur in diesen wenigen Tagen der Erntezeit getrunken wird. Dasselbe wie *Federweißer*.

Scharf nennt man einen Wein, der zuviel Kohlensäure hat. Kommt meist bei unerwünschter Nachgärung vor. Etwas Kohlensäure im Wein ist angenehm und wird bei Saarweinen als natürliches Mousseux sehr geschätzt. Nur das Zuviel ist von Übel.

Schaumwein · Gesetzlich vorgeschriebene Sammelbezeichnung für Sekt und Champagner, Spumante und andere moussierende Weine. Im Weingesetz genau geregelt.

Schillerwein · In Württemberg ein hellrosafarbener Qualitätswein, der durch das gemeinsame Vergären von weißen und roten Trauben entsteht.

Schönen · Trüber Wein wird durch die sogenannte »Blauschönung« gegen Metalltrübungen und mittels Bentonit gegen Eiweißtrübungen behandelt. Alle Schönungsmittel sind gesetzlich geprüft und gehören zum Handwerkszeug der modernen Kellerwirtschaft. Geregelt im deutschen Weingesetz.

Schweflige Säure · Konservierungsmittel, wird zugesetzt, und zwar laut Gesetz bei normalen Weinen bis zu 250 Milligramm pro Liter. Bei Auslesen und Weinen mit 110 Gramm Alkohol im Liter ist der Höchstgehalt an schwefliger Säure 300 Milligramm, bei Beerenauslesen und Trockenbeerenauslesen 375 Milligramm.

Schwer ist ein Wein, wenn er einen verhältnismäßig hohen Gehalt an Alkohol und viel Extrakt hat.

Seeweine · Weine, die an einem See gewachsen sind, wie zum Beispiel am Bodensee.

Sekt · Bezeichnung für deutschen Qualitäts-Schaumwein. Der Name soll vom italienischen secco (= trocken) kommen und wurde von dem Schauspieler Devrient geprägt. Vom deutschen Weingesetz geregelt.

Separatoren · Geräte, mit denen in der Kellerwirtschaft feste Bestandteile von Most und Wein getrennt werden, damit der Wein klar (blank) wird.

Sherrygeschmack tritt bei älteren oder zu wenig geschwefelten Weinen auf. Sie erinnern dann an Südweine.

Sinnenprobe · Beurteilung des Weines mit Hilfe des Geruchs-, Gesichts- und Geschmackssinnes.

Spitzengewächs · Bezeichnung für einen besonders edlen Wein aus klimatisch bevorzugten Lagen und Jahren.

Spritzig sind leichte, säurehaltige, meist junge Weine, die auf der Zunge etwas *moussieren* können, zum Beispiel Saarwein.

Stillwein · Jeder Wein ist Stillwein. Die Bezeichnung wird gebraucht im Gegensatz zum Schaumwein.

Stoff · Wenn ein Wein »Stoff« hat, dann hat er auch Körper und Substanz. Ist ein Kompliment.

Straußwirtschaft · In den Weinbaugegenden die Weinwirtschaften, die selbst anbauen und keltern, ausbauen und abfüllen.

Strohwein ist Wein, der aus auf Strohmatten angetrockneten, spätgelesenen Trauben gewonnen wird. Der Zuckergehalt ist natürlich sehr hoch, und die Weine sind besonders wertvoll. Werden nur vereinzelt hergestellt. Haben Ähnlichkeit mit Eiswein und Trockenbeerenauslese. In Deutschland verboten.

Stück · Faß mit 1000 Litern Inhalt.

Süffig sind Weine, die sich leicht trinken, in Zucker und Säure ausgewogen sind und von denen man auch größere Mengen als gewöhnlich trinken kann.

Tafelwein · Eine Bezeichnung des Weingesetzes für die unterste Qualitätsstufe deutscher Weine. Es sind Weine, für die die neuen Qualitätsanforderungen nicht ausreichen. Auch importierter Wein kann als Tafelwein eingestuft werden.

Tannin · Gerbstoff, Gerbsäure im Wein, der durch die Vergärung der tanninhaltigen Stiele und Trester in den Wein gelangt und zu seiner Konservierung beiträgt, mit den Jahren aber abgebaut wird.

Temperiert ist ein Rotwein, wenn er Zimmertemperatur besitzt. Der Ausdruck wird vornehmlich bei den Rotweinen aus Bordeaux und Burgund angewendet.

Trester · Bezeichnung für die Traubenschalen, die beim Keltern anfallen und bei Rotwein mitvergoren werden, um die rote Farbe aus den Schalen zu bekommen. Trester wird auch zu Branntwein verarbeitet (Tresterschnaps).

Trocken · Eine Bezeichnung für nichtsüßen Geschmack, bei Sekt für den herben Typ; bei Weinen seltener verwendet, allenfalls bei weißen Burgundern.

Trockenbeerenauslese · Die höchste Qualitätsstufe bei Wein. Dieser Wein wird nur aus überreifen, schon fast getrockneten, edelfaulen Beeren gewonnen. Der Zuckergehalt ist sehr hoch, die Ausbeute gering. Diese Weine werden sehr teuer bezahlt.

Trockenzuckerung · Moste, die zu wenig Zucker und damit zu wenig Alkohol haben, werden mit Zucker versetzt, um diesen natürlichen Mangel auszugleichen. Bei der Trockenzuckerung wird der Zucker in Most gelöst und zugesetzt. Ist gesetzlich geregelt.

Trüb · Eine Trübung des Weines, die den Wein blind macht. Nicht zu verwechseln mit dem Ausfällen von Nadelkristallen (Weinstein), die den Wein nicht beeinträchtigen.

Unharmonisch nennt man einen Wein, bei dem Süße oder Säure, Alkohol oder Kohlensäure zu stark hervortreten.

VCC · Französische Abkürzung für »vins de consommation courante«, also Weine, die zum alsbaldigen Verbrauch geeignet sind, kleine Weine.

VDQS · Französische Bezeichnung für Weine, die von gehobener Qualität sind und den Anbaubeschränkungen des französischen Gesetzes unterliegen (vins délimités de qualité supérieure).

Verschneiden · Das sachgemäße Vermischen mehrerer Weinsorten aus geschmacklichen oder preislichen oder — bei Rotwein — farblichen Gründen.

Voll heißt ein Wein, wenn er viele Extrakt- und Bukettstoffe besitzt. Also ein Kompliment.

Vorlese · Die vorzeitige Lese der Beeren, wenn durch sonnenarmes, regenreiches Wetter die Stiele zu faulen drohen. Durch die Vorlese rettet man die Beeren, ohne dadurch einen besseren Wein zu bekommen.

VSR · Französische Abkürzung für das Eigenlob von Weinen, für »vin spécialement recommandé«.

Weingarten · Bezeichnung für Weinberg.

Weingeist (Alkohol) entsteht durch die Vergärung des Zuckers.

Weingesetz · Die gesetzliche Regelung des Weinbaus, der Weinherstellung und des Weinhandels, insbesondere der Deklarierung der Weine. Das deutsche Weingesetz ist 1971 neu gefaßt worden.

Weinig nennt man einen Wein, der besonders nach Wein schmeckt, also weder vordringlich süß oder sauer.

Weinkontrolle · Die Überwachung der Herstellung und des Weges des Weines vom Hersteller bis zum Verbraucher. Sie wird durch staatlich bestellte Weinkontrolleure durchgeführt. Der Handel in Deutschland muß über Art und Menge genaue Kontrollbücher führen.

Weinsäure · Chemisch ist sie eine Dioxybernsteinsäure. Bestandteil des Mostes und Weines in der Form einer rechtsdrehenden Weinsäure, auch gewöhnliche Weinsäure genannt, da sich ihre Salze beim Gären als Weinstein absetzen.

Weinstein · Die Kalium- und Kalziumsalze der Weinsäure, Tartrate genannt. Setzt sich beim Gären und Ausbau des Mostes als Kruste im Faßinnern oder in der Flasche ab. Beeinflußt weder Geschmack noch Qualität.

Weißherbst · Deutscher Qualitätswein, der aus roten Trauben nach der Methode der weißen Weine gekeltert wird. Die Farbe ist hellrosa mit leicht bräunlichem Ton. Guter Weißherbst wird aus der Spätburgundertraube gewonnen.

Weißweine sind alle nichtroten Weine mit gelbgrüner bis fast bräunlicher Farbe.

Winzer · Weinbauer; Weinbergarbeiter.

Winzergenossenschaft · Zusammenschluß von kleinen und kleinsten Weinbauern, die ihren Wein über eine Genossenschaft vertreiben lassen. Diese stellt aus den verschiedenen Weinen oft einen eigenen Markenwein her.

Zart wird ein Wein genannt, dessen Art leicht und unaufdringlich ist.

Zucker · Bestandteil des Mostes, aus dem bei der alkoholischen Gärung Alkohol und Kohlensäure entsteht. Der Zuckergehalt ist demnach für den späteren Alkoholgehalt verantwortlich.

Übersicht über die meistverbreiteten Rebsorten

Affentaler, blauer · Württembergische Rotweinsorte. Nicht zu verwechseln mit dem Arbst-Affental, der identisch ist mit dem Blauburgunder.

Aligoté · Weiße Traube mit rötlichen Punkten oder gleichfarbigem Schimmer. Sie wird vornehmlich in Burgund angebaut und zu aromatischen weißen Weinen verarbeitet. Ihr Wein gehört zu den Füllweinen der einfachen Preisstufe.

Aramon, blauer · Gedeiht hauptsächlich in Südfrankreich und ergibt einfachen Wein, der meist verschnitten wird.

Auxerrois · Französische Rebe, dem weißen Burgunder verwandt.

Burgunder, blauer, siehe *Frühburgunder, blauer* und *Spätburgunder, blauer.*

Burgunder, grauer · Weißweinsorte, auch Ruländer genannt, grauer Ruländer, Tokajer (im Elsaß). Die Weine haben einen stark aromatischen Geschmack, der unverwechselbar ist. Siehe auch *Ruländer.*

Burgunder, weißer · Weißweinsorte, die auch in Deutschland angebaut wird.

Cabernet Sauvignon · Rotweintraube mit kleinen Beeren, aber großen Trauben. Aus ihr werden die großen Bordeaux-Rotweine, insbesondere die vornehmen Médocs hergestellt. Sie ist die Rebe der Grands Crus de Château.

Chenin blanc ähnelt im Aussehen der Silvanerrebe, hat große Trauben und kleine kugelige Beeren mit rotem Hauch auf der Oberfläche. Diese Rebe bringt viel Wein, der jedoch nicht zu den Spitzengewächsen gehört.

Dick-Elbling, Dickelbling, siehe *Elbling, weißer.*

Dünn-Elbling, Dünnelbling · Weißweinsorte im Weinbaugebiet des Bodensees. Sie ist identisch mit dem weißen Räuschling. Siehe auch *Räuschling.*

Elbling, roter · Rotweinsorte mit graproten Beeren.

Elbling, weißer · Weißweinsorte mit länglichen grünen Beeren. Heißt im bayerischen Bodenseegebiet auch Dickelbling und im badischen Raum Kleinberger.

Farbtraube · Rotweinsorte, bei der nicht nur die Beerenhülse, sondern auch der Saft rot gefärbt ist.

Freisamer · Weißweinsorte mit länglichen goldgelben Beeren. Dem weißen Burgunder verwandt, ist jedoch eine Neuzüchtung des Staatlichen Weinbauinstituts in Freiburg im Breisgau. Sie hieß früher »Freiburger 21—5«.

Frühburgunder, blauer · Rotweinsorte mit runden schwarzblauen Beeren.

Gamay · Die rote Traube, aus der die berühmten Beaujolais hergestellt wer-

den. Auch die einfachen Burgunderweine stammen aus der Gamayrebe.

Gewürztraminer · Eine aus dem roten
Traminer entstandene Rebsorte. Zu-
nehmende Verbreitung in Baden.

Gutedel, roter · Rotweinsorte, ziemlich selten angebaut.

Gutedel, weißer · Weißweinsorte mit runden gelbgrünen Beeren. Wird viel in
Baden angebaut.

Hängling, blauer · Rotweinsorte, auch
Süßrot genannt, wird in Württemberg
auch zusammen mit dem Grobrot angebaut und in dieser Verbindung als
Tauberschwarz bezeichnet. Es handelt
sich jedoch um zwei verschiedene Reben, die in nur einem Rebgarten angebaut, gekeltert und vergoren werden.
Sie ergänzen sich.

Kerner · Neue württembergische Reben-
züchtung von der Weinbauschule in
Weinsberg. Züchter ist Oberlandwirt-
schaftsrat August Herold, Namengeber
ist der Weinsberger Dichter Justinus
Kerner.

Lemberger, blauer · Rotweinrebe mit großen Trauben, dicht mit kleinen
schwarzblauen bis rotblauen Beeren
besetzt. Ist dem blauen Portugieser
verwandt.

Malingre, früher · Weißweinsorte mit
länglichen gelbgrünen Beeren.

Malvasier, früher · Rotweinsorte mit runden bis schwach länglichen hellroten
Beeren, wird auch »früher roter Veltliner« genannt, hat aber mit der Rebe
gleichen Namens nichts zu tun.

Merlot · Rotweintraube, die besonders im
Bordelaiser Weingebiet angebaut wird.
Die Beeren sind größer als die der Cabernet franc, ihre Weine glutvoll und
bukettreich. Wird vornehmlich im Teil-
gebiet Pomerol und Saint-Émilion geschätzt.

Morio-Muskat · Weißweinrebe mit gro-

ßen runden grünen Beeren von stark
ausgeprägtem Muskatgeschmack. Der
Wein daraus wird nur vereinzelt rein
abgefüllt und öfter zum Aromatisieren
zu leichter Weine benutzt. Wird in reiner Form als Dessertwein oder als Begleitung zu schweren Speisen getrunken.

Müllerrebe · Rotweinsorte mit länglichen
schwarzblauen Beeren. Sehr verbreitet.
Wird auch Schwarzriesling genannt.

Müller-Thurgau · Neben Silvaner und
Riesling sehr erfolgreiche, in Geisenheim entstandene Kreuzung mit ovalen, gelblichgrünen Beeren mit reichem
Ertrag, früh reif, sehr dankbar. Eine
Neuzüchtung aus Riesling und Silvaner, doch ist letztere Rebe eventuell
nicht beteiligt. Das Geheimnis hat der
Züchter Müller aus Thurgau für sich
behalten. Wird oft auf Weinkarten und
Weinetiketten als „Riesling × Silvaner« bezeichnet. Darf aber nicht heißen »Riesling + Silvaner«, was bedeuten würde, daß beide Rebsorten getrennt gewachsen, aber zusammen gekeltert und vergoren worden sind.

Muskateller, gelber · Weißweinsorte mit
gelbgrünen bis braunroten Beeren.
Oft sind sie gelb mit roten Tupfen.

Muskateller, roter · Rotweinsorte, hat rote
Beeren, ist sonst dem gelben Muskateller gleich.

Muskat-Ottonel · Neuzüchtung einer
Weißweinsorte mit Muskatgeschmack.
In Österreich beheimatet.

Muskat-Silvaner · Deutsche Bezeichnung
für die bekannte französische Rebe
Sauvignon blanc.

Ortlieber, gelber · Weißweinsorte mit
rundlichen goldgelben Beeren, dem
Elbling verwandt. Auch Knipperle (im
Elsaß), kleiner Räuschling, Räuschling
und weißer kleiner Räuschling genannt.

Pinot noir · In Frankreich die blaue Burgunderrebe.

Pinot noirien · Rote Traube, in Burgund und in der Champagne beheimatet. Die runden Beeren sitzen fest an den länglichen Trauben.

Pinot vert doré · Kleine goldgelbe Beeren an großen Trauben sind das Kennzeichen dieser Rebe, die an die Tafeltraube Chasselas erinnert. Aus diesen Beeren wird der Blanc-de-Blancs-Champagner gewonnen.

Portugieser, blauer · Rotweintraube mit großer Verbreitung. Die Beeren sind rund und von schwarzblauer Farbe. Er ähnelt dem blauen Lemberger.

Räuschling, weißer · Weißweinsorte mit großen runden hellgrünen Beeren. Wird nur noch am Zürichsee angebaut und heißt dort Welscher.

Rieslaner · Weißweinsorte mit kleinen grünen Beeren. Eine Neuzüchtung aus Riesling und Silvaner, wird vornehmlich in Franken angebaut. Der Name ist etwas irreführend, weil der Wein aus dem Rieslaner nicht mit dem Riesling (Rheinriesling oder Moselriesling) zu verwechseln ist.

Riesling, weißer · Weißweinrebe mit den höchsten Qualitätsmerkmalen. Alle großen Weißweine aus deutschen Gebieten sind Rieslinge. Die kleinen Beeren sind rund und goldgelb. Ähnlich dem Riesling sind vielleicht Elbling und gelber Ortlieber, doch ist der daraus gewonnene Wein dem Rieslingwein unterlegen. Riesling heißt auch kleiner Elbrich, Rheinriesling, Kleinriesling.

Rossara · Blaurote Traube, die hauptsächlich in Italien vorkommt. Der aus ihr gewonnene Wein muß fast immer verschnitten werden. Ergibt nur in guten Jahren in Südtirol einen trinkbaren Tischwein.

Ruländer · Weißweinsorte, die auch grauer Burgunder genannt wird. In Frankreich Pinot gris. Heißt auch (im Elsaß) Tokajer, grauer Ruländer, Rulander, roter Burgunder, grauer Klevner oder Klevner (Clevner). Der Name kommt vom Apotheker Ruland, der diese Rebe nach Deutschland brachte.

Saint-Émilion · Große grüne Beeren für weißen Wein, der zur Destillation von Kognak gebraucht wird. Nicht zu verwechseln mit dem Wein aus der gleichnamigen Landschaft im Bordelais.

Saint-Laurent · Rotweinrebe, ähnelt dem Burgunder, hat jedoch größere Beeren. Wird auch Sankt-Lorenz-Traube oder Lorenzitraube genannt.

Sauvignon blanc · Eine Sauternestraube von weißer Farbe mit kleinen Beeren und kleinen Trauben, die zusammen mit der Semillon die schweren Weißweine des Sauternais ergeben.

Scheurebe · Weißweinrebe mit grünen, runden bis ovalen Beeren, die zu besonders aromatischen Weinen werden. Neuzüchtung eines Herrn Scheu. Hieß früher Scheuriesling und jetzt noch vereinzelt S 88.

Semillon · Rundbeerige weiße Traube mit rötlichem Schimmer. Sie wird hauptsächlich im Bordelaiser Gebiet Sauternes angebaut und trägt zum Ruhme dieser hervorragenden süßen schweren Weine bei. Die Semillontraube erlaubt späte Lesen, wenn die Beeren bereits von *Botrytis cinerea* befallen sind.

Silvaner, Sylvaner · Gemeint ist meistens der grüne Silvaner mit runden grünen Beeren, eine der meistangebauten Reben in Deutschland. Wird auch Frankentraube, Österreicher, Grünfränkisch, Kilianer, Zirfantler oder Zierfandl genannt.

Silvaner, blauer · Eine Spielart des grünen Silvaners.

Spätburgunder, blauer · Rotweintraube, in Frankreich viel unter dem Namen Pinot noir angebaut. Unterscheidet sich vom Frühburgunder nur durch die spätere Reife.

Syrah · Seltenere Rhonetalrebe mit dunkelblauen Beeren, sehr ertragreich und würzig. Im heißen Klima des Rhonetals entstehen schwere Weine, deren Charakter unverwechselbar ist.

Traminer · Weißweinsorte mit länglichen hellroten Beeren. Traminerweine werden hauptsächlich in der Pfalz, in Baden und dem benachbarten Elsaß angebaut. Eine Spielart ist der rote Traminer, in Baden auch Klevner, doch gilt diese Bezeichnung auch für Spielarten der Burgunderrebe.

Trollinger · Rotweintraube, vorwiegend in Württemberg angebaut. Die Beeren sind oval-länglich bis rund und von rotblauer bis tiefblauer Farbe. Der blaue Trollinger ist dem Portugieser verwandt, optisch auch dem roten Urban. Diese Rebe wird auch Fleischtraube genannt.

Urban, roter · Rotweinsorte mit ovalen roten Beeren, dem blauen Trollinger ähnlich.

Veltliner, grüner · Weißweinsorte mit länglichen grünen bis grüngelben Beeren.

Veltliner, roter · Dasselbe wie *rot-weißer Veltliner*.

Veltliner, rot-weißer · Weißweinsorte mit länglichen bis ovalen grüngelben bis rotbraunen Beeren. Die Rebe wird auch roter oder brauner Veltliner genannt.

Namen- und Sachregister

385

Bildquellen

Schutzumschlag: Teubner Studio, Füssen
 33 R. Löbl, Bad Tölz
 34 F. Lazi, Stuttgart
 51 dpa-Bilderdienst, Frankfurt (**Main**)
 52 Arne Krüger, Götzenhain
 85 aus: Hugh Johnsohn, »Wine«
 86 Paisajes Españoles, Madrid
103 E. Traubenkraut, Ettringen
104 Bartcky-Photo, Frankfurt (Main)
121 Toni Schneiders, Lindau
122 E. Groth-Schmachtenberger, München
139 Horiot- Mâcon (Frankreich)
140 W. Neumeister, München
189 W. Neumeister, München
190 M. Chiffle; Leihgabe Office de Propagande
       pour les vins Vaudois, Lausanne
207 Antinori; Leihgabe Italienisches Institut
       für Außenhandel, München
208 R. Löbl, Bad Tölz
241 Leihgabe Weinimport Dr. Spernath, München
242 Kurt Otto-Wasow, Gmund
259 E. Groth-Schmachtenberger, München
260 roebild Kurt Roehrig, Frankfurt (Main)
293 Antinori; Leihgabe Italienisches Institut
       für Außenhandel, München
294 Toni Schneiders, Lindau
311 J. N. Pascal-Angot, Lissabon
312 F. Lazi, Stuttgart

Die Karten zeichnete Heinrich Haisch, München.

Der Eidgenössischen Forschungsanstalt für Obst-,
Wein- und Gartenbau danken wir für die Bearbeitung
der Abschnitte über die Weine der Schweiz.

8. Auflage
© by Gräfe und Unzer Verlag München
Verlagsredaktion, Susi Piroué, München.
Offset-Reproduktion der Farbbilder: Brend'amour, Simhart & Co., München.
Druck der Farbbilder Mandruck, München.
Druck des Textes und Bindung: Druckerei Ludwig Auer, Donauwörth.
ISBN 3-7742-3003-X